中国刑法学研究会
北京师范大学刑事法律科学研究院 | 联合主办

2015年 第2卷 [总第28卷]

刑法评论

赵秉志 主编

法律出版社
LAW PRESS · CHINA

刑法评论

2015年第2卷（总第28卷）

目录

刑事政策专题

理论探索

立法研究

司法实务

域外法治

全国刑法学术年会

北京师范大学刑事法律科学研究院十周年院庆

刑事政策专题

●中国传统刑事政策思想与当代构建和谐社会研究*

彭凤莲**

分析浩瀚的法制史料，一方面可以清晰地看到历代刑律法典法令，另一方面则可以感受到丰富的刑事政策思想。发掘和探寻中国传统刑事政策思想，汲取其精华，对当代和谐社会的构建有重大借鉴意义。

一、中国传统刑事政策思想的理论渊源

中国传统刑事政策思想博大精深，得益于其理论渊源的多元性。儒家思想、法家思想、道家思想、墨家思想都是传统刑事政策思想的理论基础。

（一）儒家与中国传统刑事政策思想

儒学是指由孔子创立的后来逐步发展为以仁为核心的思想体系，也有人称之为儒教。① 自汉朝以来在绝大多数的历史时期均作为中国的官方思想。诸子百家中，儒家思想对传统刑事政策思想的形成影响最大，是其最重要的思想渊源。

1. 儒家的价值观念是传统刑事政策思想的基本价值取向

自西汉以后法典的制定即以儒家学说为基本的指导思想和理论基

---

* 本文系作者博士后出站报告“中国传统刑事政策思想与当代构建和谐社会研究”中的精粹部分。

** 安徽师范大学法学院院长、博士生导师、教授。

① 例如，当代新儒家代表人物之一杜维明所撰写的一本专著的书名即是《儒教》（上海古籍出版社 2008 年版）。在书中写道：“儒教是一种世界观，一套社会伦理，一种政治的意识形态，一个学术传统，同时也是一种生活方式。”（第 13 页）

础,故儒家思想就是中国古代法基本的价值观念,是传统刑事政策的基本价值取向。如德主刑辅、明刑弼教就是儒家思想的政策化体现。礼所体现的"尊尊亲亲""贵贱有等,长幼有差,贫富轻重皆有称"①的理想的社会和谐与公正的状态,合乎统治者要训导的人性,合乎社会长治久安的需要,因而为统治者所欣赏,成为中国传统刑事政策与法律的首要价值目标。此价值取向贯彻于立法政策和司法政策之中,贯穿于立法实践与司法实践之中。

2. 儒家法律思想上升为治国理政的刑事政策思想

在治国根本方针上,重德礼轻政刑。孔子提出以德政教化为主,以政令刑罚为辅的主张;荀子则率先提出"德礼政刑"相互为用;董仲舒进一步明确"德主刑辅"的理论;朱熹把"政刑"与"德礼"二者作为统一体来认识。② 德主刑辅理论自"罢黜百家,独尊儒术"之后,即成为历代封建王朝正统的基本刑事政策思想,指导着立法和司法活动。

在治国方策上,主张宽猛相济、刑罚世轻世重。"宽猛"作为治国的两手策略,最早由子产提出。孔子说:"政宽则民慢,慢则纠之以猛。猛则民残,残则施之以宽。宽以济猛,猛以济宽,政是以和。"③此即被孔子提升的"宽猛相济"之说。源于《尚书·吕刑》中的"刑罚世轻世重"——根据社会具体情况决定刑罚的轻重,在"宽猛相济"之说的影响下成为古代社会的一项基本刑事政策思想。

在立法上,主张宽简。孟子反对严刑酷罚和滥杀无辜,认为"杀人以政"同"杀人以刃"没有差别,都是"率兽而食人。"④朱熹主张立法疏略,只立个大的原则,以便让各级统治者根据具体情况自行处断:"古之立法,只是大纲,下之人得自为"⑤反对法皆详密。

(二)法家与传统刑事政策思想

法家是战国时期代表新兴地主阶级利益,主张"以法治国"的一个学派。它对法律的本质、法律的起源、法律的作用等方面提出了与儒家之

---

① 《荀子》。
② 《朱子语类》卷二十三。
③ 《左传·昭公》。
④ 《孟子·梁惠王上》。
⑤ 《朱子全书》卷六十三《治道一·总论》。

"礼"相对立的法律观。刑罚世轻世重、严以治吏等政策思想的形成,法家思想影响较大。

1. 权术势理论与刑罚世轻世重政策思想

"权、术、势,从过去到现在都紧紧地包裹着中国社会。"①刑罚世轻世重最初虽不是法家所主张,但法家的"法势术"相结合的思想为刑罚世轻世重政策的运用提供了或隐或现的思想根基。法家已经认识到了法律的基础是社会,并随着社会的发展而发展、社会的变化而变化。"法与时转则治,治与世宜则有功。……时移而治不易者乱。"②这实际上接触到了法的进化规律方面。

2. 严刑峻罚与重刑政策思想

法家主张事事皆断于法,并推崇严刑峻罚。商鞅指出:"重刑连其罪,则民不敢试。民不敢试,故无刑也。"③韩非进一步阐释了重刑所具有的杀一儆百、维护社会秩序的一般预防作用。在法家看来,重刑并不只是针对某一罪犯,而是要威慑全体民众,达到法治的一个重要手段。此重刑思想,在某些朝代表现得非常突出,如朱元璋重典治吏即为典型。

(三)道家与传统刑事政策思想

道家以道论法,认为道是法产生、制定、适用的终极依据。道家对后世立法宽简、天人合一、顺天行刑、良法之治等刑事政策的思想和实践,产生了深远的影响。

1. 道法自然与天人合一思想

"人法地,地法天,天法道,道法自然"是老子法律思想的核心,认为只有对事物采取"效法自然""顺应自然"的态度,使事物都处于不受任何外力干涉和无束缚的自然和谐状态,才能达到顺应自然规律和时代潮流的目的。老子提倡的"道法自然"这一立法思想,要求人类立法应持"以人合天"的态度,强调人在立法中应该"依乎天理""因其固然"去行事,要求尊重事物和社会的自然本性和规律,切不可以人的一时功利价值随意地去衡量一切,剪裁一切。

---

① 余秋雨:《千年文化》,中国盲文出版社2007年版,第28~29页。

② 《韩非子·心度》。

③ 《商君书·赏刑》。

2. 道法传统与立法宽简政策思想

道法内容十分丰富，自立法角度言之，立法宽简是道法传统的重要内容之一。针对现实中的人定法，老子有过鄙视甚至抨击的言论，他对于礼治予以轻蔑的否定，对于法治更是激烈批判，“法令滋彰，盗贼多有”即是其逻辑之一。① 老子认为最理想的法制就是不要去宰割人民，“大制不割”，立法要简约而不繁密。自汉至明清，立法宽简的刑事政策思想一致在缓缓流淌。② 这表明道家的这一理论对后世产生了深远的影响。

3. 道法自然与顺天刑行思想

老子大力提倡“不仁、无私”的司法思想。庄子和老子一样，把“道”视为天地万物的本源和主宰。“天道”作为一种客观存在的自然法则，不仅是人们必须遵守的，而且是可以被人们所认识的。这对天人合一、顺天行刑政策思想的形成有奠基作用。此外，老庄对犯罪原因的认识对中国封建社会综合为治政策的形成也有促进作用。

(四)墨家与传统刑事政策思想

墨家是战国初期以墨翟为创始人的一个学派，也是先秦最早起来反对儒家的一个学派。其“以天为法”等主张对顺天行刑、慎刑恤罚政策思想的形成也有一定影响。

1. 以天为法与顺天行刑刑事政策思想

墨家的法律观是以“兼相爱、交相利”为核心，并服务于他们的社会理想的。墨家所说的“法”是广义的，既包括法律、道德等行为规范，也包括规矩、准绳等度量衡。他们提出“以天为法”的目的，是想使“兼相爱、交相利”成为衡量一切是非、曲直、善恶、功过的统一的客观标准，如同规矩之于方圆一样，但客观上对顺天行刑思想也有助推作用。

2. 罪不在禁帷害无罪与慎刑恤罚刑事政策思想

墨家专论刑法的思想不多，但对于定罪量刑，特别是死刑，都主张慎重，也主张严格按照法律办事。一再强调“刑法正”，要求“不杀不辜，不失有罪”。《墨子·经上》说：“罪，犯禁也”，“罪不在禁，帷害无罪”。意即只要不犯禁令，即使行为具有社会危害性，也不构成犯罪。这就是今天我

① 《老子》第五十七章。

② 参见彭凤莲：《道法传统与立法宽简》，载《安徽师范大学学报》2008 年第 4 期。

们所说的罪刑法定思想,也是墨家法律思想中最闪光最具现代性元素的内容,与刑法的谦抑精神相合。

但墨家思想一直没有占据中国古代社会的主流意识形态之位置,所以终究对中国传统刑事政策影响没有儒法道三家大。

二、中国传统刑事政策思想内容的分层

我国古代历朝统治者一直没有间断对犯罪及其防治问题的政策研究和政策实践,"刑""政""刑政""策""政策"等字眼常见于经史子集中。根据现代刑事政策原理,可以将传统刑事政策思想分成基本刑事政策思想、刑事立法政策思想、刑事司法政策思想以及针对特定主体的刑事政策思想。

(一)基本刑事政策思想

1. 天人合一

"天人合一"观念贯穿了整个中国古代社会。中国古代法生于"天人合一"的境界中,刑事立法和刑事司法无不浸染了"天人合一"的思想。"天人合一"说至少自先秦起就深深地影响着中国的法律,构成中华法系的实为我中华法系的基本精神和主要特色之一。在汉代,这一特点已显得比较明确。不仅董仲舒,其他理论家们也一致认为,统治者和制度必然要与宇宙秩序和谐,以求合乎正统。美国有学者指出:中国人认为,"对社会秩序的破坏,也就是对宇宙秩序的破坏。因为在他们看来,人类生活的社会环境与自然环境是一个不可分割的统一体。""……有关法律的这一认识,只是中国古代的一个著名命题——天人合一——的一个方面。"① 与法律儒家化的过程同时,另有一个与之类似的法律"自然化"的过程,即法律与自然的变化相适应。这被看作"天人合一"在法律中的体现。不管是价值与理想的形上追求,还是法律制度的形下建构,天人合一思想对中国法的形成与发展、制定与运行都有深刻的影响。

2. 德主刑辅

"德主刑辅"自汉代开始就成为封建统治者推崇的一种治国模式,它

---

① [美]D. 布迪、C. 莫里斯:《中华帝国的法律》,朱勇译,江苏人民出版社 1995 年版,第 31 页。

有两层含义:一是在治国方略上,它要求以道德教化为主,以法律制裁为辅;二是在法律领域内,它要求立法司法必须以儒家道德原则为指导,使法律的制定与运用均体现儒家的道德精神。

德主刑辅对古代立法的指导,突出地体现在法的具体规定上尽显伦理法的特征。第一,将儒家之礼法律化。譬如纲常之礼便是唐律最基本的内容。礼法冲突时,则明确地屈法以全礼如规定亲亲得相首匿、犯罪存留养亲。第二,不同的身份等级对应着不同的法律调整,此即立法等差。不同身份的主体实施同一种行为,对卑贱者可能是"罪",对尊贵者可能是"非罪"。第三,对有关纲常伦理的犯罪行为,处以重刑。如唐律规定:"诸子孙违犯教令及奉养有缺者,徒二年。"从法律运行来看,"德主刑辅"的观念主宰了刑法运行的各个环节,"以礼入法""执法原情""守德即守法"是其基本表现。

3. 刑罚世轻世重

"刑罚世轻世重",是指刑罚的轻重应当因时而宜、因地而宜、因罪而宜,这是符合司法规律的用刑之道。① 纵观中国古代刑法史,"刑罚世轻世重"的思想,是历代王朝大都遵循的。凡立法、司法能"变化因时",在治理国家上都或长或短地出现过所谓太平盛世。在国家分裂、社会动荡、战争频繁、政权对峙时期如战国、三国两晋南北朝、五代十国等"乱世",统治者几乎无一例外地信奉治乱世用重典的原则。相反,如西汉、隋、唐初期的法律则体现了平世用"轻典"的特征。② 但总体上受儒家中庸主义的影响,刑罚世轻世重一直都围绕着一个中心,即中国刑罚一直追求"刑罚中"。

(二)刑事立法政策思想

1. 立法宽简

秦朝短命而亡,让人不得不反思秦朝法律密如凝脂的过失。汉承秦制,但一改秦律之繁密,崇尚简易。魏晋以后,立法尚简的思想得以进一步被强调。隋唐时期,法尚宽疏的思想得以巩固。隋文帝杨坚称帝后,定

---

① 参见陈兴良:《"刑罚世轻世重"是符合司法规律的用刑之道》,载《检察日报》2008年5月15日。

② 参见殷松华:《中国古代刑罚世轻世重制度的应用及其意义》,载《历史学习》2004年第2期。

下“刑网简要，疏而不失”的方针。唐初高祖李渊定下“务在宽简，取便于时”的原则，以指导修订《武德律》。《贞观政要·赦令》载：“条文法令，惟须简约，不可一罪作数种条。”立法宽简的思想纵贯由汉至清的法制历程，这是流淌不息的传统之一。但是在实践中，一个朝代的中后期往往法令会越来越多、越来越重，立法宽简并未得到严格执行。

2. 严以治吏

我国古代惩治贪污贿赂的法律规范相当完备，成为古代廉政法制的重要组成部分。立法宽简虽然是古代立法一贯的政策思想，但是对官吏而言，则立法周密，执法从严。主要表现在：

一是严惩贪贿犯罪。唐朝是我国封建法制建设的巅峰时期，惩贪肃贿的立法也达到了最成熟的阶段。《唐律》将非法侵占公私财物的犯罪明确规定为“六赃”：“一曰强盗；二曰窃盗；三曰受财枉法；四曰受财不枉法；五曰受所监临；六曰坐赃。”

二是严惩挪用公款公物犯罪。秦朝时就有挪用公共财物罪的规定如“毋擅假公器，诸擅假公器者有罪”，[①]“或私用公车牛，其主车牛者及吏、官长皆有罪”。唐朝规定，“诸放散官物者，坐赃论；物在，还官；已散用者，勿征。”对挪用公共财物以贪污论，体现了从严惩贪的精神。

三是实行职务连带责任。官员对下属贪赃犯法的要负领导责任，对同级官吏违法而知情不举的也要负连带责任。如秦始皇三十四年规定：“吏见知不举，与同罪。”清朝时下属官员贪赃的，主管者应负领导责任。

四是治贪财与治贪色双管齐下。贪财贪色常常密切交织，且恶性互动。我国古代法规定宿娼罪、奸淫部属罪、对部属性骚扰或猥亵罪、向案件当事人求婚求爱或“性受贿罪”只以官吏为犯罪主体；凡百姓可以作为犯罪主体的性犯罪如通奸、强奸、强制猥亵等犯罪，官吏犯之，罪责更重，加等处罚。

（三）刑事司法政策思想

1. 顺天行刑

这是古人自然观在法律上的反应，认为自然规律与人间法度相类相

① 睡虎地秦墓竹简《睡虎地秦墓竹简》之《工律》，文物出版社1990年版。

通。刑杀是一种剥夺生命的行为,应与四季自然秩序相吻合,故此刑杀必于秋冬进行。"秋冬行刑"的刑事政策思想萌芽于奴隶社会的神权思想,是西周统治者"敬天保民""以德配天"理论的产物。秋冬行刑的制度化、法律化,是在封建正统思想占据统治地位的西汉中期以后。其主要理论根据首推董仲舒的《春秋繁露》。西汉统治者为巩固君权,正式将这一司法制度写入汉律,西汉至清,秋冬行刑制在历代律典中沿用不变。

2. 慎刑恤罚

慎刑是指要谨慎地运用刑罚,恤刑是指执行刑罚要存矜恤之心,主张刑罚为治理国家迫不得已的手段。该思想源远流长,在《尚书》中就有记载:"钦哉,钦哉,惟刑之恤哉!"皋陶认为"罪疑为轻,功疑为重;与其杀不辜,宁失不经;好生之德,洽于民心"。① 自汉代以后,就用法律明文规定了对判处徒刑以上案件的严格审理程序和上诉纠错程序如"乞鞫"和"录囚"等。唐代的"慎刑恤罚"思想得到了空前的发展,并成为唐初君臣的共识,唐律的刑罚原则、刑罚制度、刑罚适用大都体现了慎刑思想。《大明律》和《大清律例》,都继承了唐律的规定,严厉处罚司法官吏不遵守法定程序行刑或违反上报复核奏决行刑的行为。该思想自西周一直沿用到清末。

3. 慎用死刑

中国古代法制关于死刑的态度是:一方面,主张杀人者死,历朝统治者都通过大量设置死刑和规定种种不同的死刑执行方式体现出对死刑的依赖性;另一方面,受天谴报应、龙恩浩荡等观念的影响,慎用死刑又为历代统治者所惯用,并主要通过死刑复核制度、死刑复奏制度、死刑赦宥制度对死刑的实际适用予以控制。死刑复核是我国所特有的司法程序,从汉律就开始有死刑复核的一般规定,经隋唐形成定制,至明清成为"一代大典",前后有二千多年的历史,②是中华法系留给我们的珍贵历史遗产之一。死刑复奏则是指对死刑已定判的案件,要求在行刑之前又必须再次奏请皇帝进行核准,只有等待死刑复奏批准命令下达之后方可行决的

① 《尚书·大禹谟》。

② 参见蒋清华:《中国古代死刑制度概览》,载 flwh. znufe. edu. cn/article_show. asp? id =2146 75K 2008 -10 -6。

一种死刑执行程序制度。中国古代赦宥制度在春秋以后,慢慢地发展成为复杂的制度体系,适应了中国古代社会死刑制度之威慑与仁政双重目的的需要。不同的“赦宥”在死刑适用上具体可以分为免、减、赎三类。通过这三种途径,中国古代死刑适用得到控制。

(四)针对特定人的刑事政策思想

1. 矜老恤幼

在原始社会,“矜老恤幼”是作为一种道德观念而存在,而最早在法律中明文规定矜老恤幼的是西周刑法。自从西周规定有“三宥三赦”之后,历朝都有“老小废疾者”减免刑责的规定。这种礼与法的融合,较为周全地考虑到中国社会的传统和普通民众的心理,也为封建统治者戴上了矜老恤幼的仁慈面孔。然而一旦统治受到威胁,这种仁义就会荡然无存。这在谋反、谋逆罪上表现得最为明显即在谋反、谋逆罪上,不存在完全不负刑事责任的人。

2. 亲亲相隐

中国的亲属容隐观念和制度萌芽,应上溯至春秋时期,但最早将容隐政策法律化的是秦律。此后历经汉初至南北朝、隋唐至清末变法以前,该制度一直留存,并由卑亲属隐匿尊亲属的单项隐匿制,逐渐发展为尊卑亲属之间的相互隐匿的双向隐匿制。秦朝不许告发父母或证实父母有罪,片面强调子女对父母的隐匿义务;父为子隐尚未法律化;视告父母为不道德行为甚至轻罪;尚未允许隐匿父母以外的其他亲属。汉初至南北朝,实体上尊长为卑幼隐罪初见端倪,程序上反对强迫亲属互证有罪。隋唐至清末变法前,由亲亲相隐发展到了同居相隐;而且谋叛以上国事重罪不得相隐的规定,从法律上矫正了容隐对国家根本利益的危害;确定了尊长为卑幼隐罪的权利甚至义务,双向隐匿制正式确立。

三、中国传统刑事政策思想的现代借鉴

传统刑事政策思想对当代构建和谐社会、贯彻落实依法治国方略具有借鉴意义。

(一)传统基本刑事政策思想的现代借鉴

1. 天人合一:人与自然和谐的终极追问

中国古代的天人合一,既有上天与皇帝的精神感应,也有人与自然界

的和谐统一。其现代价值就在于人类与自然界的和谐统一。今天必须彻底去掉“天”的双重性中的主宰、命定的内容和含义，而应该以马克思讲的“自然的人化”为根本基础。“人与自然”不再是对峙、冲突的关系，而更应是和睦合一的关系；人既是自然的一个部分，却又是自然的光环和荣耀，是它的真正的规律性和目的性。人与自然的关系是今天全球社会所要重新审视和解决的问题，而显然只有在马克思主义实践哲学的基础上才可能得到真正的解答。① 而这，恰好就是“天人合一”的问题，是这个古老命题所具有的现代意义。

2. 德主刑辅：构建和谐社会的基本政策

和谐社会，至少应该是刑事犯罪的严重程度不足以对公民的生命财产构成严重威胁的社会。将犯罪控制在不对社会构成严重威胁的范围内，既是构建和谐社会的重要目标，同时也是构建和谐社会的必要途径。总结历史经验，“德主刑辅”既是构建和谐社会基本的社会政策，也是构建和谐社会基本的刑事政策。作为基本刑事政策，德主刑辅与现代刑法的谦抑精神相吻合。在构建和谐社会的背景下，我们来谈“德主刑辅”是我们基本的刑事政策，意味着在如何治理犯罪这个问题上，我们必须坚持以“为政以德”为基本方针；必须坚持以广大民众所认同的方式来解决作为犯罪根源的各种社会问题为主，以对犯罪的处罚、制裁为辅。②

3. 刑罚世轻世重：构建和谐社会刑罚趋缓的准据

刑罚世轻世重是一个流动性和相对性的概念，充分显现了中华民族灵活应变的智慧。刑罚是轻还是重，与国家的政体、制度、政治实践有最密切的关联。在当前构建社会主义和谐社会的政治实践中，根据刑罚世轻世重的思想，正确贯彻执行宽严相济的刑事政策，使我国刑事立法和司法整体上呈现出刑罚宽缓化的趋势。现在，我们要以增强群众安全感、促进社会和谐稳定为出发点，准确把握宽严相济的刑事政策。政法机关要根据社会治安形势的变化，做到“该宽则宽，当严则严，宽严相济，罚当其罪”。要统一刑罚宽严的适用标准，以取得最好的法律效果和社会效果，

---

① 参见李泽厚：《中国古代思想史论》，天津社会科学院出版社 2003 年版，第 304 ~ 305 页。

② 参见陈忠林：《“德主刑辅”构建和谐社会》，载《法学杂志》2007 年第 1 期。

充分发挥中国特色社会主义司法制度的优越性。这既是赋予马克思主义法律思想以民族性的一个典范,①也是对中国传统智慧的吸收。

(二)传统刑事立法政策思想的现代借鉴

1. 立法宽简:构建和谐社会的立法取向

历史经验表明,一个王朝在建立之初大都能遵从立法宽简的政策,但从王朝的中后期开始,法网便渐变渐密,刑罚渐变渐重。而无一例外的是,立法的膨胀,刑罚的趋重,并没能解决政治危机、社会危机,反而加速了王朝的覆灭。这一点应该引起我们的警惕。1979 年新中国第一部刑法典基本上发扬了立法宽疏的传统精神,但是很快被 24 部单行刑法肢解得支离破碎,新罪名不断增加,刑罚不断加重,并基本上被 1997 年刑法典所吸收。随着社会的发展,治安形势的变化,我国刑法罪名不断增加、刑罚不断加重的做法有其一定的现实合理性,但也并不是无反思之处。私见以为,立法宽简是构建和谐社会的立法取向和指导思想。

2. 严以治吏:吏清政廉是和谐社会的保障

新中国成立以来,严以治吏的政策思想并未改变。20 世纪 50 年代初刘青山、张子善被依法处以死刑,今日尚常被提及。20 世纪 80 年代以来,高官落马者逐渐增多。历史留给我们的殷鉴是:贪腐常常是贪财与贪色两不分离,因此应在治理贪色上下工夫,贪财贪色同时治理,把反腐败推向深入。在我国现行刑法中,没有官吏性骚扰或猥亵之罪名,只有一般的强制猥亵之罪名。官吏滥用权势猥亵部属,无罪无罚,仅有党纪处分。《刑法修正案(七)草案》用了一个新鲜词语——“关系密切的人”,其含义是仅指情人,还是包括情人在内的范围更广的人?尚不明确,而且也不是针对性贿赂规定的,而是针对扩大受贿罪主体范围而设立的。当下应亟须完善贪污贿赂犯罪体系与刑罚体系。

(三)传统司法政策思想的现代借鉴

1. 慎刑恤罚:构建和谐社会的民权关怀

慎刑恤罚首先得以立法的谦抑为前提,但是借鉴传统慎刑恤刑政策,改变重刑倾向,同样是当下司法的一个重要课题。一是进一步限制死刑

① 参见付子堂:《马克思主义法律思想中国化的三条经验》,载《人民日报》2008 年 7 月 23 日第 15 版。

适用对象。借鉴历史，可以考虑将死刑适用排除对象扩大到满一定年岁的老年人。二是司法中充分运用轻缓化的刑事政策。执政为民、司法为民是构建社会主义和谐理念的应有之义，我们应借鉴传统的慎刑恤罚思想，关注弱势群体的权利实况、司法生态。

2. 顺天行刑：寻求人与自然秩序的和谐

顺天是中国古代思想家的共识。顺天行刑，正是寻求人与自然的和谐，在用刑问题上强调天人合一，遵循自然规律。在今天看来，天人感应说带有诸多神秘色彩，但以此为基础的顺天行刑政策思想对人与自然之间和谐的追求仍具有启发意义。我们今天在尊重顺天行刑政策在劝导人心、稳定社会的历史作用同时，要警惕其迷信成分的复活，而对顺天行刑政策思想予以改造吸收，只能吸收在适用刑罚时要尊重客观规律这一合理内核，并予以新的诠释。

（四）针对特定人刑事政策思想的现代借鉴

1. 矜老恤幼：刑罚人道主义的关怀

对老年人和未成年人的刑罚人道主义的关怀是法治文明的进步。中国古代刑法对待犯罪的老年人的刑事责任的传统态度，值得正在走向现代化的中国刑法借鉴，使刑罚的适用能够真正体现正义和人道的要求。如上文建议的将禁止死刑适用的对象扩大到满一定年岁的老年人。对未成年人，严格控制无期徒刑的适用，尽量适用非监禁刑，严格控制资格刑的适用，严格控制财产刑的适用。未成年犯服刑期间的劳动强度应低于成年犯；以未成年人为本位，适度放宽减刑、假释的条件。

2. 亲亲相隐：人道亲情是和谐社会的根基

亲亲相隐的立法几乎贯穿了人类文明史，究其原因，是如此选择归根结底有利于国家长久利益。如何在“家”与“国”利益之间寻求一个衡平点，不仅是完善相关立法应该考虑的问题，更是构建和谐社会要考虑的重大课题。一是要变容隐义务为容隐权利。我国现代刑法要规定，如果亲属主动告发，应视为放弃容隐权，而不能认为其违反容隐义务而予以惩罚。① 二是规定

---

① 参见王剑波：《“亲亲相隐”制度的价值探寻与重构——以和谐社会中的刑事政策为视角》，谢望原、张小虎主编：《中国刑事政策报告》（第1辑），中国法制出版社2007年版，第392页。

亲属享有证言特免权。三是限定相容隐的亲属的范围。四是限定相容隐的罪行范围。五是限制容隐的行为方式。一般隐匿亲属犯罪的行为不具有应受惩罚性。至于情节相当严重的匿亲行为,如暴力劫囚、毁证同时毁灭公私财物或威胁公共安全、杀伤证人等,因在保护犯罪亲属的同时已触犯其他罪名,罪不可恕。① 我们提倡的是能够为社会主义政治、经济诸方面所包容、代表先进文化发展方向、以人道主义和人文关怀为底蕴、体现社会主义核心价值体系的新型的亲属相隐,因此对实体法上的包庇犯罪、伪证犯罪,程序法上的有关作证义务等都要从立法予以必要的完善。

四、结语

人类社会在寻求共性标准的同时,也越来越多地提倡个性文化——民族文化或本土文化。而近百余年来,中国在对传统的不断批判中失去了“自我”。在我们现代的学术研究中,我们找不到传统的震撼,找不到可以给我们自信的传统。因此,走出文化自卑,重新解读中国传统法律文化不仅是学术的需要,也是时代的需要。今天,我们构建和谐社会,也必须让传统成为我们最丰厚的合法性凭据。在制定刑事政策时,在完善刑事立法和刑事司法时必须考虑人本身,人权保障是法治社会的重要命题。如此一来,只有超越传统才能推动社会的进步。对天人合一、德主刑辅、严以治吏、顺天行刑、矜老恤幼、慎刑恤罚、慎用死刑、亲亲相隐等传统法律文化的合理内核要加以吸收并弘扬,而且还要跳出历史的圈圈让优秀的传统在流淌中能够不断创新,保持其活力,避免出现历史上中华法系因创新不足而历经两千余年基本上还在原地转圈,最终导致解体的局面。如今,古法统虽已不存,但可以肯定的是,中国自古以来形成的文明延绵、国家一统、浓浓的和谐情节等传统特点在今天依然存在,并会随着中国的强盛而日益加强。但由于人治历史的“厚重”,中国人法治精神向来淡薄。一切法治精神淡薄的现象,根源还在于文化,要贯彻依法治国基本方略,实现“宪法法律至上”,必须从文化上提高法治精神,让刻着天平图案的法律标志,真正引领21世纪的中华文明。②

---

① 参见范忠信:《中西法文化的暗合与差异》,中国政法大学出版社2001年版,第123页。

② 参见余秋雨:《千年文化》,中国盲文出版社2007年版,第114页。

●中国刑事政策评估的现状考察与模式定位

姜　瀛*

摘　要：刑事政策是探索犯罪治理的科学。将刑事政策应用于犯罪治理实践之后，对于刑事政策本身及其效果的科学评价有赖于刑事政策评估体系之建构。刑事政策评估是刑事政策评估机构依据一定的程序和标准进行检测和评价，以科学判断刑事政策本身及其在犯罪治理中实际效果的活动。鉴于我国刑事政策机制长期缺位，且仅存的刑事政策评估也主要是自我评估、内部评估与单项指标评估，在推进刑事政策科学化的进程中，刑事政策评估的模式建构应确立以"第三方评估模式、公开评估模式与综合性指标评估模式"为基础的评估体系。

关键词：刑事政策　政策评估　评估主体　信息公开　评估方法

在开展犯罪治理实践行动之后，付出的代价、取得的成绩以及存在的不足共同决定着刑事政策的实际作用。而只有对刑事政策作出科学评估，犯罪治理的实践行动才能不断完善，科学的刑事政策评估还将为新的刑事政策目标之确立提供可靠的参照。在探求刑事政策科学化的过程中，依靠评估特定的主体依据特定程序运用恰当的方法来评价和估计犯罪治理行动中的政策依据、执行过程以及实施效果，有助于检验刑事政策在犯罪治理中所具备的实践理性。

一、刑事政策评估的基本界定

政策评估是政策过程中的重要环节，对政策的制定、执行与变动起到

---

*　大连理工大学人文与社会科学学部讲师，法学博士。

串联的作用。在对刑事政策的科学性、落实情况及影响因素作出判断的过程中,科学的评估体系是最有说服力的手段与方法。

(一)刑事政策评估的概念界定

什么是政策评估?美国学者N.格朗兰德给评估作了一个简洁的描述:“评估 = 量或质的记述 + 价值判断。这里的‘量或质的记述’就是我们常说的事实描述,即对事物现状、属性与规律的客观陈述。所谓‘价值判断’,就是在事实判断的基础上,根据人的需要和愿望对客观事物做出判断。”综合起来,评估就是在对事物现状、属性与规律进行客观描述的基础之上,根据人的需要和愿望对该客观事物所作出的判断。①

政策评估的对象是什么,公共政策学界有三种主流观点:其一,政策本体评估论,认为政策评估主要是对各种各样的政策方案进行的估价,以分析政策方案的科学性及其可行性程度;其二,政策执行过程评估论,认为政策评估是政策执行的合理性与科学性的综合评价,政策评估包括政策执行阶段的监控活动;其三,政策实施效果评估论,认为政策评估是对政策实施效果所进行的研究,包括政策结果评价与政策效益评价。因此,从整体上来看,政策评估可以包括对政策本体、执行过程及其效果的综合论证和评价,以判断政策过程的科学性。基于此,学界对于刑事政策评估的概念也存在不同的看法,但主要的分歧实际上也是集中在刑事政策评估的对象与范围。一种观点认为,“刑事政策评估是指利用恰当的方法评价和估计刑事政策的内容、执行与效果的活动”。此外,另一种观点认为,“所谓刑事政策评估,就是刑事政策评估机构依据一定的程序和标准,对刑事政策实施后的效率、效能、效益进行检测和评价,以判断刑事政策效果的活动过程”。还有观点立足于刑事政策的整体过程,认为“刑事政策评估,就是依据一定的标准和程序,运用一定的方式和方法,通过考察刑事政策过程的各个阶段、各个环节,对刑事政策的效率、效能、效益以及价值等进行检测和评价,以判断刑事政策的效果”。②

简单来看,刑事政策评估是对刑事政策作出的理性评价,是关于政策

① 转引自肖远军、李春玲:《政策评价概念探析》,载《理论探讨》1995年第2期。

② 黄京平、王烁:《论刑事政策的评估——以建立指标体系为核心》,载《中国刑事法杂志》2013年第7期。

系统运行效果的多维考察。申言之,刑事政策评估,是刑事政策评估机构依据一定的程序和标准进行检测与评价,以科学判断刑事政策本身及其在犯罪治理中的实际效果的活动。虽然理论上也认为刑事政策的评估贯穿于刑事政策运行的全过程,还应当包括刑事政策制定过程中的前期评估,甚至是刑事政策执行监控中的评估活动,但是就本文所下的定义而言,刑事政策评估应主要集中在刑事政策实施后阶段。① 从具体阶段来看,刑事政策评估可分为执行中的实际评估和阶段性的整体评估两种基本类型,前者是为刑事政策执行监控中的组织协调与政策微调提供依据,后者是总结经验,并为可能形成的新刑事政策或者潜在的刑事政策变动提供依据,狭义上的政策评估仅指后者。

在假定刑事政策本身具备科学性的前提下,刑事政策评估需要构建的指标体系应当包含刑事政策的实际效度以及实际效度与预期效度吻合的程度,因此,刑事政策评估的目标及其主要的考察对象应当落位在刑事政策的实施绩效上,刑事政策评估实际上是全方位考察我国犯罪治理的状况,并对刑事政策所具备的实践理性作出科学回应的过程。只有通过刑事政策评估,我们才能充分了解国家(以及国家所引导的社会)在犯罪治理活动中是否履行了自己的应有职责。事实上,要明确国家在刑事政策过程的尽职程度,就应建立起刑事政策评估体系;通过刑事政策评估,可以为考察与证实刑事政策执行过程中的不科学现象提供科学依据。

(二)开展刑事政策评估的现实意义

评估作为一种工具,是实现刑事政策科学化所依仗的基本方法。从本质上看,刑事政策评估并不仅仅是一种纯粹的"科学活动",而是一种复杂的利益博弈,明辨刑事政策评估所体现的目标及其价值,防止出现对刑事政策评估目标曲解的现象,就成为一个意义重大的原则性问题。② 由于我国对犯罪治理的科学化缺乏足够的重视,在犯罪治理的对策设计与效果考察方面多凭借长官意志或主观思维,由此忽视了对犯罪治理行动效果作出客观、理性的思考。

① 严励:《中国刑事政策的建构理性》,中国政法大学出版社2010年版,第213页。

② 参见刘春萍、徐露辉:《地方政府绩效评估与责任政府建设》,载《社会科学战线》2007年第5期。

客观而言,刑事政策评估可以向治理者提供关于犯罪治理效果的基本信息,通过刑事政策评估,犯罪治理行动的实际效益、效率、效能都可以被量化,最终能够对犯罪治理的效果作出整体性判断与评价,这种判断与评价可以起到"旁观者清"的作用。① 同时,一项刑事政策在经过一段时间的运行后,可能会面临或废止或继续存在或是作适当修改调整等情形,何去何从完全取决于刑事政策在犯罪治理中的绩效评估。更为重要的是,刑事政策评估有利于社会公众对国家的犯罪治理工作以及我国的犯罪现状作出理性认识,进而促进犯罪治理领域内社会公众对国家权力的监督。犯罪治理必须建立在科学的基础之上,要形成一套科学的刑事政策评估体系,既可以为犯罪治理的决策者提供科学的依据,进而为犯罪治理中刑事政策的"优胜劣汰"、刑法规范的"废修补改"提供重要的证据支撑;同时,科学的评估机制还可以帮助社会公众科学地认识犯罪状况,引导社会公众正确理解并积极参与到犯罪治理行动中。可以肯定,随着对决策科学化的积极提倡,犯罪治理效果评估的重要价值将日渐显现。积极推进刑事政策的科学评估,这既是刑事政策过程中的应有环节,更是治理现代化的必然要求。实现刑事法治、提高犯罪治理效能、监督与问责等多方面的要求决定了刑事政策评估体系的成型。

正视刑事政策评估的意义与价值,应注意以下几个方面:首先,刑事政策评估是一种功能性手段,评估具有明显的工具色彩。评估是科学认知刑事政策作用于犯罪治理实践过程的基本方法,刑事政策评估所得出的结论、发现的问题是引发刑事政策调整或终止的基本依据,也是推进刑事政策优化与完善的重要保障。② 其次,刑事政策评估是犯罪治理中的综合性评价。作为对刑事政策科学化水平高低的反馈,刑事政策评估不仅仅考察犯罪数据的直观变化,评估的过程还将关注刑事司法的效率与公正程度、社会防卫效果、人权保障、社会认同,等等。可以说,刑事政策评估将涉及刑事司法的政治效应、法律效应、社会效应和经济效应等多个方面。最后,刑事政策评估是引领刑事法治进程的风向标。通过刑事政策

---

① 刘仁文:《论刑事政策的评估》,载《政法论坛》2002 年第 4 期。

② 姜涛、刘万啸:《刑事政策实施绩效评估的理论模型与实证研究》,载《法学杂志》2010 年第 7 期。

评估所得出的结论,将全面呈现出犯罪率的变化、刑事司法的效能、人权保障情况。同时,将系统的评估结论公之于众,并加以充分的分析与解读,社会对待犯罪治理与刑事司法的良性态度将逐步形成,这将促进公众对刑事法治的认同感。

二、我国刑事政策评估所面临的现实困境

在我国,对于刑事政策作用于犯罪治理实践过程中效果考察多是凭借感性认识,可以说,我国的刑事政策评估工作是长期缺位的。一方面,由于我国的公共政策评估工作起步较晚,近十几年来虽然也取得了一些成绩,但尚未形成完善的评估体系与制度框架,这必然会影响到处于下位的刑事政策评估。而在另一方面,由于受到传统的犯罪观影响,我国仅存的一些刑事政策评估活动在评估主体、评估信息公开、评估方法等方面也存在诸多问题。

(一)开展政策评估所面临的共性问题

在公共政策学界看来,我国公共政策评估的现状可以被概括为"刚刚起步,但问题重重"。① 总体来说,在中国,随着政策科学的理论发展与实践应用,科学决策在经济发展与社会进步中的巨大推动作用已经得到广泛的认可,这使执政党和政府日益重视政策评估对决策科学化、民主化的重要作用,并在实践过程中鼓励政策评估,开展政策评估。但从另一方面来看,中国的政策评估还相当不规范、不完善,而且受到较多人为因素影响。可以说,我国的政策评估也是处于"理想与现实碰撞"的交错状态。②

一方面,经过特定程序形成的公共政策本身仍然是不完全和抽象的,执行过程中也必然有其他一系列因素的介入,选择的评估者可能是不同的,不同评估者所处的地位、立场、侧重的目标也将不同。加之我国尚未确定相对固定的政策评估体系,从而得出评估结论也将有所不同,科学性必然难以保障。另一方面,政策评估涉及的问题相当广泛,既要穿插在政策形成、执行、变动等多个过程之中,又要关注政策对对象问题、制度化、

---

① 陈世香、王笑含:《中国公共政策评估:回顾与展望》,载《理论月刊》2009 年第 9 期。

② 姜涛、刘万啸:《刑事政策实施绩效评估的理论模型与实证研判》,载《法学杂志》2010 年第 7 期。

法律边界以及外部政策环境等多个领域,如何建构政策评估体系将是一个涉及政治学、社会学、法学、经济学、心理学等的综合性问题。因此,在公共政策评估中确立一个什么样的目标和采用何种方法无疑是一件非常困难的工作。更为重要的是,评估过程中对政策的考察既包括显在的、可量化的短期业绩,也包括潜在的、难以量化的长期影响,既包括与政策实施目标直接相关的目标绩效,还包括政策实施绩效所导致的外部效果(如社会环境影响、公民满意度等)。以上诸多问题都使我国的政策评估工作在表现出广阔前景的同时,又处于相对滞后的状态。

(二)刑事政策评估自身所特有的问题

由于犯罪现象的快速多变,刑事政策必须要逐步优化才能发挥效用,这将会经历一个评估与再评估的交替过程。鉴于此,科学地评估我国刑事政策在犯罪治理中所发挥的作用,通过寻找、识别和整理来确定刑事政策在立法、司法和社会生活领域的作用范围与作用机理,找出政策实施中存在的问题和缺陷,并在以后的政策实施中加以纠正,从而将刑事政策过程中一切成败得失纳入科学、可行、合理的评估体系之中,这将是一个长期而艰巨的任务。

从评估主体来看,我国目前的刑事政策评估主要限于自我评估。自我评估是刑事政策的决策者或执行者对刑事政策过程或其中某一项工作所自行作出的评估如公检法司各级机关、政法委或综治办所进行的评估。由于自我评估限于"角色冲突",评估往往流于形式,因此,自我评估往往成为被批判的对象。事实上,由于自我评估本身受制于"人性的局限",体制外的外部评估被认为是政策科学发展的方向。但由于信息获取与方法选用上的差异,在提倡体制外评估时,国家专设的评估机关也可以成为刑事政策评估的可靠选择。目前,在犯罪总量和犯罪率不断攀升的情况下,由权力机关或社会组织开展各式各样的社会治安满意度调查结果纷纷出炉,这些报告显示社会公众对于社会治安的主观满意度越来越高,但这种自我评价而非第三方的中立评价机制难免给人"王婆卖瓜、自卖自夸"的印象。因此,科学的政策评估本身应当是外部评估,自我评估已经逐步被否定,只是在评估主体的资质、评估的系统性与连续性以及评估的多样性方面,外部评估还需要被进一步规范和引导。

单就刑事政策的评估工作而言,评估结论的信息公开似乎是制约着刑事政策科学发展的“软肋”。事实上,我国存在的刑事政策或犯罪治理评估不仅多为自我评估,而且往往还是不公开的内部评估。在我国传统的意识形态中,社会主义国家不会产生犯罪,或者说应是低犯罪率国家;若告诉世人,中国不仅存在犯罪,而且犯罪态势也越来越严重,这不仅是在犯罪治理工作中自曝家丑,更有损国家的整体形象。在改革开放初期犯罪形势严峻的时候,国家明显感受到了犯罪给社会治安带来的压力,于是毅然决然开展严打,而这种政策调整的科学性与合理性如何被证实,这需要用严打政策实施的效果来检验。然而,对于严打在犯罪治理中的实际效果,我们却是在时隔多年之后才零零散散、陆陆续续地知悉的。事实上,在刑事政策应用于犯罪治理实践的过程中,在官方与社会公众之间,在决策者、执行者与研究机构之间,缺乏一个信息共享的平台和机制,这是制约犯罪治理科学化的最大障碍。科学的刑事政策评估,要求公共权力就其在犯罪治理领域的表现和治理业绩向人民交出答卷,由社会公众来评判与监督,而前提便是评估结论的信息公开。同时,在人民群众缺乏基本信息公开的前提下,评估中所公布的社会治安满意度之主观成分越来越高,人们对种种治理绩效所表示的质疑也越来越多,原因就在于国家在犯罪治理中的成绩与不足仍是“自圆其说”或停留在内部,这便越发要求刑事政策评估后的信息公开。

曾经,在绝对主义犯罪观的影响下,我们强调不惜一切代价消灭犯罪。后来,虽然相对主义犯罪观被逐步确立,但以“犯罪量”为唯一衡量标准的思维模式并未发生根本的改变。在评估刑事政策的过程中,由于评估理论与实践的相对落后,“犯罪量(或犯罪率)”成为评估刑事政策的唯一标准。换句话说,长期以来,我们在对待犯罪治理或刑事政策评估的问题上,只是将评估的对象定位为刑事政策能否消灭犯罪、减少犯罪或是预防犯罪,将犯罪问题的影响简单化或者是等同于犯罪数量的单项标准,衡量刑事政策效果的指标被单一化。而从“不惜一切代价”的表述方式可以看出,除了犯罪数量之外,我们对于其他的指标以及刑事政策所产生的其他影响都完全忽略。可以说,综合性刑事政策评估理念在我国几乎是一片空白。同时,由于我们此前对政策评估工作不够重视,很难说有正式意义上的评估活动,一些决策者或执行者所作出的工作总结或是阶段性的工作指标,便可以被转化为相应的公共政策评估报告。因此,实践中除了将评估指标限于犯罪数量之外，我国的评估指标也被弱化为一些表面的数据，如工作报告、工作总结中所提到的“办案数量、犯罪人数、挽回的经济损失以及取得成绩或存在的不足”，经过进一步的转化就成了绩效评估报告。

三、实现刑事政策科学评估之理性模式

在完善刑事政策评估的体系中，评估主体的选择、评估结论的公开以及评估指标体系的建构将是我们所面临的重点问题。刑事政策评估体系的科学建构要求我们把握这些问题的核心内容，摆脱我国刑事政策评估的现有困境，由此来确立起基本的刑事政策评估框架。

（一）引入第三方评估

从评估主体的不同情况来看，科学的刑事政策评估应当依托于第三方评估。第三方评估是指国家专门的评估机构（如美国专门成立的国家绩效评审委员会）、学术科研机构以及商业性评估公司所进行评估。此外，在公共政策评估主体的划分上，学界也将其分为体制内评估与体制外评估。体制内评估不限于决策者与执行者所进行的自我评估，国家专设的评估部门所进行的评估也被认为是体制内评估，而体制外评估自然是指学术科研机构与商业性评估机构的评估结构。

2014 年的《政府工作报告》在部署工作重点时指出，“各地区各部门认真贯彻，合力推进，一些重点工作取得积极进展，收到实效。但必须看到，不少政策措施落实的力度不到位、效果不明显，没有充分发挥对经济稳定增长和转型升级应有的促进作用。通知要求，要对政策措施落实不力的，实施责任追究，严肃问责，依法依规进行诫勉约谈、通报批评甚至给予行政处分”。① 报告同时指出，“督查将采取与第三方评估相结合的方式，邀请全国部分研究咨询机构等独立专业的第三方评估机构，并向国务院提交评估报告”。可以看出，第三方评估工作公共政策实施中的重要作用已经为国家所重视。

在明确应在刑事政策过程中引入第三方评估机制的同时，如何科学

① 《国务院部署全面督查政策措施落实情况》，载《新华每日电讯》2014 年 6 月 8 日第 1 版。

地建立起第三方评估制度便显得至关重要。事实上,一国的公共政策评估或者说政府绩效评估体系的确立是一个巨大的系统工程,需要从整体上做出考虑,而刑事政策评估只是系统中的个案而已。以美国为例,1993年,克林顿上任伊始,就在联邦政府实施了战略化的绩效评估模式,成立了国家绩效评审委员会,并由国会立法通过了《政府绩效与结果法》(Government Performance and Results Act),从而为美国联邦政府各部门实施政府绩效管理与评估建立起规范化的体系。从美国的政府绩效评估体系来看,专门成立的国家绩效评审委员本身具备政策评估的职能,同时还将为引入外部的第三方评估①起到重要的协调作用。在专门的科研院所或者是商业性评估机构参与到公共政策评估过程后,无论是主体的选择与资质的考察,评估任务的委派,还是对于评估结论的整理、质询与公开,只有存在一个协调的主体,并且有明确的法律规范指引,评估工作才能有序进行。与此同时,第三方的评估工作也被视为一种公共服务,美国允许几种甚至是多种评估结论的存在,并通过政府购买公共服务的形式选择更为科学的评估主体,以此来引导评估工作中的良性竞争。当然,对于第三方自发(没有明确的选任或未购买的公共服务)进行的评估活动,国家也持有一种开放的态度,允许并鼓励评估工作存在不同的声音,并为其提供自由的空间。②

可以肯定,在我们建构刑事政策评估体系的过程中,评估主体的选择是一个基础性问题,但是由于我国的公共政策评估机制尚未能科学确立,刑事政策评估工作也必然受到制约。现有的第三方评估机构也多是科研机构,商业性或非政府性评估机构屈指可数,这样的条件下,刑事政策评估也多是由一些科研人员根据其研究的兴趣、方向所进行的零零散散的工作,既不具有连续性,也缺乏系统的评估结论,可以说,在第三方评估主体的引导与发展方面,我国还有很长的路要走。

① 在美国,比较著名的第三方评估组织有布鲁金斯研究所、兰德公司、美国公共政策企业研究所、外交政策学会、全美公共行政学会、传统基金会等,它们都能起到政策评估的作用。

② 参见潘毅、高岭:《中美公共政策评估系统比较及启示》,载《甘肃行政学院学报》2008 年第 5 期。

（二）推进刑事政策评估中的信息公开

在信息公开的背景下，刑事政策的评估结论需要向公众公开。2007年1月17日，国务院第165次常务会议通过了《中华人民共和国政府信息公开条例》（以下简称《信息公开条例》），该条例自2008年5月1日起施行。《信息公开条例》的宗旨是为了保障公民、法人和其他组织依法获取政府信息，提高政府工作的透明度，促进依法行政，充分发挥政府信息对人民群众生产、生活和经济社会活动的服务作用。其所称的政府信息，是指行政机关在履行职责过程中制作或者获取的，以一定形式记录、保存的信息。《信息公开条例》对于政府信息公开工作的组织领导、工作制度、政府信息公开工作机构的具体职责、信息公开的原则（公正、公平、便民、及时、准确）、公开的范围等进行了规定。虽然《信息公开条例》是伟大的历史进步，但其仅限于政府信息，而犯罪治理所需要关注的主要司法信息和公安机关的相关信息（如刑事案件立案、破案等）不在此列。所幸的是，近年来，“司法体制改革”成为中央司法改革部署改革纲要中的重要内容。以法院系统为例，全国法院采取积极措施，在立案公开、庭审公开、执行公开、听证公开、文书公开、审务公开六个方面全面推进司法公开制度改革。类似的警务公开检务公开改革也在全国公安系统与检察系统进行之中。当然，其中最大的问题是“选择性公开”，即往往是根据自身利益最大化的考量，将对自己有利的信息予以公开，而对己不利的信息则以各种秘密或利用各种借口予以遮蔽，不予公开。

公布犯罪评估信息，能够促进犯罪治理的透明化，使刑事政策的调整、刑事立法司法的重大决策和评估更加科学化民主化；能够凝聚多方力量，获取人民群众的理解、信赖与支持，增进人民群众和政府之间的互信与合作。同时，将刑事政策在犯罪治理实践中的实际效果进行科学评估，并将之公之于众，能够更好地监督制约警察权和司法权的行使，提高司法的权威和高效，保障司法的公正，使其更好地为人民服务。此外，刑事政策评估结论的公开对科学研究也有着不容低估的意义。可以肯定，评估结论能够为广大的研究者和犯罪治理参与者提供可靠的数据信息，以便研究者更加科学地认识分析犯罪现象及其发展演化的规律，探究犯罪原因，为制定合理高效的刑事政策和犯罪控制战略奠定科学基础。当然，立足于更宽广的视野，将刑事政策评估结论公开向全世界发布，有助于加强与各国和相关国际组织在犯罪治理领域的沟通、交流与合作,更好地借鉴国际经验以提高我国犯罪治理的成效,从而进一步提升我国的国际形象。

事实上,最高人民法院于2013年11月28日发布《关于人民法院在互联网公布裁判文书的规定》对传统司法公开制度作出的革新,将会对公民与政府之间对话有极大的影响,其彰显了国家打造阳光司法的坚强决心,也为人民群众在每一个司法案件中都感受到公平正义奠定了制度基础。鉴于此,促进刑事政策评估公开,应当充分发挥新媒体在刑事政策评估中的应有作用,要使社会公众对各项刑事政策的态度和反映以及不同评估主体的评估报告或观点及时地出现在公众的视野中。党的十八届三中全会《关于全面深化改革若干重大问题的决定》中强调:“推进审判公开、检务公开,录制并保留全程庭审资料,全面公开法院生效裁判文书;广泛实行人民陪审员、人民监督员制度,拓宽人民群众有序参与司法渠道”。毫无疑问,刑事政策评估结论的公开实质上是对决策者与执行者的监督,也只有保持评估结论的公开,决策者与执行者才能够对社会各界的问题与质疑作出解释。在刑事政策科学化的过程中,我们须明确刑事政策评估公开的重要性,逐步使刑事政策评估社会化与透明化。

(三)提倡综合性指标评估

公共政策评估过程中并不排斥对于某一专项指标所进行的专门评估,但对于某一专项指标的评估乃是建立在综合性评估的基础之上的。易言之,在对刑事政策进行综合性评估的基础上,我们自然可以选择某一专项指标(通常指标体系中的一级指标)进行精细化评估,在三级指标之下设置四级指标,由此来认识某一刑事政策存在的问题或发生的变化。例如,在全面开展社区矫正工作之后,我们在对整体的犯罪治理状况进行评估的同时,可以专门就社区矫正工作开展前后进行“成本—收益”评估,从中发现国家在犯罪治理中的财政支出与治理效果之间是否存在变化,或者是评估社区矫正是否能够在节省国家财政支出的同时取得更好的矫正效果。此外,从绩效评估的基本理论来看,评估维度与视野将决定着评估的科学性。将评估指标限定为单项指标,相应的评估体系在结构上必然会出现失衡的状况,而失衡的评估体系将会忽略众多价值,转而是刑事政策的工作重心转移到错误的方向,评估便会仅仅局限在一个点上,而非整体的面上。如果不纠正失衡的评估指标体系，我们在错误的道路上可能会越走越远。

评估指标体系是对公共政策实施情况进行测量、评定的参照体系，建立评估指标体系是公共政策评估最核心的内容，也是判断政策效果以及是否实现预期目标的重要基础。萨茨曼教授将政策效果评估标准与政策执行过程评估标准结合起来考察，并概括出政策评估的五项标准：效果、效果的充分性、效率、工作量、执行过程；①而威廉·邓恩教授将政策评估标准分为六个方面：效果、效率、充足性、公平性、回应性、适宜性。② 事实上，建立一个科学的刑事政策评估指标体系将是一个十分复杂的过程，这一过程还要考虑到体系的科学性与现实性。事实上，指标体系的选择应能体现刑事政策的实质含义，力求全面、综合、系统，能从不同侧面刻画它的全貌。因此，指标体系不仅不是简单的内容罗列和堆砌，而是一种"结构化"和"层次化"的排列，包含"可逐层分解"和"按一定优先权进行排序"的含义。③

需要指出的是，评估的价值取向可以视为法律评估之魂，它直接决定评估的目的及评估标准的确立，从而就决定了评估指标体系的型构。没有科学的评估价值取向，或者在建立评估指标体系的过程中偏离、背离了相应的科学的评估价值取向要求，评估指标体系就不可能有科学合理的结构和功能，就不可能有旺盛的生命力。④ 一般而言，指标是构成指标系统的诸因素（一级指标、二级指标和三级指标）等对整体的影响程度。这种"影响程度"便成为指标体系中的权重。分析评估机制中的指标体系，主要取决于两个方面：一是构成整体的指标的设定要准确；二是构成整体的指标的重要性排序界定要恰当。一级指标与二级指标、三级指标是按照评估内容所做的类型划分。一级指标是指对某一基本刑事政策或者具体刑事政策的功能进行全面的指标设定。⑤ 依本文观点，刑事政策评估中

---

① 转引自贠杰、杨诚虎：《公共政策评估：理论与方法》，中国社会科学出版社 2006 年版，第 24 页。

② 高兴武：《公共政策评估：体系与过程》，载《中国行政管理》2008 年第 2 期。

③ 郑吉萍：《地方政府绩效评估机制探析》，载《长白学刊》2007 年第 4 期。

④ 彭国辅：《价值取向是地方政府绩效评估的深层结构》，载《中国行政管理》2004 年第 7 期。

⑤ 梁根林：《刑事政策：立场与范畴》，法律出版社 2005 年版，第 89～90 页。

可选取的一级指标包括五种,即犯罪量(率)指标、法治性指标、结构性指标、社会性指标、经济性指标。其中经济性指标二级或三级指标是指对刑事政策实施过程中的某几项或某一项特定目的和效果进行指标设定。当然,指标体系将是刑事政策评估中的核心内容,是决定刑事政策评估体系科学与否的关键所在,评估指标体系的设定及其权重配置将是一个有待深入研讨与论证的重点问题。

四、结语

长期以来,我们在对待犯罪问题上往往强调不惜代价、不计成本,因此对犯罪治理评估重视不够。犯罪治理效果的评价也多基于主观感受,没有科学的评估体系,也无法形成科学的绩效考察,刑事政策的科学评估长期缺位。事实上,刑事政策的科学性及其在犯罪治理中所发挥的效果必须被准确的认知,对刑事政策进行的科学评估可以为刑事政策的调整与废止提供科学的依据,由此才能保证我们犯罪治理行动具有正确的目标,而不会偏离方向。在探求刑事政策科学化的过程中,应提倡以第三方评估、公开评估以及众合指标评估为基本框架,通过科学的评估体系来促进刑事政策的逐步完善,并将其推向更科学的高度。

●我国反有组织犯罪刑事政策研究*

蔡　军**

一、我国当前反有组织犯罪的刑事政策考察

(一)我国“打黑除恶”刑事政策之变迁

在不同的历史时期,我国打击有组织犯罪的刑事政策主要有以下几种:

1. 镇压与宽大相结合的刑事政策。新中国成立初期,由于我国的刑事立法活动还没有立即展开,脱胎于革命根据地时期的“镇压与宽大相结合”的政策就成为这一时期打击和惩处一切犯罪的基本刑事政策。中国共产党依据“镇压与宽大相结合”的刑事政策,在争取一切可以争取的旧中国帮会组织和帮会分子的同时,对于依赖于国民党而又不悔改的反动帮会和黑社会恶势力采取坚决打击和镇压。通过几年的扫荡和清匪反霸、镇压反革命、肃毒禁娼等运动,旧中国遗留下来的以反革命帮会为代表的黑社会组织和黑社会势力受到了毁灭性的打击,中国大陆的黑社会势力基本被彻底清除、肃清,从此中国进入了长达25年(1953~1978年)的黑社会犯罪的历史空白期。①

2. 惩办与宽大相结合的刑事政策。随着新中国成立后社会主义改造的基本完成,“镇压与宽大相结合”的表述已经与社会形势的发展不相符合,中央提出以“惩办与宽大相结合”的刑事政策替代“镇压与宽大相结合”的提法,并在1956年予以确定下来,其内容也被概括为“首恶必办,胁

---

* 本文系作者博士后出站报告“中国反有组织犯罪的刑事政策研究”中的精粹部分。

** 河南大学法学院教授,法学博士。

① 何秉松:《中国有组织犯罪研究》(第1卷),群众出版社2009年版,第76~95页。

从不问,坦白从宽,抗拒从严,立功折罪,立大功受奖”。由于这一时期(1953～1978年)我国大陆的黑社会组织及黑恶势力基本被清除,因而“惩办与宽大刑事政策”在相当长时间内并未实际运用于打击和治理有组织犯罪。但是,20世纪70年代末,我国大陆的犯罪团伙开始涌现,在中央决定实施“严打”以前(1983年),该刑事政策仍是这一时期我国“打黑除恶”的基本政策。比如,在1979年7月,五届全国人二次会议通过了《中华人民共和国刑法》,在第一条明确规定了“惩办与宽大相结合”的刑事政策。

3.“严打”的刑事政策。改革开放初期(20世纪70年代末),随着我国政治、经济、社会和文化环境的改变,作为黑社会性质组织发展雏形或者初级阶段的犯罪团伙开始大量出现,并随后快速地向恶势力团伙和黑社会性质组织转化。鉴于社会治安的持续恶化,从1983年开始,中央决定在全国范围内开展严厉打击严重刑事犯罪分子的斗争,并提出了依法“从重从快”打击犯罪的指导方针,“惩办与宽大相结合”的刑事政策被“严打”刑事政策所取代。可以说,从1983年开始,我国进入了长达20余年的“严打”时期。“严打”的刑事政策也当然地成为这一时期我国打击和治理黑社会性质组织犯罪及其他犯罪集团、恶势力的基本政策。

4.“宽严相济”的刑事政策。2004年12月,时任中共中央政法委书记的罗干同志在中共中央政法工作会议上指出:“正确运用宽严相济的刑事政策,对于严重危害社会治安的犯罪活动严厉打击,绝不手软,同时要坚持惩办与宽大相结合,才能取得更好的法律和社会效果。”2005年,罗干同志在召开的全国政法工作会议上再次提及“宽严相济”的刑事政策。至此,“宽严相济”刑事政策取代“严打”的刑事政策,其基本地位被正式确立。“宽严相济”刑事政策的提出被认为是对我国实施二十余年“严打”刑事政策深深反思的结果,是对“惩办与宽大相结合”刑事政策的继承和发展。在随后几年,我国在进行的“打黑除恶”专项斗争中着重强调了“宽严相济”的政策要求。比如,在2006年12月通过的最高人民检察院《关于在检察工作中贯彻宽严相济刑事司法政策的若干意见》和2010年2月8日最高人民法院发布了《关于贯彻宽严相济刑事政策的若干意见》中,都对在惩治黑社会性质组织犯罪司法活动中如何贯彻“宽严相济”刑事政策问题作出了明确的规定。

（二）我国当前反有组织犯罪刑事政策之评析

抛开20世纪80年代以前的刑事政策不论，自改革开放时期犯罪团伙、恶势力及黑社会性质组织出现以后，我国打击严重刑事犯罪的刑事策略有较大波动：1983年以前，坚持"惩办与宽大相结合"的刑事政策；1983年到2005年，始终强调严厉打击刑事犯罪的"严打"刑事政策；2006年至今，提出并积极贯彻"宽严相济"的刑事政策。就这三种刑事政策的内涵而言，"严打"政策蕴含着强烈的犯罪化和重刑化观念，因而必然在打击和治理黑社会性质组织犯罪等有组织犯罪的立法和司法上体现明显的犯罪化和重刑化倾向。换句话说，"严打"的刑事政策更多地片面体现了"惩办与宽大相结合"刑事政策中"惩办"或"严"的一面。"宽严相济"刑事政策虽然继承了"惩办与宽大相结合"刑事政策的基本精髓，但是二者仍有较大差异："宽严相济"刑事政策不仅更强调和侧重于刑事政策中"宽"的一面，而且也更加强调宽松刑事政策与严格刑事政策之间的"相济"即协调运作；①"宽严相济"刑事政策中的"严"，包含了严密法网、严厉惩治、严肃执法之意，因而与单纯的"严打"有着较大区别。②

总体而言，我国近30年来打击和治理有组织犯罪的基本策略仍是"严"字当头。客观来讲，由于黑社会组织犯罪等有组织犯罪具有严重的社会危害性，不仅对普通民众的生活构成严重的威胁，而且甚至对合法政权造成根本性危害，对其进行严厉打击已成为世界各国及联合国的共识。但是，30年来的实践证明，对黑社会性质组织犯罪一味地、不加区分地从严惩处，似乎并不能有效地遏制和预防此类犯罪，其危害与演化并未因每次"严打"和专项斗争而减弱和停止。同时，在司法实践中的严惩，也造成了人们对当前刑事政策"厉而不严"、侵犯人权和罪刑失衡等损害法治的质疑与指责。

另外，从我国"打黑除恶"刑事政策的变迁历程来看，近30年来我国其实一直欠缺预防和打击黑社会性质组织等有组织犯罪的具体刑事政策，当前的刑事策略基本上是在基本刑事政策的指导下进行的。这一基本刑事政策适用于所有的刑事犯罪的防控与治理，并非专门针对有组织

---

① 赵秉志：《和谐社会构建与宽严相济刑事政策的贯彻》，载《吉林大学社会科学学报》2008年第1期。

② 赵秉志：《宽严相济刑事政策及其贯彻的基本问题》，载《人民检察》2009年第17期。

犯罪自身特点和发展规律而设,①其实施效果如何立下可判。虽然在2000年以后的几次“打黑除恶”专项斗争中,公安机关等相关部门在总结斗争经验的基础上也明确提出了“打早打小、露头就打、除恶务尽”的战略思想②,但这一思想并没有上升为预防和打击有组织犯罪具体刑事政策的高度,在实践中缺乏统一性的认识和制度安排、设计,与“宽严相济”基本刑事政策的正确贯彻实施仍有较大差距。

二、我国反有组织犯罪刑事政策观念之检讨

梳理改革开放以后30年的“打黑除恶”斗争实践,我们越来越强烈地意识到我国在反有组织犯罪的政策观念上存在偏差。

(一)控制犯罪与保障人权观念定位不清

控制犯罪与保障人权是现代刑事立法价值目标和刑事司法的共同追求,为世界各国及联合国所明确确认。但是,由于价值主体的多元化和多向性、社会需要的层次性和复杂性、个体间利益的差别性和社会条件的变化性,控制犯罪和保障人权这两大价值目标的相互冲突已经成为刑事现代化过程中的一大难题。面对这样的冲突,世界各国在努力化解冲突、争取二者和谐的同时,也不得不在尊重本国国情的基础上做出抉择——控制犯罪优先抑或保障人权优先。

长期以来,控制犯罪一直是我国刑事立法、司法的重要目标,在现阶段有着举足轻重的地位。当这贯穿于控制有组织犯罪的立法、司法实践中时,“严打”的刑事政策自20世纪80年代以来就成为我国打击有组织犯罪的基本策略。即使在2005年以后“宽严相济”刑事政策观念逐渐为各界所认可的情况下,对有组织犯罪的严惩仍然是我国反有组织犯罪刑

① 三十多年的“打黑除恶”司法实践表明,我国一直是将“黑社会性质组织犯罪和恶势力犯罪”作为严惩的众多刑事犯罪之一,对有组织的犯罪并没有给予特殊对待。

② 2009年,中央政法委员会发布《关于深入推进打黑除恶专项斗争的工作意见》,要求各地区、各部门要坚持“黑恶必除、除恶务尽”的原则,进一步强化各项打击工作,坚决遏制黑恶势力的发展蔓延。2010年6月,中央政法委下发《中央政法委员会关于深入推进打黑除恶专项斗争的工作意见》,要求各地、各有关部门要始终坚持“打早打小、露头就打、除恶务尽”的原则,进一步突出打击重点,加强大案督办,狠抓线索核查,夯实基础工作,完善长效机制,健全法律武器,全面提高打黑除恶工作的专业化水平。参见《中央政法委出台深入推进打黑除恶专项斗争工作意见》,http://news.163.com/10/0610/07/68Q6CQK3000146BC.html,访问时间2010年6月10日。

事政策的主要倾向,我国数十年来锲而不舍地开展各种运动式的“严打”(如“打黑除恶”专项斗争)即为明证。然而,正是在这种以“严厉”为主调的运动式“打黑除恶”斗争中,出于追求短期政绩的要求或者其他目的,在立法上过分降低黑社会性质组织犯罪的成立标准、司法中人为拔高各种犯罪团伙的入罪要素的情况时有发生。个别司法机关不去认真地调研我国有组织犯罪的实际面貌,不去关心、关注“打黑除恶”中的人权保障问题,片面追求司法中“从重、从快、从严”,从而引起了“打黑”为“黑打”的质疑。究其原因,在打击和惩治有组织犯罪过程中控制犯罪与保障人权观念定位不清即为根源。

(二)重打击轻预防,仍将刑罚作为处理有组织犯罪的唯一手段

众所周知,长期以来我国法律在理论上一直强调犯罪是孤立的个人反对统治关系的斗争。有关犯罪本质的这一论断主张既然犯罪是对全体人民基本人权和国家根本制度的危害,那么出于报应,国家理应动用在和平时期的全部暴力“以暴制暴”。对于犯罪的预防,更多的是寄希望于刑罚的威吓作用。在这种犯罪观之下,刑罚被寄予重托是必然结果,在某些时候,刑罚被当成控制犯罪的唯一手段。作为公认的最为严重的犯罪之一,对于有组织犯罪危害性的忌惮致使国家无暇顾及预防,只想尽早、尽快将之消灭,所以我国对有组织犯罪的预防相对说来没有予以重视。“偏重打击、轻视预防”的结果是立法上仍欠缺控制有组织犯罪的综合法律机制①,司法上控制有组织犯罪的思路不明、措施不当。

(三)立法上采用狭义的犯罪概念

在我国,有组织犯罪是一个从国外引进的概念,至今在我国刑法中尚未有有组织犯罪这一称谓,而只是在刑法分则中规定了“黑社会组织”和“黑社会性质组织”的犯罪概念。从刑事政策上看,我国刑法分则规定的这类罪名,所针对的不是一般的犯罪组织,而是被称为“黑社会”或“黑社会性质组织”的犯罪组织。根据我国刑法的规定,黑社会性质组织必须是已经形成有稳定领导者和骨干的、人数较多的犯罪组织,且该组织必须是已经具备一定的经济实力,犯罪手段上具有暴力性并形成有欺压、残害群

① 虽然我国针对国内治安形势已经形成了比较成熟的“社会治安综合治理”方针,但是针对特殊犯罪类型的有组织犯罪尚未建立综合预防机制。

众的事实，已经称霸一方而形成非法控制或者重大影响。可见，立法上我国对有组织犯罪采取的实际是狭义的犯罪概念。

立法上采用狭义的犯罪概念会产生一系列问题：首先，它与当今主流的当代型刑事政策观念不符合，也与《联合国打击跨国有组织犯罪公约》的基本精神不一致，致使《联合国打击跨国有组织犯罪公约》无法在国内法中得到切实贯彻执行。其次，它会导致我国在反有组织犯罪中陷入立法、司法困境。如采取狭义的犯罪概念，致使参加、组织和领导非典型的犯罪组织无法入罪，不利于"打早打小"的反有组织犯罪战略的实施，容易"养虎为患"。最后，狭义的概念不利于有组织犯罪的预防，违背治理有组织犯罪"宜早不宜迟"原则。

（四）厉而不严，未能全面犯罪化

我国惩治黑社会性质组织犯罪及其他黑社会犯罪的刑罚不可谓不重然而，在强调和贯彻"厉"的同时，我国立法和司法却丧失了"严"的要求。"不严"主要体现在三个方面：其一，由于在犯罪观念上存在对有组织犯罪的模式化偏见，我国立法上并无有组织犯罪的概念，仅仅规定了黑社会性质组织犯罪和黑社会犯罪的惩治规范。这种立法决定了我国在立法对策上只盯住成熟的有组织犯罪，导致刑法上入罪的标准过高，给我国有组织犯罪的打、防带来了重重困难。其二，我国立法将黑社会性质组织犯罪规定了严格的成立要件，实际上提高了有组织犯罪的入罪门槛，一方面使不具有上述条件的组织无法被认定为黑社会性质组织，从而无法被入罪承担刑事责任；另一方面使犯罪组织所实施的一般违法行为、轻微的犯罪行为往往只能追究较轻的刑事责任甚至是不能追究刑事责任，从而导致了法律对于这些犯罪的纵容而致其肆意地滋生蔓延。其三，有组织犯罪是一个复杂问题，需要刑事实体法与程序法、立法与司法、刑事预防与社会预防相配合，各部门、各单位、各机构通力合作，紧密配合，调动一切政治、经济的、行政的、法律的、文化的手段对有组织犯罪实施防控。然而，从我国目前来看，这一多角度、多层面、多视角的综合治理机长效机制尚未建立。

除上述三点之外，我国刑法对有组织犯罪的下游犯罪和伴生犯罪等关联行为的规定还不完善、合理，法网欠缺严密。

（五）司法措施缺乏针对性，效率低下

与一般共同犯罪比较起来，有组织犯罪组织纪律性更为严密，内部分工更为细致、犯罪行为方法更为多样，且同时具有较强的隐蔽性和反侦查性，部分犯罪组织还有政治保护伞。这些特点决定了对有组织犯罪的侦查和惩治，除了采用针对个人犯罪和一般共同犯罪的措施外，司法措施还需具有针对性，这样才能提高司法效率。在我国，由于在观念上远未就我国有组织犯罪的社会危害及特殊的组织结构和行为方式达成科学、理性的认识，在司法观念上仍将其作为严重的普通刑事案件之一类而采取传统的诉讼方式和司法措施加以处置。由于传统的刑事司法对策主要针对的是个人犯罪和一般的共同犯罪，其对于打击危害性远甚于一般共同犯罪和个人犯罪的有组织犯罪在很多时候则显得力不从心，造成了司法实践中查处、审判有组织犯罪案件的众多难题，以至于使得人们对司法机关产生质疑：对于黑社会性质组织犯罪"大的打不掉、小的不能打"。

三、我国反有组织犯罪刑事政策观念的重塑

基于上述对我国反有组织犯罪刑事政策观念的检讨，同时借鉴《联合国打击跨国有组织犯罪公约》的立法精神，可以比较清晰而又合目的地引导出我国在组织和实施反有组织犯罪活动时，应当确立新的刑事政策观念。

（一）既要强化社会防卫，又要兼顾人权保障

尽管防卫社会和保障人权两种价值观在犯罪控制实践中会不可避免地发生冲突，但是维系保障人权与防卫社会之间的总体平衡，是现代法治国家在与犯罪作斗争过程中应遵循的普识性原则。具体到反有组织犯罪而言，由于其是通过暴力、威胁等手段攫取社会财富、漠视社会秩序、对抗国家法律，置平等、公平于不顾，因而其存在和发展就足以严重危及社会整体利益和多数人的基本权利。实践证明，这种犯罪形式很难依靠个体或社会组织的自我防备进行预防，只有借助于国家的合法暴力才能予以有效打击。因此，控制有组织犯罪就是当务之急，在价值观念层面就需要充分考虑社会防卫的现实需要。① 自20世纪80年代以来，我国对有组织犯罪奉行的"严打"政策有其合理性、现实性的一面，不能一味地批判。

---

① 对有组织犯罪的社会防卫思想在美国、德国等国家以及联合国公约中体现得比较明显。特别是指导各缔约国刑事立法的《联合国打击跨国有组织犯罪公约》进一步强化了预防跨国有组织犯罪的功能，凸显了社会防卫的刑事政策需要。

但是,如果过分强调刑法防卫社会的功能,必然会造成人权保障功能的虚化。控制有组织犯罪不是用武装斗争式的方式解决问题,而是用法律手段文明地治疗社会痼疾。既然用法律手段解决问题,就得遵循法律的基本原理,充分保障和维护包括犯罪人、被害人、证人等多元主体在内的全体公民的基本权利,在法治的范围内通过建立长效机制来依法打击和预防有组织犯罪,避免在司法实践中从一个极端走向另一个极端。从现实来看,我国在控制有组织犯罪的刑事活动中人权保障的观念相对不足,相应的人权保障的制度性措施仍然缺位。因此,要从根本上转变现阶段人权保障不力的现状,就必须转变刑事政策观念,在强化社会防卫的同时,将人权保障放在更加突出的位置,这应成为我国预防和打击有组织犯罪的总体观念。

(二)打防并举,打防并重

众所周知,预防犯罪与惩罚犯罪是密不可分的,构成了一个问题的两个侧面。然而,我国在反有组织犯罪方面重打击而轻预防,"严打"等"周期性模式"始终伴随我国近30年来的"打黑除恶"的司法实践,有组织犯罪未能得到根本的控制。其实,根据域外各主要国家治理有组织犯罪的实践经验和联合国公约的倡导,在惩治有组织犯罪时,不应只着眼于事后惩罚,而应从偏重打击逐渐过渡到预防和打击并重、以预防为本的轨道上来。打击有组织犯罪可以稳定局面,预防有组织犯罪可以巩固成果;以打促防,以防固打,打防并举,统一于解决有组织犯罪的需要,共同目标是遏制、减少有组织犯罪。树立"群防群治""综合治理"的观念,采取多种措施铲除有组织犯罪滋生、发展的土壤和环境,利用适当的立法或措施努力减少有组织犯罪组织升级演化的机会,并力图促使有组织犯罪人重新融入社会,获得自新。

(三)基于本土特点,确立广义有组织犯罪概念

在我国,有组织犯罪已经呈现出形式差异较大、整体形态丰富的本土性特征,世界上其他国家存在的有组织犯罪形式,几乎都可在现阶段的中国找到它的雏形或原型。① 然而,我国有组织犯罪形势的变化并没有促使

① 张远煌:《中国有组织犯罪发展现状及立法完善对策思考》,载《全球化时代有组织犯罪的惩治与防范国际学术研讨会会议文集》,北京师范大学刑事法律科学研究院2011年12月编印,第97~98页。

犯罪观念获得与时俱进的发展,在当前刑法立法上仍以境外各国和旧中国存在的典型黑社会犯罪为参照系而秉持的狭义有组织犯罪观,严重忽视或脱离了我国有组织犯罪形态多样化的事实。这种犯罪观念上的落后,使我国刑法将刑罚的锋芒仅仅局限于应对典型的有组织犯罪——黑社会性质组织犯罪,放弃了对处于初级形态或中极形态有组织犯罪的强力规制,从而放任了我国有组织犯罪不断的恶性演进和壮大。在我国,应立足于有组织犯罪多样化的实际样态,尽早在立法和司法中确立广义的有组织犯罪概念,使刑事法律的触角能够向前延伸至有组织犯罪的形成期和发展期,这既是未来建构我国预防和惩治有组织犯罪常态机制的基础和根本所在,也是有组织犯罪“打早打小”刑事策略得以践行的必然要求。

(四)科学认识有组织犯罪的事实危害,将其作为区别于一般共同犯罪的特殊犯罪形态

在理论和实务中,人们一般将有组织犯罪视作共同犯罪之一种,将其归入普通共同犯罪或犯罪集团之列,在认定犯罪和裁量、执行刑罚时,自觉不自觉地运用共同犯罪的基本原理和刑法规定来规制有组织犯罪及其成员。事实上,有组织犯罪与传统意义上的一般共同犯罪有着显著不同。由于未能科学地认识到有组织犯罪异于一般共同犯罪的特殊危害,致使我国在刑事政策观念上只是将有组织犯罪视为目前需要重点治理的众多严重犯罪乃至一般共同犯罪之一,对因其所具有的特殊社会危害性和犯罪特征而需要采取特别对策予以强力反击的紧迫性和必要性仍然欠缺深刻的理性认识。因此,在刑事政策观念上,亟须不断深化对有组织犯罪社会危害性特征的认识和分析,将有组织犯罪与一般共同犯罪或普通犯罪集团区别开来,将其视为一种特殊的共同犯罪形态。只有这样,我们才能切实增强反有组织犯罪活动的内在动力,有针对性地完善和构建反有组织犯罪的刑事法律机制,采取适当措施合理地追究有组织犯罪人的刑事责任。

四、我国反有组织犯罪的具体刑事政策

基于前文的分析和对司法实践的总结,笔者认为我国有组织犯罪应采取以下具体政策:

1. 打早打小、严防坐大。“打早打小、严防坐大”,是与有组织犯罪作斗争的首要原则。有组织犯罪集团因其成员所形成的关系网络和活动的有组织性,使其具有了有计划地长期进行集团性不法活动的能力,并具有在一定地域或行业形成与合法社会控制相对抗的发展趋势。为了避免有组织犯罪发展壮大,对社会的安宁与秩序造成持续、广泛和深刻的危害,唯一主动和有效的策略就是在有组织犯罪的形成阶段或发展初期就予以坚决打击。实践证明,有组织犯罪一旦坐大,不仅打击的成本无限上升,而且所造成的现实危害和留下的后遗症都十分深重。

2. 严密法网、严厉制裁、严厉执法。针对有组织犯罪的演变规律及不同于个人犯罪和一般共同犯罪的基本特点,在立法层面尽可能考虑周详,在查缉制度、追诉制度、定罪制度和刑罚制度方面作出具有对称性的安排,以此为司法实践提供强有力的制度支持。

第一,严密法网。首先,致力于强化和完善有组织犯罪的实体法方面的规定和确立与之相对应的特别诉讼和司法制度,而后扩展至对与有组织犯罪的衍生和发展关联度极高的洗钱犯罪和腐败犯罪的强力规制,从而使现行打击有组织犯罪的法律从内容到形式均趋于完备,形成了针对性较强的遏止犯罪组织演变成型和阻止其发展壮大的立体法网。其次,严密法网表现在有组织犯罪罪名的设立上,不仅应包括组织行为和实行行为,而且应涵盖各类有助于犯罪组织形成、发展和壮大非法影响力的帮助行为和促成行为。

第二,严厉制裁。和一般共同犯罪和个人犯罪不同,对有组织犯罪的惩处在宽严相济的基础上应体现出整体从严的基本趋势。笔者认为,对有组织犯罪的严厉制裁,不仅是有组织犯罪特殊危害和特殊发展规律的应对要求,而且也是刑法罪责相适应原则的内在要求。严厉制裁主要一方面体现为配置严厉的刑罚,另一方面还要求刑罚的类型要有针对性,能够切中有组织犯罪的要害。为此,除了在自由刑方面设立特殊的缓刑、减刑、假释以及自首、立功制度外,还应针对有组织犯罪强烈的牟利动机强化财产刑的配置和适用,以防其“坐大”。

第三,严肃执法。对有组织犯罪的严肃执法具体表现为:(1)在刑事诉讼上从严:尽量立案、尽量起诉。(2)在刑事实体上从严:尽量定罪、从严量刑、严格行刑。

3. 瓦解分化、区别对待。基于有组织犯罪的特殊性，必须采取各种措施对犯罪组织成员进行分化瓦解，减少治理难度。分化瓦解既可是立法上进行适当制度设计，也可以是司法中特殊措施的采用。就前者而言，注意对犯罪人在犯罪中的不同表现、作用和悔罪情况作出个别化处理。就后者而言，可在司法中采取特别措施，对证人和污点证人等提供保护或优待。

4. 提高效率、便于追诉。在现实中，在查缉有组织犯罪时存在若干难点，尤其是在证据获得方面所面临的实际困难，这是有组织犯罪的特点在侦查、追诉中的客观反映。为此，在惩治有组织犯罪时就需要特别查缉措施的选择和运用。

五、我国反有组织犯罪的刑事立法完善

(一)我国反有组织犯罪立法的问题检视

1. 我国反有组织犯罪立法的宏观层面问题

(1)我国有组织犯罪的立法模式问题分析。综观世界各国关于有组织犯罪的立法例，大体上可分为隐含式、法典式、专门立法式以及综合式四种模式。[①] 从我国有组织犯罪的立法沿革来看，1979 年到 1997 年这一时期，我国实际采取的是隐含式立法体例，即刑法中没有有组织犯罪的专门性规定，在处理时一般援引刑法上关于共同犯罪的一般规定。而到了 1997 年修订刑法之后，我国有组织犯罪立法就演变为法典式体例，即在刑法典分则中专门规定有组织犯罪的条款。现行的法典模式虽然结束了打击和惩处有组织犯罪无法可依的局面，但是其保守性、滞后性在学界也备受质疑：受制于刑法典分则这一特点，在解决惩治有组织犯罪的实体问题的同时很难兼顾办理有组织犯罪案件特殊程序性的规定，如电子监视、控制下交付、证人保护、污点证人等制度。对于有组织犯罪的立法模式问题，笔者认为不一定非得效仿采取专门立法式的国家。从长远的角度来看，可以根据我国有组织犯罪的实际发展状况来进一步判定是否采取专门立法模式；从近期视角观之，可不改变现行的立法模式，尽量在刑法典内部予以修改完善，并充分运用修订后的《刑事诉讼法》规定予以配合实

① 卢建平主编：《有组织犯罪比较研究》，法律出版社 2004 年版，第 60 ~ 63 页。

施对有组织犯罪的防控。

(2)我国反有组织犯罪的立法技术问题分析。在立法技术方面,我国反有组织犯罪立法存在着根本性的缺陷:立法规范与犯罪事实严重割裂、脱离。刑事立法应当满足与犯罪作斗争的实际需要。然而,由于现有的立法只规定了三种有关黑社会性质组织的犯罪,受制于立法规制的范围和层次,一方面使司法实践中无法同尚未达到黑社会性质组织犯罪标准的非典型有组织犯罪作斗争,无法有效预防和控制有组织犯罪的实施与演化;另一方面当黑社会性质组织进一步发展到最顶级形态的黑社会阶段时,我们也将面临无法可依的局面。因为有组织犯罪为了适应生存需求,是在不断地向更高级阶段转化,同时其犯罪形式也会随着生存的需求而不断发展。因此,立法上严重脱离实际且缺乏前瞻性,是我国当前有组织犯罪立法的致命缺陷之一。这种缺陷短期内负面影响也许并不明显,但在可以预计的不久将来,其必然会极大地制约我国预防和惩治有组织犯罪的顺利进行。

(3)我国反有组织犯罪的立法视野问题分析。我国目前反有组织犯罪的刑事立法过于注重国内犯罪状况而忽视国际犯罪形势的变化,与有组织犯罪的全球化、跨国化不相协调。虽然我国已于 2003 年批准加入了《联合国打击跨国有组织犯罪公约》,但是公约的规定在国内的贯彻实施却显得任重而道远,国内立法现状决定了我国仍然无法实现公约的绝大多数规定,公约意图实现的预防和打击并重的效果当然也无法在短期内达到。

2. 我国反有组织犯罪立法的微观层面问题

(1)入罪标准脱离有组织犯罪规律,不利于贯彻"打早打小"的政策要求。目前,司法机关在认定黑社会性质组织犯罪时,主要适用 2002 年《关于〈中华人民共和国刑法〉第二百九十四条第一款的解释》。但是,现行认定黑社会性质组织的法律标准与我国有组织犯罪实践脱节,难以满足现阶段打击有组织犯罪的客观需要。因为,当前我国的有组织犯罪形势呈现出多种发展阶段和多种组织形式并存的局面,并且由低级组织形态向高级组织形态快速转化。如要从根本上遏制日趋严重的有组织犯罪,必须立足于"打早打小、露头就打"的具体刑事政策,这样才有利于及时遏制有组织犯罪的发展壮大。

（2）刑法中“黑社会性质组织”的单一概念已经不能满足打击有组织犯罪的需要。现行刑法中，关于我国有组织犯罪的称谓只有“黑社会性质组织”，即立法者认为我国目前的阶段尚未出现黑社会组织，打击的对象只针对“黑社会性质的组织”。其实，这一概念似是而非，造成了司法机关和地方政府在处理有组织犯罪案件时面临众多困难，陷入困境：“黑社会性质组织”的概念已经无法承载我国有组织犯罪的现状和司法实践的期待。

（3）罪名设置较少，难以涵盖有组织犯罪的所有行为样态。在现行立法中，对有组织犯罪只规定了 3 个罪名即组织、领导、参加黑社会性质组织罪、入境发展黑社会组织罪和包庇、纵容黑社会性质组织罪。但是在实践中，有组织犯罪涉及的行为形态并不仅仅只有这三种。例如，中国公民参与境外有组织犯罪活动的行为、境外黑社会组织成员入境从事有组织犯罪的行为、参加、领导、组织非典型有组织犯罪的行为等。因此，现有的罪名设置无法满足实践中对有组织犯罪进行全面、彻底打击的需要。

（4）犯罪主体规定的范围狭窄，难以全面打击有组织犯罪。在司法实践中，法人、单位参与有组织犯罪越来越多，其隐蔽性更强，社会危害性也更加剧烈。就有组织犯罪的这一发展变化，国际社会已经有所警觉，不但有些国家已经在立法上将法人作为有组织犯罪的主体，而且《联合国打击跨国有组织犯罪公约》也明确要求各缔约国严厉惩治参与有组织犯罪的法人。在我国，虽然刑法中将洗钱罪等个罪的犯罪主体包括了单位，但是在黑社会性质组织犯罪中却无此规定，这尚不足以应付全面打击有组织犯罪的需要。

（5）刑罚种类配置不完整。在 1997 年《刑法》中，对黑社会性质组织犯罪的刑罚配置主要有有期徒刑、拘役、管制以及属于附加刑的资格刑，缺少财产刑的相关规定。为了改变这一现状，2011 年《刑法修正案（八）》中，立法机关将财产刑列入黑社会性质组织犯罪的刑罚配置中，极大地弥补了原有规定的不足。但是，修正后的立法仍然存在缺陷，比如没有将资格刑适用于所有有组织犯罪之中，刑罚配置仍不完整。

（6）缺乏特殊的量刑情节规定，也没有缓刑、假释、减刑等问题上的特殊限制。在我国现行刑法中，虽然从一般意义上规定了国家工作人员犯罪从重处罚的情节，以及自首、立功等减轻或免除刑罚的事由，但是针对有组织犯罪特点的特殊量刑情节的规定阙如，从而影响了打击有组织犯罪的效果，不能不说是一个很大的遗憾。除了缺乏特殊量刑情节的规定之外，我国刑法对有组织犯罪在减刑、假释等问题上也没有特殊的限制。由于有组织犯罪的特殊危害，应当借鉴域外国家和地区的有益经验，在立法上对上述制度从严适用，对有组织犯罪做出更多的限制。

(7)缺乏打击有组织犯罪的特殊程序性规定。目前比较有益的经验是，对有组织犯罪可以适用秘密侦查(如电子监视、卧底)措施，在诉讼中规定证人保护制度、污点证人制度等。这些制度在我国打击有组织犯罪的实践中有所运用，但是由于立法上并未获得明确肯定，其适用范围及实施幅度大受影响。

(二)我国反有组织犯罪的刑事立法完善

1. 在刑法总则中明确规定广义有组织犯罪的法律概念，并在刑法分则中代替"黑社会性质组织"的规定。在现行刑法中，"黑社会性质组织犯罪"无法涵盖我国境内有组织犯罪的所有形态，并致使黑社会性质组织犯罪之外的其他有组织犯罪形态超出了刑罚的有效射程，不利于"打早打小"刑事政策的贯彻。因此，在刑法总则中明确确立有组织犯罪的概念，在分则中用"有组织犯罪"代替"黑社会性质组织犯罪"的规定，可以为有效打击我国有组织犯罪提供最大的立法保障。

2. 降低有组织犯罪的法定规格，削低入罪门槛。按照我国刑法规定的黑社会性质组织的构成特征，犯罪组织人数较少、组织化程度不高的小规模的有组织犯罪就成为刑法法网的"漏网之鱼"，得不到严惩和遏制。由此，立法上应当降低有组织犯罪的法定规格要求，不要等到犯罪组织发展到称霸一方且在一定区域或者行业内形成非法控制或者重大影响，严重破坏经济、社会生活秩序时再给与打击，而应采取"露头就打"的策略，将其遏制在萌芽之中。为了具体实现降低法定规格、削低入罪门槛的目标，可以有两种立法设想：其一，彻底修改现有立法中关于有组织犯罪特征的规定，以使其能够满足"打早打小"的需求。其二，在不改变现有立法形式的情况下，将有组织犯罪的经济特征由客观特征理解为主观的目的特征甚至是动机特征，不要求犯罪组织实际具备一定的经济实力，只要意图谋取经济利益即可实现此要件；将危害特征(或者非法控制特征)也界定为主观特征，不要求犯罪组织真正地实际形成了非法控制力量和重大影响,只要其组织成立以此为追求即可成立此条件。

3. 完善刑法罪名设置,修订犯罪构成要件,严密法网。应参考、借鉴国外、我国港澳台及联合国公约的做法,增加以下罪名:资助、操纵、利用有组织犯罪组织罪,自称属于有组织犯罪组织罪,持有和保管有组织犯罪组织物品罪,介绍、教唆、胁迫、诱骗他人参加有组织犯罪组织罪,参加境外有组织犯罪组织罪,入境从事有组织犯罪活动罪,等等。除了通过增加罪名设置来严密法网之外,还需以修改构成要件的方式扩大现有罪名的覆盖范围。比如,随着有组织犯罪"公司化"趋势的加强,用合法经营来掩护有组织的违法犯罪活动越来越多,这种犯罪方式的隐蔽性更强,社会危害也更为严重,因此可以借鉴域外经验在有组织犯罪的构成要件中明确规定单位可以成为犯罪主体,以此将单位纳入有组织犯罪的打击范围。

4. 完善刑事责任追究的立法规定,体现对有组织犯罪的"宽严相济"。由于有组织犯罪具有不同与一般共同犯罪的特殊性,对其从严处罚是世界绝大多数国家和地区的刑法通例。但是从我国目前的刑法规定来看,从严的思想并没有充分体现。因此,我国立法可以采取以下两种方式实现对有组织犯罪的从严处罚:其一,可以在总则中作出对有组织犯罪从严处罚的一般规定以及从严处罚的幅度、标准;其二,可以在分则中所有涉及有组织犯罪的罪名中规定对有犯罪组织实施的从重处罚及重罚的标准。如果结合本文提出的前几个立法完善建议,笔者认为第一种立法方式更为可取、经济,符合立法技术性要求。当然,对有组织犯罪的从严处罚不仅仅体现为刑罚适用上的重判,还体现在刑罚执行过程中的从严,即在使用缓刑、假释、减刑等方面予以严格限制。

在对有组织犯罪追究刑事责任时,"宽"的一面也应当在刑法中有所反映,这样才有利于践行罪刑相一致和刑罚个别化原则,使刑罚与犯罪行为的社会危害性以及犯罪人的人身危险性相适应,最终有利于对犯罪组织的预防、分化和瓦解。我国《刑法修正案(八)》中对此思想有所体现,即提高了黑社会性质组织的组织者、领导者的法定刑,降低了积极参加者的法定刑,将组织者、领导者、积极参加者、其他参加者的刑罚进行了轻重有别的区分。这种立法修改符合犯罪规律,也体现了刑罚原则。但是,笔者认为这一修改虽然体现出相当强的合理性,但是不够完美:此规定较为呆板,不能适应有组织犯罪事实多样性的需求,组织者、领导者、积极参加者、其他参加者的划分并不是唯一体现人身危险性的标准。因此,笔者认为在基本刑之外,还应规定“情节严重”或“情节较轻”的量刑情节或者专门针对有组织犯罪的特殊减轻或免除刑罚事由,将其他能够体现人身危险性的甚至是功利性的需求涵盖其中。

5. 完善关联犯罪立法,实行全面犯罪化。有组织犯罪的生成、发展规律告诉我们,这一危害严重的犯罪形式的不是一朝一夕地陡然产生,而是实施多种形式的犯罪行为、一般违法行为甚至是合法行为积累经济实力和犯罪能量、壮大组织的规模和影响力,一步一步地由低级阶段向高级阶段演变而来。因此,有组织犯罪的发展必然要和实施诸多的违法犯罪行为相关联。就我国立法而言,也许由于长期以来犯罪观念上的落后,对有组织犯罪关联行为的打击有所欠缺:一是没有特别规定进一步严厉打击与有组织犯罪相牵连的犯罪行为,诸如贿赂腐败犯罪、妨害司法犯罪等;二是现有的立法规定仍需进一步完善,如洗钱犯罪的上游犯罪应进一步扩容,以迎合对有组织犯罪行为手段多样化等事实特征的认识观念。

6. 建立针对有组织犯罪的特别诉讼制度。除了实体法之外,有效打击和预防有组织犯罪还需要一系列特殊的程序性规定。从目前我国的立法来看,和其他国家相比,此方面的差距较大,与《联合国打击跨国有组织犯罪公约》的要求也不相协调。因此,应借鉴域外国家和地区以及联合国公约的经验及规定,构建我国有组织犯罪的特别程序制度。具体来说,主要涉及以下几个方面:第一,建立秘密侦查制度。第二,规定特殊的证据制度和证据规则。

7. 制定专门反有组织犯罪的单行法。考察世界各国和地区,有不少国家和地区已经将有组织犯罪作为一类特殊犯罪类型,从普通刑事立法中抽出来,制定了专门的反有组织犯罪立法。鉴于我国现行的刑法规定一般情况下都把有组织犯罪作为普通共同犯罪加以处罚,程序法上也没有针对有组织犯罪规定特殊措施,不利于对有组织犯罪的打击,可以考虑在未来时机成熟时,出台反有组织犯罪的单行立法。当然,在此之前,建议通过已经比较成熟的刑法修正案形式,及时对刑法总则、分则进行适当修改,完善反有组织犯罪的立法体系,以应对司法实践的需要。

●反腐败刑事政策研究

——基于实体与程序的一体化考察*

罗　猛**

一、从纵向上来研究反腐败的刑事政策

反腐败之基本刑事政策

反腐败必须在宽严相济基本刑事政策的指导下来进行，具体来讲有以下几个方面：

1. 在宽严之间，反腐败的刑事政策总体应该是从严的。可以采取诸如“严密法网”“立案从严”等政策。

2. 在严厉打击腐败犯罪之中也应该贯彻当宽则宽的政策。对于反腐败的刑事政策，应该严而不厉，反腐败的刑事立法要法网严密，从严惩治，但是对纳入犯罪圈的行为，处罚上通过多种手段，可以多从罚金刑、资格刑的角度着手，使刑罚相对轻缓，使法网严密与刑罚轻缓达到统一。

3. 最重要的是要实现宽严相济中的“济”即宽与严的协调，笔者建议应当“立案从严、处罚从宽”以及“实体从宽、程序从严”。

(1) 立案从严、处罚从宽

为了扩大打击的效果，相对扩大打击的范围，对于符合犯罪标准的案件一概使其进入诉讼程序进行立案侦查，但是并非对于所有的案件都由侦查机关侦查终结，移送起诉，最后由法院判决，而是对于那些情节轻微、危害不大、可罚性较小的案件可以采取相对不起诉的方式，由侦查机关决定终止其

---

* 本文系作者博士后出站报告“反腐败刑事政策研究”中的精粹部分。

** 北京市海淀区人民检察院检察官，法学博士、博士后。

诉讼程序交由单位处理,使一部分犯罪嫌疑人仍然可以及时回归社会,将司法机关对其的宽大处理作为一种动力,用自己的才能回报社会。

(2)“实体从宽、程序从严”

“实体从宽、程序从严”就是对司法人员自由裁量权的一种限制,但是,在司法实践中却出现了限制权力程序过多,影响了诉讼效率,导致了对当事人诉讼权益的保障不利等问题。在司法实践中,对不起诉的案件,有些检察机关在检委会决定之外还增加了人民监督员审查制度,使诉讼过程更加冗长。

笔者认为,对实体从宽处理的案件,在程序上从严把握的思路是正确的,但应该尽量避免程序的无谓拖沓、繁琐,提高诉讼的效率。如在检察阶段,对于侦查机关移送审查的案件,通过审查,检察官认为侦查机关的定性准确或者定性不准而应该加重处罚的案件,由负责的主诉检察官或者处长同意就可以移送法院审判,达到繁简分流的目的;反之,对于那些定性不准,应该减轻处罚(包括减少罪名或者减少犯罪事实)的案件,则必须由部门领导审批同意提交主管检察长再审批同意,特别是对于那些不起诉的案件,则必须提交检察委员会讨论决定。

(3)轻罪轻强制性措施

笔者认为职务犯罪侦查中,对于嫌疑人强制措施的采用,应该实行轻罪轻强制性措施的政策。首先,对于那些可能判处缓刑的犯罪嫌疑人,除非侦查需要等原因,一般不采用羁押性强制措施。其次,对于那些可能判处3年以下有期徒刑的犯罪,也酌情采用非羁押性强制措施。

(4)刑罚与行政、党纪处罚的衔接

笔者认为,在我国,刑罚以后对行为人的行政、党纪处罚是公民、社会判断反腐败效果的重要标准之一。一要实现刑罚与党纪、政纪的衔接;二是检察机关要加大对刑罚后党纪、政纪处罚的监督力度,保证处罚到位。

第一,“破窗理论和由破窗理论滋生的零容忍政策只能发挥刑法的惩治功能,其突出的缺陷表现为:一是惩治犯罪的对策重在打击,而忽略了预防;二是有违刑罚的谦抑性,似乎与我国倡导的宽严相济刑事政策不协调”。①

---

① 王秀梅:《论贿赂犯罪的破窗理论与零容忍惩治对策》,载《法学评论》2009年第4期。

第二,对于那些社会主义建设需要但是又有腐败行为的人员如何处理既兼顾刑法惩治与预防的功能,还有利于社会主义的建设,则是需要慎重考虑的问题。

第三,从长期的实践来看,我国对于那些有腐败行为的行为人并非一棍子打死,而是视其情节给其悔改回归社会的机会,不宜对所有腐败行为人都采用零容忍的政策,将其完全排除在国家工作人员之外。我们可以借鉴"三振出局法案",对犯罪数额不大且属于初犯、偶犯的行为人,如果积极认罪悔罪,可以保留国家工作人员身份,但是如果再次或者三次再有腐败行为,则不仅在刑事处罚上重判,而且从国家工作人员序列里剔除永不录用。

另外,不管是"破窗"策略、"零容忍"政策还是"三振出局法案",不可避免的就是有一些例外情况。如国家在涉及国家重大利益、国防安全与反腐败的选择中,应当顾及国家的重大利益、国防安全而选择降低反腐败的力度。政治需要总是左右着刑事司法的策略。一些腐败的行为人是涉及国防安全、国家利益事业的重要从业人员,在处理这些人的腐败问题时就应该以国家利益、国防安全为主,可以不将其交与司法处理,让这些人更好地为国家服务。

二、从横向上来研究反腐败的刑事政策

(一)从实体刑事政策层面上来研究反腐败

1. 犯罪化与非犯罪化

(1)立法上的犯罪化

①取消腐败犯罪的数额规定

反腐败立法中数额犯的规定弊端不少,笔者认为主要表现在以下几个方面:

首先,反腐败立法中数额犯的规定会给人法网疏漏的印象,不够严密,难以体现我国严惩腐败的基本国策。尤其是其中的数额规定,可以说在立法上为腐败分子预先规定了一个不小的行为空间,即一定数额的贿赂贪污是我国法律所允许的。

其次,此种规定使以诸如"性贿赂"之类无法用金钱数量来衡量的财产性利益行贿的行为无法入罪。由于我国刑法关于贿赂犯罪"以赃论罪"

的立法模式阻碍了对那些以非财产性利益进行贿赂行为的评价，所以改变这种状况的路径就是取消贿赂犯罪关于数额的规定。

最后，从立法的技术上看，数额犯这种立法模式不利于刑法的稳定性，使刑法不能跟上经济的飞速发展，面临着不断修改的需要。而且我国东部沿海与西方内陆地区经济发展十分不平衡，让东西部同时适用一样的入罪标准本身就有失偏颇，笔者建议，取消腐败犯罪关于数额犯的规定，社会危害性大小改由情节来进行衡量，可以由地方立法机关或者司法机关来进行规定。

②取消挪用公款罪中“归个人使用”的构成要件

首先，公款被挪用出去以后，职务行为的廉洁性以及公款的使用权都受到了侵害，此时刑法的介入正当时，附加“归个人使用”这一条件，既不利于法益的保护，也有画蛇添足之嫌。

其次，在定罪阶段，公款被行为人从单位挪用出去，公款的使用权以及行为人职务行为的廉洁性受到了侵害，这样的行为就已经符合了挪用公款罪的犯罪本质，应该定罪；在处罚阶段，我们才应该考量行为人的行为是用于营利性活动还是非法活动等不同用途，从而决定对行为人如何处罚。

再次，“归个人使用”作为挪用公款罪的构成要件也体现了“立法者是站在‘规范违反说’的立场而不是站在‘法益侵害说’来设置挪用公款罪的罪状和配置挪用公款罪的”。①

最后，“归个人使用”要件导致了司法证明负担增加以及理论上的混乱局面。在立法上，由于挪用公款的用途是犯罪构成的重要组成部分，司法机关必须投入大量的精力去查清每一款项的具体用途、每一用途的具体数额以及使用的时间，在有些情况下款项用途却难以查清，使定罪出现困难。

③取消贿赂犯罪中“为他人谋取利益”“为他人谋取不正当利益”作为犯罪构成要件的规定

第一，该规定与《联合国反腐败公约》等国际反腐公约的规定不符，《联合国反腐败公约》和《联合国打击跨国有组织犯罪公约》仅在行为方式的构成要件上提出贿赂犯罪是指“索取”或者“收受”不正当好处的行

① 刘树德：《挪用公款罪判决研究》，人民法院出版社 2005 年版，第 358 ~ 359 页。

为,我国的规定就缩小了贿赂犯罪的犯罪圈,稀疏了刑事法网,使刑事法网不够严密。

第二,从法益的角度出发,行为人收受了贿赂,其职务行为的廉洁性、不可收买性就受到了侵害。行为人给予国家工作人员以贿赂,则破坏了国家工作人员职务行为的廉洁性与不可收买性,从危险递增理论出发,此时刑法规制的介入正当时,至于行为人收受贿赂以及行为人给予贿赂的目的是什么,不是定罪而应该是刑罚应该予以考虑的,如果行为人收受贿赂并为对方谋取利益的,加重处罚。

第三,该规定扭曲了行、受贿犯罪的犯罪本质,也导致了刑法关于行、受贿犯罪理论上的分歧以及司法机关执法思想的混乱。

第四,从司法实践来看,不利于打击贿赂犯罪。如对那种不是一事一送而是采取逢年过节拜年祝贺等方式拉近关系的行为以及事先没有约定的事后受贿行为是否构成犯罪就存在了争议,有违刑法的公平原则以及罪责刑均衡原则。

笔者的建议是,将贿赂犯罪中"为他人谋取利益""为他人谋取不正当利益"的规定作为处罚要件。

④将许诺给予、提议给予贿赂的行为犯罪化

我国刑法只处罚实际给予贿赂行为,这与国际公约的规定有较大差别,国际公约对行贿的方式表述为许诺给予、提议给予或者实际给予。

笔者认为,将许诺给予、提议给予贿赂的行为犯罪化,一是有利于行贿与受贿行为定罪处罚的平衡,二是加大了对行贿的打击力度,有助于从源头遏制犯罪。

⑤私分犯罪的"类型化"

私分类犯罪是我国刑法的一个独创,是从贪污罪中脱离出来重新设立一种犯罪,因为其属于单位犯罪,利益具有共沾性(群体性),行为具有公开性,所以在刑罚上较贪污罪这种单个人或几个人的秘密犯罪要轻了许多。但这是一立法漏洞,使法网不够严密。笔者建议,一方面将私分国有资产、私分罚没财产罪统一为私分罪为宜;另一方面也可在国家工作人员的私分犯罪之外,从非国家工作人员的职务侵占罪中再细化出非国家工作人员私分犯罪。

⑥非国家工作人员贿赂犯罪的完善

与国家工作人员、国有单位相关的贿赂犯罪、与非国家工作人员相关的贿赂犯罪，我国刑法是分别予以规制的，也造成了我国对以上两类人的贿赂犯罪采取了轻重不一的打击政策。

笔者认为，虽然从"从严治吏"的角度出发，对国家工作人员贿赂犯罪与非国家工作人员贿赂犯罪区别打击有一定的合理性，但是，对两种主体贿赂犯罪的种类进行区别对待的刑事政策却必须进行修改，要对以上三方面还没有规定为犯罪的非国家工作人员贿赂犯罪进行立法规制，一方面严密非国家工作人员贿赂犯罪的法网，另一方面也使贿赂犯罪的立法类型化水平得以提高。

(2)解释上的犯罪化

①将贿赂犯罪中"为他人谋取利益""为他人谋取不正当利益"解释为"不确定利益"

贿赂犯罪中的"利益"要件，一是增加了犯罪构成的要件，增加了打击的难度；二是有违于贿赂犯罪的本质。笔者认为，将"利益"要件解释为不确定利益可以在一定程度上解决以上问题。

目前，司法实务界普遍认为，所有利益在未取得之前都是不确定利益，而为了不正当的目的或者采取不正当的手段获得利益就是不正当利益。所以为了获得各种机会、更为有利的条件或者采取贿赂手段获得的利益就是不正当利益。由此，为了获得某种不确定利益而给予行为人贿赂的行为就构成贿赂犯罪，这弱化了"谋取不正当利益"在犯罪构成中的要件地位，扩大了刑法对于贿赂犯罪的打击范围，在一定程度上扩大了犯罪，弥补了刑法典对贿赂犯罪打击不力的缺陷。

②将私分国有资产罪中的"国有资产"解释为"公款"

笔者的建议是将私分国有资产罪中的"国有资产"解释为"公款"，扩大其原有司法解释赋予的含义，以此弥补贪污罪与私分国有资产罪之间的缝隙，严密法网。笔者同时认为私分国有资产罪与私分罚没财产罪二者之间关系应理解为一般条款与特别条款的关系。

(3)适用上的犯罪化

①贪污罪："平账说"之坚持与动摇

在司法实践中，如果行为人已经利用职务之便虚假平账，则证明行为人有占有目的，认定行为人的行为是贪污犯罪，否则认定行为人的行为属于挪用公款行为。这种盲目重视客观的账目证据而忽视主观目的证据的司法动向，笔者称为“平账说”。挪用公款犯罪成为了贪污犯罪的兜底条款。

贪污犯罪在司法实践中采取“平账说”的后果是显而易见的，若行为人交代其是想非法占有公共财物，但是行为人没有平账或者没有来得及平账，则司法机关认定行为人的行为是挪用公款行为，这种将非法占有目的的行为认定为是挪用公款行为，违背了我国刑事司法认定中很重要的主客观相统一原则，也违反了罪刑相适应的原则。笔者认为，虽然是否平账是贪污犯罪与挪用公款犯罪在客观证据方面显现的一个重要区别，但如果将此区别放大，以偏概全，将此作为两罪的主要区别则明显不恰当。

笔者认为，要坚持主客观相统一的原则来区别贪污行为与挪用公款行为。在强调主观的同时，仍然把客观方面的是否平账作为与主观相结合的因素之一，但不是唯一因素。首先，如果司法机关能够查明行为人是在非法占有的主观故意支配下侵害了公共财物的所有权，非法占用的主观故意结合公共财物的所有权受到了侵害的客观结果就可以认定行为人的行为是贪污行为，而无须再附加是否平账的客观表现。其次，如果司法机关对于行为人的主观故意难以查清，那么在司法实践中就要引入推定。如果行为人携带公共财物潜逃或者隐瞒公共财物的去向，则应该推定为行为人具有非法占有公共财物的故意，将行为人的行为认定为贪污行为。最后，如果行为人供述其原发主观目的是挪用目的，但是行为人客观上实施了携带挪用的公款潜逃行为，挪用公款后采取虚假发票平账、销毁有关账目等手段，使所挪用的公款已难以在单位财务账目上反映出来，且没有归还行为，截取单位收入不入账，非法占有，使所占有的公款难以在单位财务账目上反映出来，且没有归还行为，以及有证据证明有能力归还所挪用的公款而拒不归还，隐瞒挪用的公款去向行为等行为，推定行为人的主观故意已经发生转化，挪用的故意转化为非法占有的贪污故意，将其行为认定为贪污行为。

②贿赂犯罪：从“主客观兼重”到“客观推定”

最高司法机关出台新的司法解释，在贿赂犯罪中引入了推定的方法，使司法从“主客观统一”中的“主客观兼重”转向重视“客观推定”，在司法实践中减少了司法机关对于行为人主观故意的认定责任，即行为人的口供不是证明行为人主观故意的必需证据，司法机关可以通过行为人的客观方面的证据来证明行为人的主观故意，这在很大程度上减少了司法机关的主观证明责任，这在一定程度上加大了对于行受贿犯罪的打击力度，也符合《公约》的规定。

2. 刑罚化与非刑罚化

笔者认为，在我国刑法体系构建中，重刑化在贪污贿赂犯罪中体现得特别明显。从司法实践来看，腐败犯罪中不乏级别高、犯罪数额大、判处死刑的案例，而且大有前赴后继之势。一方面是严刑峻法，另一方面却是不断涌现的腐败犯罪，笔者在对于当前腐败犯罪的刑罚政策进行反思与检讨的前提下，力求寻找更加有效的措施。

(1)刑罚化

①财产刑

对我国的腐败犯罪，如何适用财产刑，笔者的建议是：

第一，将罚金刑与没收财产刑合并为罚金刑。虽然罚金与没收财产在理论上有区别，但从司法实践来看，二者区别并不大，也就是在适用上将罚金刑扩大至严重的犯罪，使罚金与没收财产合二为一。

第二，可以考虑将我国刑法中的没收与追缴合并为《公约》中的没收，并规定为附加刑。没收是刑事法中的重要制度，但是，刑事法对其的地位没有明确的规定，程序设计不完善，学界对其研究也不够。根据《公约》的规定，没收可以分为"直接没收与间接没收两种类型"，①根据《公约》第31条的规定，直接没收包括三种情形：一是犯罪所得没收；二是犯罪价值没收；三是犯罪工具没收。间接没收也包括三种情形：一是替代物没收；二是混合物没收；三是利益没收。《公约》的规定值得我们学习与借鉴。

第三，对单位犯罪中应该负刑事责任的自然人配置罚金刑。我国的立法模式单位犯罪中的责任人与自然人犯罪中的责任人在刑事责任上处罚标准低了不少，导致了处罚的轻重不平衡。在腐败犯罪中，单位犯罪表面看是为了单位的利益而实施，但实际最终目的还是行为人的利益。所以，对单位犯罪中负刑事责任的自然人配置罚金刑具有正当性。

第四，对挪用公款罪、(个人)对单位行贿罪、介绍贿赂罪、巨额财产来

① 张旭辉：《〈联合国反腐败公约〉在中国实施的若干问题》，载赵秉志、卢建平主编：《国际刑法评论》(第4卷)，中国人民公安大学出版社2009年版，第353页。

源不明罪、隐瞒境外存款罪附加适用罚金刑。这些犯罪行为也是为了自己或者他人的经济利益而实施的,不对这些犯罪行为适用罚金刑,一是没有达到腐败犯罪刑罚适用的统一性,二是不利于对腐败犯罪的打击。

②资格刑

对腐败犯罪适用资格刑而言,我国存在如下的问题:

第一,不区分单位犯罪还是自然人犯罪。在我国刑法中,对单位适用资格刑处于一种两难的境地:首先,我国刑法中并未有明确的规定,资格刑只对自然人适用;其次,剥夺政治权利与驱逐出境都无法对单位予以适用。但是,单位是依法批准而进行经营管理的组织,仅适用罚金刑远远不够,应该对其适用诸如停业整顿、限制、禁止从事某种业务活动、强制撤销等。

第二,对行为人剥夺政治权利有期限限制。剥夺政治权利中被剥夺的四项权利并没有区分情况分别适用,会出现"刑罚配置过剩"与"刑罚配置不足"的问题。前者如对侮辱罪、诽谤罪等并非利用职务而实施的较轻微罪行,在单处剥夺政治权利时连宪法赋予的言论、出版、集会、结社、游行、示威的自由也一并剥夺。[①] 后者如对腐败犯罪的行为人仅仅是在一段时间里剥夺其担任国家机关、国有公司、企业、事业单位和人民团体领导职务的权利。

笔者的建议是对腐败犯罪,除轻罪以外,都应该永远禁止行为人担任国家机关、国有公司、企业、事业单位和人民团体领导职务的权利。

此外对腐败犯罪,《公约》在资格刑规定的限制行为人担任某种职务方面比我国刑法规定的范围广,其禁止腐败犯罪行为人担任部分国有的企业中的职务。此观点值得我国刑法借鉴。

第三,资格刑的种类不够全面,缺乏针对性。

笔者建议,检察机关应该将以上没有纳入查询范围的行贿行为也纳入查询的范围,只要是存在行贿行为的个人或者单位,都禁止进行招投标,从而加大对行贿犯罪的打击力度。

同时,腐败犯罪中,许多犯罪人都是利用其职业身份来进行的,而现行刑法没有根据经济犯罪的特点在资格刑体系中规定相应的内容,所以建议资格刑体系中在"禁止担任公职"之外增设"禁止从事一定职业"的

① 参见马克昌主编:《刑罚通论》,武汉大学出版社1999年版,第244页。

内容,但是,对其适用主体必须有严格的限制。

第四,资格刑的配置比较混乱、随意性较强。主要表现在:首先,从类罪上来看,刑法分则对以国家工作人员为主体的贪污罪、渎职罪以及军人违反职责罪等职务性犯罪中的较轻罪行既未配置独立适用,也未配置附加适用剥夺政治权利,而对非国家工作人员实施的侵犯公民权利、民主权利中的轻罪行却配置了独立适用的剥夺政治权利。其次,从个罪上看,在侵犯公民人身权利、民主权利中,对侮辱罪、诽谤罪、煽动民族仇恨、民族歧视罪配置了独立适用的剥夺政治权利,但对在该章中与其罪行程度相差不多的罪行却没有配置。

③行贿、受贿犯罪的同等处罚

我国对行贿犯罪与受贿犯罪采取了不同的刑事立法、司法政策,主要表现在以下几个方面:

首先,从刑罚立法上,受贿犯罪的刑罚比行贿犯罪要重,受贿犯罪是打击的重点。

其次,从犯罪构成来看,"为他人谋取利益"与"为谋取不正当利益"相比较,就会得出刑法规定的受贿罪的犯罪圈比行贿罪的犯罪圈要大的结果。

再次,在司法实践中,由于贿赂犯罪多数属于一对一的犯罪,查证难度大,司法机关往往会采取一些诉讼策略,也就是行贿人如果配合司法机关指证受贿人,为司法机关提出受贿人受贿的证据,司法机关即对行贿人不予处理。

最后,在司法实践惯例中,司法机关认为如果受贿犯罪不成立,即使行贿犯罪、介绍贿赂犯罪构成犯罪,也不能对行贿犯罪、介绍贿赂犯罪进行单独定罪处罚。

出现以上政策的差异,主要在于认识上的偏差。"认为行贿人是有求于人,受贿人是人求于我,后者危害更大。殊不知行贿者也不是天生的受害人,越来越多的例证表明,在市场经济条件下,行贿人多是自愿的'寻租者',是'加害人',是不达目的不罢休、专盯'有裂缝之蛋'的'苍蝇'。"①

① 卢建平:《刑事政策与刑法变革》,中国人民公安大学出版社 2011 年版,第 359 ~ 360 页。

这样的刑事政策值得商榷。

④平衡单位犯罪中单位与自然人犯同种罪的刑罚

根据我国刑法的规定，单位腐败犯罪中的直接负责的主管人员和其他直接责任人员的刑罚大大地轻于自然人犯同种罪的刑罚。笔者认为这样的规定不妥，理由在于：首先，将个人责任依附于单位责任，有理论上认同“团体责任”之嫌。其次，在日常生活中，公民有着朴素的刑法观，他们只有犯罪行为是哪个自然人所为的观念，不分单位犯罪和个人犯罪。再次，该差异使单位犯罪与自然人犯罪成为腐败犯罪刑事辩护的重要思路，也成为一些腐败行为人的一根救命草，在一定程度上也成为司法腐败的诱因。最后，《公约》第26条第3款规定：法人责任不应当影响实施这种犯罪的自然人的刑事责任。

(2)非刑罚化

①死刑的限制适用

在中国，死缓制度的设计应该可以较好地完成实际不适用死刑与实际不执行死刑的功能。笔者认为，死缓是在刑法实然规定的层面，刑事司法政策做出的折中回应，亦即追求刑事司法中的相对合理主义。死缓制度由于承载着从死到生的纽带作用，追求生的巨大欲望使得被告人及其家属使出浑身解数谋求死缓的减刑，加之对减刑标准的理解不一致、不准确、法律规定的不健全、司法人员素质良莠不齐、司法环节尚不够独立等诸多原因，所以在减刑过程也存在诸多的问题。

②轻罪的非刑罚化

在笔者前面提到的“严而不厉”与“立案从严、处罚从宽”的刑事政策之下，如何实施轻罪刑事政策：首先，因为对符合犯罪标准的行为都纳入刑事诉讼的程序进行立案侦查，所以轻罪刑事政策在侦查阶段的“微罪处分制度”就无法得到适用。其次，对腐败犯罪中的轻罪案件，检察环节与法院环节的非刑罚化是一个很重要的部分，其一方面起到繁简分流、节约诉讼资源、提高诉讼效率的作用；另一方面又体现了宽严相济刑事政策中从宽的一面。

③检察环节的非刑罚化

检察机关的不起诉是检察环节非刑罚化的重要方式。其中酌定不起诉是检察机关依据其不起诉裁量权将具备公诉条件的案件不移交法院审理。酌定不起诉是检察官行使不起诉裁量权,实现非刑罚化的重要途径。

对于腐败犯罪实行酌定不起诉的问题目前在国内也与腐败犯罪中的缓刑问题争议较大,主要焦点在于社会腐败犯罪不起诉率过高,没有起到打击腐败犯罪的目的、效果,由于社会对于职务犯罪不起诉的反对声音,所以检察机关对于不起诉也采取了收缩的政策。笔者认为,对于腐败犯罪行为人因为情节轻微不起诉完全符合非刑罚化、非监禁化的国际潮流,但是一定要做好检察机关不起诉与腐败犯罪行为人所在单位对行为人处罚的衔接,主要是非刑罚化以后的后续处理方式。

④法院环节的非刑罚化

我国只有刑罚的缓期执行制度,没有刑罚的缓期宣告制度。当前司法实践中,法院对腐败犯罪行为人采取的是减少判处缓刑的政策。

笔者的观点是,对那些犯罪数额不大,认罪态度较好,积极退赃,社会危害性不大的行为人,应该判处缓刑,而且在一定程度上应该扩大缓刑的适用。

我国缓刑制度之所以让国民感觉犯罪行为人没有得到相应的处罚,究其原因主要在于与缓刑制度相配套的措施不完善。首先,按照内地法律规定,缓刑由公安机关考察,所在单位或者基层组织予以配合。但是,实际上对被判处缓刑的行为人的执行、考察、监管缺乏配套措施,经常出现缓刑判决书未送达公安机关,所在公安派出所对此一无所知,行为人所在社区并不知道行为人已经被判处缓刑,唯一知道行为人被判处缓刑的是职务犯罪行为人所在的单位,但是单位并非法定的执行、考察、监管机关,仅是配合机关。且实际生活中,公安机关与所在单位、基层组织没有形成配合,正是缓刑配套措施的缺失,所以在内地很少发现行为人由于判处缓刑后因为表现不好而被撤销缓刑的情况,由此也就使国民普遍认为对行为人判处缓刑就是没事了,行为人没有得到应有的刑罚。其次,对判处缓刑的行为人,社会并非采取了零容忍的态度,不少行为人仍然在单位担任公职,甚至领导职务,国家对这些人的行业禁入方面也没有完善的制度。

(二)反腐败的程序刑事政策

1. 管辖

(1)国家工作人员与非国家工作人员腐败犯罪的管辖

根据统计,非国家工作人员的腐败犯罪处于高发的阶段,犯罪数量多、犯罪数额大。

笔者建议,将国家工作人员与非国家工作人员的腐败犯罪都归检察机关管辖,理由在于:

第一,从十余年的司法实践来看,每年都是检察机关对其查办与预防国家工作人员的腐败犯罪数据与情况对社会进行发布,而公安机关单独发布对其查办的非国家工作人员的腐败犯罪的情况基本没有。长此以往,造成的结果就是,一方面,社会公众越来越关注腐败犯罪的查处与预防情况;另一方面,给社会公众一种印象,似乎非国家工作人员的腐败行为已经不构成腐败犯罪。而公安机关其主要职责是管辖社会治安,十余年的实践证明打击非国家工作人员的腐败犯罪也并不有力。相反,检察机关对腐败犯罪的查处积累了大量的经验,查处腐败犯罪相对更成熟,还有专门的机构与人员。

第二,非国家工作人员的腐败犯罪和国家工作人员的腐败犯罪是息息相关的,应该交由同一机关来进行调查。[①] 对于相同类型的腐败犯罪,交由不同机关查处,分散力量,不利于形成规模效益,不利于集中人力物力进行有力打击。

第三,将国家工作人员与非国家工作人员的腐败犯罪行为交由不同的机关管辖本身就说明了对公有经济与非公经济的区别对待、非平等保护。

第四,随着经济体制的变革、国有企业的改制,国家工作人员的数量越来越少,仅仅局限于国家机关、事业单位、人民团体和为数不多的国有企业中。原来主要承担着反腐败职能的检察机关的犯罪侦查管辖范围逐渐缩小。相反,公安机关侦查犯罪管辖范围越来越大。与此不协调的是,检察机关在职务犯罪侦查工作中,无论在人力,还是在经验等方面均优越于公安机关。

(2)与腐败犯罪相关联的其他犯罪的管辖

根据我国《刑事诉讼法》的规定,一些与腐败犯罪相关联的犯罪,应该由公安机关管辖。一类是被查处的腐败犯罪行为人所为的腐败犯罪之外

---

① 参见香港律政司副首席检察官沈仲平在中国人民大学讲座:《香港反商业贿赂及其惩治》,载 http://www.law121.cn/infor_show.asp? id =411。

的其他犯罪;另一类是帮助腐败行为的犯罪。按照《刑事诉讼法》规定,这些犯罪也可以由人民检察院立案侦查。但在司法实践中,公安机关对检察机关直接侦查的国家工作人员的腐败犯罪中发现的这些犯罪案件,由于种种原因接案查处并不积极,互相推诿甚至予以拒绝。还有的检察机关直接违反《刑事诉讼法》关于管辖的规定,对发现的其他犯罪行为直接查处,直接移送审查起诉。

笔者建议:其一,赋予检察机关对与腐败犯罪相关联的犯罪的管辖权;其二,为了防止此种牵连管辖权的滥用,规定查办机关的报备义务,加大上级检察机关对牵连管辖权的审查。相应地,建议《刑事诉讼法》第18条修改为:“贪污贿赂犯罪,国家工作人员的渎职犯罪,国家机关工作人员利用职权实施的非法拘禁、刑讯逼供、报复陷害、非法搜查的侵犯公民人身权利的犯罪以及侵犯公民民主权利的犯罪,由人民检察院立案侦查。检察机关在查办以上案件中,发现与以上犯罪相关联的犯罪,由检察机关立案侦查更适宜的,可以由检察院立案侦查。对于国家机关工作人员利用职权实施的其他重大的犯罪案件,需要由人民检察院直接受理的时候,经省级以上人民检察院决定,可以由人民检察院立案侦查。”为了避免管辖关联性、立即性的范畴所具有的不确定性的特点,防止检察机关管辖权的滥用,在《人民检察院刑事诉讼规则》中可以规定,检察机关在查处相关联犯罪的时候,应该在立案之后的一定期限之内将其立案情况向省级以上人民检察院报备,省级以上人民检察院如果发现下级检察机关立案侦查的案件其他机关侦查更适宜的,可以要求下级人民检察院将案件移送有管辖权的机关查办。

(3)行贿、受贿类犯罪的管辖

①在我国目前的情况下,如果受贿类犯罪不存在的情况下,能否单独对行贿犯罪进行处罚呢?

在长期的司法实践中,司法机关的刑事司法政策就是,行贿类犯罪是受贿类犯罪的附属物,不能单独处罚行贿类犯罪。笔者认为,这样的刑事司法政策存在问题,一方面这样的政策与刑法理论存在矛盾,根据犯罪构成,行贿犯罪完全可以独立存在。行、受贿犯罪并非对合犯,也就不属于必要共犯,二者并非必须同时成立。另一方面我国长期重视对国家工作人员贿赂犯罪的打击,而弱化了对行贿犯罪的打击。笔者建议,我国司法机关应该可以单独处罚行贿犯罪。

②贿赂犯罪中存在的严格证明责任模式值得商榷、修改。按照我国《刑事诉讼法》第 46 条的规定：只有被告人供述，没有其他证据的，不能认定被告人有罪和处以刑罚；没有被告人供述，证据确实充分的，可以认定被告人有罪和处以刑罚。按照这样的规定，如果有行为人供述，有其他证据能够予以佐证，就可以认定犯罪，如果没有行为人供述，有其他证据可以证明的，也可以认定犯罪。结合贿赂犯罪，并非一定要全部调取到对合行为人双方的供述才能证明犯罪。

2. 技术侦查

如果我国规定技术侦查，那么在反腐败侦查中，应该由谁来审批又由谁来执行呢？笔者的考虑如下：

其一，审批问题。侦查机关自己审批虽然具有一定的缺陷，但是也符合我国强制侦查的特点，利于打击犯罪。为了加强对技术侦查的监督，防止其滥用，可以实行使用之后上级侦查机关报备以及嫌疑人申诉等救济程序。

其二，执行问题。执行部门的多元化可能容易造成技术侦查在职务犯罪中被“边缘化”，因而建议减少执行部门。因为从我国的侦查实践来看，虽然在侦查中也出现了一些滥用侦查权侵犯人权的情况，但总体而言保护人权的状况良好。上级司法机关以及嫌疑人两方面对技术侦查措施予以监督，在很大程度上也能起到遏制滥用的作用。由于侦查措施的使用在侦查中具有及时、迅速的要求，将技术侦查措施的执行权交与公安机关，不能保证有力的打击犯罪。检察机关宜拥有自己的技术侦查队伍与设备为宜。

3. 证据适用

(1) 推定

推定制度在侦破较难的贿赂犯罪中较多使用。笔者认为，在我国适用推定制度应该注意几点：

第一，鉴于中国目前的还没有形成较为成熟的证据制度，推定转移的只是提供证据的责任，说服的责任还是由控方来承担。不论个案中是否采取推定的方法，其证明责任的分配在诉讼开始之初就已经由实体法规定。

第二，推定制度在我国必须坚持必要性原则，即不是在证明陷入僵局，按照严格责任不能够证明的情况下，不采用推定；不涉及国家重大安全、社会利益等重大犯罪行为时，在打击犯罪与保护人权两价值之间，选择保护人权，不采用推定。只有在毒品犯罪、黑社会犯罪、腐败犯罪等犯罪中，在证明陷入困境的情况下，才使用推定制度。

第三，针对中国目前的这种状况，可以对于有待推定的基础性事实通过实体法立法解释、司法解释的方式予以明确规定，限制司法官员自由裁量权对这种盖然性常态联系的滥用，保证推定的合理使用。

(2)举证责任倒置

笔者建议在我国司法中对巨额财产来源不明罪采用举证责任倒置。理由如下：

第一，举证责任倒置是一般证明责任的例外情况，即实行被告承担举证责任。在我国刑事诉讼中实际存在举证责任倒置。

第二，国际公约与世界各国刑事法律立法中存在举证责任倒置的规定，已成为普遍认可的实践。

第三，对巨额财产来源不明罪实行举证责任倒置是刑事政策的需要。随着我国经济的快速发展，腐败案件频发，刑事司法运行需求与保障支持相对不足的矛盾愈加突出。巨额财产来源不明罪案件中，有时经过认真调查，亦无法查清这些财产是否犯罪所得，当仅靠控诉方提出证据不足以证明拥有差额巨大部分财产的行为人有罪时，有纵容犯罪之嫌。

如何在巨额财产来源不明罪中实现举证责任倒置，笔者认为：

第一，巨额财产来源不明罪中举证责任倒置以后行为人所承担的举证责任并非严格责任，而是降低证明方式的严格程度或者自由证明责任。笔者认为这一点至关重要：其一，刑事诉讼中的证明责任负担机制体现了控辩平等对抗的基本理念，也体现了不同国家和地区诉讼证明制度具体适用范围的重要依据。其二，刑事被告人在强大的国家追诉力量面前，始终处于劣势地位。加强被告人的权益保证不仅是无罪推定原则的必然要求，也是实现控辩平等对抗、保证案件实体公正与程序公正的需要。即使是在实现举证责任倒置的情况下，也不能让被告人承担与追诉方一样的严格证明责任。

第二，在举证责任倒置中，行为人提供的合法证据要求达到“排除合理怀疑”或者法官“内心确信”的标准,如果不能达到,则面临推定为有罪的判决。而行为人提供的证据本身,在盖然性占优势的基础上证明其事实主张即可。

第三,举证责任倒置是与推定相结合使用的。由于行为人先前的违法行为或者违法状态引起的犯罪嫌疑,行为人应该承担相应的证明责任,未能履行或者履行未能达到标准的,就应该推定为有罪。

4. 污点证人制度

笔者认为,为破解打击犯罪中遇到的证据难题,应该确立中国的污点证人制度。

(1)适用污点证人豁免制度的案件范围

结合我国目前的法律文化以及司法实践需求,应限制污点证人制度适用的范围。可以考虑在一些犯罪性质恶劣、社会危害性大、犯罪手法隐蔽性强、调查取证存在严重困难的案件中引入污点证人制度如毒品犯罪、黑社会性质组织的犯罪、恐怖活动犯罪、贪污贿赂犯罪等案件。

从程序法角度来讲,采用污点证人的案件:其一,要坚持必要性原则,不能滥用此制度,使一些人逃脱犯罪的处罚。其二,确立“利益权衡原则”,通过将罪行较轻的行为人或者从犯转换为污点证人,以打击罪行较重的行为人或者主犯。

(2)污点证人豁免制度的类型模式

笔者认为,对污点证人责任的处理模式的分类,一种是程序法上的处理模式如起诉豁免、证据使用豁免、证言使用豁免;另一种是实体法上的处理没收如罪行全部豁免、罪行部分豁免、减轻处罚。而既不定罪也不处罚者则无须进入侦查程序,从实体法与程序法两方面实行了豁免。

(3)污点证人责任豁免的程序

对污点证人责任进行豁免的程序类型大致有两种:一种类型是由检控机关向法院提出申请,法院根据法律进行审查之后做出是否对该人豁免的司法决定。是否给予该人豁免,法院具有决定权。另一种类型是无须经过法院同意,检控机关可以自行决定是否给予该人以豁免。[1] 据笔者

① 参见樊崇义、王建明主编:《〈联合国反腐败公约〉与我国职务犯罪侦查研究》,中国方正出版社2011年版,第308页。

研究，以上两种只是审查的机关不同而已，并非是后者不需要审查与监督，前者是由控方交由居中审判的法院来进行，后者是在大控方内部进行审查，由侦查机关交由审查起诉机关审查。

按照目前我国《刑事诉讼法》的规定，尚未实行法院在审前进行司法审查制度，所以，对污点证人制度采取法院审查的方法不妥。而检察机关作为法律监督机关对污点证人制度进行审查具有天然的优势地位，检察机关中的侦查监督部门可以行使此项审查监督权。除此以外，案件侦查终结以后，在对案件移送起诉或者不起诉的过程中，检察机关中的公诉部门还可以对污点证人制度进行事后的监督，如果发现其中有滥用污点证人制度的，可以提交检察委员会最后决定。

(4)对污点证人是否强制的问题

污点证人制度中一个很重要的方面就是强制作证。笔者认为在我国，在启动强制作证获得批准以后，当事人必须如实作证，否则就应受到相应刑事处罚。根据我国目前刑法的规定，可考虑适用妨害公务罪进行处罚。①

除此以外，行为人在拒绝作证以后被判处相应刑罚以后，又愿意配合司法机关作为证人指认犯罪，可以借鉴澳门地区的经验，如澳门《有组织犯罪法》第38条，任何判处徒刑的有罪判决，如果被处判罪者采取了本法第5条中的任一行为时，可启动再审程序，减轻对被处罚者的刑罚力度，但该特殊再审程序只能适用于本法生效后的6个月内。

5. 特殊没收

(1)笔者不赞同大多数学者关于“没收程序并非财产刑”的观点。特殊没收程序是在行为人未到案接受处罚的情况下，对其犯罪所获得的财产先于法院对行为人的判决而作出的处理，一为国家挽回经济损失，二为削弱行为人的犯罪能力从而达到犯罪预防的目的，其部分的实现了财产刑的实体功能。

(2)适用的对象和条件为“犯罪嫌疑人、被告人潜逃，在通缉一年后不能到案”或者“犯罪嫌疑人死亡”，而且“依照刑法规定应当追缴其违法

① 参见黄维智：《刑事证明责任研究——穿梭于实体与程序之间》，北京大学出版社2007年版，第346～347页。

所得及其他涉案财产”。

(3)适用的大致程序为:侦查机关对物的强制措施—检察机关申请—法院合议庭受理、公示—合议庭审理—对违法所得进行裁定—终止审查和返还财产。

除此之外,还有一些值得探讨的地方:

第一,修正案规定特殊没收程序适用的案件类型为贪污贿赂案件、恐怖活动犯罪案件等重大犯罪犯罪。这里的“等重大犯罪案件”属于空白罪状。对于事关公民财产权利的特殊没收程序,几乎没有哪个基层司法机关敢逾越“贪污贿赂案件、恐怖活动犯罪案件”适用特殊没收程序,其条文就是虚置。笔者的建议是:首先,特殊没收程序事关公民的财产利益,其适用范围必须明确,避免司法权的滥用。其次,可以将贪污贿赂案件、毒品犯罪、黑社会性质的组织犯罪、恐怖活动犯罪是属于社会危害性极大的犯罪类型,作为特殊没收程序的适用范围。除此之外,跨国有组织犯罪应该纳入适用范围,有利于在世界范围内各国之间加大对犯罪资产追回的国际合作。

第二,在司法实践中,不少犯罪嫌疑人、被告人的犯罪所得以及其他涉案财产已经与个人的生产、生活财产已经合为一体,难以分割,此种情况在司法实践中就很难以追缴、没收。由此可见,在特殊没收程序之前需要有更加明确的财产分割程序作为基础,只有财产分割了,司法机关才能对其扣押、冻结,才能最终由法院予以没收。

理论探索

●刑法伦理化与和谐社会构建*

曾粤兴**

一切法律问题,归根结底都是文化问题。一个民族的伦理观念和法律观念一样,都是该国文化的重要组成部分。法律文化、伦理文化是民族与国家建立政治制度、法律制度的基础。先进、文明的文化培育先进制度,先进的法律文化、伦理文化培育先进、文明的政治制度和法律制度。一切法律都不同程度地体现着立法者所奉行或者认可的伦理道德。法律在公民心灵深处的地位与影响,既取决于政府在各种社会伦理关系中的伦理形象,也取决于法律本身与社会伦理的符合程度。

在刑法理论上,从伦理角度重新审视中国刑法理论,可以得出整体性的新感悟。概括地说,刑法上的管辖涉及国家与国家之间的伦理;刑法的基本原则实质上就是伦理原则;犯罪构成体系的建立包含伦理因素;刑事责任的基础是伦理责任;刑罚目的离不开伦理原则的制约;刑种、刑罚制度和量刑情节都蕴含了伦理思考;自然犯和腐败犯罪都是违背社会伦理的犯罪,行政犯对于社会伦理的更新具有引导作用。具体来说,法律不得溯及既往原则,体现的是"不教而诛,罪莫大焉"的伦理思想。普遍管辖原则,暗含人类社会"怜悯他人,推及自己"的伦理原则。罪刑法定原则、刑法平等适用原则、罪责刑均衡原则,体现的是尊重人权、维护公平正义、防止罪刑擅断的伦理要求,因此,也可以说它们本身属于伦理范畴。功利主义的特殊预防目的以及支撑该目的的新社会防卫理论,体现的是以人为

---

* 本文系作者博士后出站报告"刑法伦理化与和谐社会构建"中的精粹部分。

** 昆明理工大学法学院暨云南省地方立法研究院院长、教授、博士生导师。

本的人道主义精神。对未成年人、怀孕女性、心神耗弱者、盲人和又聋又哑者进行从宽化的处罚,体现的是同情弱者的伦理情怀。侮辱罪、诽谤罪的设立,体现了对人的尊重;侵犯公民人身自由(包括婚姻家庭权利)罪的设立,具有尊重人和己所不欲、勿施于人的伦理基础;对公职人员犯罪的处罚,尽管我们可以从保障公权力的正当行使角度进行解读,但不能否认其中的廉洁要求、反酷刑要求。廉洁与反对酷刑,实际上也是处理代表公权力的公职人员与普通公民、法人之间伦理关系的基本伦理要求。危害国家安全罪、危害国防利益罪的设立,当然包含了爱国奉献的公民道德因素。至于安乐死,更是凸显出人类伦理观念的差异带来的窘迫。凡此种种,都说明伦理是刑法的基础,刑法是伦理的体现和保障。

一、伦理与法治的一般关系

"伦理"源于希腊语"ethos",意思是品行、气凛以及风俗与习惯。"道德"源于拉丁文"mos",意思是品行与风习。所以,伦理、道德在西方的词源含义相同,都是指外在的风俗、习惯以及内在的品性、品德,都是指人们应当如何的行为规范。① 因此,西方的伦理学家并不严格区分伦理与道德。

在中国,由于伦理与道德的词源含义不同,伦理与道德被中国的伦理学家认为是应当区分使用的两个概念。伦理,指人伦关系的条理、次序和道理。道德,指人们对于客观的人类伦理、事物必然性的规律、道理、规则的一种获得和把握。有客观的"伦理",才谈得上能有所谓"道德";有具体的道德主体,才有所谓"道德"。② 简言之,在中国的语境中,伦理与道德不尽相同。如果说,伦理是抽象的行为准则,那么,道德就是具体的伦理实践,是伦理的具体化、个别化。因此,伦理与道德又是可以相通的范畴。在法理学上,习惯于把"伦理道德"组合使用,甚至"道德"来代替"伦理"。

(一)法制及其与伦理的关系

人类在交往中形成了伦理规则,从而维持了社会必要的秩序。但随

---

① 参见王海明:《伦理学原理》(第2版),北京大学出版社2005年版,第88页。

② 参见焦国成:《传统伦理及其现代价值》,教育科学出版社2000年版,第184~185页。

着社会生活、社会结构日益复杂化,人们之间的利益冲突越来越多,原本靠人们内心自觉守持的伦理规则的约束力逐渐下降,迫使社会管理者不得不采用一定的公权力来强迫人们继续遵循这些伦理规则。伦理的强制实施,催生了法律。《尚书》关于舜帝征讨三苗的记载即生动说明了法律与伦理之间,原本就是同宗同源并且内容相同,仅仅是实施手段不同的关系。因此,自然法学派关于法律与伦理你中有我我中有你,法律的内容是否正当需要由伦理加以评判的认识,符合人类历史发展的客观规律。而分析法学派截然区分伦理与法律,认为二者的根本区别在于是否需要动用国家强制力,主张在法学研究和司法适用中严格遵循法律自身的内在逻辑,摈弃有关法律的道德伦理思考以维护法律的明确性、独立性和完整性的观点,实际上是错误地将表象当作了本质,把手段看成了内容。

社会发展导致伦理道德与法律的关系逐渐复杂化。原本相同的行为规范朝着基本一致到逐渐矛盾的方向发展,过去伦理道德中天经地义的东西,可能恰恰为法律所禁止,比如婚姻家庭中复杂的性关系,原本属于伦理规范,但法律却以乱伦罪加以禁止。行政犯的大量出现,就是这种矛盾关系的集中体现。为了解决二者之间的矛盾,社会学派提出了将法律与伦理道德视为两种并行的社会规则体系,将伦理道德视为一种客观的社会规范并且可以作为法律的一种补充而纳入法律适用视野的主张。①这种主张可以用来解释习惯法与制定法的关系。因为习惯法中大量内容原本就是伦理道德规范。

凯尔森开创的纯粹法学派、萨维尼开创的历史法学派、拉德布鲁赫开创的新自然法学派、哈特等开创的新分析实证法学派、布莱克开创的行为法学派等都对法律与伦理道德的关系作出了自己的思考。比如,新自然法学派的代表人物富勒认为,法律与道德是不可分的;法律的内在道德即程序自然法,法律的外在道德即实体自然法。哈特认为,任何法律都会受到一定社会集团的传统道德的影响,也会受到个人优良道德的影响,但不能由此认为法律制度必须符合某种道德或者正义;法律和道德是有联系的,但并无必然的联系。

---

① 参见李龙主编:《法理学》,人民法院出版社、中国社会科学出版社2003年版,第465页。

关于法律与伦理道德的联系,我国学者的基本观点是一致的,认为在纵向上,二者都是由社会物质生活条件所决定,都是为经济基础服务的,同时,又都受到一定的阶级的政治和社会意识形态的直接影响,并为实现一定阶级的政治和社会意识形态服务。这种纵的联系,决定了二者的社会阶级本质和服务方向必然是共同的,因而它们的基本原则和主要内容必然是一致的。在横向上,伦理道德与法律之间的相互影响和相互作用,表现为互相渗透、互相制约和互相保障三种情况。互相渗透,是指法律贯穿着伦理道德精神,它的许多规范是根据伦理道德原则或规范制定的,而伦理道德的许多内容又是从法律中汲取的。互相制约,是指伦理道德通过对法律的某些规定的公正性和公正程度的评价,促使法律的废除、修改或者制定,使其符合统治阶级或者人民的利益,保持法律的伦理方向。法律则通过立法和司法,促使某些伦理道德规范的完善和发展,制约不道德行为不得跃出法律许可的范围。互相保障,是指从方向上讲,凡是法律所禁止和制裁的行为,也是或者应当是伦理道德所禁止和谴责的行为;凡是法律所要求和鼓励的行为,也是或者应当是伦理道德所要培养和赞扬的行为。从实质上讲,凡是违反法律的行为,同时也是或者可能是违反伦理道德的行为;凡是违反伦理道德的行为,也是或者可能是违反法律要求的行为,尽管不一定必须直接追究违反者的法律责任。概括起来说,法律是伦理道德的政治支柱,伦理道德是法律的精神支柱。① 有的学者认为,从本质上看,伦理道德与法律都属于上层建筑,都决定于社会的经济基础并为之服务;从形式上看,它们都是从原始禁忌、习俗与习惯中发展而来,都具有行为规范的形式;从内容上看,二者相互渗透、相互重叠。表现在:第一,任何法律都体现了一定的伦理道德精神。在法律规范乃至整个法律制度中,都体现着立法者有关自由、公平与正义的道德价值判断,体现着他们追求某种法治理想的道德理念。而法律制度所蕴含和体现的伦理道德精神,往往构成了它取得社会民众合法性认同的意识形态基础和社会舆论基础。第二,任何法律制度都必须与立法当时的社会伦理道德保持某种程度的和谐一致。法律的实施固然可以依靠国家强力推进,但在更

---

① 参见张文显主编:《法理学》(第 2 版),高等教育出版社、北京大学出版社 2003 年版,第 471 ~472 页。

多的情况下，必须依靠伦理道德的力量。否则，不仅法律本身的道德性会受到公众的质疑而使法律被虚置，而且实施法律的社会成本、经济成本和政治成本过于高昂，从而使法律的实施难以为继。第三，法律制度不仅仅是由法律规则组成，它还包括了一些法律原则，这些法律原则正是伦理道德的价值理念在法律制度中的具体体现。①

（二）法治及其与伦理的关系

法治是对法制的革命性超越。人类社会在总体上曾经经历过的原始社会后期、奴隶制社会、封建社会和资本主义初、中期、社会主义社会都有法制或者说法律。但法律或者法制不过是一种治国手段而不是目的，都有一定的利益集团凌驾于法律（或者法制）之上。而法治的基本特征是（良好的）法律至上。

法制仅仅是指法律制度。至于执法是否严格，违法行为是否必然受到追究，属于“法治”的范畴。法治变静态的法律为动态的法律，变治国的工具为治国的规范，变法律的实施者为法律的规范对象。因此，法治是一个复杂的系统工程或者说工程系统，由法律意识——立法——执法（广义，包含司法）——守法四个要素构成。

伦理是法治的基础，道德使法律成为可能。研究法治的运行，不能忽视伦理道德的作用。

对立法过程及其结果进行伦理道德评价是非常重要的。由于立法关乎每一个人的利益，关乎社会公共利益，因此，立法必须谨慎而不能任性。这是一条立法者与公民以及社会之间的伦理规则。马克思指出：“立法者应该把自己看作一个自然科学家。他不是在制造法律，不是在发明法律，而仅仅是在表述法律，他把精神关系的内在规律表现在有意识的现行法律之中。如果一个立法者用自己的臆想来代替事情的本质，那么我们就应该责备他的极端任意性。”②

孟德斯鸠说：“一个良好的立法者关心预防犯罪，多于惩罚犯罪；注意激励良好的风俗，多于施用刑罚。”③罗伯斯庇尔说：“法律的制定是为了

① 参见李龙主编：《法理学》，人民法院出版社、中国社会科学出版社2003年版，第473～475页。

② 《马克思恩格斯全集》（第1卷），第183页。

③ ［法］孟德斯鸠：《论法的精神》（下），商务印书馆1982年版，第83页。

保证每一个人自由发挥自己的才能,而不是为了束缚他的才能。”①马布利说:“为了判断最有益于社会的法律,应当知道自然界赋予了人以什么幸福,它在什么条件下准许人享受幸福。立法者的责任,在于促使我们结成社会的那些社会品质的实现。”②这些观点都从不同角度提出了立法者应当遵守的立法伦理。这种立法伦理不仅包含了愿望的道德内容,也包含了义务的道德成分。

行政执法与刑事司法不应是对法律规范的机械理解和适用。第一,良好的法治理念对良性执法与司法具有重要的引导作用,而良好的法治理念包含着与社会所处阶段相适应的伦理道德。比如,现行《行政诉讼法》规定,一旦行政相对人向法院提起行政诉讼,即不得调解。这一规定,实际上试图引导社会通过司法对一切行政诉讼案件必须“分清是非黑白”。但是,按照这一规定,行政纠纷的解决,往往导致公民与行政机关矛盾的产生甚至激化。在刑事领域,现行《刑事诉讼法》规定,只有公民自诉案件才能调解与和解,由此进行反向解释,结论是公诉案件不得调解或者和解。然而,对未成年犯罪人必须着重于教育以帮助其在继续融入社会的同时健康成长的观念已经深入人心,司法不能不受到这种观念的影响,因此,最高人民法院的司法解释赋予了对未成年犯罪人的公诉案件调解或者和解的可能。此外,我国《刑法》并没有对适用死刑的对象有年龄上限的规定③,但司法机关已经极少对70周岁以上老人适用死刑。在笔者看来,这不是执法与司法已经混乱到使人们丧失信心的表现,恰恰相反,是社会和人们思想的进步,使“和谐”已经成为人们新的伦理道德。第二,执法者与司法者良好的伦理道德观念与素养,决定着他们对行政执法和刑事司法各种定性与定量情节进行判断的理性程度,决定着他们自由裁量结果的合理程度。同样是盗窃,社会阅历丰富者能够基于大众伦理区别行为人是“饥寒起盗心”还是“饱暖思淫欲”。若系后者,执法与司法者可能会选择较重的处罚;若系前者,他们一般会选择较轻的处罚甚至不处罚。同样是侵犯公民权利的案件,传统伦理道德观念强的执法或者司法

① [法]罗伯斯庇尔:《革命法制和审判》,商务印书馆1985年版,第52页。
② [法]马布利:《马布利选集》,商务印书馆1983年版,第5页。
③ 《刑法修正案(八)》对75岁以上老年罪犯适用死刑问题已有限制性规定。

官员,会对侵犯老、弱、病残者以及孕妇的案件产生伦理道德上的痛恨而重罚行为人,而伦理道德观念偏“左”的人,会对侵犯国家利益或者公共财产案件的行为人选择重罚。相反,具有平等保护不同所有制财产安全观念的官员,则不容易因财产属性不同而做出区别对待的处理。所以,法学家指出:实现社会主义法治,必然要求我们的法律工作者具有高度的道德水平。一个道德平庸的人是无法胜任这一任务的;而一个道德败坏的人则只能是对这一任务的嘲弄。①

笔者认同如下观点:法律制度的正确实施在一定程度上有赖于法官、检察官、律师、行政执法官员等法律家群体的职业伦理水准。法律家的伦理是其基于对自己的社会地位与历史使命的理性认识而形成的直接影响其职业思维与职业行为的“实践理性”。法律家个体的职业伦理水准如何,是衡量其职业思维能力和职业行为能力是否成熟的重要标准。法律家的职业道德对于法律的正确实施,对于法律公平正义价值的实现具有直接的影响。因此,任何国家要推进法治事业,必须注重法律家群体职业伦理的培养。②

一切自觉的守法行为,都取决于行为主体内心对法律的尊崇与信仰,取决于法律能否成为行为主体伦理道德的组成部分。当法律的禁止性规范、授权性规范与义务性规范与行为主体内心的伦理道德暗合或者一致时,当超出行为主体认知范围的法律规范能够在行为主体内心树立起新的道德禁忌时,行为主体自然能够心悦诚服地遵守法律。当法律规范在行为主体内心引起抵触时,行为主体不可能自觉遵照法律规范行动。

在法治社会,良好的公民意识是形成守法主体精神的基石,良好的道德精神是形成守法主体精神的关键,良好的法治理念是形成守法主体精神的保障。

二、刑法伦理化

刑法伦理化,主要是指刑法应当体现和满足一般社会伦理的要求,与

① 参见沈宗灵主编:《法理学》(第2版),北京大学出版社2003年版,第215页。

② 参见李龙主编:《法理学》,人民法院出版社、中国社会科学出版社2003年版,第476~477页。

一般社会伦理保持高度的一致。所谓一般社会伦理,是指社会公众共同信奉和愿意自觉遵守的伦理规范。主要包括:

第一,国际法律文件中的基本伦理要求。如尊重和保障人权,禁止酷刑,对犯罪嫌疑人、被告人和罪犯实行人道主义处遇,国家不得强迫犯罪嫌疑人、被告人自证其罪,国家必须保障犯罪嫌疑人、被告人有效行使辩护权等。

第二,传统伦理道德中与现实社会发展方向相一致的伦理原则。如和为贵,仁爱,悯老恤幼(老吾老及人之老,幼吾幼及人之幼),己所不欲、勿施于人的人际伦理;诚信待人、童叟无欺的商业伦理;爱国爱民(公民而非百姓黎民),政教以德礼为本、以刑罚为用的政治伦理;亲亲相隐的立法和司法伦理等。

第三,法治原则所要求的政治伦理。如法律至上,这是现代法治国家政府以及执政党、公民以及法人应当遵守的新型伦理。

刑法伦理化,有以下几层意思:

(1)在刑事立法上充分体现社会伦理要求;

(2)在刑事司法上充分体现社会伦理要求;

(3)在刑罚执行上充分体现社会伦理要求。

刑法伦理化面临的一个难题就是道德与法律的矛盾问题。这一矛盾来自于两个方面。第一,社会发展的现代化带来了贸易的增长、人员的流动、信息的发达和金融业的发展,国际交流与合作密切了不同地区、不同社会制度下人民思想上、生活上的联系,形成了多元化的价值观念和伦理道德观念,使刑法伦理化面临伦理道德形成共识的困难。第二,现代化带来了传统的急剧改变,传统伦理道德、生活习惯等文化因素被改变。由于共识性的伦理或者说普遍的伦理难以归纳而形成体系,刑事司法伦理化的过程中就可能出现罪行擅断的危险,不同的道德主张可能带来对同样行为的不同评判。

但是,社会现代化的发展,会带来大区域化乃至全球化的文化趋同。即使暂且看不到这种趋势,追求本国社会的和谐以及国际社会的和谐,也是人类共同的目标。作为一个国家实现这一目标的途径,刑法伦理化是必要的选择。

有学者指出:“寻求一种道德共识的必要性来自社会本身,而其迫切性则来自这个时代，来自现代社会。任何一个社会都需要一种基本的道德共识才能维系，才不致崩溃。”“这一共识从性质上说是道德的；从范围上说是政治的；从内容上说是规范的；从程度上说是底线的。”①在笔者看来，这种道德共识可以来自三个途径：

(1)传统伦理道德。传统伦理道德是传统文化的重要组成部分，从未间断过对中国人民生活的影响。韩国现代化的历程说明，中华传统伦理道德体系蕴含了许多值得我们珍视的内容，这些内容有助于现代化进程中和谐社会的形成。

(2)国际法律文件中的伦理原则。比如，尊重和保障人权，反对酷刑，保障律师执业自由，对罪犯实行人道主义待遇，对犯罪嫌疑人进行无罪推定等，这就为我们寻求道德共识创造了有利条件。这些法律文件有不少属于国际公约。“公约必须履行”也是诚信伦理规则。国际公约的国内化过程，将使国家法律文件中包含的道德共识在传统文化的发展中产生潜移默化的作用。

(3)借鉴外国法律文化。与社会发展现代化同步的经济、文化全球化趋势，本身要求国际交往应当取长补短，共同发展。因此，法律文化的相互借鉴是全球化的内在要求。

三、刑法伦理化的立法途径

(一)无被害人犯罪范围的收缩

犯罪学上，把没有具体的被害人，但又具有严重社会危害性的行为，称为无被害人的犯罪，如卖淫、通奸、乱伦、赌博、吸毒、醉酒、同性恋、反自然行性行为等。“无被害人犯罪是指没有直接的被害人但被人为破坏了道德的犯罪行为。”②“若就犯罪学角度而言，无被害人犯罪乃指，因当事人相互间的合意，纵使是属于犯罪或偏差行为，当事人均不会对此等行为，向执行机关投诉。倘若刑法的观点而言，则认为无被害人犯罪乃指犯罪行为不会造成法益侵害(包含个人、社会、国家法益)或法益危险。换言

① 何怀宏：《伦理学是什么》，北京大学出版社 2002 年版，第 84 页。

② 王牧主编：《新犯罪学》，高等教育出版社 2005 年版，第 325 页。

之,乃指无明显法益保护的犯罪而言。”①无被害人犯罪范围的收缩相对可从两方面考察:

首先,该非犯罪化的非犯罪化;其次,不该犯罪化的行为不再入罪,刑法不应扩大打击面。不少人提出增设通奸罪、卖淫罪、乱伦罪、吸食毒品罪等,未获立法机关采纳。这既是对法益侵害说的认同,也是保障人权的需要。

(二)对特定人员犯罪的态度

作者认为,《刑法》第4条规定的刑法平等适用原则规定对于相同情况、相同人适用法律应相同对待,但这其中并不排除差异的存在。“相同”只是指的是类的相同性,并不是说之间不存在任何的差异。而对于该差异可分为能忽视的和不能忽视的差异。对于不能忽视的差异,应当在类规定之外做出特殊规定,也就是要区别对待,这是刑法实质平等的要求。否则,就会造成图有形式平等外表而无实质平等之实。

差别对待不是对法律面前人人平等原则的破坏,恰恰是对该原则的完善与健全。

1. 老年人

按照《老年人权益保护法》规定,老年人是指年满70周岁的人。老年人生理上的衰退表现为机体衰老及脑功能的衰退,各项生理功能及躯体状况减退,反应能力差,活动能力迟钝等;心理上的衰退表现为孤独与寂寞,适应新事物的能力下降,可塑性减退,固执任性,敏感多疑,易促发或诱发精神疾患,进而会发生系列的暴力行为。由此,老年人意识和意志能力都明显处于衰退阶段,应当视为不完全行为能力人。从总体上来看,老年人犯罪对社会的危害范围、危害的程度等都要小于其他成年人以及未成年人的犯罪。②

(1)应规定对超过70周岁的犯人从轻处罚。

(2)对老年人应当不适用死刑。同时,在其他刑种中,应优先适用财产刑。

(3)在老年人刑罚执行过程中,对于减刑、假释和保外就医等制度的

① 许福生:《刑事政策学》,中国民主法制出版社2006年版,第78页。

② 刘钦兴:《老年人刑事责任问题研究》,载《黄石教育学院学报》2005年第1期。

适用上,可适当做出相对宽泛的条件。对于老年人刑罚执行的场所,着眼于老年人体弱多病,尽可能的实行就地关押,当然,如果条件成熟,也可比照未成年人建立专门的老年人刑罚执行机关。

2. 未成年人

未成年人犯罪多是基于无知或冲动而犯罪,未成年人可塑性强,其世界观、人生观尚未完全定型。同时,我国的刑事政策强调对未成年人以教育、挽救为目的。为此,笔者主张,对未成年人不得适用无期徒刑、剥夺政治权利和没收财产。

暂缓判决在解决未成年人的刑事责任中具有特殊的意义和价值:第一,暂缓判决是预防未成年人重新犯罪的重要一环;第二,暂缓判决是少年法庭参与综合治理的有效途径;第三,暂缓判决是贯彻"教育、感化、挽救"方针的有力措施,有利于法官做出更适当的裁判。①

着眼于未成年人未来和教育挽救的目的。有必要建立未成年人前科消灭制度。建议缩小《刑法》第100条关于"依法受过刑事处罚的人,在入伍、就业的时候,应当如实向有关单位报告自己曾受过刑事处罚,不得隐瞒"的适用范围,把未成年人犯罪排除在外,并把"就业"限定为报考公务员。这既使刑法规定更加人性化,又体现了刑法谦抑的精神。

3. 精神病人

(1)"精神病人"名称的科学化。精神病是一个类概念,包括广义和狭义的概念。广义的概念包括精神疾病和精神性障碍,狭义的专指精神疾病而言。

(2)政府强制医疗的适用条件。现行刑法规定,在必要的时候,由政府强制医疗。"必要的时候"可以解释为主要根据精神障碍的性质和犯罪的严重程度来判定其社会危险性,即再次犯罪的可能性。②

4. 智力缺损者

与精神障碍相类似的情形,还有重度智力缺损。所谓"相似",是因为精神障碍者与重度智力缺损者都不能辨别和控制自己的行为。但前者是

① 杜文俊、安文录:《宽严相济刑事政策与我国未成年人刑罚制度的完善》,载《青少年犯罪问题》2007年第2期。

② 张爱艳、殷雪梅:《精神障碍者刑事责任的立法现状与司法困境》,载《山东审判》2001年第6期。

因为思维混乱,后者是因智力障碍而无思维能力。智力缺损又称智力障碍,简称智障,是指智商低于特定医学指标的情况,一般分为轻微、轻度、中度(鲁钝)、重度(痴愚)和白痴(最重度)五级。轻度智力缺损表现为智商在55~69,无明显语言障碍,对周围环境有较好的辨别能力,反应比正常人迟缓一些,理解和接受能力较差,但生活能够自理,能比较恰当地与人交往,能做一般非技术性工作;中度智力缺损表现为智商在40~54,能掌握日常生活用语,但词汇贫乏,对周围环境辨别能力差,只能以简单方式与人交往,生活能部分自理,能做简单劳动;重度智力缺损表现为智商在25~39,语言功能严重受损,不能进行有效的语言交流,生活不能自理;极重度智力缺损表现为智商低于25,语言功能丧失,没有理解和反应能力,无法从事任何劳动,生活完全无法自理,①如同"行尸走肉"。② 痴愚和白痴都可以归入重度智力缺损,容易被害而成为被害人,如性侵害。同时,痴愚者也可能主动侵害他人,白痴也不排除被利用充当犯罪工具的可能。但《刑法》对此没有反应,司法实务把痴愚和白痴都视为精神障碍,对其实施的性侵害一般都被当作强奸罪处理,但对其实施的不法侵害行为是否承担刑事责任以及责任程度如何,人们有不同认识,不利于案件得到公平合理的处理。

轻度以上智力缺损者属于弱势群体,在人类共同的人道主义伦理道德中都属于保护对象。对其实施任何犯罪,其智力特点不仅对侵害行为的定罪有影响,而且在价值评判上属于恶行,法官可以将其作为酌定量刑情节适当加以从重处罚,这在伦理上和法理上应当不成问题。问题在于,对鲁钝(中度智力缺损)者和痴愚者实施性侵害究竟是否都属于强奸?鲁钝者、痴愚者实施犯罪是否都应当从轻处罚?这是司法实践需要法学理论回答的问题。

(三)酷刑的遏制

根据联合国《禁止酷刑和其他残忍、不人道或有辱人格的待遇或处罚公约》第1条的规定,酷刑不是指残酷的刑罚,而是指公职人员或以官方

---

① 最高人民法院、最高人民检察院、公安部、国家安全部、司法部《人体损伤程度鉴定标准》(2014年1月1日起施行)。

② 这仅仅是为了说明问题而借用此成语。白痴中偶尔会出现音乐、绘画天才。痴愚者更不乏自强不息典范。

身份行使职权的人或在其唆使、同意、默许下的人，为了向某人或第三人取得情报或供状，为了对他或第三者涉嫌的行为加以处罚，或为了恐吓或威胁他或第三者，或为了基于任何一种歧视的理由，蓄意使他人在纯因法律制裁原因之外，遭受肉体上或精神上的痛苦的行为。[①] 酷刑是一类行为的总称，刑讯逼供、非法拘禁、体罚、虐待被监管人员、强迫职工劳动等属于典型的酷刑行为，国家工作人员在执行职务过程中故意伤害、辱骂甚至杀害他人的行为也是酷刑行为。[②] 纯因法律制裁而引起或法律制裁所固有或随附的疼痛（如新加坡至今还保留的鞭刑）或痛苦（如监禁刑会使罪犯感受到失去自由的痛苦）则不属于酷刑。

酷刑的存在无疑是与刑法伦理背道而驰的，因此，提倡刑法伦理化势必要求我们要遏制酷刑的存在。

1. 建立切实有效的非法证据排除规则。一旦法院能够坚决依法否定这些证据的效力，侦查人员就会彻底明白以酷刑获取证据将会是无用功，从而失去内心驱动力量。

2. 建立切实有效的监督机制。由于酷刑往往发生在外界所不知道的场所，因此，否定酷刑发生的证明责任应当由侦查机关提供，如犯罪嫌疑人进入看守所时的体检报告，接受讯问后的体检报告，审讯时的录音录像。但是，录音录像也可能被"做手脚"，因此，除了审讯未成年犯罪嫌疑人时必须有其监护人或者法定代理人在场外，审讯一切犯罪嫌疑人都应当允许犯罪嫌疑人的律师在场。律师在场监督权的行使，能够发挥比较有效的监督作用。

3. 切实追究酷刑实施者的刑事责任。

4. 建立赔偿制度。联合国《保护人人不受酷刑和其他残忍、不人道或有辱人格待遇或处罚宣言》第 11 条规定："公务员或在公务员人员怂恿下施行酷刑的行为或其他残忍不人道或有辱人格的待遇或处罚一经证实，应立即按照国内法给予受害者补救和赔偿。"赔偿制度的建立，既可以通过增大司法机关负责人的压力尽量防止酷刑，也可以通过内部追究机制

---

① 参见黄芳：《酷刑及酷刑罪的界定》，载赵秉志主编：《酷刑遏制论》，中国人民公安大学出版社 2003 年版，第 5 页。

② 参见李汉军：《当代中国的酷刑及反酷刑状况》，载赵秉志主编：《酷刑遏制论》，中国人民公安大学出版社 2003 年版，第 113 ~ 134 页。

既让酷刑实施者“亲自掏腰包赔偿”来强化侦查人员放弃酷刑的动力。

5. 提高侦查人员的素质,提高加强技术侦查水平。如果没有科技含量的侦查技术水平的提高和装备的改善,侦查人员还是老一套的侦查方式办案的话,禁止酷刑还有可能变成一句空话。

四、刑事司法伦理化

排除刑罚的伦理色彩,就会使刑罚丧失根据上的合理性。伦理与刑罚的博弈是决定伦理因素对刑罚适用影响程度的一个标准。彰显社会伦理,引导刑罚与伦理互相调和,充分发挥伦理对刑罚的补充作用,给目前法治建设中遇到的社会治安形势不佳、亲属家庭领域伦理滑坡、法律权威软化等现象的克服提供一条解决的途径。①

司法伦理化,即司法体现社会伦理的过程。

1. 期待可能性的司法裁量

在司法裁量过程中,应当充分考虑可能影响期待可能性的因素,因为它直接影响到行为人的可谴责性的有无及大小,进而与刑事责任紧密联系。

在大陆法系刑法理论中,期待可能性被作为责任的要素在有责性要件中来考虑。由于我国的犯罪成立体系与大陆法系的犯罪成立体系具有明显的不同,把期待可能性的判断照搬进入我国的犯罪成立体系是不现实的。有的学者主张在主观要件的责任能力要素中考虑期待可能性问题;有的学者主张在犯罪成立体系外确立免责因素,在免责因素中增加期待可能性的考察、判断;②还有学者主张在量刑环节考虑期待可能性问题。

一般而言,有无期待可能性取决于两方面的因素:一是客观情势的异常性。这种异常性表明行为人所处的具体状况出乎一般人的心理承受能力,因而不得不违背刑法法律规范的期待。二是主观心理压力的增大性。鉴于行为人周围情况和因此等情况而对行为人造成的心理压力,是否还

---

① 参见陈朝勇:《刑罚与伦理冲突解决模式之构建可能性探求》,载《文教资料》2006年4月(上),第147~148页。

② 参见冯英菊:《期待可能性的理论与实践》,中国人民大学法学院2004年博士学位论文,第30~31页。

能期望行为人选择适法行为就成为问题。可见，这两个因素决定了行为人缺乏做出适法行为的可能性。①

刑法介入社会生活，介入人类行为领域时，应以极大的责任心尊重、保护公民自由、权利，对人的价值和尊严、人的现实生活和幸福给予极大的关注并以此为自己的内在理念。② 人性有其脆弱和自私的一面，人的理性要求人们的行为应该与自己的价值观相一致，而生命是人类一切价值的基础。期待可能性理论生成和发展的动力也正在于它对人性脆弱的相对尊重，从而缓和法律严酷与人性弱点间的紧张对立。就理论建构的旨趣而言，期待可能性强调只有当行为人具有选择合法行为的可能性时才可以有非难的可能性，当就一般人而言处于无法可想的境地，无论何人如处于与行为人相同的境遇舍违法行为而无他法时，期待行为人牺牲较大的价值乃至生命去遵守法律，是根本不可能的，这其间蕴含的体恤人情、关注脆弱人性的基本诉求彰显无遗。

2. 死刑的限缩

死刑本身是不人道的，死刑的适用也是不人道的。暂时保留死刑，除了“现实需要”和“法律文化的改造需要时间”这两点理由之外，没有什么正当理由可言。

死刑过多过滥，既是一个国家执政能力弱的表现，也是政治伦理、社会伦理不文明的表现。用死刑来恐吓公民不仅是无用的，而且是不道德的。

缩减死刑的适用，比起缩减死刑罪名，可能容易得多。只要树立了严格控制死刑的理念，掌握了限制死刑的规则，制定和实施统一的死刑适用规则就成为技术上可行的措施。对于如何缩减死刑，刑法学界已经有不少已经成果。笔者曾经采用体系解释方法，对我国《刑法》中主要的死刑条款做过分析，提出了一系列缩减死刑的建议：③

（1）不是直接谋夺生命的暴力犯罪，原则上不应适用死刑。

---

① 参见徐岱：《期待可能性的机能：扩张或紧缩》，载《吉林大学社会科学学报》2002年第6期。

② 参见杨建广、杜宇：《期待可能性的理论根基》，载《法学》2000年第12期。

③ 曾粤兴：《死刑条款的体系解释》，载李洁等主编：《和谐社会的刑法现实问题》（中），中国人民公安大学出版社2007年版，第941～947页。

（2）故意夺人之命的犯罪可以配置死刑，但未遂犯不应适用死刑，无直接证据定罪时的坦白不应适用死刑。

（3）对抽象危险犯不应配置和适用死刑。

（4）单一加重情节不应适用死刑——故意性质的“人命”情节例外。

（5）对智能犯、数额犯不应配置和适用死刑。各种诈骗罪，都需要行为人精心涉及种种圈套和陷阱，才可能使被害人“自愿”交付钱财，故属于典型的智能犯罪。智能犯罪，无侵害生命法益之虞，没有理由以“极其严重的罪行”论处；数额犯以犯罪对象、内容或者非法所得的财产多寡衡量社会危害程度，视财产价值高于被告人生命价值，于理不通，也经不起社会发展速度之检验。同时，数额犯无损于公民生命权益，或者对社会没有现实的客观危险，缺乏足够的理由将其解释为“罪行极其严重”。

（6）政治犯原则上不应适用死刑。这类犯罪在实施过程中可能伴随故意侵害特定或者不特定公民生命权益的结果发生，此时，对致死人命者可以适用死刑。

3. 公捕公判之取消

公捕公判，是指对公民进行逮捕或者有罪宣告，召集大会进行，轻者给公处对象上脚镣手铐，重者对其五花大绑，但一般都会给公处对象胸前或者背后挂牌写明案由，如强奸犯、抢劫杀人犯之类，大会完毕，将其押上卡车环城游行。这种做法，对执行逮捕而言，违背了刑事诉讼法上的无罪推定原则，把程序行为当作实体处罚；对判决的宣告而言，实质上违反了二审终身制度，在一审结束即宣告被告人有罪，即使是宣告终审判决，与公捕一样，属于侵犯公民的名誉权、荣誉权、获得人道主义待遇权和人身自由等基本人权的错误举动，其后果之一即破坏人与人、法人与人、国家与人之间的伦理关系。在当今中国，从民众通过媒体的广泛谴责即可判断它已经没有相应的社会伦理支持，应予摒弃。

五、行刑伦理化

（一）人道行刑

人道即为人之道，讲的是把人当作人看待，包括把犯罪嫌疑人、犯人当（病）人看待，追求人类终极关怀，讲究人性、人伦，尊重人的本性。以人为本，是人道主义的根本宗旨；人的宝贵与尊严，是人道主义的中心价值。①在涉及罪犯处遇的一切国家法律文件中，都闪耀着人道主义思想的光芒。

（二）诚信行刑

诚信行刑，是指国家刑罚执行机关和司法机关应当诚信对待罪犯，及时、公平兑现法律、行政法规规定的奖赏和优惠。这些奖赏和优惠，集中表现为立功受奖、给予减刑、假释上来。

（三）社会化行刑

社会化行刑，亦称行刑社会化。主要是指让罪犯直接回到社会接受改造的行刑方式，其特点是依靠社会力量而不是监狱执行刑罚。广义上的行刑社会化包括缓刑、假释、保外就医和管制，狭义上的行刑社会化主要指社区矫正。它们都需要与社区矫正制度相联系。

笔者认为，作为社会防卫的一种手段，刑罚的适用和执行，实质上是国家处理人与国家伦理关系的一种行为，自当遵守一定的伦理规范。代表国家适用和执行刑罚的国家机关和司法人员，不仅在考虑是否动用刑罚时应当受到一定伦理规范的制约，而且在确定刑罚分量的时候，也应当受到一定伦理规范的制约②，在刑罚的执行过程中，更应受到一定伦理规范的制约。过度的刑罚分配和过分的刑罚执行，不仅不会得到有理性的民众的理解和支持，相反，会给罪犯及其亲属增添对司法官员、司法机关和国家的怨恨，罪犯向社会的回归可能意味着更强烈的报复。

① 参见孙万怀：《刑事法治的人道主义路径》，北京大学出版社2006年版，第5页。

② 参见黄立：《刑罚的伦理审视》，人民出版社2006年版，第16~17页。

●俄罗斯犯罪构成理论研究[*]

庞冬梅[**]

我国传统的犯罪构成理论主要移植于苏联,其理论体系和内容结构与苏俄时期的犯罪构成理论有着传承关系。由于语言方面的障碍,俄罗斯刑法理论方面的书籍翻译成中文的有限性及译著中法律术语使用的不确定性,使中国刑法学者对俄罗斯刑法中犯罪构成理论的历史发展脉络了解得不多,特别对帝俄时期及苏联解体后的犯罪构成理论知者甚少。中国是俄罗斯的近邻,且中国的刑法理论曾一度以苏联的模式为蓝本。中俄两国犯罪构成理论相互借鉴、互相促进、共同发展已成历史的必然。因此,本文即对俄罗斯犯罪构成理论体系的发展历程及伴随其中的各种理论界说进行全方位、多角度的研究与探讨,以期对中国犯罪构成理论的进一步发展提供有益借鉴。

一、俄罗斯犯罪构成理论的源起

Corpus delicti 是意大利著名刑法学者法利那休斯(Farinacius)1581年在其著作 *Variae quaestiones et communes opiniones* 中最先使用的。18世纪末 Klein 将这个词翻译成德语的 Thatbestan(Grunds. d. pein. Rechts. 1796)。首先,这个术语是在完全程序意义上使用的,意指犯罪的物证的总和(例如,在杀人罪中,corpus delicti 是指身体的伤痕或侵入体内的毒药;在伪造罪中它是指伪造的证件)。其次,corpus delicti 的概念被扩大使用,不仅指犯罪的所有物证,而且指犯罪人的外部行为本身,这里不包括当犯意还未完全形成时罪犯的内心活动;后者被称为 Thäterschaft。这样

---

* 本文系作者博士后出站报告"俄罗斯犯罪构成理论研究"中的精粹部分。

** 黑龙江大学法学院俄罗斯法研究中心主任,教授,法学博士。

一来,犯罪是指两个完全相对的要素:Thatbestan 和 Thäterschaft。[①] 最后,德国的一些学者开始在既包含犯罪的外部方面又包含其内部方面的一般意义上使用"Thatbestand"一词。十八九世纪的刑事古典学派对犯罪构成学说进行了较为详细的理论研究并赋予这一术语以刑法学意义,这是由于刑法的积极法典化和刑事立法结构中分则的出现所决定的。[②] 以宾丁和贝林等为代表的德国学派对俄罗斯革命前刑法学中的犯罪构成学说产生很大的影响,因为当时的很多俄罗斯刑法学者都毕业于德国的大学和研究生院。19 世纪中叶,俄罗斯刑法学家将 Thatbestand 引入本国的刑法学研究中并译成犯罪构成(сост ав прест упления),并在包含犯罪内、外两方面的一般意义上使用此法律术语。[③]

二、帝俄时期犯罪构成理论体系的发展

(一)斯巴索维奇的"五要件说"

帝俄时期著名刑法学者斯巴索维奇(В. Спасович)认为,犯罪构成综合了犯罪的外部的客观方面与内在的主观方面,意指犯罪概念中所包含的一切要件的总和。这些要件中的某些要件非常重要,没有它们的存在犯罪便是不可思议的,这些要件被称为实质要件(essentialia)。而其他一些要件,在它们缺失的情况下仍可构成犯罪,这些要件只是在某种程度上对刑罚措施产生影响,被称为非实质要件(accidentalia delicti)。斯巴索维奇将犯罪构成要件学说概括为以下五个部分:(1)犯罪对象;(2)犯罪人;刑事责任能力概念;(3)犯罪的外部方面——行为及其后果;(4)犯罪的内部方面——意志和认识;(5)共犯及其相应责任。[④]

斯巴索维奇的犯罪构成理论虽然源于德国的犯罪构成学说,但他并非是对德国犯罪构成理论的照搬,而是在对德国学说进行"扬弃"的基础上提出了自己独创的犯罪构成"五要件说"。当然,如果从当代刑法学理

---

① Спасович В. Учебник уголовного права. Т. 1. СПб. ,1863. Первое издание, С. 89.

② Пионт ковский А. А. Учебник совет ского уголовного права. Т. 2. М. ,1970. С. 106.

③ Кист яковский А. Ф. Элемент арный учебник общего уголовного права. Т. 1. Общая част ь. Киев,1875. С. 265.

④ 参见 Спасович В. Учебник уголовного права. Т. 1. СПб. , 1863. Первое издание, С. 89 – 90。

论的高度来对斯巴索维奇的犯罪构成理论进行审视，则会发现斯巴索维奇的有些观点是值得商榷的，但是，就当时犯罪构成学说发展进程而言，斯氏的犯罪构成理论在当时已达到了相当高的理论水平。可以认为斯巴索维奇（B. Спасович）开创了俄罗斯犯罪构成理论的独特发展路径，为俄罗斯犯罪构成学说的后续发展奠定了理论基础。

（二）季斯甲科夫斯基的"四要件说"

帝俄时期的另一刑法学者季斯甲科夫斯基（A. Ф. Кист яковский）认为，犯罪构成指的是构成犯罪不可或缺的实质—必要要件。他指出，作为类概念的犯罪，其犯罪构成的实质—必要要件包括：(1)犯罪主体，或者犯罪的实施者；(2)客体，或者犯罪实施的对象；(3)主体对犯罪行为的意志态度，或者主体的内心活动；(4)行为本身及其后果，或者主体的外在活动及其后果。这四个要件是作为类概念的每个犯罪所固有的，因此它们被称为一般要件。所有这些要件及其中的每个要件都是犯罪构成的实质要件，缺少其中任何一个要件都不构成犯罪。①

根据季斯佳甲科夫斯基的理论，上述四个组成部分只是在思维领域的划分，而实际上犯罪是一个整体，其内部的各个组成部分是有机地融合在一起的，因此犯罪的内部方面是根据其外部表现来判定的，并且从另一方面来看，离开了犯罪的内部方面，其外部方面也是不可思议的。可见，季斯甲科夫斯基的犯罪构成理论体系中包含朴素的系统论思想，他认为犯罪构成的各个部分并非是简单的相加，而是一个有机的整体，这为后来俄罗斯犯罪构成系统论（库兹涅佐娃教授后来所创立的犯罪构成理论）的构建奠定了基础。此外，季斯甲科夫斯基的犯罪构成理论由主体、客体、主观方面（主体对犯罪行为的意志态度，或者主体的内心活动）和客观方面（主体对犯罪行为的意志态度，或者主体的内心活动）四部分建构而成，这与后来苏联与当代俄罗斯刑法学中占通说地位的"犯罪构成四要件"理论体系框架基本相同，可以说，当代俄罗斯犯罪构成四要件理论是从季斯甲科夫斯基的犯罪构成理论发展而来的。

（三）塔甘采夫的"三要件说"

在俄罗斯犯罪构成理论发展过程中，帝俄时代塔甘采夫（H. C.

① Кист яковский А. Ф. Элемент арный учебник общего уголовного права. Т. 1. Общая част ь. Киев, 1875. С. 265 – 266.

Таганцев)的功绩是不容忽视的。塔甘采夫认为,作为对现实存在的法律规范、对法律所保护的生活利益的侵害的犯罪行为是某种产生于侵害人和侵害对象之间的生活关系,这种关系包含独特的特点或要件,基于这些特点或要件,此种关系成为所有的法律关系中的一种,且作为刑事可罚的不法行为在其中占据独立的位置。表示犯罪行为的这些要件的总和在刑法学中,被称为犯罪构成(сост ав прест упного деяния)。塔甘采夫把犯罪构成要件归结为三类:(1)行为人——犯罪行为的实施者;(2)犯罪行为的指向——客体或犯罪侵害的对象;(3)从内部和外部来研究的犯罪侵害本身。有中国刑法学者将塔甘采夫的犯罪构成理论体系概括称为主体——客体的结构。即犯罪主体——中介——犯罪客体的结构。①

塔甘采夫其1902年出版的《俄罗斯刑法学讲义》中对犯罪构成及其要素——客体、客观方面、主体、主观方面进行了全面而深入的研究,对当时存在的各种不同的理论界说进行了阐释和批判并提出了自己的主张,他的许多主张直至今日仍然对当代俄罗斯的立法与司法起着有益的指导作用。

(四)布金斯基的"两要件说"

帝俄时代另一著名刑法学者布金斯基(С. Будзинский)认为犯罪构成是将行为认定为犯罪的必要条件。他将犯罪构成分为两个方面:"精神的和物质的,即内部方面和外部方面,认为每个行为的内部方面具有两个实质条件:意志和认识;外部方面的两个实质条件——行为和后果"。② 布金斯基追随德国学者的理论将犯罪构成分为以下几个种类:一般构成与特殊构成;法律构成与事实构成;主观构成与客观构成。

布金斯基的犯罪构成"两要件说"将犯罪构成分为内部(意志和认识)和外部(行为和后果)两个方面,坚持的仍然是俄罗斯刑法学通说中的主、客观相统一的原理。布金斯基在其1870年发表的《刑法学原理》一书中对于故意、过失的分类与当代俄罗斯刑法学中的分类标准很相近。此外,布金斯基关于形式犯罪与实质犯罪的区分对于俄罗斯犯罪构成理

① Таганцев Н. С. Русское уголовное право. Лекции. Част ь общая. Т. 1. СПб. ,1902. С. 142.

② Будзинский С. Начала уголовного права. Варшава. 1870. С. 65.

论的发展具有开创性意义,可以将其看作当代俄罗斯刑法学界有关犯罪的形式构成与实质构成的萌芽。当然,有关犯罪的实质构成与形式构成区分方面的争议一直存在于俄罗斯刑法学理论界。虽然此问题备受争议,但关于形式构成与实质构成的立论却是当今大多数俄罗斯刑法学者在论述犯罪构成理论时所无法摒弃的论争交锋。

三、苏联及苏联解体后犯罪构成理论的发展

在苏联刑法理论中犯罪构成学说在特拉伊宁(A. H. Трайнин)的三部著作中进行了较详细的研究。① 但是犯罪构成学说至今仍是学术界争论的一个问题。一部分学者将犯罪构成解释为"立法模式""科学抽象"。② 另一些学者认为犯罪构成是犯罪的结构,是它的系统化的社会危害性。③ 皮昂特科夫斯基(A. A. Пионт ковский)在20世纪60年代也指出:"法学家们将犯罪构成的概念既用于说明表示刑事立法中一定犯罪的要件的总和,也用于说明符合这些要件的具体行为。"④当时的库德里亚夫采夫(B. H. Кудрявцев)写道:"当然,立法者构建的不是犯罪构成,而是对犯罪构成的要件进行不同程度的充分描述的刑事立法规范。这些要件本身是独立于人们的意识而客观存在的,是此具体犯罪本身实际所固有的,且立法者的任务在于将这些要件在法律中进行非常准确和深入的阐述与规定。"⑤

苏联及苏联解体后的俄罗斯刑法理论中对于犯罪构成结构的分析占有显著的地位。有俄罗斯学者认为,构成本身即是犯罪的结构,因此,对犯罪构成的分析即是对犯罪概念结构的分析。此学者还强调,理论中并

---

① 参见 Трайнин А. Н. Учение о сост аве прест упления. М. , 1946; он же. Сост ав прест упления по совет скому уголовному праву. М. , 1951; он же. Общее учение о сост аве прест упления. М. ,1957。

② Уголовная от вет ст венност ь и сост ав прест упления. Общая част ь. Особенная част ь:Курс лекций. М. :Норма,Инфра – М,1996. С. 26 – 27.

③ 参见 Кузнецова Н. Ф. Прест упления и прест упност ь. М. :1969; *Кузнецова Н. Ф.* Сост ав прест упления:спорные вопросы // Вест ник МГУ. Сер. Право. – 1987. – №. 4。

④ Пионт ковски А. А. Учение о прест уплении по совет скому уголовному праву. Курс совет ского уголовного права:Общая част ь. М. :Госюриздат ,1961. С. 120.

⑤ Кудрявцев В. Н. Объект ивная ст орона прест упления. М. :1960. С. 46 – 47.

不存在一个统一的构成，而只存在构成的许多方案，①杜尔曼诺夫(Дурманов)称其为"形形色色的构成"。② 下面我们对苏联及当代俄罗斯犯罪构成结构的诸多"方案"做一简要回顾。

(一)犯罪构成不要说

俄罗斯刑法学界持"犯罪构成不要说"观点的代表学者是卡兹洛夫教授(А. П. Козлов)教授。卡兹洛夫教授认为，刑法理论之于犯罪构成就像是在一间黑暗的屋子里寻找一只黑猫，而实际上根本就没有黑猫的存在。他认为，将犯罪构成作为具有刑事法律意义的范畴而保留是不必要的，因为他认为，构成的结构如同构成本身一样都是人为构建的。

(二)犯罪构成"两要件说"

苏联及当代俄罗斯刑法学界持犯罪构成"两要件说"的代表学者有盖尔采宗(А. А. Герцезон)、费费洛夫(П. А. Фефелов)、阿列克谢耶夫(С. С. Алексеев)。持此种观点的学者认为犯罪构成反映的是某种法律事实，应当由主观方面与客观方面构成。其中，阿列克谢耶夫追随盖尔采宗的主张③，认为"法学中通常所说的违法行为的结构(其中包括犯罪构成)不仅包含作为法律事实的违法行为的自身特征，而且还涵盖着作为责任之法律前提之一的法律主体(违法行为主体)以及法律所保护对象(社会关系)和法律秩序(违法客体)……如果将违法行为只看作法律事实，则它就应当由客观和主观两个方面构成"。④

(三)犯罪构成"三要件说"

苏联及其解体后的当代俄罗斯联邦时期关于犯罪构成"三要件说"的理论可分为两种：一种是以卡尔普申(М. П. Карпушин)、库尔良兹基(В. И. Курляндский)和马里科夫(В. П. Мальков)为代表的"主体——客体——行为(侵害本身)"之"三要件说"；另一种是以俄罗斯当代著名刑法学者库兹涅佐娃(Н. Ф. Кузнецова)关于犯罪构成理论的前期观点为代表的"客观方面——主观方面——主体"之"三要件说"。下面我们对"三

---

① Мальков В. П. Сост ав прест упления в т еории и законе // Государст ва и право. 1996. №. 7. С. 110.

② Дурманов Н. Д. Понят ие прест упления. С. 4 – 5.

③ 详见 Герцензон А. А. Уголовное право. Част ь Общая. М. ,1948. С. 285。

④ Алексеев С. С. Проблемы т еории права. Курс лекций. Т. 1. Свердловск. 1972. С. 354.

要件说”的两种不同主张做一简要介绍。

(1)“主体——客体——行为(侵害本身)”的犯罪构成结构

俄罗斯“主体——客体——行为”犯罪构成结构理论以马里科夫的主张为代表。① 马里科夫认为,犯罪不是由四要件构成,而是由三个基本要件:客体、主体和行为构成。

马里科夫指出,革命前俄罗斯著名刑法学者所主张和支持的正是此三要件结构。② 并且,只有行为本身可以分为客观方面和主观方面,而犯罪整体对客观方面和主观方面的区分则将它们从行为的次级要件变成犯罪的一级要件,行为本身在这种情况下则变成了自己客观方面的次级要件。反之,行为又分为客观方面和主观方面:“……作为犯罪概念体系基础的人的意志行为可以界定为人对其周围的外部世界的有意识、有目的的作用。从这个界定中可以看出,我们的意志行为有两个方面——客观的和主观的”。③ 这样一来,犯罪中实际上存在着两组客观方面和主观方面——它们分属于犯罪本身和犯罪行为。④ 马里科夫认为,上述主、客观方面的名称原则上讲是没有根据的,因为无论在犯罪中还是在犯罪行为里都没有任何的客观方面和主观方面以及要件的存在,有的只是外部要素(约定称为物质要素 физические)和内部要素(心理要素)。后者只有从行为人的角度可以称为主观要素,而对于预审机关、侦查员、检察官、法官、律师、学者以及任何其他旁观者来说,这些要素都同物质要素一样属客观要素,因为它们同样地存在于上述人员的意识之外并且不受他们意

① 马里科夫的“三要件”说的阐释主要体现在他20世纪90年代在俄罗斯《国家与法》发表的一篇学术论文当中,即 Мальков В. П. Субъект ивные основания уголовной от вет ст венност и / Государст во и право. 1995. № 1. С. 91 –98。

② 马里科夫这里所说的革命前的学者指的是涅克留多夫、谢尔盖耶夫斯基和塔甘采夫,他们的主张体现在如下著作中:Неклюдов Н. А. Общая част ь уголовного права (Конспект). СПб., 1875. С. 22 – 24;Сергеевский Н. Д. Русское уголовное право. Част ь общая. Вып. первый. СПб., 1882. С. 226;Таганцев Н. С. Русское уголовное право. Част ь общая. Т. 1. СПб.,1902, с. 367。

③ Церет ели Т. В. Причинная связь в уголовном праве. М.,1963. С. 122.

④ Мальков В. П. Сост ав прест упления в т еории и законе // Государст ва и право. 1996. №. 7. С. 111.

识的限制。[1]

(2)“客观方面——主观方面——主体”的犯罪构成结构

“客观方面——主观方面——主体”的犯罪构成“三要件”结构的理论阐释主要体现在库兹涅佐娃教授于1969年出版的专著《犯罪与犯罪性》一书的第二章第六节(犯罪、犯罪构成和刑事法律规范罪状)中。[2] 库兹涅佐娃认为,“犯罪构成是犯罪的结构,是由客观方面、主观方面和主体构成的集合……犯罪构成的理论概念将更详细而系统地揭示犯罪行为及其客观方面、主观方面和主体的内容”。库兹涅佐娃认为“处于犯罪行为之外的客体当然不是犯罪的组成部分”,[3]而犯罪构成又是犯罪的结构,所以她将犯罪客体排除在犯罪构成要件之外。这便是库兹涅佐娃教授所主张的“客观方面——主观方面——主体”的犯罪构成结构。这里需要指出的是,库兹涅佐娃教授的犯罪构成理论后来发生了变化,详见下文所述的“犯罪构成系统论”。

(四)犯罪构成通说——“四要件说”

虽然苏联及其解体后的俄罗斯联邦时期在犯罪构成理论方面存在上述“两要件说”“三要件说”等不同的犯罪构成结构方案,但众所周知,无论是苏联刑法理论,还是当代俄罗斯联邦刑法理论中的犯罪构成学说占主导地位的一直都是四要件结构:客体、客观方面、主体、主观方面。

需要说明的是,俄罗斯刑法通说中的四要件犯罪构成的俄语表述为“чет ырёхчленный сост ав прест упления”,此表述中既未使用“要素”(элемент)也未使用“要件”(признак),而是使用的“由四种成分组成”(чет ырёхчленный)一词。[4] 俄罗斯刑法通说中的术语“要素”意指犯罪的四个部分(犯罪客体、主体、主观方面和客观方面),而表示犯罪构成内容

---

① 俄罗斯刑法学界持此种观点的还有杰恩切夫(Э. С. Тенчев)、库兹米娜(О. В. Кузьмина)等学者,详见 Объект ивная ист ина и суд присяжных / Государст во и право. 1994. № 11. С. 33。

② 以下阐述详见 Кузнецова Н. Ф. Прест упление и прест упност ь. М.: Изд – во Московского университ ет а. 1969. 111 – 115。

③ 同上书,第72页。

④ 因为在俄罗斯刑法中在表达犯罪构成要素或要件时直接用术语“要素”(элемент)、“要件”(признак)或“分体系”(подсист ема),而“四要件说”,“三要件说”等是中国学者对犯罪构成结构进行概括时的用语,俄罗斯学者在转译成俄文时便避开有争议的элемент 与 признак 两个术语,直接使用了一个形容词“чет ырёхчленный”。

的术语则是"要件"①或者"一组要件"(группа признаков)。从此观点出发,犯罪构成包含四组要件,这四组要件分别表示犯罪的四个相应要素的特征,这即是犯罪构成的结构基础。

虽然在犯罪构成结构要素上存在这样或那样的争议,但是在苏维埃及当代俄罗斯刑法学中"犯罪构成是刑事法律所规定的并将社会危害行为认定为犯罪的客观要件与主观要件的总和"的犯罪构成"四要件说"一直都是通说观点。正如俄罗斯学者所指出的那样,根据所反映的社会危害行为特征的不同性质而将犯罪构成要件区分为"客观要件和主观要件。犯罪构成的客观要件和主观要件表示着犯罪构成要素的特征。犯罪构成要素——是从某一方面表示犯罪特征的一组法律要件。犯罪构成中被公认地分为四个要素,此四要素的总和是一个相互作用的体系"②。

(五)犯罪构成新说——"系统论"

在帝俄与苏维埃刑法学中,一般都将犯罪构成界定为"……主、客观要件的总和"。而以库兹涅佐娃为代表的当代俄罗斯刑法学者在"总和论"的基础上又有所创新,提出了"犯罪构成系统论"(或"体系论")的新观点。如前所述,库兹涅佐娃教授是在摒弃了她原来的关于犯罪构成"三要件说"主张的前提下,以犯罪构成"四要件"通说为基础构建的新犯罪构成理论——"系统论"(或称"体系论")。

库兹涅佐娃认为"犯罪构成——这是行为的必要客观要素和主观要素的体系,它们形成行为的社会危害性,在结构上分为四个分体系,其要件在刑法典总则和分则规范的罪状中予以规定。作为体系,即若干事物的统一整体(而不单是总和),犯罪构成由一系列相互联系的分体系及其要素组成。缺少犯罪构成的任何一个分体系或者要素都会导致体系的解体,即整个犯罪构成的不存在","犯罪构成要素——是犯罪构成这个'体系'的组成部分,是其基础分支。犯罪构成要素包括在以下四个分体系中:客体、客观方面、主体、主观方面。犯罪构成要素通常分为必要要素和任意性要素","要件——是犯罪构成的指标、标志、言语表示。刑法总则

① Кудляндский В. И. Вопросы основания уголовной ответственности // вопросы уголовного права. М.,1966. С. 39.

② Агаев И. Б. Состав преступления: понятие, элементы, значение: учебник. Пособие. М.: Юристь,2008. С. 11－12.

和分则对犯罪构成要素的各个要件进行描述。总则规定所有犯罪构成的一致要件。犯罪构成要素要件的特征规定在分则中"，"客体这一分体系作为犯罪的客体和刑法保护的客体，包括社会关系、社会利益……客观方面这一分体系包括的要素应具有刑事法律规范罪状中所描述的行为要件，即侵害某个客体并给客体造成损害（损失）的作为或不作为的要件。客观方面还包括行为外在行为动的标志——实施犯罪的地点、方式、环境、工具……犯罪主体这一分体系描述诸如犯罪人的个性特征——年龄、心理健康状况（责任能力），在某些犯罪构成中犯罪的主体是专门的人如公职人员、军人……主观方面包括罪过、动机、目的、情绪状态（如激情状态）等要件"。库兹涅佐娃强调，犯罪构成的四个分体系"相互有机地联系在一起并且相互作用。客体通过损失这一要素与客观方面相互作用。客观方面作为行为的动作与犯罪主体相互作用，因为主体正是实施对客体造成损害的某种作为或不作为的。主观方面与客观方面相互联系着，因为行为本身在其最原始的心理特征上就是受动机支配和追求一定目的的"。①

可见，根据库兹涅佐娃的观点，犯罪构成是按照四个子系统——客体，主体，客观方面，主观方面的结构要素构成的一个完整的体系，此体系不仅仅是在描述（在规范的罪状中进行），而是构建了犯罪的社会危害性。此犯罪构成系统论的特点有三：第一，它反映了犯罪构成的现实性。第二，它强调不是所有的要素与要件都属于犯罪构成，属于犯罪构成的只是那些对于行为的犯罪化，对于认为犯罪构成是刑事责任和定罪的根据来说必需的和充足的要素和要件。第三，它根据"构成"——"骨架""框架""全集"的词源反映出犯罪构成的四个子系统的结构性。

四、对俄罗斯犯罪构成理论体系的评述

（一）"主、客观相统一"的整体发展路径

俄罗斯犯罪构成理论体系是在坚持"主、客观相统一"的原则立场并

① 参见Н. Ф. 库兹涅佐娃，И. М. 佳日科娃主编：《俄罗斯刑法教程》，黄道秀译，中国法制出版社2002年版，第178～180页，或者参见本书俄文版第五章"犯罪构成"：Курс уголовного права. Том 2. Общая част ь. Учение о наказании / Под ред. Н. Ф. Кузнецовой, И. М. Тяжковой. М. : ИКД "Зерцало – М", 2002. Глава VI。

沿着“帝俄——苏俄——当代俄罗斯”历史空间维度的承继发展路径逐步完善的。如前所述，“Thatbestand”一词由德国刑法学者引入实体法，意指违法行为中所包含的各个行为的或事实的诸要件的总和，是包含主观和客观诸要件的总和。帝俄时代的刑法学者将 Thatbestand 译成犯罪构成（сост ав прест упления）并在既包含犯罪的外部方面又包含其内部方面的一般意义上使用“Thatbestand”一词。

当代俄罗斯刑法理论通说将犯罪构成理解为法律所规定的、确定社会危害行为成立犯罪的主、客观要件的总和。① 这与帝俄时代法学家给犯罪构成下的定义很接近即“……犯罪构成是决定犯罪行为作为刑事可罚的不法行为参与法律关系的独特要件或要素的总和”。② 库兹涅佐娃教授所主张的“犯罪构成是其要件规定在刑法典的总则与分则规范中、决定行为的社会危害性并架构成四个子系统的行为的主、客观必要要素的体系”，③即犯罪构成的“系统论”（或“体系论”）得到一些当代俄罗斯刑法学者的支持即用“要件体系”代替“要件总和”，但大部分俄罗斯学者则认为“体系论”与“总和论”所界定的犯罪构成概念并无实质差别。虽然犯罪构成“系统论”并未成为当代俄罗斯刑法学界的通说，④但是，笔者认为，犯罪构成“系统论”比犯罪构成“总和论”更具科学性，它将是俄罗斯犯罪构成学说发展的趋势所在。

（二）“四要件”体系结构的稳固框架

任何犯罪构成都有其本身所固有的某种结构，这种结构应当理解为其构成要件之间联系的性质、类型以及各要件相结合的不同种类。构成的要件各不相同并且彼此间有着不同的组合状态，这便导致了犯罪构成结构体系的多样性。

客体、客观方面、主体、主观方面的“四要件”犯罪构成结构是俄刑法学界所公认的。犯罪构成要素的种类具有绝对稳定性，无论现实社会和

---

① Юридическая энциклопедия / от в. ред. Б. Н. Топорнин. М. ,2001. С. 119.

② Таганцев Н. С. Русское уголовное право. Лекции. Част ь общая. Т. 1. СПб. ,1902. С. 141.

③ Уголовное право России. Общая част ь: Учебник для вузов / Под ред. проф. Н. Ф. Кузнецовой и И. М. Тяжковой. М. ,2005. С. 143.

④ 参见 Агаев И. Б. Сост ав прест упления: понят ие, элемент ы, значение: учеб. пособие. – М. : Юрист ь,2008. С. 6。

刑事立法发生什么样的变化都不会影响客体、客观方面、主体、主观方面的四个要素。而各要素的内容则带有历史变迁性。比如,苏联解体前犯罪客体要素的内容是社会主义社会关系,而解体后的俄罗斯联邦则将客体的内容变为社会关系,因为社会主义社会关系的叫法已不合时宜。犯罪主体的内容也是可以变化的,比如当今俄罗斯联邦刑法立法中并不承认法人的犯罪主体地位,而如果俄罗斯立法者承认法人可以负刑事责任时,则主体的内容就由自然人变为自然人和法人。

(三)俄罗斯犯罪构成论未来发展路径——犯罪构成"系统论"

俄罗斯犯罪构成理论体系在继承德国学者所主张的"主、客观相统一"的犯罪构成理念之后,一直沿着系统的整体性思维方式向前发展。如前所述,帝俄时代的刑法学者将犯罪构成界定为刑法所规定的表示犯罪行为特征的要件总和,苏联时期的刑法学者继承了帝俄时代刑法学者关于犯罪构成"总和论"理念的界定,形成了"犯罪构成是刑事法律所规定的并将危害社会行为认定为犯罪的客观与主观要件的总和"①的通说观点。伴随犯罪构成"总和论"观念的不断发展完善,俄罗斯犯罪构成"系统论"理念也在悄然兴起。

俄罗斯犯罪构成"系统论"的萌芽可以追溯到帝俄时代刑法学者季斯甲科夫斯基的犯罪构成学说。如前所述,季斯甲科夫斯基在其1875年出版的教科书中就曾明确指出:"犯罪是一个整体,其内部的各个组成部分是有机地融合在一起的",②而当代俄罗斯著名刑法学者库兹涅佐娃教授则明确地提出并阐述了犯罪构成的系统论思想。③

系统的整体性原理指的是,系统是由若干要素组成的具有一定新功能的有机整体,各个作为系统子单元的要素一旦组成系统整体,就具有独立要素所不具有的性质和功能,形成了新的系统的质的规定性,从而表现

---

① 详见 Юридическая энциклопедия. М. ,2001. С. 1019。

② Кист яковский А. Ф. Элемент арный учебник общего уголовного права. Т. 1. Общая част ь. Киев,1875. С. 266 – 267.

③ 库兹涅佐娃教授在其1999年和2005年分别出版的两部教科书中"犯罪构成"一章详细论述了自己的犯罪构成系统论思想:Курс уголовного права. Общая част ь. Т. 1. Учение о прест уплении / под. Ред. Н. Ф. Кузнецовой, И. М. Тяжковой. М. , 1999. М. ; Уголовное право России. Общая част ь: Учебник для вузов / Под ред. проф. Н. Ф. Кузнецовой и И. М. Тяжковой. М. ,2005. С. 136 – 145。

出整体的性质和功能不等于各个要素的性质和功能的简单相加。一般系统论的创始人贝塔朗菲这样写道:"亚里士多德的论点'整体大于它的各个部分的总和'是基本的系统问题的一种表述,至今仍然正确。"①一般系统论就是对"整体"和"整体性"的科学探索,从而把以前被看作形而上学的、哲学思辨的概念变成为一个可定量描述的、可实证研究的科学概念。②

系统论是对系统科学、一般系统论进行的哲学概括,是系统科学与辩证唯物主义联系的桥梁。系统论思维是与人类思想史交织发展的一种思维方式,无论是中国古代哲学,还是上古时代的欧洲哲学及其之后的发展历程中都存在系统的概念和系统的思维方式。因此,笔者认为,既然刑法学根植于刑法哲学,而刑法哲学又是哲学体系的一个组成部分,而系统论又是伴随哲学发展的一种思维方式,那么,作为刑法学重要组成部分的犯罪论体系的构建就应当遵循系统论的当代科学思维方式而摒弃形而上学的思辨模式。

虽然系统论代表的是一种当代科学思维方式,它以系统性思维和互补性思维为基本内容,系统性思维的整体观念是系统观:认为事物是一个系统。但是,库兹涅佐娃所主张的犯罪构成概念的"系统论"观点并未在当代俄罗斯刑法理论界取得通说地位,这主要是因为大多数俄罗斯刑法学者认为"系统论"与"总和论"所界定的犯罪构成概念并无实质差别,③指的都是犯罪构成各要件的有机统一整体。

然而,从严格意义上讲,总和论代表的是一种经典科学思维方式,它的总特征是机械论,它的整体观念是机械累加的整体观念,即认为事物的整体是由其各个部分加合组成的,分别研究各个隔离的组成部分,就能把握事物的整体。所谓"犯罪构成乃是一系列要件的总和",就是这种观念在犯罪构成定义中的典型表述。这种把事物看作机械的累加的观念,只在十分有限的范围内才是合理的、有效的。然则,系统论代表的则是一种

---

① 贝塔朗菲:《普通系统论的历史和现状·科学学译文集》,科学出版社1980年版,第309页。

② 魏宏森、曾国屏:《系统论——系统科学哲学》,中国出版集团·世界图书出版公司2009年版,第206~207页。

③ 详见 Куринов Б. А. Научные основы квалификации прест уплений. М. ,1984. С. 32; Совет ское уголовное право. Общая част ь. М. ,1988。

当代科学思维方式,它以系统性思维和互补性思维为基本内容。系统性思维的整体观念是系统观:认为事物是一个系统。经典科学思维方式,是与十八九世纪,以牛顿理论为核心的近代自然科学相适应的,但是,进入20世纪以后,这种传统的思维方式由于落后于当代科学的飞速发展,严重限制和阻碍了人们对世界的认识而被扬弃。科学思维方式是与当代科学发展整体化趋势相适应的,它在自然科学和社会科学的各个领域,发挥着巨大的作用,而且毫无例外,取得了重大的成就。用当代科学思维方式取代经典科学思维方式,是历史发展的必然。因此,可以预言,以犯罪构成系统论取代犯罪构成总和论是当代俄罗斯犯罪构成理论的发展趋势所在。

●刑法文化解释研究*

徐光华**

无论是否承认，人类历史发展的实践已经证明并将继续证明法治是优于人治的，这也是西方社会的法治思想能够在人类历史上这么短暂的时间内在世界范围内得到普遍的认可的原因。虽然法治也存在诸多的问题，例如，法律的稳定性如何保持，法律的滞后性如何克服，但总体而言，法治是社会治理的最佳方案。但是，法律究竟是什么？人类为何选择法律？法律应该如何适用于人类生活以达到其调整目的？所有这些疑问都必须诉诸法律解释，刑法学的本体就是刑法解释学。从某种意义上说，法律解释是法律活动的核心和根本。我国由于地域辽阔，地区差异大，经济、社会、文化发展不平衡，因而法律的普遍规定与特殊调整之间的矛盾十分突出，法律解释的意义由此而凸显。再者，我国是具有悠久的历史文化传统的国家，法律应是奠基于一定的文化基础之上的。法律绝非生硬的文字的描述，而是具有一定的民族性的，各民族的文化背景差异决定了，对于同一法律术语的解释必然不同，甚至是在不同的时代，同一概念、术语的含义也不完全相同。“在人类历史展开的最为远古的时代，可以看出，法律已然秉有自身确定的特性，其为一定民族所持有，如同其语言、行为方式和基本的社会组织体制。不仅如此，凡此现象并非各自孤立存在，它们实际乃为一个独特的民族所特有的根本不可分割的禀赋和取向，而向我们展现出一幅特立独行的影貌。将其联结一体的乃是排除了一切偶然与任意其所由来的意图的这个民族的共同信念，对其内在必然性的共

* 本文系作者博士后出站报告“刑法文化解释研究”中的精粹部分。

** 江西财经大学法学院副教授，法学博士、博士后。

同意识。”①“任何国家的法律要发挥其内在的价值、功能和社会作用,必须与其本国(本地区、本民族)的政治、经济、文化、历史传统以及风俗习惯等密切结合,成为该国文化的一个组成部分,为人们所接受并自觉遵守。”②

就刑法而言,“国家是罪犯的最直接对立面,国家制定规范,适用规范,它代表着某种意义上的社会共同利益行使对罪犯的惩罚权。适用刑罚所体现的价值、伦理思想都反映了一定社会的文化规范的内容”。③ 但是,“在当代中国的人文社会科学领域,充斥着大量的出自西方学界的产品,中国学界总是在忙着追踪、阐释、推介这些五光十色的产品,扮演了一个类似于‘西方学术产品促销员’的角色”。④ 尤其是我国现阶段的刑法学研究,言必称德、日,脱离本土文化进行研究。⑤ 不结合我国的本土文化来解释我国刑法,必将使刑法失去民族性,从而沦为孤立的文字表述而没有任何内涵。张志铭先生曾指出,当中国社会在人治和法治之间做出抉择,社会的法治化过程不断向前推进时,人们却常常有一种困惑:为什么在理论上被倡导的规则之治,在现实生活中却处处表现为规则对人的依赖?通向法治之路果真就是不断地立法、不断地强调法律的权威吗?为什么在有了成千上万项不同层次的立法之后,我们并没有太多地感到立法完备,感到法律在影响和决定自己的生活?为什么法律在实施者那里

---

① [德]萨维尼:《论立法与法学的当代使命》,许章润译,中国法制出版社2001年版,第7页。

② 何勤华:《法的国际化和本土化》,载《长白论丛》1996年第5期。

③ 张明楷:《刑法学》(上),法律出版社1997年版,第29页。

④ 喻中:《乡土中国的司法图景》,中国法制出版社2007年版,第244页。

⑤ 试举一例,如盗窃罪是否要求秘密性,近年来在刑法学界争论较为激烈。以张明楷、周光权为代表的学者认为,盗窃罪不要求秘密性,只要是以和平的方式取走他人的财物,即使是公开的,也不失为盗窃。(周光权:《刑法各论讲义》,清华大学出版社2003年版,第108页。)这一解释,突破了最高人民法院关于盗窃罪要求“秘密窃取”的司法解释,也突破了国人几千年来形成的“明抢暗盗”的观念。其理由中最重要的一点是:在德国、日本,以和平的方式公开取走他人的财物的,也认定为是盗窃罪。以上解释方法,明显地违反了我们的文化观念,我们也绝不能因为德国、日本学者承认公开盗窃,我们就必须承认公开盗窃。因为德国、日本刑法中没有抢夺罪,所以公开取财的行为只能认定为盗窃。陈兴良教授指出,“秘密性仍然是盗窃行为的基本特征。这种秘密性主要用于区分盗窃和抢夺。中国有句古话叫作‘明抢暗偷’,也就是说,抢劫、抢夺的行为是公开、当面进行的,而盗窃行为是暗中秘密实施的。《唐律》中论述窃取时用的是‘潜行掩面’,就是秘密窃取,非常形象”。参见陈兴良、陈子平:《两岸刑法案例比较研究》,北京大学出版社2010年版,第19页。

时常会像谜一样地令人难以捉摸？所有这些都促使人们去检讨对法律和法治的认识，使人们在法治的场景中不得不重新思考某种似乎是原初的问题，即法律与人的关系问题。① 不仅仅是抽象地谈法律与人的关系，而是应该明确法律与其规制下的人之间应该维持何种关系，这一点显得尤其重要。

一、当代刑法解释学的困境及出路

刑法解释学一直贯穿于刑法的主线，可以说，刑法解释学是刑法的基础，刑法的适用过程实际上就是刑法解释的过程。我国刑法学者近些年来在刑法解释学领域所取得的成绩是有目共睹的，可以说，现在已经形成了一股刑法解释学之"热风"。虽然关于刑法解释学方面的著述已经非常丰富，但就实际效果而言，并不理想。刑法解释的目的在于更好地沟通刑法与现实的关系，但从 1997 年刑法出台后，我国连续出台了一部单行刑法、八个刑法修正案，说明我国刑法学领域更多的是批判立法。并且，每一次刑法修改之后，对于相关内容的批判性的文章便不断出现，这也反映了刑法学的研究不是尽量地解释刑法使之更加适应社会生活，而是过多地批判立法。② "法律不是嘲笑的对象"，应该通过发达的刑法解释学来更好地适用刑法。我国刑法解释学之所以不发达，除了刑法解释技术外，笔者认为其中的重要原因之一在于没有较好地结合我国现实文化背景进行解释。

就我国目前而言，具体而微的刑法解释学方法已经研究得相当充分了，更进一步研究的意义并不大。必须从实质的角度进行刑法解释，结合我国的实际情况进行刑法解释的必要性对于我国这样一个经济社会发展不平衡、地区差异较大、民众认知水平不一、社会文化历史悠久的国家而言，意义非常重要。因此，刑法解释学不仅仅是刑法学者在书斋里苦思冥

---

① 张志铭：《法律解释操作分析》，中国政法大学出版社 1999 年版，第 2 ~ 3 页。

② 对于频繁修改刑法，也有另外一种观点。"我国频繁地以刑法修正案的方式增设犯罪，是当今社会国民不安的表现。随着凶恶犯罪、重大犯罪不断增加，国民的安全感降低，人民的安全或保护的要求，现在通过媒体更直接、更强烈、更及时地反映至立法机关与司法机关，国家对市民的刑法保护成为一项公共服务内容。"参见张明楷：《实质解释论的再提倡》，载《中国法学》2010 年第 4 期。

想的结果，而必须面向中国的实际，只有这样才能使刑法解释学焕发出新的活力。正是基于法律解释所面临的困境，不少学者已经对传统法学研究方法提出了质疑。近年来在我国，法人类学者对过去从单一向度考察中国法律传统的法学方法发起攻击，认为在从国家法角度研究问题外，还应从民间习惯法的角度分析存在于民族地区和民间社会的习惯法等"活法"现象，并且在此基础上探讨国家法与民间习惯法之间的冲突融合关系。由此，多元主义的视角理应成为我国今后法律传统考察上的主要视角。[①] "我们不可能仅仅依据我国心目中的理想模式或现有的理论来规划出一个能有效运作的现代法治。唯一的出路，则在于特定语境中的人们(如中国人)在其社会生活中，运用他们的理性，寻求能实现其利益最大化的办法，并在此基础上逐步形成一套与其发展变化的社会生活相适应的规则体系。"[②]"刑法规范的形成和解释，既要尊重生活事实、发现生活原型，又要发挥人类的创造性劳动和主观性构建。刑法既不是一种生活事实和秩序的简单模拟，也不是一种脱离生活、异想天开的纯粹发明。刑法只能是一种建立在发现基础上的对生活事实的再创制和再构建。"[③]还有学者提倡人文主义的法律解释方法，"法律的的确确是可以也应该从人文主义视域来观照和诠释的。法律不仅仅是现实主义的工具，它还是以人为中心旨归的——是人的生活的终极目的和意义的一部分，是人性的基本诉求。也就是说，人文关怀是其永恒的主题。人文主义对法律来说，既有描述的意义，也有规范的意义。法律与人文主义从来都是相伴而生的，不曾分离，也不应分离"。[④] 基于此，笔者认为，刑法解释学再也不应该局限于刑法解释方法的深究，不应拘泥于空洞的概念的理解，而应该面向中国的本土文化这一实际。法律文本本身的文字含义的模糊性、不确定性也决定了必须进行文化解释。"由于存在语词字义和真实含义的间隔问题，因此，释解法律仅驻足于字表意思是不足取的，关键是要解读出

① 龙大轩:《十九世纪末地方法律实践状况考——一块碑文透出的历史信息》，载《现代法学》2002年第3期。

② 冯玉军:《全球化与中国法制的回应》，四川人民出版社2002年版，第139页。

③ 杜宇:《重拾一种被放逐的知识传统——刑法视域中"习惯法"的初步考察》，北京大学出版社2005年版，第167页。

④ 杜宴林:《法律的人文主义解释》，人民法院出版社2005年版，第3页。

其真实所指。但依靠文本形式本身是不易解决上述问题的,只能在文本之外寻找,其中社会文化背景就是一个重要的方面。解读社会文化对于确定法条的真正含义也就显得十分重要。”[①]也正如有学者所指出的,“本世纪的法学和法学者的历史表明:纯粹的法律技术对法律和社会是危险的”。[②] “法律应该和国家的自然状态有关系;和寒、热、温的气候有关系;和土地的质量、形势与面积有关系;和农、猎、牧各种人民的生活方式有关系。法律应该和政治所能空心的自由程度有关系;和居民的家教、性癖、财富、人口、贸易、风俗、习惯相适应。……应该从所有这些观点去考察法律”。[③] 我国亦有学者指出,刑法解释应贯彻非法学解释方法。非法学解释方法虽然指向刑法条文,但更注重的是对刑法条文在社会生活中运行的效果以及对可能性效果的预测和检验。这样的情形决定了在使用非法学方法时所选择和运用的材料也不同于法理解释方法,前者尽量遴选刑法条文实现的现实情形和可能情形,这样的材料必须尽可能的全面,能够进行归纳和抽象,而后者则用的是刑法理性认识的基本结论,虽然这些结论也来源于经验和实践的积累,但主要是理性分析和理性推理的成分。[④]

我国目前刑法解释并没有很好地结合本土文化展开,导致刑法适用中的诸多困惑,例如,对于亲属之间的窝藏、包庇行为如何定性,我们面临情、理、法的艰难抉择;对于亲属之间的盗窃行为,最高人民法院已经出台了司法解释,对于偷拿自己家的财物或者近亲属的财物,一般可不按犯罪处理,但对于亲属间的抢劫、诈骗或者其他犯罪,应该如何处理,我们也同样面临亲情与刑法的协调。刑法解释必须结合本土文化展开,才能使刑法重新获得其生命力。我国社会的经济、政治、文化的差异性决定了,抽象的刑法必须结合本土现实进行具体而微的解释。在当今我国建设社会主义法治国家的进程中,但如果在立法大量出台之后,实践中有法不依的现象又普遍存在的情况下,对于法制权威是一种极大的挑战。四川省凉

① 许发民:《刑法的社会文化分析》,武汉大学出版社 2004 年版,第 3 页。

② [德]伯恩・魏德士:《法理学》,丁晓春,吴越译,法律出版社 2003 年版,德文版前言。

③ [法]孟德斯鸠:《论法的精神》(上册),张雁深译,商务印书馆 1961 年版,第 7 页。

④ 赵秉志:《刑法解释研究》,北京大学出版社 2007 年版,第 413 页。

山县的彝族地区，民间权威依习惯法处理的案件是法院法官的十倍甚至数十倍。[1] 藏族地区赔命价的习惯虽然国家已经多次出台规定予以禁止，但仍然在相当范围内存在。不可否认，这些处理方式在实践中具有积极的意义，但绝大多数的案件通过习惯法来处理，民众对刑法的认同感会逐步降低，影响刑法的权威。如果刑法解释实践中能重视本土的具体文化背景，如在国家制定法的领域引入习惯法等因素，既可以提高刑法的威信，又能使案件的处理得到较好的效果，这是非常有积极意义的。尤其是在当今社会，信任危机已经在一定范围内存在，如果人们对“社会正义的最后一道防线”——刑事司法也出现了信任危机，那将是相当可怕的事情。

二、刑法文化解释的意义

法律，包括刑法，是整齐划一的，但是具体的实践又是纷繁复杂的，如何使法律适用于实践中的案件，必须使法律对具体的案件作一定的解释。“单从理论上看，法律是整齐划一、高度一致的。但在实践中，没语境下的法官，他们据以作出判决的‘法律’是不大一样的。像在北京这样的首善之区，法官们考虑得更多的法律，也许是纸面上的正式规则，诸如全国人大制定的法律、最高法院作出的司法解释之类。但是，在广大的乡土社会、偏远山区特别是少数聚居地区，当地的村规民约、民间规则、民族习惯也许会被法官们看得更重一些。在一些对外开放较早的沿海商业城市，正式的诉讼规则大概会受到相对严格的遵循，但在广大的内陆乡村，诉讼过程则会倾向于‘因地制宜’，即‘怎么方便就怎么来’，否则，案子就无法顺利地办下去。”[2]“不同的文化类型（或模式）赋予其法律不同的品格，因此释义法律、理解法律就必须与其赖以产生、存身立命的社会文化自觉勾连起来。唯此，才能精准地释义法律、并穿透法律规则的外在形式洞悉法律的内在文化命意。”[3]这种理解，并不是破坏法制的统一，相反，是在法律原则框架内，较好地对待差异。我国最高司法机关出台的不少司法解

---

① 陈金全：《西南少数民族习惯法述论》（上），载《贵州民族学院学报》（哲学社会版）2004 年第 1 期。

② 喻中：《乡土中国的司法图景》，中国法制出版社 2007 年版，第 1 ~ 2 页。

③ 许发民：《刑法的社会文化分析》，武汉大学出版社 2004 年版，第 2 页。

释都考虑了相关问题，如 1999 年最高人民法院关于印发《全国法院维护农村稳定刑事审判工作座谈会纪要》专门就农村地区刑法适用的相关情况作了解释；1998 年最高人民法院《关于审理盗窃案件具体应用法律若干问题的解释》第 3 条规定，各省、自治区、直辖市高级人民法院可以根据本地区经济发展状况，确定本地区执行的“数额较大”“数额巨大”“数额特别巨大”的标准。法律解释问题与其说是一个纯粹的、专门领域的法学问题，倒不如说它是一个艰深的哲学问题和复杂的社会文化问题。而正是后者真正关乎法律解释（包括刑法解释）的生死存亡和生存方式问题。① “法律的价值之一在于它必须与特定的国情、民情相适应。一个成功的法律体系，既要具有推动制度、经济、文化进步和发展的导向性作用，更应与具体的国情、民情相适应，具有付诸实施的现实基础。”②中国法学对法治过于形式化倾向的批判，其实反映的是一种文化冲突。所谓法治即以法而治，它包含了两个方面的内容：其一，建立一套反映社会政治、经济、文化关系及其变化发展要求的法律规范体系；其二，形成对作为法律规范体系思想文化基础的伦理、价值观念的普遍认同。前者属于制度的文化，后者属于思想观念的文化。一般而言，后者是法治的核心所在。而法治过于形式化忽略了对法的伦理、价值观念的建设，把自己的眼光仅限于法条的工具性、技术性方面，造成在法治建设上缺乏对法律的历史性、文化性视野的这种过于狭隘的偏见。③

三、刑法文化解释的历史考察

中国法律的传统之一是引礼入法、礼法结合，在这一传统的形成过程中，中国古代立法解释起了十分重要的作用。中国古代的立法解释通过对现行法律的注释，不断注入儒家礼的精神而促成礼法的结合。在汉代，许多经学家还是律学家，一身兼二任。这些经学大师对现行法律进行注释，形成了具有法律效力的大量著作，如汉末“叔孙宣、郭令卿、马融、郑玄

---

① 董皞：《司法解释论》，中国政法大学出版社 1999 年版，第 146 页。

② 朱勇：《理性的目标与不理智的过程——论〈大清刑律〉的社会适应性》，载张生主编：《中国法律近代化论集》，中国政法大学出版社 2002 年版，第 295 页。

③ 李瑜青主编：《转型中国法律社会学研究》，华南理工大学出版社 2010 年版，第 2 页。

诸儒章句”。通过对我国刑法文化解释的历史考察可以发现,刑法的文化解释并非一个创新的概念,而是长期以来就客观存在的。刑法文化解释的历史考察,不仅仅是一个历史问题,更重要是的这一问题能够为现实社会下如何在刑法领域尊重习惯提供指引。“事实上,法治秩序的建构,从来都是一个历史过程,是社会主体将法治观念加以实践的过程。”①

从中国古代刑法文化解释的实践出发,刑法文化解释是有着其积极意义的。在中国古代社会,之所以刑法的文化解释能够具有如此广大的市场,其主要原因还在于,在中国古代是一个非常尊重文化、尊重礼仪的社会。但时至今日,市场经济对传统文化进行了大量的冲击,但这是否意味着刑法文化荡然无存呢?笔者认为,文化与人类社会是共存的。在当今社会并不是不存在法律文化,而是文化的形式予以了适度的变更。法律,包括刑法在内,均是建立在一定的文化基础之上的,因此,进行刑法的文化解释,在当今社会仍然非常重要。尤其是面对我国处于文化转型时期这样一个特点,人们的价值观念、文化传统都已经发生了前所未有的变化。笔者认为,如何协调文化的变迁与法律之间的关系,立法固然不可或缺,但是,在维持法律的稳定性的同时,尤其是刑法领域,进行刑法的文化解释,其意义是积极的。经济领域的变迁对法律的冲击是我们有目共睹的,我国在建立社会主义市场经济的同时,法律体系难以跟上步伐,我们注重了立法应该紧跟经济发生的步伐,紧跟经济模式的变更,因此,20 世纪 80 年代以后,我国进行了大量的立法以适应社会主义市场经济体系的建立。但是,对文化的变迁似乎我们的重视程度还不够,文化的变更同样应引起我们的重视。域外的立法是建立在特定的文化基础之上的,并不能完全照搬照抄。在发展市场经济的同时,我们效仿西方社会制定了大量的法律法规,但均发现,这些法律如果不结合中国的实际情况,没有结合中国的文化土壤,必将失去其生命力。正如有学者所指出的,“我们作为后发外生型的建设法治秩序的国家,对于发展的渴求就使法治秩序的建构理论显得不那么从容不迫,从而显得过于追求效率的急功近利的色彩。因此,在建构法治秩序的理论中过多注重规范建设,过多关注法律秩

① 史广全:《礼法融合与中国传统法律文化的历史演进》,法律出版社 2006 年版,第 546 页。

序的形式要求"。[1] 在古代中国社会,中华法系是世界上最为重要的法系,这与当时发达的立法技术、迎合社会实践是密不可分的。但是,客观地说,中国目前的法律比起盛唐时期的法律,还远不能达到当时盛唐时期的法律在当时世界法律体系中的地位。这也使我们不得不反思,中国古代的法律体系较好地契合文化进行解释的积极意义之所在。

当然,中国古代刑法文化解释的特点也让我们发现,在中国古代,刑法的文化解释过于宽泛,并没有严格遵循现代社会的罪刑法定。类推解释、比附援引在中国古代社会中比比皆是,直接适用春秋等经典判案的现象都具有一定的典型性,这种做法,直接突破了刑法的规定,与当今社会法治的理念及刑法解释的要求是相左的。这也能在一定程度上说明,中国古代社会更像是一个人治社会,而非法治社会。如果说在中国古代,类推解释还具有一定的历史背景的话,那么,在现今社会则不应该出现这类问题。因为在中国古代社会,刑法规定过于详细,诸多具体案件难以找到相对应的刑法条文,这导致类推解释会在一定范围之内存在。正如有学者所指出的,传统中国旧律条文因犯罪形态极其具体化、琐细化,加上立法与修律的迟缓,而人事无穷,法条有限,在这种主观条件与客观环境交互作用下,比附在当时自有其重要的机能。[2] 在当今社会,更应该强调刑法适用的稳定性、严格性,不能突破刑法的规定去解释刑法,而应在解释刑法时注入文化的因素。

四、刑法文化解释视域下的"亲亲相隐"原则之回归

"亲亲相隐"(又称"亲属相容隐""亲属相隐"),是指在亲属间(其范围随着时代、社会制度不同而相异)互相隐瞒罪行(其种类因时代和社会制度不同而异)而得以减轻、免除刑罚处罚或者根本不被视为犯罪。它是中国封建刑律的一项原则,也是一条重要的道德规范,历史上代代相因,一以贯之,以维护封建伦常和宗法家族制度,巩固君主专制统治。虽然不同的时期、不同的地方表现形式有一定的差异,但其本质是肯定亲属之间

---

① 史广全:《礼法融合与中国传统法律文化的历史演进》,法律出版社 2006 年版,第 546 ~ 547 页。

② 陈新宇:《从比附援引到罪刑法定——以规则的分析与案例的论证为中心》,北京大学出版社 2007 年版,第 3 页。

对于犯罪的容隐。这一重要的原则,在维系社会稳定、家庭和谐、亲情的融洽方面起了重要的作用。遗憾的是,在我国当今的刑事立法中没有得到任何体现。新中国成立后,于1979年制定的第一部刑法和刑事诉讼法,均废除了国民党的"六法",亲亲相隐制度作为封建思想糟粕而被彻底抛弃。和谐社会是当今中国的"关键词",家庭关系是社会关系的基础组成部分,可是翻开我国的刑法典却找不到"亲属"这一概念,与之接近的是《刑法》第166条为亲友非法牟利罪中出现的"亲友"概念,但该条显然不是为"亲属"犯罪减免刑罚而设的规定。与我国形成鲜明对照的是,随便打开哪个国家的刑法典,基本都能看到亲属实施某些犯罪减免刑罚的规定。例如,《日本刑法典》第103条、第104条在分别规定"藏匿犯人罪"和"隐灭证据罪"之后,紧接着在第105条"有关亲属犯罪的特例"中规定:"犯人或者脱逃人的亲属,为了犯人或者脱逃人的利益而犯前两条之罪的,可以免除刑罚。"①在刑事法领域,刑法注重温情的一面也逐步显现。如新近的《刑法修正案(八)》中,就非常重视对罪犯的人性化改造,而不仅仅是注重惩罚犯罪的功能。《刑法修正案(八)》规定假释的罪犯、被判缓刑的罪犯在假释考验期、缓刑考验期应该实行社区矫正,使罪犯不至于脱离社会。同时,是否适用缓刑应考虑对所居住社区没有重大不良影响。此外,近年来开展的刑事和解制度也是刑法注重温情的表现。这些均表明,刑法理论与实践中已经越来越多的重视"人情"在改造罪犯中的积极意义。在这一大背景下,对于亲亲相隐这一重要的刑法原则,有必要重新审视,这也是刑法的人文关怀的具体实现的重要一步。尤其是近年来的讨论较为热烈的案件,引发了人们对法与理的辩证思考,②这促使我们不得不反思我们文化价值观点与立法之间的关系。

① 陈洪兵:《和谐社会的刑法不应拒绝"亲属"概念——以妨害司法罪为例》,转引自 http://law.chinaue.com/html/2008-10-11/200810110959089232516.htm。

② 山东女孩王静两次到中纪委告父亲"包二奶"的新闻引起媒体关注和讨论。有人将此举与"大义灭亲"画等号,也有很多网友视中国古代孔子推崇的"亲亲相隐"为天条,其中的代表之一——知名网友"十年砍柴"就在报刊上撰文,语重心长地谆谆教导王静:"父为子隐,子为父隐,直在其中矣。多读书多思考,你会认识到人世间有比人订立出来的规矩还要重要的规则,就像古希腊女孩安提戈尼那样,她不顾国王的命令为自己的弟弟收尸,因为她认为自有'天条'比国王的律法更值得遵循。"

五、刑法文化解释视域下的民意

民意,又称为民心、公意,是指大多数社会成员对与其相关的公共事务或现象所持有的大体相近的意见、情感和行为倾向的总称。① 近年来,实证研究方法在法学界逐渐兴起,而该方法以及法学数据也被各学科大量引用。民意实证调查已经为法学实证研究领域的重要研究内容之一,我国诸多的刑事政策的制定、司法解释的出台,甚至是刑事判决的结果,无不与民意相关。刑事审判更易引起人们的关注,英国2000年的一项调查表明,新闻种类中的公众兴趣中,按受关注度排名依次是:犯罪(30%)、健康(29%)、体育(27%)、社会(26%)、宗教(21%)、地方政府(20%)、科学与技术(18%)、华盛顿新闻(17%)、文娱故事(14%)、国际事务(14%)、商业与金融(14%)、消费新闻(12%)、文化与艺术(10%)。(以上数据来源自 Pew Research Centre 2000)实践中我们也不难发现,刑事案件的审判结果,尤其是死刑案件,极易引起人们的关注,引发群体性的意见。因为刑事案件不同于其他类型的案件,它关乎多方的利益:犯罪分子、被害人、国家,关乎犯罪分子的生杀予夺。随着社会转型和法治建设的推进、公民法制意识的增强,当前某些个案的审判受到民众和媒体的高度关注,成为舆论热点或焦点案件。司法与民意的关系日益密切,民意正在一定程度上对某些案件审判乃至整个司法体系产生影响。② 我国现处于社会转型期,面临着社会分层、结构转换、机制转轨、利益调整和观念转变。一个高度传统化的社会和一个已经实现了现代化的社会,其社会运行是稳定而有序的,而一个处在社会急剧变动、社会体制转轨的现代化之中的社会(或曰过渡性社会)往往充满着各种社会冲突和动荡。司法是社会正义的最后一道防线,刑事司法涉及生杀予夺,又可谓司法正义中的最后一道防线。在转型时期,刑事司法可能面对的不仅仅是各自独立的个案,还是个案背后所折射的不同的利益群体,个案触发了公众广泛的利益认同,形成了利益表达和维护的需要,从而使事件超越了孤立的个体范畴,具备了一定的公共性。因此,刑法适用与公众民意

---

① 参见张隆栋:《大众传媒学总论》,中国人民大学出版社1997年版,第429页。

② 孙笑侠:《转型期的司法与民意》,载《浙江社会科学》2010年第3期。

之间存在紧密的关联，刑事司法已经成为人们寻求公平正义的最后聚集点，尤其是弱势群体，在现有制度对其不利的状况下，通过“制造”民意“影响”司法已经成为其寻求公正的最后一根稻草。任何司法制度，都存在错误裁判的可能性。但如果对于当事人的错判是由于“民意”的干预所引起的，则有必要对此种民意的处理机制进行检讨，使其免受不当的“民意”的左右。正如有学者所指出的，如果错案的缘起既不是司法人员的一时疏忽，也不是司法运作的偶然偏差，而是基于一种“民愤”的差使，那么，就有必要解读民愤的缘起与扩张，探究民愤的感性与理性，评判民愤的虚假与真实。这是因为，社会公众在认定“犯罪人”的行为是否构成犯罪以及应当重判或轻判上所依据的是感性的道德判断标准，与司法裁判所应当依据的理性的法律标准无疑会存在冲突。① 对民意采取何种态度，如何取舍民意，不仅仅是对民意的孤立研究的过程，而应注重民意背后的社会文化因素。结合我国的现实社会文化背景，对民意作一合理化的解释，以期对民意有一个较为科学的认识，这一点，在当今民意此起彼伏的社会显得尤为重要。域外实践中关于民意的处理机制虽然能够为我们当今社会提供一定的借鉴意义，但民意是具有历史地域性的，是特定历史文化的产物，必须从我国的实际出发，对于刑法实践中的民意作一合理的解读。以死刑存废为例而言，不同的国家对待类似的民意的态度并不完全一致。如有的国家民意反对废除死刑，但官方还是坚持废除死刑；有的国家民意反对废除死刑，官方则顺从民意。在法国，废除死刑前夕进行了民意调查，结果有 62% 的人反对废除死刑，只有 33% 持赞成态度。但政治家还是超越民意废除了死刑。② 政府在多大程度上将普通大众表达的意见作为其刑事政策的基础，当然要取决于其政治理念及其所深信的法律权威的源泉。例如，几乎所有中东国家与北非国家都坚信，保留死刑是明确的伊斯兰圣训。与此相反，在西方自由代议制民主国家，法律的基础是赋予经选举产生的代表的授权，立法者没有遵循民意的义务。尽管大多数的民众持反对态度，法国、德国、英国及加拿

① 参见冀祥德：《民愤的正读——杜培武、佘祥林等错案的司法性反思》，载《现代法学》2006 年第 1 期。

② [法]罗贝尔·巴丹戴尔：《为废除死刑而战》，罗结珍等译，法律出版社 2003 年版，第 194 页。

大仍然废除了死刑。[1] 对于刑事司法中的公众参与，法律人有着非常复杂的感情。一方面，在很多诉讼或案件中，正是由于公众的关注和参与才使得这些诉讼或案件发挥影响，才有可能改变目前中国一些不合理的权力配置格局。如民意推动最高人民法院对刘涌案进行提审；近期媒体的介入促使时建锋“天价过路费”案得以重新审理，反映出了我国刑事司法实践所处的现实环境和存在的严重不足，并引发人们对车牌造假、路政腐败、高速公路收费等问题进行重新审视。另一方面，公众的关注与参与却又使得法学家非常担心这类参与会“干预司法”，会影响“司法独立”，甚至更进一步担心“大多数人的暴政”。例如，张金柱酒后驾车被判死刑的案件就被认为是媒体审判的结果。

六、刑事和解的刑法文化解释

近年来，传统刑事司法的弊端日益凸显，如犯罪率居高不下、被害人的利益在诉讼中被忽略、累犯率继续攀升等，这不得不使刑法理论与实践对传统刑事司法进行反思。在这一背景下，刑事和解制度出台了。刑事和解，或称恢复性司法，又称加害人与被害人的和解（victim – offender – reconciliation，VOR），一般是指在犯罪后，经由调停人的帮助，使加害人和被害人直接相谈、协商，解决纠纷或冲突的一种刑事司法制度。这一制度的根本目的不在于对实施犯罪行为的人如何处罚，而是着力于修复遭受犯罪行为侵犯的社会关系。西方国家的刑事和解程序最初发生在 1974 年加拿大安大略省基陈纳市。当时两个年轻人实施了一系列破坏行为，共损坏了 22 个被害人的财产。虽在法庭上承认被指控的罪行，但却没有交纳赔偿金的诚意。在当地缓刑机关和宗教组织的共同努力下，两名犯罪人与 22 名被害人分别进行了会面，通过会面他们了解到自己的行为给被害人造成的损失与不便，在六个月之后全部交清了赔偿金。这种被害人与犯罪人之间的和解程序被视为恢复性司法的起源。受此案鼓舞，此类案件日益增多，到 20 世纪 90 年代，恢复性司法在很多国家得到发展和应用。截至 20 世纪 90 年代末，欧洲共出现了 500 多个恢复性司法计划，

---

① ［英］罗吉尔·胡德：《死刑的全球考察》，刘仁文、周振杰译，中国人民公安大学出版社 2005 年版，第 477 ~ 478 页。

北美的恢复性司法计划也达300多个,世界范围内的恢复性司法则达1000多个。[①] 这一制度,取得了非常积极的效果,尤其是在强调被害人的利益这一方面。同时,也得到了国际社会的广泛认同,例如,联合国《被害人司法手册》(1999年)指出:“在恢复性司法的框架之内,包含有被害人、加害人和共同体,必须保持被害人和加害人之间的意愿上的平衡,被害赔偿应当成为恢复性司法的中心。”2000年4月在维也纳召开的“有关防止犯罪和犯罪人处遇的第十次联合国防止犯罪大会”上所通过的《有关犯罪和司法的维也纳宣言——与21世纪的课题相应》第27条指出:“我们决定,在合适的场所,采用国家的、地域的、国际的支援犯罪被害人的行动计划即导入和解和恢复性司法的计划。”第28条指出:“我们尊重被害人、犯罪人、社区以及其他所有关系人的权利、意愿和利益,鼓励开发恢复性司法政策、程序和项目。”2002年4月16日,联合国经社理事会预防犯罪和刑事司法委员会第十一届会议讨论通过了《恢复性司法:秘书长的报告》,提出了“关于拟定恢复性司法共同原则的意见”。在世界范围内倡导刑事和解的背景下,我国近年来关于刑事和解的研究也空前热烈。正如有学者所指出的,“刑事和解目前是刑事理论与实务界的共同热点,这是比较少见的现象,因为理论界与实务界往往会因为立足点的不同在关注的问题上有所差异。刑事和解能够集万千宠爱于一身,足以说明这个课题具有其内在的价值和魅力”。[②] 自北京市朝阳区检察院于2002年率先在全国开展刑事和解的试点以来,我国已经陆续有多个省市开展刑事和解的试点工作。总体而言,刑事和解在我国取得的积极意义是不容否定的。可以预见的是,在不久的将来,刑事和解会在更大范围、更广深度地推行。

一项移植的制度只有具备与之相匹配的法律文化空间才有可能存活并具备生命力,刑事和解制度也不例外。“任何一项制度在立法中被确立,与其说是一种立法规定问题,不如说是一种文化选择和价值定位问题。因此,从法文化视角进行对照与分析,从理解国情中发现规律,从移

① 刘仁文:《恢复性司法:来自异国的刑事司法新动向》,载《检察日报》2003年11月12日第3版。

② 葛琳:《刑事和解研究》,中国人民公安大学出版社2008年版,陈光中序第1页。

植法律中缩短距离，对于完善与建构我国的刑事案件处理机制具有重要的现实意义。”①“在这个全球化的时代，东西方的文化交流已经成为常态，法制建设领域的借鉴也是一种不可抗拒的潮流，我们应对西方的法律制度和制度背后的社会背景、文化基础进行深层次的考察，在此基础上进行合理的吸纳，以求外来文化和本土文化相融合。”②从现有国家关于刑事和解的现状来看，虽然大多数国家已经在推行刑事和解制度，但依据各国的文化、传统、政策、犯罪状况等的不同，各国刑事和解适用的范围、模式也存有差别。“事实上，‘和解’的理念要远远早于20世纪六七十年代才流行于西方的恢复性司法，和解的尝试几乎贯穿了人类社会的各个历史阶段。对于中国这样一个崇尚‘和合文化’的国度而言，传统上并不缺乏以‘和’为主导的制度设置，刑事和解非但不是‘舶来品’，而且自古以来就是发生于本土的经验事实，只不过近年来在司法机关和学者有意识的推动下自觉地吸收国外恢复性司法的一些有益经验。所以，在论证刑事和解对我国的重要意义时不能仅仅以国外的潮流为依据，必须关注中西方历史文化和民族心理的差异，挖掘基于我国文化传统、民族习惯的可行性和正当性。”③“任何制度安排，都有其不可挣脱的文化背景。只有在一种足够深厚、高度相容的文化土壤中，具体制度的移植方能扎根坚实且发展壮大。”④

现实的问题是，我国当代的法律制度完全是以西方法制为模式构建起来的，引发的问题也是有目共睹的。“近代以来确立的许多制度，特别是新中国成立以来的一些制度，实际上已割断了自己的两根脐带，一根是中国传统文化的脐带，另一根是大陆法系的脐带。割断了脐带之后，又未能完全自主独立地生长和发育，使国人感到陌生、隔膜、疏离。一种兼采西方法制文明精华和中国法律传统精华的新的法制体系并未产生，这就是我国法制今天面临的尴尬。”⑤现今在刑事和解领域的

① 王瑞君：《刑事调解与刑事和解：法文化视角的对照与分析》，载《山东社会科学》2007年第3期。

② 何碧琼：《西方现代刑事和解制度与中国传统刑事调解制度之比照分析》，载《四川理工学院学报》（社会科学版）2007年第5期。

③ 葛琳：《刑事和解研究》，中国人民公安大学出版社2008年版，陈光中序第1页。

④ 杜宇：《理解“刑事和解”》，法律出版社2010年版，第229页。

⑤ 范忠信：《中西法文化的暗合与差异》，中国政法大学出版社2001年版，自序。

研究似乎也不能逃离这一"怪圈",恰如有研究者指出的,绝大部分论著都主要不是以中国自身的刑事和解制度实践为基础,而是或隐或显地以西方相关理论与实践为中心,偶有少数论者提及中国刑事和解的实践,在很大程度上也只不过把这些实践装进了西方人的概念体系之中。[①] 可法律不只是一种思辨的哲学范畴,也不是一种晦涩的逻辑体系,西方法律制度和法学理论并不能搬之即用。"中国的法治之路必须注重利用中国本土的资源,注重中国法律文化的传统和实际。"[②]"中国的传统调解和西方的现代恢复性司法都是解决纠纷,包括刑事纠纷的重要形式,但由于它们产生于不同的文化背景和社会环境,存在重秩序与重自由的价值取向区别。……中国传统调解根植于以群体意识为思想内核的中国传统文化,体现了集体主义的价值取向,并以追求秩序为目标。西方现代恢复性司法根植于以个体意识为思想内核的西方文化,体现了重个人权利的价值取向,并以修复被犯罪破坏的社会关系为目标追求。"[③]"刑事领域中的私了既然是一种广泛存在的社会现象和行为方式,必然在相当大的程度上影响到人们的生活秩序,同时也会潜移默化地塑造人们的秩序观念与交往方式。从文化的角度上看,私了不仅仅是一种解决纠纷的手段,它同时还可以传达某种意义,表达人们关于生活秩序的一些基本观念。正好比一滴水可以折射出太阳的光辉,通过刑案私了这个特定的问题与对象,我们也可以对当代中国的法律文化和社会现实做出某些解释。从这个角度上说,刑事案件解决过程中的私了,就不仅仅是刑事案件当事人的个人选择了,它实际上也是我们这个民族特有的生活方式和精神世界的产物。"[④]我国当前关于刑事和解的研究,部分也是立足于我国的历史文化基础之上展开研究,这其中的积极意义是不容否认的。但是,我国历史上所存在的和解制度与当今国际社会所倡导的刑事和解是否完全一致,个中的差异与共同之处何在,是我们当下研究刑事和解制度所必须面临的问题。为什么在我国已经存在几千年的"和解"的历

---

① 肖仕卫:《刑事法治的"第三领域":中国刑事和解制度的结构定位与功能分析》,载《中外法学》2007年第6期。

② 苏力:《法治及其本土资源》,中国政法大学出版社2004年版,第6页。

③ 狄小华:《中国传统调解与西方恢复性司法比较》,载《南都学坛》2009年第2期。

④ 喻中:《乡土中国的司法图景》,中国法制出版社2007年版,第143页。

史背景下,在近年来才在理论与实践中“死灰复燃”?只有立足于我国文化基础之上,对刑事和解制度赖以生存的文化土壤作一实质性的解读,才有可能真正理解刑事和解,才能对刑事和解制度植入我国领域内打下前期坚实的基础。

●论罪过情感*

温建辉**

情感因素在罪过理论中的缺位,在刑法学界以及司法实务部门已成共识。而将情感因素纳入罪过理论之中,实现罪过二因素向罪过三因素的转变,在刑法学界已经开始了全面的反思和研究。在这一罪过理论转型的过程中,像罪过情感的本质及其种类可谓其中的核心问题,对此问题的理论解答对于确立犯罪论的根基具有深远的影响。本文以心理学的基本原理为指导,依据刑法的有关规定,紧密联系司法实践,对犯罪论中的罪过情感问题进行了较为系统和深入的研究。

一、罪过情感的概念

(一)罪过情感的本质

感情是一种包含情绪和情感的综合过程,情绪和情感本是同一过程或同一现象,在不同的场合使用情绪或情感,指的是同一过程或同一现象的不同方面。然而,情绪和情感也有差别:第一,情绪的生理性和情感的社会性。情绪更多是与生理需要满足与否相联系的心理活动,而情感则是与社会性需要满足与否相联系的心理活动。如在饥饿时有食物吃就会很高兴,这是一种情绪反应,而不能说他产生了热爱食物的情感。情绪是原始的,是人和动物(尤其是高级动物)所共有的,情感则是人类所特有的心理活动,具有一定的社会历史性。如民族自豪感是与对本民族的爱相伴而生的社会性情感。第二,情绪的过程性和情感的内容性。情绪代表着感情性反映的过程,而情感经常被用来描述具有稳定而深刻社会含义

---

* 本文系作者博士后出站报告"论罪过情感"中的精粹部分。

** 天津科技大学法政学院副教授,法学博士。

的高级感情。情绪是这一体验和感受状态的活动过程,而情感是对感情性过程中体验和感受的内容。换言之,情绪是情感的外部表现,情感是情绪的具体内容。从这两点区别可见,只有情感才具有社会性的内容,才能够反映行为人的心理善恶。

人的情感主要包括道德感、理智感和美感等。其中道德感是用一定的道德标准去评价自己或他人的思想和言行时产生的情感体验。它和道德信念、道德判断密切相关,具有明显的社会性和阶级性。罪过情感作为人类情感的一种,必然具有情感的一般特点,特别是道德感的特点。

在传统的罪过理论中,存在否定危害结果发生的罪过心理。例如,对于轻信过失的罪过心理的阐释,刑法学界通说认为:"过于自信过失的行为人既不希望也不放任危害结果的发生,而是对这种结果的发生持否定态度,即自认为凭自己的能力、客观条件等,这种结果就不会真的发生。"作者认为,如果行为人既不希望也不放任危害结果的发生,还利用了有利的主客观条件来避免危害结果的发生,而危害结果竟然发生了,那只能说是不可抗力,而不是有罪过的犯罪;或者如果行为人认为危害结果不会发生,而危害结果最终发生了,也只能是意外事件。所以,在知意二因素罪过理论的语境下,对轻信过失的罪过性,根本不能自圆其说。罪过心理必须是肯定危害结果发生的心理态度,这样的心理才值得谴责。

罪过情感作为罪过心理的一个要素,必然兼具作为普通人心理和犯罪人罪过两者的规定性,它既是一种心理要素,又具有罪过的性质。简言之,罪过情感是在犯罪过程中认可危害结果发生的罪过心理中的情感要素。例如,寻衅滋事罪中行为人对于自己行为引起他人痛苦而感到的快乐就是一种典型的罪过情感。

(二)理解罪过情感的要点

1. 罪过情感与内疚感呈负相关,此强则彼弱。

罪过情感与内疚感相反。罪过情感是认可危害结果发生的情感态度,它或者对行为可能引起的危害结果积极肯定或者对危害结果的发生消极肯定。而内疚感是道德感的一种,它是一个人对自己的过错或过失的情感体验,就是对于做了不应该做的事情或没有做应该做的事情,造成了他人或社会的某种损害,因而感到自己应当承担道义上的责任,感到的一种内心痛苦。内疚感使人避恶从善。

例如,1985年陕西省商洛地区商县杨峪河乡(现商洛市商州区杨峪河镇)王堋村村民龙治民与妻子共同在家中谋害48人案发。医学专家认为,明显可见龙的杀人具有实际目的,一是谋取财物;二是获取劳力;三是满足性要求。到了后期演化为杀人成瘾,从杀戮中获取快感。陕西省公安厅及地县刑事技术人员反复对现场进行勘验,提取各种证物1006件,对48具尸体逐一进行了科学鉴定。1985年8月30日,陕西省检察院商洛分院以故意杀人罪,将龙治民夫妇提起公诉。9月20日,商洛地区中级法院判处二人死刑。二人提出上诉,陕西省高院提审后驳回上诉,维持一审判决。9月27日,龙、闫二犯被处决。据办案人员回忆,龙治民对所犯罪行毫无悔意。在法庭上得知被判处死刑,龙治民说:“我想不通。”法官:“为什么想不通,你杀了那么多人……”龙治民:“人家黄巢杀人八百万,都没判死刑,为何给我判死刑呢?”从这个案件我们可以看到,犯罪人完全丧失了内疚感,因而其能够杀人成瘾,从杀戮中获得快感。

2. 正确认识罪过情感还需要对罪过情感和情感动机严格区分

犯罪动机是引发犯罪行为的内心起因,它直接联系的是犯罪行为,而罪过是肯定危害结果发生的心理态度,它直接联系的是危害结果,这是两者的根本区别。像犯罪学上常讲的激情犯中的激情就是作为犯罪动机存在的。恩格斯在《英国工人阶级状况》中指出:“蔑视社会秩序最明显、最极端的表现就是犯罪”,据此,有刑法学者认为“主观罪过的实质就是行为人对法律的敌视、蔑视或者轻视态度”。所以,“罪过的本质不是对危害行为及危害结果的认识,也不是自觉确定目的,调整行动,从而实现目的的意志行为,而是行为人通过犯罪行为所表现出的对社会秩序以及对法律最极端的蔑视情感”。作者认为,这里所说的“敌视或者蔑视的态度”只是引起违法犯罪行为的起因,是作为动机存在的,不属于罪过的范畴。

3. 罪过情感与罪过中认识因素和意志因素的关系

人的心理活动包括认知过程、情绪情感过程和意志过程,或者说人的心理包括知、情、意三个要素,它们本来是人完整心理的统一过程或者说是一个活动,只是从不同的侧面或者说是不同的功能角度给予的人为划分。知、情、意三因素各司其职、各功其能,它们比较全面地反映了人的心理全方位的功能和全面的过程。

传统罪过理论认为认知和意志反映了人的情感态度,所以在罪过中没有援引情感态度的必要。而作者认为知、情、意这三者功能各异、过程有别。如果说在理智和情感相一致的情况下,认知和意志可能反映情感态度,但是在理智和情感不一致的情况下,认知和意志又怎么能反映情感态度呢?例如,三国演义中诸葛亮挥泪斩马谡的故事,诸葛亮为严明军纪,出于理智使他决定执行军令状,而就情感上而言,诸葛亮又爱惜人才,但最终是理智占据上风,因此挥泪斩马谡。可见,说认知和意志可以反映情感态度是说不过去的。

二、积极的罪过情感和消极的罪过情感

罪过情感是行为人实施犯罪行为过程中罪过心理中的情感态度。依据行为人罪过情感的强烈程度,罪过情感可划分为四个类别,它们是痴狂型罪过情感、痛快型罪过情感、冷漠型罪过情感和漠不关心型罪过情感。其中痴狂型罪过情感和痛快型罪过情感属于积极的罪过情感,积极的罪过情感可以支配人的行为;冷漠型罪过情感和漠不关心型罪过情感属于消极的罪过情感,消极的罪过情感不支配人的行为,只是一种伴随行为认可危害结果发生的情感态度。

(一)积极的罪过情感

1. 痴狂型罪过情感

痴狂型罪过情感指行为人在犯罪活动中持有的这样一种情感态度,情感长时间处于亢奋状态,甚至于对自己行为的性质不能正确认识,并且不顾一切地实施痴狂行为,以致造成危害社会的结果。痴狂型罪过情感可分为三种:第一,情迷心窍,不能自持;第二,痴迷癖好,不能自拔;第三,仇恨社会,报复社会。

第一种,情迷心窍,不能自持。这是一种丧失理智的情感痴迷。具有这种痴狂型罪过情感的人严重缺乏道德感,自私自利,情迷心窍,并因此不能产生正常的认识和判断,不仅没有内疚感,反而习非成是。例如,"法轮功"痴迷者接二连三地制造了一系列令人发指的刑事案件,其中尤以傅怡彬残忍地弑父杀妻伤母案件与李亭杀害双亲的案件给世人的震撼最大。"法轮功"痴迷者伤害他人时,他们甚至认为杀死亲人是为了把他们"度"到天国去,免得在世间受罪。

司法实践中上述这样的"法轮功"犯罪属于缺乏违法性认识的情况。

在此，以法律性质认识错误为代表的缺乏违法性认识，与西风东渐而来的责任主义在理论交叉地带形成了冲突。按照“不知法不免责”的原则，构成犯罪不成问题；而由于其“缺乏违法性认识”，又似乎难以定罪。这种情况似乎表明理论存在矛盾和结论可能冲突，而作者认为该种情况实际表明的是传统的刑罚根据论或刑事责任根据论具有盲区，它们在非理性犯罪的论域内已经捉襟见肘无能为力，而必须运用罪过情感理论给予解释说明。

第二种，痴迷嗜好，不能自拔。对违法犯罪形成癖好，以盗窃癖为多。例如，河南省滑县一名李姓女子从 14 岁开始就频频因盗窃出入公安局，2012 年 5 月 24 日，河南省滑县人民法院一审判决被告人李某犯盗窃罪，判处拘役三个月，并处罚金人民币 2000 元。该被告人 2003 年 12 月 19 日因敲诈勒索被滑县公安局行政拘留十日，2005 年 7 月 31 日因盗窃被滑县公安局警告，2005 年 9 月 7 日因盗窃被滑县公安局决定拘留十五日，2005 年 9 月 12 日被安阳市劳动教养管理委员会劳动教养一年又三个月，2009 年 3 月 18 日因盗窃被滑县公安局行政拘留十日，并处罚款人民币 500 元。2012 年 4 月 5 日 14 时许，被告人李某去自己朋友赵某家玩，趁赵某家中无人之际，将一条带坠钯金项链、一枚钯金戒指、一对钯金耳钉盗走。经滑县价格认证中心鉴定：被盗物品价值合计人民币 1741 元。法院经审理认为，被告人李某以非法占有为目的，秘密窃取他人财物，数额较大，其行为已经构成盗窃罪。可见，喝酒、抽烟会上瘾，盗窃也会上瘾。

第三种，仇恨社会，报复社会。反社会的报复行为通常缺乏明确的指向对象，无辜的不相关者被当成了泄愤对象。犯罪心理学将这类违法犯罪的心理机制称为“反社会人格”。这其中对危害社会结果的强烈情感是痴狂型罪过情感的一种。例如，2004 年 2 月 1 日，震惊全国的皖、冀、鲁、豫系列杀人案件在河南省洛河市中级人民法院开庭审理，根据检察机关的指控，制造这一系列杀人案件的犯罪嫌疑人杨新海，在四年时间内横跨四省作案，作案 26 起，杀死 67 人，法院经过审理认定犯罪嫌疑人杨先海构成故意杀人罪、抢劫罪、故意伤害罪、强奸罪等罪名，判处杨新海死刑。在法庭上，杨新海交代：“犯罪主要还是一种报复心理，报复女人。我在杀人的时候我只是感觉到自己心里有一种欲念促使我去杀人，就是这样。至于杀人，他们该不该死，那都不是我关心的问题。我好像脱离社会，我不关心社会。我并不说那个社会对我怎么样,我只为我自己,我可没想到社会。”再如,2001 年 3 月 16 日,发生在河北省石家庄市的一起恶性爆炸刑事案件,造成 108 人死亡,38 人受伤。案犯靳如超此前还在云南谋杀 1 人。根据靳如超日记所述,其听力障碍及家庭纠纷是其心态扭曲的直接原因,“从孤独与猜忌,到仇视与报复,再到残忍与狡猾,可以说是靳如超这一生思想演变的人生轨迹”。

2. 痛快型罪过情感

痛快型罪过情感指行为人在犯罪活动中以他人痛苦为行为人快乐的情感态度。非理性犯罪的罪过心理中存在罪过情感,而非理性犯罪可以分为纯正的非理性犯罪和不纯正的非理性犯罪。纯正的非理性犯罪是指在通常情况下其罪过心理中罪过情感居于主要方面;不纯正的非理性犯罪是指在通常情况下这种犯罪是理性犯罪,而在特殊情况下才构成非理性犯罪。痛快型罪过情感在这两种非理性犯罪中都有存在。

第一种,纯正非理性犯罪中的痛快型罪过情感。像聚众斗殴罪、寻衅滋事罪、猥亵侮辱妇女罪、猥亵儿童罪等犯罪属于纯正的非理性犯罪,它们罪过心理中的主导方面都是痛快型罪过情感。例如,2009 年 5 月 21 日凌晨,在宣武区南新华街附近,4 人发现一名避雨的陌生妇女(丁女士、殁年 36 岁)。他们将该陌生妇女随身携带的 112 元钱抢走后,以殴打对方的方式取乐,并将对方虐待致死。法庭上,犯罪少年与公诉人有这样一段对话,“你们去找茬儿是什么目的?”“就是找完对方茬儿以后,打她玩。”“除了打她玩以外,还有别的目的吗?”“没有了,就是打她玩,以寻求打人的乐趣。”“那你们为什么让她脱光衣服,还用打火机烧头发呢?”“闲得没事干了,也是为了图乐。”“你们为什么非要采取打人的方法图乐呢?”“就是在打人时,看到对方痛苦的样子,心里痛快。”在这个案件中,四个犯罪少年罪过心理中罪过情感的因素特别突出。

第二种,不纯正非理性犯罪中的痛快型罪过情感。需要注意的是,罪过情感存在的范围与罪名没有必然的联系,在通常情况下属于理智占上风的故意犯罪,有时也有罪过情感占据主导地位的时候。例如,故意杀人罪中也有痛快型的罪过情感。在前述陕西省商洛地区商县杨峪河乡(现商洛市商州区杨峪河镇)王堌村村民龙治民与妻子共同在家中谋害 48 人的案件中,龙治民在故意杀人的后期演化为杀人成瘾、从杀戮中获取快感，这种以他人的死亡来产生快感的心理态度就是痛快型罪过情感。

（二）消极的罪过情感

1. 冷漠型罪过情感

冷漠型罪过情感指行为人负有对他人关照的义务，也认识到危害结果可能发生，而对自己行为危害他人持有的冷漠以待或者冷酷无情的情感态度。冷漠型罪过情感可分为两种：第一，冷漠以待的罪过情感；第二，冷酷无情的罪过情感。

第一种，冷漠以待的罪过情感。冷漠以待的罪过情感表现为对危害结果的发生持冷漠以待的情感态度，它存在于纯正的非理性犯罪中。冷漠以待的罪过情感居于罪过心理主导方面的犯罪是冷漠型非理性犯罪。例如，某中年男子遗弃他年迈多病的父母，可以成立遗弃罪。这个遗弃罪主要谴责的是行为人利他情感的缺乏。换言之，谴责遗弃罪首当其冲的是犯罪人的冷漠以待的情感态度。如果仅仅谴责其是故意犯罪，我们会感到没有谴责到位。“刑法之罪应尽可能地与道德之恶求取一致。这是从立法到司法都必须确立的目标。”我们必须谴责遗弃罪行为人冷漠以待的情感态度，才能符合我们对遗弃罪谴责的道德观念。

第二种，冷酷无情的罪过情感。冷酷无情的罪过情感表现为对危害结果的发生持冷漠无情的情感态度。冷酷无情的罪过情感存在于故意犯罪这样的理性犯罪的罪过心理中。在直接故意犯罪和间接故意犯罪中，因为犯罪人对危害结果的发生都有认识，所以认可这样的具体的危害结果是冷漠型罪过情感，但是在故意犯罪中冷漠型罪过情感仅占据罪过心理的次要地位。

2. 漠不关心型罪过情感

漠不关心型罪过情感指行为人在犯罪活动中对危害结果的发生持有的漠不关心的情感态度。漠不关心型罪过情感存在于疏忽大意过失犯罪、事故型犯罪和结果加重犯的罪过心理中。

第一种，漠不关心型罪过情感通常存在于疏忽大意过失犯罪的罪过心理中。由于这种犯罪对危害结果的发生没有预见、也没有对危害结果发生的意志，所以这种犯罪与意外事件难以区分。正确区分这两种行为的关键是看行为人心理中是否存在漠不关心的情感态度。如果事件的发生可归因于漠不关心的情感态度，就是疏忽大意过失犯罪；而如果事件的发生不存在漠不关心的情感态度,就是意外事件。例如,某男在抱自己刚满月婴儿时,不慎失手将自己的孩子跌到地上,致孩子死亡。该事件是否构成过失致人死亡罪就在于行为人是否存在漠不关心的情感态度。在这个案件中,亲生父亲不可能对自己孩子的生死持漠不关心的情感态度,因此,失手摔死孩子应当是意外事件。

第二种,事故型犯罪的罪过心理也是漠不关心型罪过情感。例如,2010年暑假,21岁大一学生小付到通州农村的爷爷家玩,与村民马某和其父亲马老汉发生口角,双方情绪激动,很快争执就升级成撕扯,小付挥拳打向马某和马老汉头部、胸部。这时马老汉突然倒地,老汉因心肌梗死引起心脏破裂经抢救无效死亡。对小付来说,他在非法殴打他人时对于可能引发意外的伤亡后果没有预见、也没有希望或放任的意志,只是由于漠不关心的情感态度导致其没有预见可能发生的危害后果,并因此导致这种结果发生,小付的主观心态就是漠不关心型罪过情感。

第三种,结果加重犯行为人对加重危害结果的发生持有漠不关心的情感态度。在结果加重犯中,行为人完整的心理活动和过程是:对基本的危害结果的发生有认识,对加重危害结果的发生没有认识;对基本的危害结果的发生持希望或放任的意志态度,对加重危害结果的发生没有意志;对基本危害结果的发生持乐见其成或不排斥的情感态度,对加重危害结果的发生持漠不关心的情感态度。

三、具体的罪过情感和抽象的罪过情感

认识反映的对象必须清晰才是认识、意志确立了目的才称为意志,也即认知和意志它们都有明确的对象。而情绪、情感的产生以人们对事物的认识和评价为前提,但情感自身又不能辨别事物,因而需要借助认识产生情感。根据认识的不同清晰程度,可分别产生有明确对象的情感和无明确对象的情感,这可称为具体情感和抽象情感。既然情感的产生有此特点,那么,根据情感态度的对象是否明确,可以将罪过情感划分为具体的罪过情感和抽象的罪过情感。

(一)具体的罪过情感

1.具体罪过情感的种类

具体的情感罪过指在犯罪行为实施过程中对明确的可能发生的危害

结果认可的情感态度。痴狂型罪过情感、痛快型罪过情感、冷漠型罪过情感这三种罪过情感因为都针对明确的危害结果,所以都属于具体的罪过情感。痴狂型罪过情感存在于痴狂型非理性犯罪中;痛快型罪过情感存在于痛快型非理性犯罪中;冷漠型罪过情感存在于冷漠型非理性犯罪中。

在理性犯罪的故意犯罪中也存在冷漠型罪过情感,但是在理性犯罪中,因为理智的作用大于情感的作用,所以罪过情感不能成为理性犯罪的本质。例如,2010 年 10 月 20 日 23 时许,大学生药家鑫驾驶红色雪佛兰小轿车从西安外国语学院长安校区返回西安,当行驶至西北大学长安校区西围墙外时,撞上前方同向骑电动车的张妙,后药家鑫下车查看,发现张妙倒地呻吟,因怕张妙看到其车牌号,以后找麻烦,便产生杀人灭口之恶念,遂从随身背包中取出一把尖刀,上前对倒地的被害人张妙连捅 8 刀,致张妙当场死亡。药家鑫持刀杀人固然是在理智的支配下的理性犯罪,但其罪过心理中亦有对置人死地冷酷无情的情感态度,否则便不会有连捅被害人 8 刀的连贯行为。药家鑫对致人死亡冷酷无情的情感态度就是其故意杀人罪过心理中的冷漠型罪过情感。

2. 具体罪过情感主观恶性的程度

具体罪过情感的罪过程度依痴狂型罪过情感、痛快型罪过情感、冷漠型罪过情感的顺序依次降低。例如,法轮功痴迷者在痴狂型罪过情感的支配下,丧失理智,超度自己的亲人到天国里去享永久的福乐而杀人害命的;杀人成瘾,杀人取乐的行为;以及对他人的死亡持冷漠情感态度的故意杀人。这三种杀人行为所蕴含的罪过情感依次降低:痴狂型杀人罪过情感的主观恶性大于痛快型杀人罪过情感的主观恶性,而痛快型杀人罪过情感的主观恶性大于故意杀人中冷漠型罪过情感的主观恶性。

(二)抽象的罪过情感

1. 抽象罪过情感的特点

抽象的罪过情感没有明确的指向对象,也即其认可的危害结果是否发生或者发生什么样的危害结果都不确定、不明确。疏忽大意过失犯罪的主观罪过是漠不关心的情感态度,这种漠不关心的情感态度属于典型的抽象的罪过情感。

有学者认为:“只要犯罪故意与犯罪过失中存在知、情、意三个过程中的一个过程,其他的过程就一定存在,要不就是三个过程都没有。因此,在疏忽大意过失中由于行为人缺乏对行为结果的认识,所以三种心理过程都不存在。”作者认为,抽象情感因为没有明确的对象,即抽象情感不需要借助明确的认识产生,所以抽象情感的产生过程和认识过程可以两不相关。也就是说,无明确对象的抽象情感与有明确对象的认识过程可以相脱离。具体而言,疏忽大意过失中漠不关心的情感态度就是这样的抽象情感。虽然说对事物的认识和评判是情绪、情感产生的直接原因,但疏忽大意过失中的认识仅仅是认识到行为对象或行为客体的存在或其他一些状况,而不是行为对象或行为客体的情况会变糟(发生危害结果)。疏忽大意过失这种罪过心理,没有认识因素的内容(没有对危害结果的认识,如果有认识,就不再是疏忽大意的过失了)。而且,疏忽大意过失行为人情感态度的对象是包括行为对象或行为客体的情况变糟(发生危害结果)在内的一切情况及其变化。当然,我们所取的是其行为对象或行为客体情况变糟(发生危害结果)的情感态度。也就是说,对这样的情况可以产生抽象的罪过情感,但不能认为有对危害结果发生的认识。

2. 抽象罪过情感的分析运用

为深入领会抽象的罪过情感,我们运用抽象罪过情感来分析如下几种相似行为的性质:示好行为致特异体质人死亡、非法殴打致特异体质人死亡、过失轻伤行为致特异体质人死亡。因为它们是日常生活中常见易发的现象,对它们的分辨不仅有利于正确认定罪与非罪的界限,也可以显示罪过情感在认定犯罪中的巨大作用。

第一种情况,即示好行为致特异体质人死亡。例如,甲和乙两个多年未见面的好朋友,偶然街头邂逅,甲兴奋异常地向乙胸部砸了一拳,不料想乙因特异体质突发心脏病,不治而亡。乐极生悲,好事变坏事。对此案作者认为,因为两人是一种友好的关系,甲砸乙一拳是一种示好的行为,而不是对乙可能死亡漠不关心的情感态度,所以,甲的行为不构成犯罪。

第二种情况,即非法殴打致特异体质人死亡。例如,甲和乙同是走在人群熙攘的大街上,甲不小心踩了乙的脚,两人为此发生口角,争吵越来越激烈,矛盾也随之升级,甲开始动手打人,甲向乙胸部非法殴打了一拳。这个非法殴打本不构成伤害而属于治安管理中的非法行为,但恰好乙患有心脏病,并因这一拳老病突发不治而亡。对此案作者认为,甲虽然没有预见到乙患病并因一拳而可能死亡的结果,但甲对乙的死亡持有漠不关心的情感态度，如果不是漠不关心的话，他就会预见到打击对象可能身患异症，这一拳完全能够造成致人死亡的后果，而不会出手伤人。可见，甲挥拳打人时持有的是漠不关心的情感态度，即抽象的罪过情感。甲因此构成过失致人死亡罪。

第三种情况，即过失轻伤行为致特异体质人死亡。过失行为致人重伤或死亡才构成犯罪，而过失行为致人轻伤不构成犯罪，只是一种违法行为，但是过失轻伤的行为导致特异体质人死亡如何认定，在司法实践中难度较大。作者认为，过失轻伤行为致特异体质人死亡如果构成犯罪，只能是事故型犯罪。但是因为事故型犯罪成立的第一个条件是行为人对违法行为持有故意的心理态度，过失行为显然不是，所以过失轻伤行为不是事故型犯罪，也即不构成犯罪。因为过失轻伤行为致人死亡不构成犯罪，那么过失轻伤行为也就没有任何罪过心理，包括没有抽象的罪过情感。

●西方自由刑的历史演变及其规律[*]

敦　宁[**]

摘　要:对西方自由刑历史演变过程及其内在规律的探寻可以为我国的自由刑改革提供有效参考。在西方古代,自由刑并未进入任何国家的刑罚体系,其实际适用也非常少。自由刑真正登上西方国家的刑罚舞台是近代之后的事情。在西方近代,自由刑的发展可分为以监禁刑为主导和自由刑的逐步开放化两个阶段。自进入现代以来,西方自由刑经历了从继续开放化到"两极化"的发展过程。西方自由刑历史演变的内在规律表现在地位变化、形式演进、决定因素和推动力量等多个方面。

关键词:西方　自由刑　历史演变　内在规律

引　言

随着我国削减与控制死刑政策的有效实施,自由刑已经无可置疑地成为我国刑罚体系中一类最为重要的刑种,其惩治与预防犯罪的重要功能在未来也必将进一步彰显。然而,如果从宏观历史演进的角度考察,自由刑随着经济社会的发展演变而不断变革和演进也是一条基本的历史规律。所以,一国的自由刑为保持其在惩治与预防犯罪方面的有效性,就必须要根据各国经济与社会的发展变迁情况而不断的进行改革。

从西方国家的情况来看,大致从18世纪末19世纪初开始,随着经济社会的巨大转型以及监禁刑弊端的不断暴露,西方各国就已经陆续展开了轰轰烈烈的自由刑改革,并且,直至当下,这一改革过程实际上仍在不

* 本文系2015年度河北大学国家治理法治化研究中心资助课题项目(2015GJZLFZH016)的研究成果之一。

** 河北大学政法学院副教授,法学博士,中国社会科学院法学研究所博士后研究人员。

断延续。而我国尽管自晚清刑制改革就从西方引入了现代自由刑制度，但是，由于我国近代内外战争连绵不断、政治上跌宕起伏、社会秩序持续混乱，所以其并没有像西方那样通过稳定、有效的刑罚改革而建立起相对完备的现代自由刑制度。新中国成立以后，我国虽然打破了旧法统，但由于刑事法律的长期缺失，直到改革开放之后的1979年，我国才在第一部刑法典中确立了现代自由刑制度。不过，与西方国家不同的是，尽管自改革开放以来，我国的经济社会也同样经历了巨大的变革与转型，但是，我国的现代自由刑从1979年正式确立以来，除在立法上进行过一些局部性的修改和完善之外，在这漫长而又复杂多变的30多年间，却一直并未进行过任何重大或卓有成效的改革。虽然我们并不能否认，改革开放以来，我国的自由刑在惩治与预防犯罪和维护社会稳定方面确实发挥了重要的作用；但是，我们也应当看到，在当时特定的社会背景下所形成的自由刑运用模式，不仅已经明显落后或滞后于时代的发展，而且其所带来的一些法律和社会问题也已经日趋严重。

在此背景下，对我国自由刑的改革，无疑已成为我国刑事法治建设亟待解决的重要问题之一。对此，理论界和实务界也已经展开了热烈的探讨。本文暂无意于对其中的相关问题作出回应，也无意于提出具体的改革意见或建议。中国古语有言，“他山之石，可以攻玉”。考虑到自由刑在西方已经经历了一个较为稳定和完整的发展过程，其中难免会体现出一定的内在规律性，而只有对自由刑的历史演变过程及其内在规律形成全面和正确的认识，我国当前的自由刑改革才不会犯方向性或原则性的错误，也才能尽可能的少走弯路。鉴于此，本文拟对西方自由刑的历史演变过程展开全面的梳理和分析，并在此基础上总结出其内在的规律性，从而为我国自由刑的改革提供有效的参考。同时，为了能够更加明晰地展现西方自由刑的历史演变过程，本文还将按照时间顺序，把西方自由刑的发展演变划分为古代、近代和现代三个历史阶段来展开梳理和分析。

一、西方古代的自由刑

西方的古代一般是指在西方进入资本主义社会之前的历史时期，即大致在16世纪之前的奴隶社会和封建社会时期。与这一时期生产力较为低下、文明程度不高、被统治阶层的人身自由相对有限等基本的社会情况相适应，西方古代除对一些较轻犯罪可适用财产刑外，其刑罚体系的中心主要就是死刑和身体刑，刑罚运用的理念在于以毁灭罪犯的生命或毁伤罪犯的身体来达到剥夺罪犯的再犯能力以及威慑与恐吓公众之目的。例如，作为从中世纪习惯法向近代刑法典过渡之标志的德国1532年《加洛林纳刑法典》（也译为《卡洛林那法典》），虽在一定程度上已体现了刑法文明的进步，但其中仍然对大量犯罪都规定了死刑与身体刑。①

当时尽管也存在所谓的监狱，但监狱的主要功能却并不是用来执行自由刑。对此，正如古罗马法学家乌尔比安（Domitius Ulpianus）所强调的，“监狱应用于拘留人而非惩罚人”。② 也就是说，西方古代的监狱主要是作为拘禁、羁押未决犯的临时性设施而存在的，其功能大致相当于我国现在的看守所。此外，当时的监狱也还是民事强制执行的场所。当时，在法律概念体系上对刑事犯罪与民事不法并无严格的区分，对于不履行民事义务者，往往不以债务人的财产为执行标的，而以直接羁押债务人的身体作为强制其清偿债务的方法，债务人被羁押于监狱之中，与候审的犯罪人的待遇相同，直至清偿债务才能重获自由。③ 这一状况甚至持续到了近代早期。例如，德国1532年《加洛林纳刑法典》依旧规定：监狱是为了拘禁，不能用作刑罚。1670年法国《关于审判程序的法令》也重申了上述原则。甚至1768年奥地利铁列西亚女王颁布的刑法典依旧如此。④

在这一背景之下，虽然并不能说完全不存在以犯罪人的人身自由为惩罚对象的自由刑，但这种刑罚的适用无疑是极其少见的。一般只有对轻微治安罪才有关于短期监禁处罚的记载。比如，在古代雅典，个别情况下对轻微盗窃罪可能判处拘禁，通常为5天，有时在船上执行。在古罗马也只有对轻微治安罪存在短期监禁。1530年德国警察法规定对亵渎罪可处14天塔监，对诅咒可处塔监或罚金。中世纪的教会法庭偶尔适用终身监禁，但更多的是火刑。这些有关监禁的规定确实具备了自由刑的基本

---

① 参见陈惠馨：《1532年〈卡洛林那法典〉与德国近代刑法史——比较法制史观点》，载《比较法研究》2010年第4期。

② Norval Morris and David J. Rothman (eds.), *The Oxford History of the Prison: the Practice of Punishment in Western Society*, Oxford University Press, 1998, p. 20.

③ 参见梁根林：《刑事制裁：方式与选择》，法律出版社2006年版，第203页。

④ 参见李贵方：《自由刑比较研究》，吉林人民出版社1992年版，第11页。

特征,即适用于罪犯,剥夺其自由,执行于特定场所。然而,据史料反映,这种监禁的实际适用非常少,当时在西方国家占主导地位的刑罚是死刑、肉刑和罚金,监禁并未进入任何国家的刑罚体系中,它的作用是微乎其微的。① 由此,德国刑法学家李斯特(Franz von Liszt)总结道:古代的自由刑(监禁)如同中世纪用做牢狱的城堡一样,它同样较少被视为历史先导和现代自由刑的第一个发展阶段;以教育、矫正、再社会化为目的的现代意义上的自由刑始见于16世纪以后的刑法史。②

二、西方近代的自由刑

西方的近代是一般是指从西方进入资本主义社会开始,直至第二次世界大战结束的历史时期,即从16世纪开始直至20世纪中期的前资本主义时期。如上所述,自由刑真正登上西方国家的刑罚舞台并逐步占据主导地位,是近代之后的事情。在这一时期,西方的自由刑在发展演变上又可大体划分为两个不同的历史阶段,即以监禁刑为主导的阶段和自由刑的逐步开放化阶段。

(一)以监禁刑为主导的阶段

西方现代自由刑的兴起是从矫正院的成立开始的。最早的矫正院产生于英国,其雏形是1550年一批新教士重组的伦敦医院,用来收容有过失的青少年和流浪者。1553年,经英王爱德华六世批准,英国在一座旧宫殿上建起了著名的布兰德威尔矫正院,用以收容流浪汉、懒汉及生活放荡者,并对其进行纪律强制和感化训练。不久,荷兰在阿姆斯特丹也建起了类似的矫正院,并建立了妇女纺织院。在这些实践的影响下,到17世纪初,法国、德国、波兰等都先后成立了类似机构。③ 随着这些做法的逐步推广,在18世纪中叶以后,残酷野蛮而又毫无经济性的生命刑、身体刑以及流刑的执行日益受到限制,相对比较人道而且具有经济性的劳役、监禁等刑罚方法在欧洲各地得到普遍推广。④ 与此同时,监狱也突破了其不能用

① 参见李贵方:《自由刑比较研究》,吉林人民出版社1992年版,第12~13页。

② 参见[德]李斯特:《德国刑法教科书》,徐久生译,法律出版社2006年版,第416~417页。

③ 参见李贵方:《自由刑比较研究》,吉林人民出版社1992年版,第14页。

④ 参见梁根林:《刑事制裁:方式与选择》,法律出版社2006年版,第204页。

于惩罚犯罪人的古老信条,而成为了自由刑的主要执行场所。

但是,此时的矫正院或监狱等机构却并未体现出其应有的教育和感化作用,而是主要以惩罚与折磨犯罪人为主要特色。如在监狱内,犯罪人不仅要从事极其繁重的体力劳动,而且往往食不果腹、衣不蔽体,再加之监舍的阴暗潮湿、男女老幼混居、瘟疫疾病的流行,从而使监狱真正成为了一个令人难以忍受的悲惨所在。在此背景下,为了扭转监狱功能退化与监狱状况日益恶化的趋势,西方的一些有识之士从启蒙思想所提倡的理性主义、人道主义立场出发,竭力呼吁对残酷、不合理和非人道的监禁制度进行改革,并提倡建立以实现对犯罪人矫正为目标的监狱制度。在这一思想的影响下,西方各国纷纷开展了对监狱制度的改革,其中,比较有代表性的是英国的霍华德监狱改革运动以及美国宾夕法尼亚制和奥本制监狱的创制。

约翰·霍华德(John Howard)在英国素有"监狱改良之父"之称,其在实际考察英国的英格兰、威尔士以及欧洲其他一些国家的监狱状况的基础上,出版了《英格兰及威尔士监狱状况》一书。该书不仅揭露了当时监狱的黑暗状况,并且还大力提倡进行监狱改革。其提出的监狱改革的主要建议是:第一,建立符合人道的、适宜犯人身心健康的狱内环境;第二,建立规范犯人和看守人员的行为规则;第三,实行道德教育,促使犯人悔罪自新;第四,对犯人实行昼夜隔离、独居监禁和有组织的集体劳动。① 霍华德的监狱改革思想不仅在英国1779年的监狱法令中得到了确认,而且还直接影响了美国宾夕法尼亚制监狱与同时期的纽约奥本制监狱的创立。

宾夕法尼亚制监狱与纽约的奥本制监狱是18世纪末19世纪初美国监狱改良过程中所形成的两种具有代表性的监狱模式。宾夕法尼亚制监狱模式的主要特点是:将罪犯昼夜单独监禁,不参加劳动,在监狱内进行反省;罪犯只能见到神职人员,不得与其他罪犯接触;监狱建筑呈放射状,以便使单间牢房在监视中心的视线之内。纽约奥本制监狱模式的主要特点是:罪犯夜间被单独监禁,白天则集中在工场被强制沉默劳动,即使以

---

① 参见金鉴主编:《监狱学总论》,法律出版社1997年版,第146页。

传递眼神和手势寻求相互了解也被禁止。① 宾夕法尼亚制监狱与奥本制监狱的不同之处主要就在于,前者是通过绝对的单独监禁来限制罪犯之间的交往,而后者则是通过令罪犯保持绝对沉默来限制罪犯之间的交往,所以后者也被称为"沉默制"。但二者的共同点都体现为对矫正目标的强调,即通过严格的纪律、隔离、沉默制、劳动与圣经学习,使罪犯在"被强制与社会隔离的时间可以用于建设性的和教育的目的,而不仅是消极性的惩罚"。② 奥本制监狱首先在纽约州及马萨诸塞州推行,后推广至美国大多数州以及联邦监狱。宾夕法尼亚制监狱则由宾夕法尼亚州推行,其虽然未能在美国取得全面胜利,但后来却成为欧洲19世纪至20世纪初期最主要的监狱建筑与监狱处遇模式。③

随着监狱改革的不断开展,自由刑也开始逐步取代死刑与身体刑的中心地位,而逐渐成为西方各国刑罚体系中一种最主要的刑罚方式。但是,不论是前期以惩罚和折磨犯罪人为主要特色的自由刑,还是监狱改革之后以矫正犯罪人为主要目的导向的自由刑,其都是以对犯罪人实施绝对的隔离和监禁为前提的。也就是说,在这一阶段,监禁刑是自由刑的绝对主导。④

(二)自由刑的逐步开放化阶段

尽管以监禁刑来取代死刑与身体刑的中心地位体现了历史的进步,但是,在这种以对犯罪人实施绝对隔离为核心的自由刑模式推行一段时间后,其弊端也逐渐暴露,主要表现就是:自由刑以矫正、改善罪犯、使其重新适应社会生活为目的,但自由刑达成这一目的的手段却是使其与社会完全隔离,其过程是封闭性的。这样一来,自由刑的过程与目的就形成了一对悖论,而正是这一悖论从根本上制约了自由刑的行刑效果。⑤ 对此,前苏联刑法学家 A. M. 雅科夫列夫进行了全面的分析与总结,其指出:第一,自由刑的目的是最大限度地使人适应社会正常条件下的生活,

---

① 参见金鉴主编:《监狱学总论》,法律出版社1997年版,第147~148页。

② [美]理查德·霍金斯等:《美国监狱制度——刑罚与正义》,孙晓雳、林遐译,中国人民公安大学出版社1991年版,第219页。

③ 参见梁根林:《刑事制裁:方式与选择》,法律出版社2006年版,第207页。

④ 而且,这一阶段的监禁刑也主要表现为定期监禁刑,包括终身监禁和有期监禁。

⑤ 参见梁根林:《刑事制裁:方式与选择》,法律出版社2006年版,第219页。

但又不得不把他与社会隔离开来。第二,虽然希望以正确的观点取代犯罪人头脑中的有害想法和习惯,希望他能养成有益于社会的品质,可是,又要把他同其他犯人放在一起,而在这里却最容易相互传染各种恶习。第三,虽然力求使犯罪人适应在公民正常的劳动环境中的生活,适应自由条件下的生活,却又要把他放在与自由公民的生活截然不同的环境中。第四,为了不重新犯罪,一个人应能跨过通往自由的大门,在正确的道路上积极地活动。然而,剥夺自由这种刑罚却使人失去很大一部分独立活动的能力,养成一种按照定好的规则被动行动的习惯。① 在此背景下,以监禁刑为主导的自由刑模式在推行近半个世纪之后又一次面临着全面改革的历史任务,而改革的重心就是逐步推进自由刑执行的开放化,即加强自由刑执行与社会的衔接程度。

大致从19世纪中叶开始,以推进自由刑执行的开放化程度为核心内容的新一轮自由刑改革在西方国家陆续开展,改革的成果主要表现在以下两个方面:

一是累进处遇和假释制度的建立与推行。累进处遇和假释制度主要适用于长期自由刑的执行过程中。所谓累进处遇,是指将受刑人的刑期分为数个不同的处遇级别,按照受刑人在服刑期间的具体表现情况,由严到宽逐次进级,直至被假释出狱的处遇方式。所谓假释,就是在刑期未满前将受刑人附条件地提前予以释放的制度。在累进处遇制之下,处遇级别越高,不仅警戒程度越低,而且受刑人与社会的接触面越广,而假释一般就是最后一个处遇阶段。所以,累进处遇制度和假释制度是密不可分的两种刑罚执行制度,在实践中,二者也是紧密联系、共同发展起来的。

一般认为,累进处遇和假释制度起源于英属殖民地澳大利亚,其雏形就是亚瑟·菲利普(Arthur Phillip)所实行的“释放票制”和亚历山大·麦克诺基(Alexander Maconochie)所实行的“点数制”。菲利普的“释放票制”的基本内容是对流犯实行四级处遇:第一级是将新流犯置于惩罚场,使其服重度劳役;第二级是将第一级中保持善良之人编入开垦队,在监管下从事垦殖,生活较第一级自由;第三级则进一步使上一级中行状善良者

① 参见[苏]巴格里—沙赫马托夫:《刑事责任与刑罚》,曹子丹等译,法律出版社1984年版,第310页。

从事自由殖民者之事业;第四级则是对第三级中保持行状善良持续一定期间者发给“释放票”(ticket of leave),并免予其残余刑期的执行。[①] 麦克诺基的“点数制”则以“分级制”为基础,即将罪犯的刑期分为两个部分,刑期的前1/2确定为刑罚阶段,后1/2又分为三个等级阶梯。自后1/2开始,对罪犯的服刑表现情况进行考核计分,并根据得分情况进入不同的等级阶梯(第一、二级阶梯);最后,得分达到第三级阶梯的,获得假释资格。而“点数制”则正是对罪犯的行为表现进行计分考核的制度。[②]

菲利普的“释放票制”虽已基本具备了累进处遇的基本特点,但由于对获得“释放票”而出狱的犯罪人的剩余刑期就不再执行,而不像假释还存在执行剩余刑期的可能性,因此其并不具备现代假释制度的基本特点。麦克诺基的“点数制”虽已大体具备了现代假释制度的基本轮廓,但由于其反对在囚犯离开监禁地区之后对他们实行社会监督,而假释监督却又是现代假释制度的重要组成部分,所以其也只能被视为现代假释制度的雏形。

在西方,真正从完整意义上确立累进处遇和假释制度的是沃尔特·克罗夫顿(Walter Crofton)的“爱尔兰制”。沃尔特·克罗夫顿是19世纪英国著名的监狱改革家,1854年被任命为爱尔兰蒙乔伊监狱的主管。克罗夫顿在借鉴吸收麦克诺基改革经验的基础上,创立了对后世各国监狱影响深远的罪犯改造方案——“爱尔兰累进制”(一般简称为“爱尔兰制”)。克罗夫顿的“爱尔兰制”把罪犯的刑期分为四个阶段:第一阶段是独居监禁,时间为9个月,表现好的可进入第二阶段。第二阶段是杂居劳动。在这一阶段,罪犯被移至斯巴依克岛上的特别监狱,混合关押,并进行土木要塞工程建设,表现好的可进入第三阶段。第三阶段是中间阶段,也称中间监狱。在该阶段,罪犯被移送到中间监狱。在那里,罪犯不仅能享受到更多的人身自由,而且如能证明自己确已改善,他就可以得到“释放票”而被假释。第四阶段就是假释阶段。得到“释放票”系一种有条件

---

① 参见丁道源:《中外假释制度比较研究》,载蔡墩铭主编:《刑法总则论文选辑》(下),台湾五南图书出版公司1984年版,第925页。

② 参见王泰:《现代监狱制度》,法律出版社2003年版,第132~133页。这里的“假释资格”与以上“释放票”的不同之处在于,罪犯在被假释后依然保留着执行剩余刑期的可能性。

的释放，假如罪犯的行为不符合释放条件所规定的内容，那么，在原定刑期的范围内，这种释放可在任何时候予以撤销。①

克罗夫顿的“爱尔兰制”不仅奠定了西方累进处遇和假释制度的基本模式，也对其他欧美国家产生了深远的影响。在美国，克罗夫顿的累进处遇制度传入以后，得到了许多监狱改革学家的极力推崇和赞赏，并迫切要求在美国的监狱中实施。1869 年，纽约州的埃尔米拉教养院通过借鉴英国的累进处遇制，率先创立了以分级处遇为基础的假释制度，并将其与不定期刑制度一起实施。随后，马萨诸塞州在肯可得教养院全面采用埃尔米拉制度，宾夕法尼亚、麦基冈和伊利诺伊等州则分别在全部罪犯或部分罪犯中试行假释和不定期刑制度，俄亥俄州和加利福尼亚州于 20 世纪初颁布了假释法令。到 1900 年，美国共有 20 个州通过了假释立法。到 1922 年，美国共有 44 个州采用了假释制度。而到了 1944 年，美国所有的州和联邦则都确立了假释制度。② 从 19 世纪末开始，欧洲大陆各国也开始纷纷仿效英美，在本国建立和推行累进处遇及假释制度，如德国于 1870 年、瑞士于 1871 年、匈牙利于 1878 年、意大利于 1890 年，都在本国引入了假释制度。③ 在 1928 年伦敦的万国监狱会议之后，累进处遇和假释制度基本已成为世界特别是西方各国所普遍采用的行刑制度。

二是短期自由刑缓刑制度的形成与普及。短期自由刑缓刑制度，也就是通常所称的缓刑制度，一般是指对应判处或执行短期自由刑的犯罪人，在符合一定条件的情况下，暂缓刑罚的宣告或执行，并规定一定的考验期，如果犯罪人在考验期内没有违反相关的法律规定，则原刑罚就不再宣告或执行的制度。短期自由刑由于刑期较短，不仅存在惩罚性不足、矫正无力等缺陷，而且在执行中也易导致交叉感染，所以缓刑制度设立的主要目的就是避免实际执行短期自由刑所可能带来的诸多负面效果。

西方近代的缓刑制度最早是在美国产生的。在美国缓刑制度的形成过程中，波士顿的制鞋匠和慈善家约翰·奥古斯塔斯（John Augustus）起到了关键性的作用。奥古斯塔斯以参加禁酒运动而著称，他经常到波士

---

① 参见柳忠卫：《假释制度比较研究》，山东大学出版社 2005 年版，第 51～52 页。

② 同上书，第 57～58 页。

③ 参见张丽卿：《假释制度的回顾与展望》，载甘添贵等：《刑法七十年之回顾与展望纪念论文集》（二），台湾元照出版公司 2010 年版，第 63 页。

顿城市法庭向那些被指控公开酗酒和有其他轻微犯罪的人提供帮助。1841年的一天早上，当一个被判处进行了公开酗酒行为的男人将要被送往波士顿矫正所时，奥古斯塔斯进行了干预，请求法官将这个酒鬼交给自己监督几个星期，并保证以后让这名男人再次出庭。这名法官同意了奥古斯塔斯的建议。3个星期后，奥古斯塔斯带回了这名美国历史上第一位"缓刑犯"。法官对这名缓刑犯的变化印象深刻，以致判处其交纳一笔罚金并且暂缓执行6个月的监禁刑罚。从1841年到1859年奥古斯塔斯去世时，他共监督了1956名缓刑犯罪人。自奥古斯塔斯的实践开始，缓刑在美国逐渐流行开来。从1878年到1938年，美国的38个州、哥伦比亚特区和美国联邦政府都通过了缓刑法规，采用了缓刑制度。①

英国缓刑的产生过程与美国相似。一般认为，英国的缓刑是从1876年开始的。当时，赫德福德（Hertford）的一个印刷工雷纳（Rainer）向英格兰禁酒协会教堂的主席卡农·埃利森（Canon Ellison）建议，将该协会的活动扩大到警察法庭，向酗酒犯罪人提供帮助（进行缓刑监督）。这个建议很快被采纳。1876年8月1日，南瓦克（Southwark）警察法庭任命了第一位牧师尼尔森（Nelson）来进行缓刑监督。到1907年颁布《犯罪人缓刑法》时，英国已经有143名牧师在工作，其中有19名妇女。②

在欧洲大陆，由于很长时间内报应刑思想和理论都占据主导地位，因而导致与这一刑罚理论相悖的缓刑制度迟迟无立足之地。然而，到了19世纪中后期，在严峻的犯罪形势和实证派犯罪学理论的双重冲击下，人们逐渐开始对绝对报应刑理论的合理性产生怀疑。特别是由于短期自由刑行刑效果的不断恶化，学者们直观地感觉到，应当设法避免对初犯和轻罪犯适用短期自由刑。由此，人们便想到了已经在美国推行的缓刑制度。其中，法国的参议员布伦格率先倡导推行缓刑制度，并且起草出欧洲第一个缓刑法案。但是，由于法国的报应刑思想根深蒂固，缓刑制度迟迟未能确立。结果，在大陆法系国家中，反而是比利时于1888年首先通过了缓刑法，法国则直到1891年才原则上允许对短期自由刑和罚金刑适用缓

---

① 参见吴宗宪：《社区矫正比较研究》（上），中国人民大学出版社2011年版，第145～146页。

② Robert Harris, "Probation round the world", in Koichi Hamai et al (eds.), Probation round the world: A comparative study, London: Routledge, 1995, p. 32.

刑。但在此后，“法比制”缓刑制度开始在大陆法系国家迅速推广。其中，挪威于1894年、德国于1895年、意大利于1904年、日本于1907年分别设立了缓刑制度。1918年，世界上第一个社会主义国家——苏联设立了缓刑制度。此外，卢森堡、葡萄牙、荷兰、保加利亚、瑞典、西班牙、匈牙利、希腊、芬兰以及瑞士的10个州也都很快设立了这一制度。[①]

通过进行以上改革，西方的自由刑逐步实现了从绝对监禁化到相对开放化的历史性过渡。这一历史过渡不仅反映了西方国家在自由刑运用上的科学性和合理性程度有了明显的提高，而且也奠定了西方乃至世界现代自由刑的基本模式。另外，在这一时期，随着死刑的适用不断受到限制，自由刑也已基本确立了其在西方各国刑罚体系中的主导性地位。

三、西方现代的自由刑

西方的现代一般是指从1945年第二次世界大战结束后至今的后资本主义时期。在这一历史时期，西方自由刑的发展演变也可大致划分为两个阶段，即自由刑的继续开放化阶段与自由刑的“两极化”发展阶段。

（一）自由刑的继续开放化阶段

第二次世界大战结束以后，西方国家在对法西斯残酷统治进行深刻反思的基础上，纷纷将尊重和保障人权、缓和社会矛盾作为刑事政策的主要方面。在这一背景之下，犯罪人的人格重塑与复归社会更加受到强调，因此，自由刑的开放化趋势继续得以推进，这一过程大致持续到了20世纪70年代。在这一阶段，自由刑的进一步开放化主要体现在以下几个方面：

第一，缓刑和假释适用率的大幅度提升。据统计，20世纪60年代，南斯拉夫的缓刑适用约占全部监禁判决的60%，波兰、日本和比利时均为50%多，法国、意大利均为40%多。[②] 而假释则更加被广泛适用。例如，在美国，20世纪60年代，假释犯约占全部监狱犯人的60%，70年代达到70%。[③] 在日本，1950年的假释率达到了72.7%的高峰，尽管随后的若干

① 参见左坚卫：《缓刑制度比较研究》，中国人民公安大学出版社2004年版，第9～11页。

② 参见李贵方：《自由刑比较研究》，吉林人民出版社1992年版，第300页。

③ 参见储槐植：《美国刑法》（第3版），北京大学出版社2005年版，第266页。

年假释率有所下降,但仍然均保持在50%以上。①

第二,限制自由刑的设立和运用。限制自由刑是不对犯罪人进行关押,但限制其一定人身自由的自由刑种类。限制自由刑作为独立的刑罚方法得以确立和运用,也主要是第二次世界大战之后的事情。从世界范围来看,其大致可分为两类:一类是以一定的义务劳动或指定劳动为核心内容的刑罚方法,包括原苏联的不剥夺自由的劳动改造、捷克的矫正劳动和其他一些西方国家(如英、美)的社区服务令等;另一类是不要求义务劳动,但把积极劳动作为限制自由的内容之一的刑罚方法,包括我国的管制、一些西方国家的保护观察等。②

第三,短期自由刑的变通执行。鉴于短期自由刑所存在的严重弊端,第二次世界大战后西方各国除对其扩大适用缓刑外,还逐步建立了短期自由刑的变通执行制度。这些变通制度的核心就是进一步提升短期自由刑执行的开放性,具体的变通措施包括周末监禁、半监禁③、业余监禁、家中监禁等。例如,比利时和荷兰于20世纪60年代规定了周末监禁制度;法国、比利时、加拿大、意大利等国从20世纪40年代末开始到80年代陆续规定了半监禁制度;新西兰于1962年规定了业余监禁制度;美国的圣路易斯市于1971年开始对青少年犯适用家中监禁措施,后来适用于成年人,随后其他很多州也都规定了家中监禁制度。④ 另外,除以上短期自由刑的变通执行制度外,在这一时期,西方许多国家还建立了短期自由刑的易科或替代制度,即虽判处短期自由刑,但不予执行,而是易科为其他形式的刑罚或处分。"各国司法实践中,能够与短期自由刑易处的主要有罚金刑、强制劳动、训诫、剥夺资格、损害赔偿等刑罚及非刑罚处理方法。"⑤这实际上也是一种广义的短期自由刑变通执行制度。

(二)自由刑的"两极化"发展阶段

自20世纪70年代以来,西方各国的犯罪状况持续恶化,严重犯罪不

---

① 参见[日]大谷实:《刑事政策学》,黎宏译,法律出版社2000年版,第274页。

② 参见李贵方:《自由刑比较研究》,吉林人民出版社1992年版,第146页。

③ 半监禁在狭义上仅指夜间监禁,在广义上则还包括周末监禁和业余监禁在内。

④ 参见高丽蓉:《近现代西方国家刑事政策的演变与刑法变革》,载《国家检察官学院学报》2011年第2期。

⑤ 周娅:《短期自由刑研究》,法律出版社2006年版,第147页。

断增多，重新犯罪率也不断攀升。在此背景下，西方各国开始对过度宽松的刑事政策进行适度收缩，并逐渐形成了“轻轻重重”的两极化刑事政策。所谓“轻轻”，主要是指对社会危害不大的犯罪和罪责程度较低的罪犯，特别是偶犯、初犯、过失犯、未成年犯等，适用比以往更为轻缓和宽松的处遇；所谓“重重”，则主要是指对社会危害程度严重的重大犯罪以及主观恶性深重的累犯、惯犯等，在报应和预防原则的支配下适用比以往更为严厉和严格的处遇。[①] “轻轻重重”的刑事政策贯穿于西方各国刑事立法、刑事司法和刑罚执行的全过程之中。

在自由刑的运用方面，“轻轻”主要表现为对较轻的犯罪以及主观恶性程度不深的偶犯、初犯、未成年犯等，进一步限制监禁刑特别是短期自由刑的适用，并同时扩大罚金刑、限制自由刑以及缓刑等不剥夺自由的刑罚方法的适用范围。“重重”则主要表现为以下两个方面：

一方面，对暴力犯罪、毒品犯罪、恐怖主义犯罪以及有组织犯罪等严重犯罪规定了比以往更为严厉的刑事责任，更多和更长期地适用监禁刑，同时严格限制缓刑和假释的适用。例如，根据美国 1970 年《反犯罪组织侵蚀合法组织法》的规定，对于有组织的敲诈勒索行为应当同时适用监禁、罚金和没收财产三种刑罚，特殊情况下甚至可以判处终身监禁，并且还应当没收犯罪所得的不法利益以及犯罪组织本身的全部财产或利益。[②] 美国国会于 1984 年通过的《综合犯罪控制法》还规定：从 1992 年 12 月开始，废除对联邦犯人的假释。[③] 此外，法国也规定，对有组织团伙实行的犯罪以及毒品走私、洗钱、恐怖活动等严重犯罪人不适用额外减刑，对于针对人或财产实施暴力的轻罪严格控制适用缓刑的条件或取消缓刑。[④] 在日本则表现为 2004 年的刑法典修改普遍提高了监禁刑的最高刑期，并加重了性犯罪、杀人罪、伤害罪及危险驾驶致死伤罪的法定刑。[⑤]

另一方面，加大对主观恶性深重的累犯、惯犯的制裁力度，不仅提高

---

① 参见梁根林：《刑事制裁：方式与选择》，法律出版社 2006 年版，第 39、47 页。

② 同上书，第 47 页。

③ 参见李晓明：《欧美“轻轻重重”刑事政策及其借鉴》，载《法学评论》2009 年第 5 期。

④ 参见高丽蓉：《近现代西方国家刑事政策的演变与刑法变革》，载《国家检察官学院学报》2011 年第 2 期。

⑤ 参见张明楷：《日本刑法的发展及其启示》，载《当代法学》2006 年第 1 期。

其刑期，而且严格控制非监禁刑及减刑与假释的适用。例如，鉴于重罪累犯、惯犯的特殊人身危险性，美国自20世纪90年代初开始共有23个州制定了各种形式的“三振出局法”(Three Strikes Legislation)来对其进行严厉制裁。这些法律无一例外地对司法者的自由裁量权进行了限制，对严重犯罪特别是严重暴力犯罪的累犯加重处罚，甚至不考虑再犯的重罪罪行本身的危害程度及其法定刑而一律判处终身监禁，同时又对其行刑处遇如善行折减、假释等进行了严格限制。① 又如，为了强化对累犯的打击力度，法国不仅在2005年的《刑事犯罪累犯处置法》中扩大了累犯的定义，加重了对累犯的处罚，而且还在2007年的《打击累犯法》中对累犯设置了最低刑。“法院只有在犯罪人表现出复归社会的特别保证时才能通过特别说明理由的判决在上述最低刑标准下处刑。”②

不过，需要注意的是，尽管西方国家在“轻轻重重”的两极化刑事政策的指导之下，对缓刑、假释及其他非监禁性自由刑的适用进行了一定的限制，但是，从整体上看，自由刑运用的开放化或轻缓化格局并未产生较大的改变。比如，据统计，2000年，在加拿大，服缓刑、假释的人数为121,358人，占服刑总人数的79.76%；在法国，缓刑、假释人数为135,020人，占服刑总人数的72.63%；在澳大利亚，缓刑、假释人数为718,979人，占服刑总人数的77.48%；在美国，缓刑、假释人数为4,565,056人，占服刑总人数的70.25%。即使在缓刑、假释比率相对较低的韩国和俄罗斯，其服缓刑、假释的人数占服刑总人数的比例亦分别高达45.90%和44.48%。③ 而且，近年来，这一比例也并未出现明显的下降。

另外，在当代，罚金刑在西方国家越来越受到重视，其适用率也呈现出明显的上升趋势，受此影响，自由刑在刑罚体系中的主体性地位有所下降。但是，从总体上看，自由刑仍然占据主要地位，罚金刑在短时间内还不可能取代自由刑而成为西方刑罚体系的中心。

① 参见梁根林：《刑事制裁：方式与选择》，法律出版社2006年版，第49页。

② [法]雅克·博里康、朱琳编著：《法国当代刑事政策研究及借鉴》，中国人民公安大学出版社2011年版，第296页。

③ 参见梁根林：《刑事制裁：方式与选择》，法律出版社2006年版，第45～46页。

四、西方自由刑的历史演变规律——兼及我国自由刑的相关比照与改革启示

尽管西方各国自由刑的历史演变过程存在一定的差异性，但从整体层面来看，其内在的规律性还是较为一致的。只有对西方自由刑的历史演变规律形成准确的认识和把握，我们才能更加深刻地去理解和反思我国自由刑的现状，今后的自由刑改革之路也才不至于陷入迷惘和困惑。总体来看，西方自由刑的历史演变规律大致可表现在如下几个方面：

其一，自由刑在刑罚体系中的地位呈由次要到主要，再到绝对主导，而后又开始逐渐下降的趋势。从哲学层面来讲，任何事物都会经历一个从产生、发展、发达，再到逐渐衰败和灭亡的过程。这可以说是事物发展演变的一个基本规律。西方自由刑的历史演变过程，就在一定程度上体现了这一规律。在西方古代，死刑与身体刑在刑罚体系占据主导地位，自由刑的存在和适用是极其有限的。从近代开始，自由刑逐步占据主要地位，并且，随着近代后期死刑的逐步废止和限制适用，自由刑还成为了西方刑罚体系的绝对主导。而在现代西方，随着罚金刑和资格刑（主要是罚金刑）的大量增加和扩大适用，自由刑的绝对主导地位又开始逐渐下降。

在我国，尽管自由刑的历史演变并不像西方那样一帆风顺，但是其在一定程度上也同样体现了这一规律。在我国古代，尽管自由刑的出现较早，且"徒"这种自由刑种类也很早便被确立在五刑体系之中，但其相对于死刑和肉刑（身体刑）仍然只处于次要的地位。在近代及现代初期，虽然我国的自由刑制度在整体上并不完备，适用也并不规范，但自由刑在刑罚体系中已逐步占据了主要地位。而自我国 1979 年刑法典颁布以来，特别是 1997 年新刑法典颁布之后，随着死刑被逐步削减和限制适用，自由刑在我国刑罚体系中已占据绝对主导的地位。但与西方不同的是，尽管近年来我国罚金刑和资格刑（主要也是罚金刑）的独立适用也有所增加，但在整体上还并未对自由刑的绝对主导地位形成较大影响。据此，如果按照我国刑法学者储槐植教授对刑罚结构的划

分方式①,我国当前大体上属于徒刑占主导的刑罚结构,而西方则基本上已接近或成为徒刑和罚金并列占主导的刑罚结构。

其二,自由刑本身呈由严酷到轻缓、由绝对监禁化到相对开放化和社会化的发展趋势。在历史上,刑罚由严酷走向轻缓是一个基本的发展规律,自由刑也不例外。同时,监禁刑的再社会化目的与其封闭性手段之间的悖论也决定了,自由刑由绝对监禁化逐步走向相对开放化和社会化,才是有效提高其行刑效果的根本出路。② 西方自由刑的历史演变便体现了这一规律和趋势。在报应和威吓主义刑罚观的支配下,西方近代前期的自由刑以对犯罪人进行严酷的肉体奴役和精神折磨为主要特征。后来,随着教育和矫正思想的引入,自由刑开始逐步走向轻缓化,这不仅表现在犯罪人的监禁条件、卫生条件、食物供应等方面都有了很大的改善和提高,而且劳动的性质也发生了转变即从一种奴役和折磨手段转变成了有针对性的教育和矫正措施,其强度也随之降低。伴随自由刑的逐步轻缓化,其开放化和社会化程度也不断提高,累进处遇、假释、缓刑、限制自由刑等制度措施开始被普遍采用。尽管西方从20世纪70年代开始实行"轻轻重重"的两极化刑事政策,但其自由刑在总体上的开放化和社会化态势并未发生改变。

在我国,随着人权保障理念日益深入人心,监狱的人道化和文明化程度也得到了很大的提高。另外,自2003年试行社区矫正工作以来,我国自由刑的开放化和社会化程度也得到了一定的提升。但是,从总体上看,我国自由刑的开放化和社会化程度仍然并不高。近年来,除缓刑的适用率有所提高外,假释和管制的适用率依然处于极低的局面。至于累进处遇和短期自由刑变通执行制度等,则根本还未提上议事日程。这些问题

① 储槐植教授将从古到今及可望的未来的刑罚结构划分为以下五种:一是死刑占主导;二是死刑和徒刑占主导;三是徒刑占主导;四是徒刑和罚金并列占主导;五是徒刑的替代方式占绝对地位。并认为,第一种刑罚结构已成为历史的过去,第五种还未到来,其他三种世界上现在都有。参见储槐植:《刑事一体化论要》,北京大学出版社2007年版,第209页。

② 1982年,瑞典当局曾专门就监禁刑的改造效果指出:"当今的犯罪学研究告诉我们,通过剥夺受刑人自由的惩罚方式来改善受刑人的想法,其实是一个不切实际的幻想。相反地,如今我们一般都承认这种惩罚方式会造成改造的效益不佳和较高的累犯率。除此之外,这些惩罚通常对人格具有破坏性。"参见[挪威]托马斯·马蒂森:《受审判的监狱》,胡菀如译,北京大学出版社2014年版,第43页。

在今后应当引起我们的高度重视。

其三,自由刑的历史演变在根本上取决于社会生产关系的发展变化,并同时受到多种客观因素的影响。马克思主义历史唯物观认为,经济基础决定上层建筑,有什么样的经济基础就有什么样的上层建筑。而刑罚制度作为上层建筑的一部分,其发展变迁的决定力量当然也是经济基础的发展变化。“譬如,在奴隶制经济中,惩罚机制被用于提供一种额外的劳动力——在战争和贸易所提供的奴隶之外,造成一批‘民法’奴隶;在封建制度下,在货币和生产的早期阶段,我们会发现肉体惩罚急剧地增多——在大多数情况下,肉体是唯一可以触动的财产;随着商业经济的发展,收容所(总医院、纺织劳动院或木工劳动院)、强制劳动和监狱工厂纷纷出现。但是工业制度需要的是一个自由劳动市场,因此在19世纪,惩罚机制中的强制劳动逐渐式微,‘教养’拘留取而代之。”①从自由刑的历史演变来看,其发展和兴盛也确实是从资本主义社会开始的。在奴隶社会和封建社会,由于生产力水平低下及人身依附关系的存在,决定了人身自由并不可能成为一种重要的惩罚对象;而在进入资本主义社会以后,随着资本主义生产方式对劳动力的大量需求以及劳动者人身自由的解脱,自由刑才可能被作为一种具有刑罚效果和效益的惩罚方式而在刑罚舞台上扮演重要角色。

此外,自由刑在历史演变过程中还同时受到其他多种客观因素的影响,其中既包括积极的因素,也包括消极的因素。在西方,有利于自由刑发展的积极因素相对较多,如社会形势的相对稳定,民主、法治、人权、人道思想的传播,刑法和犯罪学研究的繁荣,等等。而在我国近现代,制约自由刑发展的消极因素则相对较多,如战乱纷繁、社会形势持续动荡,封建思想流毒甚广,新中国成立后的法律虚无主义与法学研究的荒废化,等等。在此情况下,指望自由刑得到良性发展是不大可能的。但在1978年之后,特别是近年来,不但这些消极因素已基本消失,而且有利于自由刑发展的积极因素也越来越多,如经济的持续繁荣、社会的日益稳定、政策

---

① 这是鲁舍(Rusche)和基希海默尔(Kirchheimer)在其《惩罚与社会结构》一书中所提出的基本观点。转引自[法]米歇尔·福柯:《规训与惩罚》,刘北成、杨远婴译,生活·读书·新知三联书店2007年版,第26~27页。

的渐趋合理、人本思想的不断强化、法学研究的逐步深入等。在此背景下，我国自由刑的发展不但已开始进入良性轨道，而且其前景也是特别值得期待的。

其四，自由刑的历史演变是在人们对刑罚的认识不断趋于理性的基础上，通过一次次的刑罚改革而逐步推进的。康德指出，人类历史同时具有合目的性和合规律性的两重性，它既是根据一个合理的而又可以为人理解的计划而展开的，同时又是朝着一个为理性所认可的目标前进的。①也就是说，尽管历史的发展有其客观规律性，但这种客观规律性的实现却是由作为实践主体的人基于理性目标所推动的。自由刑的历史演变也是如此，其从产生到兴盛，从严酷到轻缓，从绝对监禁化到相对开放化和社会化，无不是在人们对刑罚的认识不断趋于理性的基础上，通过一次次的刑罚改革而逐步推进的。所以，"一部刑罚进化史，实际上也就是一部刑罚理性的发展与完善史，亦即以刑罚体制的更迭为表征的刑罚理性进化史……"②而由刑罚改革所体现的刑罚理性的进化，也并不仅仅是为了使刑罚更加走向文明和人道，其核心在于使刑罚的惩罚机制更加具有合理性和有效性。对此，福柯也曾指出："刑法的改革应该被读解为一种重新安排惩罚权力的策略，其原则是使之产生更稳定、更有效、更持久、更具体的效果。""无论是法学理论中提出的'改革'，还是各种方案中规划的'改革'，都是这种策略在政治上或在哲学上的体现，其首要目标是：使对非法活动的惩罚和镇压变成一种有规则的功能，与社会同步发展；不是要惩罚得更少些，而是要惩罚得更有效些；或许应减轻惩罚的严酷性，但目的在于使惩罚更具有普遍性和必要性；使惩罚权力更深地嵌入社会本身。"③

另外，我们还应当注意的是，既然刑罚改革是一种主观的目的性活动，那么它就不是一个自然而然的过程，因为落后的刑罚制度并不会主动退出历史的舞台。对此，正如毛泽东同志所讲的，"凡是反动的东西，你不

---

① 参见[德]康德：《历史理性批判文集》，何兆武译，商务印书馆 1990 年版，"译序"第 2～3 页。

② 邱兴隆：《刑罚的哲理与法理》，法律出版社 2003 年版，第 29 页。

③ [法]米歇尔·福柯：《规训与惩罚》，刘北成、杨远婴译，生活·读书·新知三联书店 2007 年版，第 89、91 页。

打，他就不倒。这也和扫地一样，扫帚不到，灰尘照例不会自己跑掉”。[1]所以，刑罚改革需要在全面洞察社会发展进程和刑罚发展规律的基础上，找准时机，果断进行。在我国，改革开放30多年来，不仅经济社会发生了翻天覆地的变化，而且社会发展的基本理念以及基本的刑事政策也都适时进行了调整，但我国对自由刑却一直并未进行卓有成效的改革。由此，在我国自由刑方面，社会发展与制度滞后、政策转换与实践缺步等基本矛盾已经摆在我们的眼前。在此情况下，局部性的制度修补显然已经不可能再从根本上解决问题，我国自由刑发展唯一出路就是果断地进行系统化的改革。

① 《毛泽东选集》（第4卷），人民出版社1991年版，第1131页。

●事后抢劫罪法条性质二分说的提倡与应用*

周啸天**

摘　要：我国《刑法》第269条规定了事后抢劫罪，当下，我国学界在对事后抢劫罪的主体刑事责任年龄、"当场"的认定上，以及对该罪的既遂标准、共犯问题的认定上，尚存在很大分歧。对这些问题的解决应当建立在厘清第269条的法条性质的基础上。遗憾的是，我国学界都片面化地视第269条的法条性质为拟制规定，而忽视了其尚存在注意规定的一面。经探讨可知，在前行为取得财物的场合，第269条是注意规定，在前行为未取得财物的场合，第269条才是拟制规定。这一"二分说"能够合理解决上述理论争议，有利于为司法实践提供明确的理论指导。

关键词：事后抢劫罪　法律拟制　注意规定

一、问题的提出

我国《刑法》第269条规定，"犯盗窃、诈骗、抢夺罪，为窝藏赃物、抗拒抓捕或者毁灭罪证而当场使用暴力或者以暴力相威胁的"，以抢劫罪论处。与普通抢劫罪暴力在先取财在后的行为顺序不同，第269条所规定的犯罪是取财在先暴力在后，因此该条所定之罪被学界称为事后抢劫罪。

虽然第269条有力保障了人身与财产权利，但是，该条规定亦带来了理论聚讼。理论聚讼主要针对两个层面：首先，在事后抢劫罪成立条件上，我国学界对事后抢劫罪的主体年龄的认定，以及对"当场"的解释上，观点不一。就前者而言，有学者认为，"已满14周岁不满16周岁的人应

---

* 本文系中国法学会2014年度部级法学研究课题自选课题"身份犯共犯教义学原理的再构建"［课题编号：CLS（2014）D034］的阶段性研究成果。

** 山东大学法学院讲师，法学博士。

对事后抢劫罪负刑事责任”,[①]亦有学者认为,“已满14周岁不满16周岁的人不能成为事后抢劫罪的主体”。[②] 对此问题,司法解释的态度也存在矛盾;[③]就后者而言,虽然通说认为,“‘当场’是指实施盗窃、诈骗、抢夺罪的现场,或者刚一逃离现场即被人发现和追捕的过程中”,[④]但是另有观点认为,“当场”就是实施盗窃、诈骗、抢夺行为的现场,[⑤]还有观点认为,当场仅指与窝藏赃物、抗拒抓捕、毁灭罪证有关的地方,从时间上看,可以是盗窃行为实施完数天、数月后,从地点上看,可以是盗窃行为实施地,也可以是回家途中或者行为人住所等地。[⑥] 其次,在满足事后抢劫罪的成立条件之后,如何确立事后抢劫罪的既遂标准,以及如何认定共犯的刑事责任问题,在理论上尚存很大争议。就前者而言,有观点认为,应当以前行为既遂与否作为事后抢劫罪既遂与否的标准,[⑦]另有观点认为,应以最终有无取得财物为标准;[⑧]就后者而言,我国学者大多是在论述转化犯的共犯认定时予以探讨,[⑨]但是,如何认定中途参与进来,帮助、教唆或者与前行为人一起实施暴力、胁迫行为之人的刑事责任问题,才是事后抢劫罪共犯问题的核心所在,以现有探讨来看,这一问题并未凭借转化犯概念得到

① 张明楷:《刑法学》(第4版),法律出版社2011年版,第855页。

② 黎宏:《刑法学》,法律出版社2012年版,第725页。

③ 在此问题上,我国出现了两个立场截然相反的司法解释。最高人民法院在2003年4月18日颁布的《关于审理未成年人刑事案件具体应用法律若干问题的解释》认为事后抢劫罪的主体必须是年满16周岁的人,但是最高人民检察院研究室在2003年4月18日颁布的《关于相对刑事责任年龄的人承担刑事责任范围有关问题的答复》却认为已满14周岁不满16周岁的人应对事后抢劫罪负刑事责任。

④ 高铭暄、马克昌:《刑法学》(第5版),北京大学出版社、高等教育出版社2011年版,第500页。

⑤ 参见赵秉志主编:《侵犯财产罪疑难问题司法对策》,吉林人民出版社2000年版,第98页。

⑥ 王礼仁:《如何理解刑法第一百五十三条中的“当场”》,载《西北政法学院学报》1984年第1期。

⑦ 参见陆金东:《转化型抢劫罪的几个争议问题》,载《人民法院报》2002年9月16日;陈凌:《论事后抢劫罪的既遂与未遂》,载《人民检察》(上)2005年第11期。

⑧ 参见郑泽善:《转化型抢劫罪新探》,载《当代法学》2013年第2期;刘明祥:《事后抢劫罪比较问题研究》,载《中国刑事法杂志》2001年第3期;武化吉、柏浪涛:《转化型抢劫罪共犯及其既未遂的认定》,载《中国检察官》2007年第1期。

⑨ 参见周少华:《现行刑法中的转化犯之立法检讨》,载《法律科学》2000年第5期;薛进展:《转化犯基本问题新论》,载《法学》2004年第10期;谢望原:《共同犯罪成立范围与共犯转化犯之共犯认定》,载《国家检察官学院学报》2010年第4期。

令人满意的解决。况且，转化犯概念本身就有欠清晰，因为秉承转化犯概念的学者们都没有回答“转化的根据何在”[①]这一问题。

上述诸多问题都是对第269条的规范解释与规范适用问题，因此，解决上述问题，必须立足于对第269条规范（法条）性质的界定之上。就第269条的法条性质而言，我国学者们都认为是法律拟制，但是，这一观点难言全面。因为在行为人已经盗窃到手财物而又对被害人当场实施暴力之际，只要行为人对暴力行为有所认识，其所成立的难道不是针对财产利益（财产返还请求权）的普通抢劫罪吗？如此看来，现有观点很可能忽略了第269条的法条性质还具备注意规定的一面，而这种理论忽略正是造成上述众多困扰的根源。以下，本文将沿着这一新思路进行理论探索，继而构建出第269条法条性质的“二分说”，并在此基础上，通过对上述两个层面四个具体问题的解决来阐明自说的应用功能。

二、事后抢劫罪法条性质“二分说”的构建

长久以来，我国学者在探讨事后抢劫罪的法条性质之际，都认为该条是一个法律拟制规定。[②] 但是，我国学者都忽视了事后抢劫罪所包含的两个不同类型，而事后抢劫罪的两个不同类型，恰恰决定着事后抢劫罪的两个不同法条性质即其法条性质除具有拟制规定的一面之外，还具有注意规定的一面。因此，本部分先从事实层面出发，正确划分事后抢劫罪的不同类型，继而在规范论的视野下正确评价其法条性质，从而导出全面的结论。

（一）两种类型的提出：前行为取得财物型与未取得财物型

其一，事后抢劫罪的成立需要主客观要件的统一。一般认为，成立事后抢劫罪需要满足三个条件即犯盗窃、诈骗、抢夺罪（事后抢劫的前提性要件），当场使用暴力或者以暴力相威胁，以窝藏赃物、抗拒抓捕、毁灭罪

---

① 张明楷：《事后抢劫罪的成立条件》，载《法学家》2013年第5期。

② 参见张明楷：《刑法学》（第4版），法律出版社2011年版，第588页；吴学斌：《我国刑法分则中的注意规定与法律拟制》，载《法商研究》2004年第5期；陈洪兵：《刑法分则中注意规定与法律拟制的区分》，载《南京农业大学学报》（社会科学版）2010年第3期；苏彩霞：《刑法拟制的功能评价与运用规则》，载《法学家》2011年第6期。

证为目的。[1] 在这三个条件之中，前两个条件都是客观条件，而最后一个条件则是主观条件。

根据主客观相统一原则，所有犯罪的成立都要求主客观要件的齐备以及对应。我国刑法中的主客观相统一原则是指，一个犯罪的成立必须满足主客观两个方面的要件，而主观要件与客观要件又是对应关系即“没有犯罪行为，罪过就只能完全停留在主观活动的状态，不会产生任何犯罪现象；没有罪过，主体对犯罪结果将失去一切心理上的联系。”[2]总而言之，主客观相统一原则的内涵在于，客观要件是主观要件的外化，而主观要件又是对客观要件的认识。

其二，结合事后抢劫罪的主客观要件，我们能够找出区分事后抢劫罪不同类型的线索即前行为是否已经取得财物。因为就客观方面而言，“犯盗窃、诈骗、抢夺罪”的表述并未对数额做出限制，而“犯……罪”具有多重含义，其完全可以单纯指代犯罪行为。例如，我国《刑法》第 17 条第 2 款规定，相对刑事责任年龄人“犯故意杀人、故意伤害致人重伤或者死亡、强奸、抢劫、贩卖毒品、放火、爆炸、投毒罪的，应当负刑事责任。”针对这里的“罪”，全国人大常委会法制工作委员会在 2002 年 7 月 24 日颁布的《关于已满 14 周岁不满 16 周岁的人承担刑事责任范围问题的答复意见》就规定，这“八种犯罪，是指具体犯罪行为而不是具体罪名。”如此看来，即便是实施了三种犯罪行为而未取得财物的，也理当包含在该规定的文义之内。那么，在客观要件上，前行为取得财物与未取得财物，就是两种不同的行为类型。就主观要件而言，“窝藏赃物，是指为保护已经到手的赃物不被追回；抗拒抓捕，是指抗拒公安机关的拘捕和公民的扭送；毁灭罪证，是指销毁自己遗留在犯罪现场的痕迹、物品和其他证据。”[3]显然，窝藏赃物的前提是前行为在客观上取得了财物，其对应取得财物的情形，而抗拒抓捕与毁灭罪证则对应前行为未取得财物的情形。

如此一来，根据前行为有无取得财物，我们完全可以将事后抢劫罪分为前行为取得财物型与前行为未取得财物型。这两种类型，在事实上都

---

① 参见张明楷：《刑法学》（第 4 版），法律出版社 2011 年版，第 853 ~ 856 页。

② 张志愿：《论我国刑法的主客观相统一原则》，载《中国社会科学》1982 年第 6 期。

③ 高铭暄、马克昌：《刑法学》（第 5 版），北京大学出版社、高等教育出版社 2011 年版，第 500 页。

被第269条的法条规定所包含。

（二）第269条法条性质"二分说"的证成

1. 前行为取得财物型的法条性质是注意规定

首先，从我国和域外的立法变迁之比较可知，之所以将盗窃、诈骗、抢夺后的暴力、胁迫行为作为抢劫罪看待，是因为在前行为取得财物的前提下两者在本质属性上具有相同的一面。

我国的立法过程可以证明上述论断。在我国第一部刑法典起草过程中，于1957年《中华人民共和国刑法草案（初稿）》即第22次稿中的第170条规定："犯偷窃、抢夺罪，为防护赃物、抗拒逮捕或者毁灭罪证而当场使用暴力或者以暴力相威胁的，依照第167条罪处罚。"而并未在事后抢劫罪的前行为中规定诈骗罪。当时并未规定诈骗罪的原因是考虑到诈骗是骗取他人信任而获得财物，转化为抢劫罪的可能性不大，后来又想到不能完全排除先行诈骗、尔后向抢劫转化的情况，因而增加了诈骗。[①] 其后在1963年的《中华人民共和国刑法草案（修正稿）》即第33次稿中，加上了诈骗罪的规定。这一规定，最终被纳入我国1979年《刑法》第153条的规定之中。我国刑法之所以在盗窃、抢夺的规定之后，又加入了诈骗罪，从立法论上看，是因为在诈骗罪实施过程中，完全可能转化为抢劫罪。但是除了立法论上的原因之外，尚有解释论上的深层原因即不仅在盗窃、抢夺既遂之后，在诈骗既遂之后，又通过暴力、胁迫行为防止返还他人财物的，其后行为的性质都既有确保财产的一面，也有侵害人身权利的一面，其行为的性质与抢劫罪的性质一样，从而完全没有理由将诈骗罪排除在前行为之外。

就域外而言，日本的立法过程更能够证明上述论断。在日本的立法过程中，1880年所颁布的旧《刑法》第382条对事后抢劫罪的规定是："盗窃财物的，为了防止返还而临时实施暴行或者胁迫者，论以强盗罪。"也就是说，日本旧《刑法》将成立事后抢劫罪的前提限定为盗窃罪既遂，那么盗窃未遂的，无法成立事后抢劫罪。根据1907年新刑法的修订，新《刑法》在第238条中加入了免于逮捕、窝藏罪迹的行为，其修正理由书中写道：

---

① 参见高铭暄：《中华人民共和国刑法的孕育和诞生》，法律出版社1981年版，第206～297页。

"稍加修正但与旧刑法第382条的宗旨相同。"因此,也可以认为事后抢劫罪的成立以盗窃既遂为前提。① 为了贯彻法条用语的通俗化,1995年日本《刑法》用语被修订。"盗窃财物之后,为了抗拒返还,或者为了避免逮捕,或者为了隐灭罪迹"被改为"盗窃财物之后为了抗拒返还,或者为避免逮捕或者隐灭罪迹,"这样,由于标点符号的位置不同,根据修订后的描述,就很难再将前行为(盗窃行为)理解为既遂。但是,仍有日本学者认为事后抢劫罪的成立,以盗窃罪既遂为前提。例如,西村克彦认为,"盗窃犯人没有得到财物,实施暴行的场合,便不成立事后抢劫罪,因为他欠缺构成事后抢劫罪的前提。"②西田典之认为,刑法之所以规定事后抢劫罪,是因为"为了确保已盗得的财物而实施暴力、胁迫行为的情况,如作实质性评价,则可以视为通过实施暴力、胁迫行为而获得财物,其应与抢劫罪作同样处断。"③无独有偶,我国台湾地区也有学者做相同理解,例如黄惠婷教授认为,抢劫的本质在于行为人以强制方法取财,抢劫罪的手段行为(暴力、胁迫行为)与目的行为(取财行为)所具有的方法——目的的关联性是抢劫罪的不法内涵,以抢劫罪论的事后抢劫罪也应具备此特征。倘若前行为是未遂,则后行为便不是为了取财而实施,从而不具有财产侵害的属性,那么前行为与后行为之间就少了目的——方法之间的关联,从而不能论以事后抢劫罪,即事后抢劫罪的成立以前行为既遂为前提。④

上述这些认为事后抢劫罪的成立以前行为既遂为前提的观点正好表明,在前行为取得财物的场合,事后抢劫罪本身就与抢劫罪具有相同的构造。

其次,盗窃、诈骗、抢夺到手财物之后,对被害人或其他追捕的人实施暴力、胁迫的行为实质上就是一个抢劫财产利益的行为。这里的财产利益是财物的返还请求权。

财物的返还请求权属于我国刑法中所保护的财产利益。我国并未将财物与财产利益分开规定,而是将财产利益也作为分则第四章所规定的

---

① 参见[日]西田典之:《新版共犯和身份》,成文堂2003年版,第292页。

② [日]西村克彦:《强盗罪考述》,一粒社1983年版,第126页。

③ [日]西田典之:《日本刑法各论》,刘明祥、王昭武译,中国人民大学出版社2007年版,第139页。

④ 参见黄惠婷:《准强盗罪之强盗本质》,载《台湾本土法学》2007年第99期。

“财产”加以保护。一般认为,只有当某种利益属于财产权,具备管理可能性与转移可能性,客观上具有经济价值,被害人丧失该利益必然同时导致财产损害时,才能将该利益作为刑法上所保护的财产利益。① 财物的返还请求权,也即物上请求权,是“指当物权的圆满状态受到妨害或有被妨害之虞时,物权人为了排除或预防妨害,请求对方为一定行为或不为一定行为的权利。”②其当然是一项财产性权利。另外,其也具备管理可能性和转移可能性。我国《物权法》第34条规定:“无权占有不动产或者动产的,权利人可以请求返还原物。”例如,原所有权人张三的笔记本电脑被李四所盗窃,李四将该电脑租赁给王五三个月。当张三明确向李四表示其不会再要回电脑,放弃返还请求权时,该电脑的所有权便与返还请求权一并转移给李四。张三当然也可以在租期之内或之外的任何时间向王五(直接占有人)或者李四(间接占有人)主张请求权,也可以通过指定交付让王五将电脑还给他人。显然,财物的返还请求权具备管理可能性与转移可能性。并且,张三对财产返还请求权的放弃会给其带来经济损失,这里的损失便是对物之支配的圆满状态的恢复不能。可见,财产返还请求权完全能够成为受刑法保护的财产利益。

在我国台湾地区,学界一般认为财产返还请求权能够成为刑法上受保护的所有权内容。我国台湾地区“民法”第765条规定:“所有人,于法令限制之范围内,得自由使用、收益、处分其所有物,并排除他人之干涉。”这里的“排除他人之干涉”不仅仅包含占有受到妨碍之际(占有并未丧失),所有权人所行使的排除妨碍请求权,也当然包含所有权人丧失对物的占有之际所能够行使的返还原物请求权。因为,被害人对行为人排除干涉的请求权,是保护财产的最后一道防线,所以,在刑法学说上,学者们一般将使用、收益、处分、排除干涉并列为刑法上受保护的所有权内容。③

值得注意的是,我国学者张明楷教授认为,刑法上所保护的财产利益并不包含财物的返还请求权。因为,“财物的返还请求权是被害人的所有权的一种效果,包含在财物的所有权之中。”④并举例道:乙无偿将名画借

① 参见张明楷:《财产利益是诈骗罪的对象》,载《法律科学》2005年第3期。
② [日]久保木康晴:《最新物权法论》,有斐阁1992年版,第33页。
③ 林山田:《刑法各罪论》(上册),著者发行2006年版,第303~304页。
④ 张明楷:《财产利益是诈骗罪的对象》,载《法律科学》2005年第3期。

给甲后,当要求返还名画时,甲使用欺骗手段使乙免除名画的返还。甲的行为是就名画成立侵占罪,而不就财产返还请求成立诈骗罪。[①] 但是,这种观点值得商榷。因为财产返还请求权固然由物权所派生,可这只是一种事实,而法律规范对事实的评价才是决定财产返还请求权是否为一种独立权利的关键。实际上,财产返还请求权是独立于物权的一种财产性权利。因为,财产返还请求权属于"救济权"而物权却是"原权",救济权以排除对物支配上的他人的不法侵害为其利益所在,而物权则通过静态的"圆满支配状态"获取物上效益为其利益所在,两者具有根本的不同。[②] 说到底,财产法益是服务于人,以满足人的各种需求的利益。[③] 既然要满足于人的需求,就应当在所有人失去财物时,将其救济权作为独立的保护法益,毕竟,"无救济则无权利"。并且,"在被请求人破产的场合,物上请求权具有不同于普通债权的强力地位"。[④] 例如,如在破产程序中,所有人对其物享有取回权,此种取回权实际上是由所有物返还请求权而派生的,当然应优先于一般债权而受到保护。而破产取回权的基础,便是原物返还请求权。[⑤] 在这个意义上,物权请求权的效力优先于债权请求权。[⑥] 既然我们认为债权请求权是刑法所保护的最典型的财产利益,就没有理由认为比债权请求权效力尚高的物权请求权不是刑法所保护的财产利益。

另外,张明楷教授所举的上述例子并不恰当。以上所举例子中的乙应当成立侵占罪与诈骗罪的想象竞合犯,对其应当论以诈骗罪。因为,乙以诈骗手段防止财产返还的行为,就是侵占罪中的"拒不归还"行为,乙属于一个行为触犯了两个罪名,应当成立想象竞合犯。另外,张明楷教授论述到:"数个行为触犯数个不同罪名,但数个行为之间具有紧密的关联性,最终仅侵害一个法益的,从一重罪论处。例如,以借为名骗取了被害人的财物,在被害人要求返还财物时,以暴力手段迫使被害人免除返还债务

① 参见张明楷:《财产利益是诈骗罪的对象》,载《法律科学》2005 年第 3 期。

② 参见马俊驹、陈本寒主编:《物权法》,复旦大学出版社 2007 年版,第 96 页。

③ 参见 Kindhaeuser, Strafrecht BT, 2003, § 1, Rn. 2。

④ 马俊驹、陈本寒主编:《物权法》,复旦大学出版社 2007 年版,第 92 页。

⑤ 参见陈本寒:《商法新论》,武汉大学出版社 2009 年版,第 366 页。

⑥ 参见尹田:《论物权请求权的制度价值——兼评〈中国物权法草案建议稿〉的有关规定》,载《法律科学》2001 年第 4 期。

的,诈骗罪与抢劫罪(对象为财产性利益)属于狭义的包括一罪,以抢劫罪论处即可。”[①]该论述将“返还财物”换成了“免除返还债务”,混淆了债权请求权与物权请求权,似乎是在维持其不认为财物的返还请求权属于财产利益的以往观点。但是,此例中的被害人只有财物的返还请求权,而无债权请求权,倘若认为财物的返还请求权不属于保护法益,被害人以暴力免除财物返还的行为便只能构成暴行罪,但我国并无暴行罪的规定,只能对其论以诈骗罪,这显然轻纵了犯罪人,且不符合刑法理论。

实质上,张明楷教授最终还是承认财产返还请求权能够成为受刑法保护的财产利益这一点的。在其教科书分则部分对侵占罪的论述中,张教授说道:“行为人接受委托代为保管他人财物,非法将财物占为己有后,在被害人请求返还时,行为人使用暴力、胁迫等足以压制他人反抗的手段,迫使他人免除返还义务的,触犯了抢劫罪(抢劫对象为财产性利益),应当认定为狭义的包括一罪,从一重罪(抢劫罪)论处。”[②]这里的行为人所免除的“返还义务”,正是与财产返还请求权这一权利相对应的义务,既然如此,行为人对返还义务的免除,就恰恰是对被害人财产返还请求权的侵害。据此可知,财物的返还请求权理当是受刑法保护的独立财产法益。

综上,我们可以得出结论认为,在前行为已经取得财物的前提下,针对被害人的暴力行为就因为侵犯了新的财产法益(财产返还请求权)与另行侵犯了人身权利从而本来就满足普通抢劫罪的构成要件。另外,行为人在主观上所具有的“窝藏赃物”的目的,也可以还原为非法占有目的。因为“窝”表明其具有排除意思,而“藏”表明其有利用意思,且行为人认识到其行为会造成他人行使财物的返还请求权不能的后果,所以,行为人具备抢劫的故意。

最后,在前行为取得到手财物之后,其后所实施的暴力、胁迫行为构成的抢劫罪(对象为财产利益)吸收了盗窃、诈骗、抢夺罪,对全行为只定抢劫罪一罪,因此,第269条在前行为取得财物的场合就只是注意规定。吸收犯是指“事实上的数个不同行为,其一行为吸收其他行为,仅成立吸

---

① 张明楷:《刑法学》(第4版),法律出版社2011年版,第433页。

② 同上书,第906页。

收行为一个罪名的犯罪。”[①]之所以在行为之间会产生吸收，是因为“这些犯罪行为通常属于实施某种犯罪的同一过程，彼此之间存在密切的联系：前一犯罪行为可能是后一犯罪行为发展的所经阶段，后一犯罪行为可能是前一犯罪行为发展的自然结果，或者在实施犯罪过程中具有其他密切关系。”[②]可见，吸收犯中的吸收关系是基于行为与法益侵害之间所存在的密切关联性而产生，而这种关联性在于，前行为所触犯的盗窃罪与后行为所触犯的抢劫罪在时空关系上具有密接性。正是为了确保这种密接性，第269条规定暴力、胁迫行为必须在“当场”实施，在前行为与后行为都是“当场”实施的场合，后一个抢劫行为（重行为）当然吸收了之前的盗窃行为（轻行为），从而对全部行为只以抢劫罪论处。这便是第269条注意规定的由来。

2. 前行为未取得财物型的法条性质是拟制规定

首先，法条拟制源于立法者对一定的立法目的的贯彻。“所谓拟制者，即基于公益上之需要，对于某种事实之存在或不存在，依据法的政策，而为之拟定也。盖拟制乃达成立法目的所采之法制技术。”[③]也就是说，法律拟制是为了贯彻立法者的目的而将本来事实上并不相同的行为赋予相同的法律效果，而正是由于法律拟制对某种立法政策或意图的实现，方使其在客观事实之外获得了对不同事实同等对待的形式合法性和实质合理性。[④] 例如，我国《刑法》第238条非法拘禁罪、第247条刑讯逼供罪与暴力取证罪、第248条虐待被监管人罪，都存在“致人伤残、死亡的”按照故意伤害罪、故意杀人罪论处的规定，这被公认为是典型的法律拟制。而之所以作出这样的拟制，即将主观方面的过失拟制为故意，并且按照故意犯罪论处，无疑是因为这三个犯罪中的“暴力”本身就具有侵犯人身，致人伤残、死亡的极大风险，那么在结果发生之际，立法者就力图通过赋予过失犯罪以故意犯罪的法律效果，加重其处罚，从而达到规制这种风险并且保卫人身安全的政策性目的。当然，法律拟制所具有的一般预防的效果，

---

① 黎宏：《刑法学》，法律出版社2012年版，第322页。

② 高铭暄、马克昌：《刑法学》（第5版），北京大学出版社、高等教育出版社2011年版，第195页。

③ 胡开诚：《民法上之视为》，载《法令月刊》1998年第1期。

④ 参见苏彩霞：《刑法拟制的功能评价与运用规制》，载《法学家》2011年第6期。

势必会十分有助于该立法目的的实现。

其次，鉴于在实践中实施盗窃、诈骗、抢夺的人往往会伴随暴力的现状，立法者将前行为未取得财物的情形拟制为抢劫罪。如前所述，在前行为取得财物的场合，后行为本身就是针对财产利益的抢劫行为，因为后行为是“当场”实施，所以后行为吸收前行为。因此，在这种场合，第 269 条就是立法者旨在提醒司法工作人员对于这一情形应当只论以一个抢劫罪的注意规定。然而，在前行为并未取得财物的场合，后行为就仅仅是针对人身的侵犯，从而并不符合抢劫罪的构成要件，在这种场合，对前行为与后行为理应分别定罪才是。但是，立法者考虑到，当前社会正处于转型时期，社会失序和行为失范等现象较为严重，其中侵害财产权的盗窃、诈骗、抢夺等犯罪行为犯罪率高，并且行为人一旦遭到抓捕或者追缴，往往会实施暴力以求脱逃，因此，这一行为的社会危害性很大。为了严厉打击这类行为，周延保护公民的人身安全与财产安全，立法者利用拟制的立法技术，将这一情况拟制为抢劫罪。[①] 总之，作出如此拟制的实质理由只能是一种政策性的考虑，即立法者基于一般预防的考虑，旨在传递一个信息：“穷寇不可妄动”。[②] 当然，在立法者作出如此拟制的前提下，我们就可以说，立法者“将前后两个行为一体评价为抢劫行为，按照抢劫罪处断。”[③] 应当说，在法律拟制里，立法者所欲达到的目的无非是加大法益保护的力度这一政策性目的，这一政策性目的的达成又有赖于一般预防效果的实现，因此，取得一般预防效果是达到政策性目的的手段，要达到政策性目的必须依照法律拟制的一般预防效果，两者是手段与目的的关系，因此是相辅相成的关系。

最后，我们应当限缩上述法律拟制的适用范围。法律拟制本身就会导致重刑化结局，且不具备刑法教义学体系内的正当性基础，为了实现刑法保障人权的机能，我们应当限制对法律拟制的适用。例如，张三盗窃他人价值 3500 元的手机而未遂，但是为了脱逃将被害人打成重伤，如果分开来定罪，根据司法解释的规定，张三的盗窃未遂行为不可罚，其量刑幅

---

① 参见李振林：《盗窃罪中的法律拟制问题研究—以〈刑法修正案(八)〉第 39 条的规定为视角》，载《西南政法大学学报》2011 年第 3 期。

② 林东茂：《刑法综览》(第 5 版)，中国人民大学出版社 2009 年版，第 304 页。

③ 参见张明楷：《事后抢劫罪的成立条件》，载《法学家》2013 年第 5 期。

度在故意伤害罪的三年到十年，然而，根据抢劫罪论处，因为张三引起了他人重伤后果，所以量刑幅度在十年以上有期徒刑、无期徒刑或者死刑之间。我们可以看出，事后抢劫罪的法律拟制具有导致重刑化的内在危险。

如上所述，立法者是为了达到一般预防的目的而作出第269条的法律拟制，即该法律拟制的理论基础来自教义学体系外的政策性需要从而并不存在教义学体系内的正当性基础。对于刑法与刑事政策的区别，李斯特有句名言："刑法是刑事政策不可逾越的藩篱。"李斯特之所以提出这一命题，是为了将以追求正当性为宗旨的刑法与立基于目的性的刑事政策区隔开来。这一区分，在今天仍然有着重大意义，因为我们"不得为了公共利益而无原则地牺牲个人自由"，①更不能一味地以重刑追求一般预防的效果，否则不仅仅会将人视为赖以建立秩序的手段，从而违背了人应当作为目的而不是手段的实践理性，还会导致一般预防仅仅停留在消极的威吓层面上，从而无法建立起公众对刑法规范的积极信赖。正因如此，陈兴良教授才指出："刑事政策对惩治犯罪与预防犯罪的功利性价值应当受到罪刑法定原则和罪刑均衡原则的限制：只有在刑法框架之内，刑事政策的目的性与功利性的价值追求才具有合理性。超出刑法范围对刑事政策的目的性与功利性的价值追求，都是破坏刑事法治，因而是不可取的。"②罪刑法定原则的一个重要机能便是保障人权，为了实现该机能，我们在罪刑法定原则的指导下可以对法条进行限制解释，甚至可以作有利于被告人的类推解释。例如，《刑法》第301条规定了聚众淫乱罪，刑法学者们在解释"聚众淫乱"之际，无不是将其限制解释为具有一定公然性的聚众淫乱，"否则就会导致刑法介入国民的道德生活领域，使伦理秩序成为刑法所保护的法益，也不利于保障国民的自由"。③ 既然如此，在第269条属于法律拟制的场合，我们完全能够通过限制解释来限缩第269条的适用范围，以此达到保障人权、保障国民自由的目的。

---

① [德]李斯特：《德国刑法教科书》（修订译本），徐久生译，法律出版社2006年版，第23页。

② 陈兴良：《刑法的刑事政策化及其限度》，载《华东政法大学学报》2013年第4期。

③ 张明楷：《刑法学》（第4版），法律出版社2011年版，第45页。

三、“二分说”应用功能的展开

在确定了第269条的法条性质之后，还应当阐述其应用功能。应当说，法条性质“二分说”（以下简称“二分说”）不仅能够合理界定第269条的主体年龄问题、“当场”的内在含义问题，还能够合理确定事后抢劫罪的既遂标准以及解决事后抢劫罪的共犯问题。

（一）“二分说”对第269条主体责任年龄的界定

对于“犯盗窃、诈骗、抢夺罪”是否必须是16岁以上的人的问题，我国出现了两个截然相反的司法文件。最高人民检察院法律政策研究室在2003年4月18日发布了《关于相对刑事责任年龄的人承担刑事责任范围有关问题的答复》，其中的第2条规定：“相对刑事责任年龄的人实施了刑法第二百六十九条规定的行为的，应当依照《刑法》第二百六十三条的规定，以抢劫罪追究刑事责任。”这表明，最高人民检察院对上述问题持否定立场。但是，最高人民法院在2006年1月11日颁布的《关于审理未成年人刑事案件具体应用法律若干问题的解释》第10条中规定，“已满14周岁不满16周岁的人盗窃、诈骗、抢夺他人财物，为窝藏赃物、抗拒抓捕或者毁灭罪证，当场使用暴力，故意伤害致人重伤或者死亡，或者故意杀人的，应当分别以故意伤害罪或者故意杀人罪定罪处罚”。这显然是持肯定立场。

由“二分说”可知，上述看似矛盾的司法解释实质上并不矛盾，而是根据第269条所具有的不同法条性质所作的不同规定。如前所述，在前行为取得财物的场合，第269条是注意规定，如此一来，因为刑法第17条第2款规定了相对刑事责任年龄人要对抢劫罪承担刑事责任，所以最高人民检察院的规定就是对这一点的重申，从而也是针对第269条的注意规定的一面所作出的司法解释。与此不同，最高人民法院的司法解释是针对该条的拟制规定的一面所作出。原因如上所述，法律拟制是基于政策性的理由而作出，本身就不具备教义学上的正当性基础，既然如此最高人民法院出于保障人权、保障自由，以及保护未成年人的目的，对法律拟制场合下的犯罪主体进行了必须是16岁以上的限定。毕竟，在事后抢劫致人轻伤、重伤的场合，如果按照故意伤害罪来处罚，其刑期只是在三年以下与三年到十年，而根据抢劫罪来处罚，其刑期便是三到十年与十年以上有期徒刑、无期徒刑以及死刑，其间的刑罚幅度的差异不可谓不大。总之，运用本文所提出的“二分说”，不仅能够使司法解释与学者所持观点之间的矛盾迎刃而解，还能够起到合理保护未成年人权益，避免重刑化结局，从而体现刑法的谦抑性。

（二）“二分说”对“当场”的内涵界定

在第269条属于注意规定的场合，“当场”是指实施盗窃、诈骗、抢夺罪的现场，也包含被人发现与追捕的过程。因为在该场合中，前行为取得到手了财物，后行为本身就构成对财产利益的抢劫罪，“当场”所起到的作用，就是确保后行为所触犯的抢劫罪能够吸收前行为所触犯的盗窃、诈骗、抢夺罪，从而对两个行为只论以抢劫罪一罪论处。那么，“当场”的内在要求便是前行为与后行为具备时空上的密接性。我国通说对“当场”的界定实际上就是在说明这一点。

在第269条属于拟制规定的场合，我们应当对“当场”作出严格意义上的字面解释。原因仍然在于，拟制规定是出于一般预防的需要从而欠缺教义学体系内的正当性基础，为了保障人权、保障自由，对法律拟制的适用范围应当限缩。既然如此，将“当场”严格解释为实施盗窃、诈骗、抢夺行为的现场的观点就是正确的。因为，“当场”的字面含义，本身就是“现场”，结合第269条的表述，“当场使用暴力或者以暴力相威胁”中的“当场”，应当是“犯盗窃、诈骗、抢夺罪”的“现场”。如此一来，将“当场”扩大解释为“追捕的现场”，就并不符合对法律拟制应当作出限制解释的原理，从而具备扩大第269条适用范围以致重刑化之虞。

（三）“二分说”对事后抢劫罪既遂标准的确定

根据“二分说”的立场，既然在前行为取得财物的基础上所实施的暴力、胁迫行为是针对财物的返还请求权的抢劫利益行为，那么，在最终未能达到保住财物（窝藏赃物）的目的的场合，当然成立抢劫罪未遂。如此一来，在第269条属于注意规定的场合，事后抢劫罪的既遂标准，就应当以最终有无取得财物为标准。那么，在盗窃、诈骗、抢夺到手了财物，之后又丧失对财物占有的场合，就不能论以事后抢劫罪的既遂。这一理解也符合司法解释的规定。最高人民法院在2005年颁布的《关于审理抢劫、抢夺刑事案件适用法律若干问题的意见》中规定：“具备劫取财物或者造成他人轻伤以上后果两者之一的，均属抢劫既遂。”显然，“劫取”含有侵犯财产的性质，而只有在前行为既遂的情况下，为了确保财物而实施的暴力、胁迫行为才能够被评价为“劫取”，那么，虽然前行为既遂，但最终并未获得财物的，显然仍应当被论以未遂，只有最终保住财物的场合才是既遂。

然而，该司法解释将“造成他人轻伤以上后果”并列为事后抢劫罪的既遂标准之一，为我们正确理解该司法解释设置了难题。有学者对该规定批评认为，《刑法》将抢劫罪规定在第五章中，说明它主要的本质是侵犯财产法益，以勒索财物为目的绑架他人的绑架罪被规定在第四章中，表明立法者认为其本质是侵犯人身法益的犯罪。两类外观情形相似的行为，却规定在不同章节并设置了不同刑罚幅度，表明立法者认为抢劫罪是与绑架罪有本质区别的侵财性犯罪，侵犯人权只是取财之手段。既然如此，抢劫罪基本犯的既遂标准就应当是以取财为标准，而对人身权利的侵犯只是能够作为加重情节予以考虑而已。① 应当说，这一批判在第 269 条属于注意规定的场合是正确的，因为，此时的第 269 条本身就符合第 263 条的构成要件，而第 263 条所规定的抢劫罪所保护的基本法益是财产，而非人身权利。如果我们再将致人轻伤添加为抢劫罪的一个既遂标准，无疑是将人身权利与财产权利并列为抢劫罪所保护的基本法益，从而忽视了抢劫罪所呈现出的以对人身权利的侵犯为手段，以对财产权利的侵犯为最终目的的“手段—目的”结构。但是，上述批判对于第 269 条属于拟制规定的场合却不适用，因为，立法者将并未取得财物，而其后实施暴力、胁迫的行为拟制为抢劫罪加以处罚，是出于一般预防的需要而传递“穷寇不可妄动”的信息，那么，立法者处罚的重点就势必从财物转移到“妄动”行为之上，而“妄动”行为只能是侵犯人身权利的行为。这样一来，以对侵犯人身权利的侵犯结果作为事后抢劫罪的既遂标准，就符合立法者作出拟制规定的初衷。鉴于我们应当对属于拟制规定的第 269 条做出限制解释，司法解释并未将任何对人身权利的侵犯后果都作为既遂标准，而是要求必须“造成他人轻伤以上后果”，才是既遂。

需要补充的是，此说将前行为取得财物之后，最终又失去的场合解释

---

① 娄永涛：《事后抢劫罪的未遂研究——兼及对“着手是实行行为的开始”的修正》，载《政治与法律》2014 年第 1 期。

为未遂，相较于前行为一旦既遂事后抢劫罪就马上既遂的观点，显然扩大了未遂的适用范围。这给司法裁判中法官对行为人从轻、减轻处罚留下了自由裁判的余地，从而更有利于裁判人员对千变万化的案件情形进行灵活的应对与裁量。

（四）“二分说”对事后抢劫罪共犯问题的解决

“二分说”还能够解决事后抢劫罪的共犯问题。在事后抢劫罪的共犯问题中，被集中讨论的是行为人实施前行为（盗窃、抢夺、诈骗行为）后，第三人中途参与进来，帮助、教唆或者与前行为人一起对被害人实施暴力、胁迫行为的情形。先要予以说明的是：一则，每个人只能就与其存在因果关系的行为和结果负责是基本的客观归责原理。共犯的处罚根据，也在于其通过正犯符合构成要件的违法行为引起了法益侵害。那么，根据因果关系的发展顺序，共犯显然只能与其参与后的行为和结果存在因果关系。既然因果关系只能存在于共犯参与之后，那么，共犯就不可能对参与前的正犯行为与结果负责；二则，共同犯罪的本质是行为的“共同”。共同犯罪只不过是行为人利用了和他人一起实施特定行为的契机，将他人的行为作为自己行为的延长线，从而“共同”引起一定结果的犯罪类型而已。[①] 根据行为共同说，中途参与到他人犯罪过程中的人，只能就其参与后的行为与他人的行为形成一个“共同”行为，从而将该“共同”行为作为自己的行为加以利用。我们无论如何无法想象，后行为人能够与其还尚未参与其中的他人行为形成“共同”行为。总之，根据以上两点，应当说，不管怎样，后行为人只能利用其参与后的行为，而不可能对参与前的行为进行利用。

那么，对中途参与进来的共犯如何处罚，就必须看其在参与进来之后，参与的是什么样的行为以及引起了什么样的结果。在前行为人取得财物之际，参与人所参与的行为本身就是抢劫行为，其引起的也是抢劫罪的法益侵害结果（被害人财产返还请求权的丧失与人身权利受损），因此，对参与人应当论以抢劫罪的共同犯罪加以处罚。但是，在前行为人未取得财物之际，因为参与人加功的并非是一个抢劫行为，而是一个单纯侵犯人身权利的行为，所以对于参与人而言，只能够论以故意伤害

① 参见黎宏：《刑法学》，法律出版社 2012 年版，第 262 页。

罪（造成他人轻伤以上的场合），或者窝藏罪，掩饰、隐瞒犯罪所得罪，帮助毁灭证据罪。

四、结语

本文的基本结论是：就第269条而言，在前行为取得财物的场合，后行为本身就符合普通抢劫罪的构成要件，且后行为系"当场"实施从而吸收前行为，全部犯罪行为本身就应当论以抢劫罪一罪，因此，此种情形下的第269条就只是一个注意规定；在前行为没有取得财物的场合，因为当场实施暴力以求脱逃的案件频发，立法者为了加大对人身、财产法益的保护力度，将本不符合抢劫罪构成要件的两个行为合起来拟制成为抢劫罪，此种情形下的第269条就是拟制规定。笔者将其总结为第269条的法条性质"二分说"。

根据本文所提出的"二分说"，不仅能够合理说明司法解释对"犯盗窃、诈骗、抢夺罪"的主体年龄上看似"矛盾"的解释，还能够明确划定事后抢劫罪的未遂标准，以及合理解决事后抢劫罪的共犯问题。从本说能够一以贯之地解决事后抢劫罪的适用之际的诸多问题这一点来看，本说不仅逻辑一贯，而且具有很大的应用优势。

最后值得注意的是，虽然抢劫罪的成立没有数额要求，但是，鉴于我国《刑法》第13条但书的规定，抽人几巴掌、拿人一两根烟或者两三张信纸的行为因其社会危害性显著轻微从而难以成立抢劫罪。因此，在前行为取得财物的价值十分微小之际，即便行为人当场实施了暴力、胁迫行为，也不得按照抢劫罪论处。

立法研究

●反思《刑法修正案(九)》的罪与罚

李　勇*

摘　要:《刑法修正案(九)》达52条之多,是历次修正案对刑法典修改幅度最大的一次。对恐怖主义犯罪的修改体现了法益保护早期化的观念,体现了风险刑法的取向,具有必要性,但需要把握安全与自由;超载超速行为、替考行为入罪模糊了行政处罚与刑事处罚的界限,背离刑法的最后手段性原则,值得批判;对医闹、闹访等行为入罪,社会治理过度刑法化并非明智之举;终身监禁刑的引入冲击刑罚结构体系;个别条文的运动式修改没有充分预见与其他条文的协调性。

关键词:法益保护早期化　行政处罚　社会治理过度刑法化　运动式立法

《刑法修正案(九)》修改幅度之大,再次刷新历史,修改达到52条之多,占据刑法典452条的11.5%,而最近一次的修正案(八)修改了50条,两次合计到102条,占刑法典全部条文的23%。此次修改的内容既涉及罪名的修改,也涉及刑罚的修改。从法律的解释和适用的角度来说,“法律不是嘲笑的对象”,①解释者和适用者“心中应该充满正义”,尽可能将“实然”的法律解释得圆满而没有缺陷;同样,实现“良法之治”也需要法律人秉承正义的良知,从立法论“应该”的角度对法律进行批判和反思,以

* 江苏省南京市建邺区检察院公诉科科长,全国检察理论研究人才、南京财经大学兼职教师,江苏省检察官学院兼职教师。

① 张明楷:《刑法分则的解释原理》,中国人民大学出版社2004年版,序言。

求改革和完善法律。这两个方面都是刑法教义学的任务。刑法教义学的任务绝非只能跟在法律后面亦步亦趋唱赞歌，否则法律就没有改善与进步的空间。应当承认刑法教义学既具有解释刑法的功能，更具有批判刑法的功能。刑事法律人应当具有正义的担当，“黑白分明的正义感应该成为刑事法律人的气质”。① 批判与反思不能囿于“屁股决定脑袋”的俗套，而“必须铁面无私，直指对错……不论是非的文章，不穷究论点对错的论述，不可能有实用价值”。② 要像我国台湾地区学者林东茂所说的那样，时常自我反省，“避免成为有知识而没有心肝的混蛋”。③ 本文从罪与罚两个角度对《刑法修正案(九)》进行批判性反思。

一、法益保护早期化及风险刑法的风险

德国学者乌尔里希·贝克在1986年出版的《风险社会》一书中，将当代社会概括为“风险社会”，为应对现代风险社会，在德国刑法学者乌尔斯·金德霍伊泽尔、乌尔里希·齐白等人的推动下，风险刑法(又称安全刑法功能刑法)逐步被建构起来了，其典型特征是法益保护早期化，主张严格责任、增设过失危险犯和抽象危险犯。在笔者看来，在当下中国，应当谨慎使用风险刑法的提法。风险刑法认为，犯罪“不是以导致什么样的具体损害作为实施制裁的前提条件，而是以没有促使安全状态的形成或者这类犯罪的步伐来表述的，它不是一个具体的损害，而是一种慌乱不安”。而对于“慌乱不安”如何进行判断，乌尔斯·金德霍伊泽尔教授告诉我们，“这种慌乱不安的不法更多地被理解为在主观上具有罪恶的意图或者客观上对所有生活领域的安全造成损害的行为”。这样风险刑法是从行为人的主观罪恶意图和社会安全防卫作为支柱来理解犯罪本质的。这与行为人刑法、主观主义刑法是何其相似？这已经不单单是极端的行为无价值论的立场了，而是与主观主义刑法的直接勾连。在风险刑法那里，法益侵害的犯罪本质论被淡化了甚至是抹去了。这一点，风险刑法的

① 此言为刘艳红教授在江苏省刑法学会2015年年会上所说。

② 许玉秀、陈志辉编：《不移不惑献身法与正义——许迺曼教授刑事法论文选辑》，台湾新学林出版股份有限公司2006年版，“序”第1页。

③ 林东茂：《一个知识论上的刑法学思考》(增订3版)，中国人民大学出版社2009年版，序言。

倡导者也并不否认,乌尔斯·金德霍伊泽尔露骨地指出,"法益侵害不再是犯罪必备构成要件,危险状态的出现是对这个行为惩罚的必备的构成要件,行为方式本身似乎可罚的,而不是行为所引起结果被认为是可罚的。"[①]风险刑法理论以抵御社会风险为己任,以追求人类安全为目标,对于危害社会安全的行为即使没有出现法益侵害的结果,也主张动用刑罚处罚。这与新派的社会防卫论如出一辙。更可怕的是,风险刑法主张过失危险犯、严格责任等,放弃了罪责原则,这从乌尔斯·金德霍伊泽尔教授举的强奸罪例子可见一斑,他指出:"强奸犯的罪责也许可能很轻微或者由于心理性疾病的原因而根本不能承担责任。但是,他又会造成极大的不安,这种不安不仅是对他自己,更多的是对他人乃至社会的整体。如果说等到他的行为实施完毕、等到这种危害结果出现了再作出反应,显然已为时过晚。对他处以严重的处罚,益处又有多大呢?"[②]为了防卫社会已经放弃了客观主义刑法法治支柱——罪责原则。可见,风险刑法的最终走向不会止于行为无价值论的立场,而是在某种程度上就是主观主义刑法、意思刑法的复活,而这与刑事法治是背道而驰的,更是中国刑事法治初创阶段所应该警惕的。

事实上,《刑法修正案(八)》已经彰显出法益保护早期化的倾向,比如刘艳红教授对于《刑法修正案(八)》对环境犯罪法益保护的早期化提出了明确的反对。[③]《刑法修正案(九)》法益保护早期化的倾向越来越明显,集中体现在对恐怖主义犯罪的修改上。《刑法修正案(九)》在《刑法》第120条之一后增加五条,作为第120条之二、第120条之三、第120条之四、第120条之五、第120条之六,这是迄今刑法典中"之×"最多的条文,将下列行为入罪:资助恐怖活动培训的;为实施恐怖活动准备凶器、危险物品或者其他工具的;组织恐怖活动培训或者积极参加恐怖活动培训的;为实施恐怖活动与境外恐怖活动组织或者人员联络的;为实施恐怖活动进行策划或者其他准备的;以暴力、胁迫等方式强制他人在公共场所穿

① [德]乌尔斯·金德霍伊泽尔的观点,参见乌尔斯·金德霍伊泽尔《安全刑法:风险社会的刑法危险》,载《马克思主义与现实》2005年第3期。

② 薛晓源、刘国良:《法治时代的危险、风险与和谐:德国著名法学家、波恩大学法学院院长金德霍伊泽尔教授访谈录》,载《马克思主义与现实》2005年第3期。

③ 刘艳红:《环境犯罪刑事治理早期化之反对》,载《政治与法律》2015年第7期。

着、佩戴宣扬恐怖主义、极端主义服饰、标志的；明知是宣扬恐怖主义、极端主义的图书、音频视频资料或者其他物品而非法持有的。

这样大幅度的修改，与我国《刑法》原本对恐怖主义犯罪立法不完善有很大关系，应该说上述修改大部分是非常必要的，也是与国际接轨的必然要求。恐怖主义犯罪已经成为全球公敌，面对恐怖主义灭绝人性的袭击，作为刑法学人很容易联想到"敌人刑法"。在"敌人刑法"的领军人物雅科布斯教授看来，对于那些从根本上偏离社会基本规范的犯罪者，由于他们的行为已经使社会倒退回到了战争状态，不能保证其法律上的人格，而是必须用战争来征讨，通过战争的发动将这些敌人从社会共同体中清除出去，以此来保证市民的正当权利。① 恐怖主义犯罪是全人类的敌人，他们的行为和活动已经从根本上脱离了社会的基本规范，他们也由此丧失了做人的资格，对付实施恐怖活动的"敌人"，要么发动战争以消灭他们，要么适用一套特别的刑事诉讼程序，以制裁和消灭这些暴徒。恐怖主义犯罪确实具有极强的特殊性，面对其灭绝人性的残忍和惨无人道的罪恶，立法上与传统刑法体系的适当偏离，学者和公众在一定程度上能够接受。对于恐怖分子、极端分子要毫不留情、毫不顾忌地严厉打击，这是毋庸置疑的，笔者在这一问题上的立场也是坚定不移的。但是法律的"枪口"必须瞄准真正的恐怖分子和极端分子，要防止盲目扩大打击面而导致殃及无辜，防止将不是真正的恐怖主义分子、极端主义分子的人员被以相应的恐怖主义罪名定罪处罚。② 应当看到《刑法修正案（九）》将大量的预备行为正犯化，特别是将持有恐怖主义、极端主义图书、视频等物品的行为入罪，法益保护过度前置，以下方面值得反思，也是在司法适用时需要特别注意避免的。

其一，司法实践中是否会导致对于仅仅出于好奇、猎奇、"误打误撞"以及单纯信仰心理接收到宣扬极端宗教思想的音视频文件而被入罪。在互联网如此普及的情况下，这种情况发生的概率不会少。此类行为本质

---

① 参见［德］雅科布斯：《市民刑法与敌人刑法》，徐育安译，载许玉秀主编：《刑事法之基础与界限——洪福增教授纪念专辑》，台湾学林出版有限公司 2003 年版，第 30 页。

② 刘艳红教授在江苏省刑法学会 2015 年年会上指出，《刑法修正案（九）》对恐怖主义犯罪立法法益保护的过度前置，可能会使刑法的"枪口"对准不是真正的恐怖主义分子，可能会殃及一些出于好奇等心理的弱势群体人员。

上并非恐怖主义、极端主义行为，如果对于这样的行为动用刑法手段，既背离了反恐的初衷，也可能起到反面的效果。实践中，有类似这样的案例：犯罪嫌疑人是维吾尔族，信仰伊斯兰教，在一个维吾尔族微信群里，偶然看到一段宣扬“圣战”的极端主义视频，出于好奇心理而保存在手机内。后被公安机关查获，其承认明知视频中有“圣战”内容，但是觉得好玩就下载了。按照《刑法修正案（九）》的规定，可能会被以非法持有宣扬恐怖主义、极端主义物品罪定罪处罚。这显然是不妥当，因为这个“犯罪嫌疑人”实质上并非恐怖主义、极端主义分子，甚至也没有想过要成为恐怖主义、极端主义分子。这样定罪处罚的效果反而会无端加剧仇恨，适得其反。

其二，反恐的刑法干预与公民个人的隐私及自由之间要保持适当的平衡。毕竟恐怖主义者只是极少数，恐怖主义犯罪的发生也是极少数，若因反恐造成人人自危，原本与恐怖主义不相干的猎奇行为也被当成恐怖主义打击，显然违背比例原则。况且，治理恐怖主义问题，刑事手段并非唯一也并非最佳手段，正如有人指出的“东突”民族分裂与暴力恐怖势力之所以能够在新疆不断滋生和蔓延，并内外勾结，时而兴风作浪，有着十分复杂的社会原因。如果只是一味地“严打”，而无暇构筑民生工程这一根基，也不重视社会安全防范工作，结果是想“主动出击，露头就打”，却不知向何处打，因为不知道敌人在何处。①

其三，由于恐怖主义犯罪的特殊性，人们对恐怖主义立法与传统刑法理论的适当背离的容忍是否会辐射、传染到其他犯罪呢？特别是可能传染到社会管理秩序犯罪、公共秩序犯罪当中，这一点似乎已经初露端倪，值得反思，需要加以防止。

二、模糊刑事处罚与行政处罚边界的危害

行政处罚有广义与狭义之分，广义上的行政处罚包括对构成犯罪的行政违法行为（刑法理论上称为行政犯罪或行政犯）的行政刑罚与行政法上的处罚；狭义上的行政处罚又称为秩序罚，用以作为一种“加重的行政命令”，对于不遵守行政法规或不遵守行政义务者的一种警告。因此，行

① 樊有辉：《“东突”民族分裂主义与暴力恐怖主义滋生与蔓延的成因分析》，载《新疆警官高等专科学校学报》2013 年第 3 期。

政处罚或秩序罚显然有别于刑罚处罚。① 在我国,行政处罚都是在狭义上使用的,认为行政处罚是行政机关依法对实施了违反行政法律规范的违法行为的行政管理相对人进行的法律制裁,与刑罚处罚具有质的差别。行政处罚的只是一种违法行为,而刑罚处罚的则是一种犯罪行为。

首先,从我国《刑法》与《行政处罚法》的法律规定上看。在我国,最为重要的行政处罚集中体现在《治安管理处罚法》中,《治安管理处罚法》共计119条,实体内容涉及扰乱公共秩序的行为和处罚、妨害公共安全的行为和处罚、侵犯人身权利、财产权利的行为和处罚、妨害社会管理的行为和处罚,与刑法中扰乱公共秩序犯罪、危害公共安全犯罪、侵犯人身权利犯罪、侵犯财产权利犯罪遥相呼应;处罚手段包括警告、罚款、行政拘留、吊销公安机关发放的许可证、限期出境或者驱逐出境,这与刑法中的训诫、罚金、拘役、禁止令、驱逐出境遥相呼应。可以看出,一方面,我国的行政处罚是比较严苛的;另一方面,我国刑法入罪门槛相对较高,国外类似违警罪的行为是作为行政违法来处理的。这决定了我国立法者只能选择那些社会危害性之大足以危及社会生存条件,行政处罚已经不足以惩罚的行为才规定为犯罪,将刑法作为最后选择,以体现刑法作为其他一切法律的保障法之最后手段性,这一点对于行政犯而言,尤为重要。

其次,从我国的文化传统与社会现实来看。在我国刑罚处罚与刑事处罚的社会现实效果、文化内涵差别巨大。行政处罚只是意味着"犯小错",对工作、学习、生活的影响不会太大;而刑事处罚意味着"犯大罪",只要被定罪,则工作不保、再就业被歧视,人人畏而远之。在我国,无论是参军入伍,考公务员,还是应聘公司企业员工,甚至是应聘保洁员、保姆、保安,用人单位都需要调查了解应聘者有无犯罪前科,有的是直接要求到所在地公安机关开具无犯罪证明,有的是用人单位自己到公安机关查询其是否有犯罪前科,如果有犯罪前科将意味着"一票否决"。目前,几乎所有的国家机关单位、事业单位、国有企业均明文规定,职员一旦被定罪就必须予以开除,至于是过失犯罪还是故意犯罪,判处缓刑还是实刑,单处罚金还是单纯宣告有罪,在所不问。加之我国没有前科消灭制度,一旦被定罪,则"罪犯"的标签就要背负一生。而与此形成鲜明对比的是,行政处

---

① 陈兴良:《论行政处罚与刑罚处罚的关系》,载《中国法学》1992年第4期。

罚对个人的影响要小得多,比如开车闯红灯被罚款,甚至被行政拘留,并不会导致工作不保、再就业困难。这种现实和传统,决定了我国行政处罚与刑事处罚之间的界限,也是促使我国刑法立法坚持保守和谦抑原则的重要支柱。刑法是一国文化和传统的“一面镜子”,刑法立法必须适应该国的文化传统和社会现实。一些学者不顾这种现实和传统,动辄以“在国外偷一根棒棒糖都是犯罪”为由主张扩大刑事法网是不妥当的。

在我国,立法者只能选择那些社会危害性之大足以危及社会生存条件,行政处罚已经不足以惩罚的行为才规定为犯罪,将刑法作为最后选择,以体现刑法作为其他一切法律的保障法之最后手段性,这一点对于行政犯而言,尤为重要。

《刑法修正案(九)》将超速、超载行为增设为危险驾驶罪,将替考行为入罪,模糊了行政处罚与刑事处罚的界限。《刑法修正案(九)》第 8 条规定将刑法第 133 条之一危险驾驶罪中增加了第 3 项“从事校车业务或者旅客运输,严重超过额定乘员载客,或者严重超过规定时速行驶的”。酒驾行为当初入刑曾引发争议,此次超载、超速入刑更应该引起争议,后者的危害程度显然轻于前者,也正因如此,《道路交通安全法》对饮酒驾驶机动车的可以处 15 日以下拘留或罚款,而对于超载、超速仅有罚款的处罚措施。既然行政处罚中尚有更为严厉的手段——行政拘留——还未使用,这就表明还没有严重到非动用刑事处罚手段不可的程度,此时急于动用刑事手段,无异于放弃刑法之最后手段性原则。事实上,完全可以对《道路交通安全法》进行修改,将超载、超速行为规定行政拘留的处罚措施,而不是急于“杀鸡用牛刀”。

更让人大跌眼镜的是,将替考行为直接入罪。《刑法修正案(九)》在《刑法》第 284 条后增加一条,作为第 284 条之一,共计四款,其中第四款是替考行为,即替他人或者让他人代替自己参加法律规定的国家考试。如果说前三款组织考试作弊、帮助组织考试作弊、非法出售提供试题及答案行为有入刑必要性的话,那么第四款的替考行为直接入刑,确实过于草率。长期以来,对于替考行为的处理主要是依据一些纪律处罚如分数作废,取消考试资格等,“教育考试法”尚处空白。在行政处罚一片空白的情况下,直接将替考行为入罪,让人匪夷所思。立法者的姿态应该是“在日常生活的波浪中,听任各种行为在他的脚下玩耍,他只用懒洋洋的手将他们收集起来,只有当他感到不可忍受时,才将他们提升为犯罪类型。”①特别是替考人员往往为在校学生,直接入刑,随之而来的就是开除学籍,无法就业,流浪社会,成为社会闲散人员。如果制定完备的考试法,将替考行为规定罚款、终身禁考、行政拘留等更加完备和严厉的行政处罚措施,或许比直接入罪效果更佳。

三、社会治理手段过度刑法化的弊端

中国30年经济高速发展堪称世界奇迹,经济、社会进步之快堪称世界奇迹,与此同时也催生了很多社会问题和社会矛盾,比如环境恶化、道德滑坡、诚信缺失、社会信仰缺失、贫富差距拉大、官民矛盾突出等。这些问题的产生,由科技进步、经济发展、生产方式、社会福利政策、分配体制、资源配置、利益追求、社会心理等多种原因所综合导致的,其产生及其发展变化之复杂性决定了对其治理需要从经济体制改革、行政管理体制改革、社会保障体制改革等多个方面综合推进。

目前,很多安全和稳定问题,更多的不只是法律本身的问题,也不是刑法立法的疏漏,而是社会问题。社会问题必须以社会的视野和路径来救治,而那只能是一种系统的应对和规制。在刑法上加大反应措施,将更多行为入罪化,重刑化,刑法规制前置化,无非是以刑止恶,以暴止暴,并非良策。比如,上访、群访、闹访问题难以解决,就很快想到动用刑法入罪;网络造谣危害严重,就立即想到用刑法判刑入罪;医患矛盾突出、医闹问题严重,就随时想动用刑法进行制裁。这是社会治理“过度刑法化”的典型表现,是一种社会治理的“病态”现象。所谓“过度刑法化”,指的是刑法在参与社会治理过程中,没有遵守与其他法律、社会规范的界限,超出其合理功能的情况。② 20世纪60年代,美国学者帕克就发出警示,他写道,今天,我们面临着严峻的刑事制裁的困境。总起来说,现在的社会治理比起过去更严重依赖刑事制裁这一社会控制手段,而这种手段的哲学基础和实际操作已经受到严厉的批评。③ 众所周知,刑法具有最后手段

---

① 黄风:《意大利刑法典》,中国政法大学出版社1998年版,第2页。

② 何荣功:《社会治理“过度刑法化”的法哲学批判》,载《中外法学》2015年第2期。

③ 参见[美]哈伯特·L.帕克:《刑事制裁的界限》,梁根林等译,法律出版社2008年版,第360页。

性，动辄用刑法作为治理社会的手段，时刻想着让刑法冲锋在前，这绝非社会治理现代化的应有景象，而是一种社会治理无能的表现，毕竟“刑法的过度运用，正如死刑的滥用一样，会导致人们心灵麻木、耻感递减，对刑罚的感受力日益减弱，最终导致刑至无刑”。[①] 当某一类社会问题突出的时候，理性的思路应该是首先分析其社会原因并及时调整和建立相应的社会治理政策，而不是动辄让刑法冲锋陷阵，因为刑法“作为一种规制性工具……通常只在舒缓公众怒气、安抚公众和恢复刑事司法体系的可信度，与所要解决的问题无关”。[②]

《刑法修正案（九）》有两处修改典型体现了社会治理的过度刑法化：

其一，医闹行为入刑。《刑法修正案（九）》将《刑法》第 290 条第 1 款修改为：“聚众扰乱社会秩序，情节严重，致使工作、生产、营业和教学、科研、医疗无法进行，造成严重损失的，对首要分子，处三年以上七年以下有期徒刑；对其他积极参加的，处三年以下有期徒刑、拘役、管制或者剥夺政治权利。”这里加入“医疗”二字显然是为了回应“医闹”行为的，但是在医患矛盾突出，医疗行业改革尚未完成，药价虚高，医药回扣潜规则大行其道，老百姓看病难、看病贵等诸多问题尚未得到有效缓解的情况下，试图通过刑法介入，不仅不会解决上述问题，反而会使上述问题更加复杂。况且，加入“医疗”二字类似的社会问题就能够解决吗？比如，小区业主与物业公司经常出现矛盾，那是不是将来在第 290 条第 1 款的“医疗后面”再加个“物业”呢？再如，房价一下跌，那些买了房子的业主就找房地产开发商闹，要求兑现当初的升值承诺，那么是不是将来在第 290 条第 1 款的“医疗”后面再加个“房地产”呢？

其二，闹访行为入刑。《刑法修正案（九）》将《刑法》第 290 条增加二款作为第 3 款、第 4 款：“多次扰乱国家机关工作秩序，经行政处罚后仍不改正，造成严重后果的，处三年以下有期徒刑、拘役或者管制。”“多次组织、资助他人非法聚集，扰乱社会秩序，情节严重的，依照前款的规定处罚。”这两款维稳色彩强烈，矛头所指应该是闹访、缠访行为。特别是第 3

---

① 刘艳红：《当下中国刑事立法应如何谦抑——以恶意欠薪行为为例之批判分析》，载《环球法律评论》2012 年第 2 期。

② 转引自劳东燕：《公共政策与风险社会的刑法》，载《中国社会科学》2007 年第 3 期。

款与该条的其他款不同,去掉了“聚众”二字,这意味着单个的、少量的闹访、缠访行为可能入罪,而且这种闹访、缠访行为显然也排除了暴力伤害、任意毁损财物等暴力性行为,因为这类行为在刑法中已经有故意伤害罪、故意毁坏财物罪、寻衅滋事罪等罪名足以处罚,因此立法所指应该是排除了使用暴力手段的相对平和方式的闹访、缠访行为,而这种行为行政处罚措施并非不能应对。就算动用刑法将其判罪入狱,一两年刑满释放后,他会善罢甘休吗?可能会一辈子走上上访之路,类似情形在实践中比比皆是。上访、闹访、缠访是具有中国特色的社会问题,这类行为固然值得谴责,但是上访者、闹访者、缠访者一定是有某种诉求得不到解决,或者无从、不知找寻其他解决途径才走上上访、闹访、缠访之路的。比如,拆迁上访问题,我国的拆迁远未实现法制化,很多地方拆迁补偿仍然处于无法可依的状态,完全依赖不成文的政策甚至是习惯做法,甚至权钱交易的行受贿勾当成为潜规则。实践中,经常出现能闹的多补偿,会找关系的多补偿,能送礼的多补偿,补偿数额标准千差万别;强拆及暴力拆迁事件时有发生,有的地方还有不成文规定涉及拆迁的行政诉讼一律不受理,被拆迁户通过法律途径解决诉求之路被封死,最后走上上访之路。这些社会矛盾的根子问题没有得到解决,不是忙着建立和完善拆迁法规,却忙着用刑法打击“钉子户”,这根本无益于问题的解决。

四、运动式修改对刑法体系的冲击

1997 年《刑法》修订之后,时至今日已经连续出台了九个修正案,修改幅度之大令人吃惊。特别是新增设的内容,很多都体现了运动式立法的不良倾向。菲力早在 100 多年前就警告说“今天的立法者一开始就急于成为十足的立法癖,似乎每个新发现的时候现象都需要一部专门的法律、规则或一个刑法条文”。① 过度回应社会关切而草率进行修改,是冲动式立法、运动式立法的典型表现。运动式立法与法律的稳定性相矛盾。

刑法典作为一个体系性法典,条文之间相互关联,自成体系,牵一发而动全身,增、删、改都需要考虑周全,运动式立法很容易忽视一点。《刑

---

① [意]恩里科 · 菲力:《犯罪学社会学》(第 2 版),郭建安译,中国人民公安大学出版社 2004 年版,第 218 页。

法修正案(九)》再一次将缺乏体系性思考的运动式立法推向极致。这表现在以下几个方面：

首先,贪贿犯罪终身监禁刑对刑罚结构体系的冲击。《刑法修正案(九)》将《刑法》第383条增加一款“犯第一款罪,有第三项规定情形被判处死刑缓期执行的,人民法院根据犯罪情节等情况可以同时决定在其死刑缓期执行二年期满依法减为无期徒刑后,终身监禁,不得减刑、假释”。很多人以终身监禁替代死刑为由对这一修改欢呼雀跃,但是作为法律人,应该保持基本的专业理性。第一,终身监禁刑,本身臭名昭著,并不比死刑仁慈。“执行死刑对罪犯而言虽然是强烈的痛苦,却是一个短暂的过程;而执行终身刑需要相当长的过程,受刑人持续地遭受强烈痛苦。”“终身刑是在用时间慢慢葬送一个活着的犯人。在此意义上说,以终身刑替代死刑,只不过是用一种死刑(甚至更为残酷)替代另一种死刑。”没有理由认为,只要让犯人活着,保留犯人“没有生活的生命”,就是符合人道主义的。[①] 即便是主张以终身监禁刑替代死刑的贝卡利亚坦言:“我们的精神往往更能抵御暴力和极端的但短暂的痛苦,却经受不住时间的消磨,忍耐不住缠绵的烦恼,因为,它可以暂时地自我收缩以抗拒暴力和短暂的痛苦。然而,这种强烈的伸缩性却不足以抗拒时间与烦恼的长期和反复的影响。……有人说,终身苦役同死刑一样也是痛苦的,所以,它也同样是残酷的。我认为:如果把苦役的受苦时间性加在一起,甚至是有过之而无不及。”[②]德国学者施奈德也指出“确切地讲,终身监禁也是一种死刑,一种‘分期’执行的死刑,它损害了犯人的个性”。[③] 2013年7月,欧洲人权法院裁定,英国不得将重大杀人案的犯人终身监禁,理由是不人道。欧洲人权法院表示,终身监禁的判决要符合《欧洲人权公约》第3条的规定,必须让犯人拥有获释、被复审的机会。按裁定,被判终身监禁的英国囚犯坐牢25年后,原本的量刑将获得检讨。[④] 在国际上,终身监禁被作为酷刑来

① 参见张明楷:《死刑的废止不需要终身刑替代》,载《法学研究》2008年第2期。

② [意]贝卡利亚:《论犯罪与刑罚》,黄风译,中国大百科全书出版社1993年版,第47页。

③ [德]汉斯·约阿希姆·施奈德:《犯罪学》,吴鑫涛、马君玉译,中国人民公安大学出版社、国际文化出版公司1990年版,第984页。

④ 崔丽蒙:《欧盟裁定英国不得终身监禁重刑犯 英政府抗议》,载环球网 http://world.huanqiu.com/exclusive/2013-07/4118837.html,访问时间2013年7月11日。

对待，与死刑一样面临被废止和削减的命运。当我们迈出削减死刑步伐的同时，却别出心裁的引入了终身监禁，实在是匪夷所思。第二，在分则的一个罪名进行刑种的修改，对整个刑罚结构体系造成严重冲击。有人会辩驳说，《刑法修正案（九）》中针对贪污犯罪分子规定的死缓执行期满后减为无期徒刑后，“终身监禁，不得减刑、假释”只是一种死刑或者说死缓的执行方式或措施，不属于刑罚本身的修改。这种论调没有任何专业品质，属于愚弄“法律门外汉”的说辞。终身监禁又称终身刑，指将犯人终身关押在监狱的刑罚方法，包括绝对终身刑与相对终身刑，前者指不得假释的终身刑；后者指经过很长时间的服刑才能假释的终身刑。《刑法修正案（九）》显然指的是绝对终身刑，既不同于我国现行刑法总则中的无期徒刑，也不同于死刑，更不是死刑或死缓的执行方式或措施。第三，终身监禁与《刑法修正案（八）》的限制减刑也存在不协调之处。《刑法修正案（八）》针对“被判处死刑缓期执行的累犯以及因故意杀人、强奸、抢劫、绑架、放火、爆炸、投放危险物质或者有组织的暴力性犯罪被判处死刑缓期执行的犯罪分子”。也就是说，在均被判处死刑缓期执行的情况下，故意杀人、抢劫、强奸等犯罪分子可以被限制减轻、假释，而贪污犯罪分子则是不得减刑、假释，但是如果立法的理由是后者的罪责、再犯可能性、更重于前者，这恐怕值得怀疑。第四，刑罚正当化根据不足。因为贪污受贿犯罪分子出狱之后已无从事公职的可能性，不具备再犯可能性。对贪污受贿犯罪设置终身监禁刑的预防效果无法体现。即使是报应效果，现代刑法也早已抛弃了这种以眼还眼、以牙还牙的“等同报应法则”。

其次，一些罪名的改动未考虑与其他已有条文之间的协调。（1）《刑法修正案（九）》在《刑法》第 284 条后增加一条，作为第 284 条之一，其中第 3 款“为实施考试作弊行为，向他人非法出售或者提供第一款规定的考试的试题、答案的，依照第一款的规定处罚。”事实上，这一规定与《刑法》第 398 条故意泄露国家秘密罪之间严重重复。只要是“国考”（即法律规定的国家考试），其试题和答案必然至少是秘密级的国家秘密（实践中国考的试题和答案一般为绝密级国家秘密），而且实践判例也多以此罪名定罪处罚。既然如此，费尽周折增设此款的意义何在？司法实践中如何处理与第 398 条之间的关系？（2）《刑法修正案（九）》对《刑法》第 383 条增设第 3 款“犯第一款罪，在提起公诉前如实供述自己罪行、真诚悔罪、积极退赃,避免、减少损害结果的发生,有第一项规定情形的,可以从轻、减轻或者免除处罚;有第二项、第三项规定情形的,可以从轻处罚。”这一款与《刑法》第67条第3款的“坦白”是何种关系?坦白是到案后如实供述,而上述规定是提起公诉前如实供述,这意味着其他犯罪嫌疑人到案后在侦查阶段没有及时供述的,在公诉阶段或审判阶段供述,连从轻的机会都没有,而贪污腐败分子即使在侦查阶段顽抗到底,只要在公诉阶段供述就不仅可以从轻,甚至还能够减轻或者免除处罚!这显然没有考虑与总则第67条第3款之间的协调。更为恶劣的是,会产生如下后果:一是给贪污腐败分子特殊待遇,有损刑法公正性;二是鼓励贪污腐败分子在侦查阶段顽抗到底,为反腐设置障碍。

最后,嫖宿幼女罪一废了之的后遗症没充分预见。《刑法修正案(九)》删除了刑法第360条第2款嫖宿幼女罪。这一罪名是1997年修订刑法时增加的有针对性保护幼女的规定。近年来司法实践中出现一些极端案例,引发社会各界广泛关注,废除该罪的呼吁一浪高过一浪。嫖宿幼女罪废止问题原本并未列入立法计划,《刑法修正案(九)草案》一、二两次审议均未涉及嫖宿幼女,直到第三次审议时基于舆论等多方原因才临时加进去的,是典型的运动式、应急性立法。这与立法法所要求的经过三次审议是相矛盾的。就这么一废了之,没有考虑与其他罪名的协调性,主要体现在与强迫卖淫罪、引诱卖淫罪之间的关系。删除一个条文容易,但是使得相关条文协调起来则很难。嫖宿幼女罪条文的删除,意味着此类行为直接定强奸罪,既然嫖宿幼女按照强奸罪定了,那么强迫、引诱幼女卖淫怎么处理呢?按照《刑法》第358条的规定,强迫不满十四周岁的幼女卖淫的是强迫卖淫罪的情节加重犯(十年以上有期徒刑或无期徒刑);第359条规定引诱不满十四周岁的幼女卖淫的也是加重情节(处五年以上有期徒刑,并处罚金)。按照《刑法修正案(九)》,既然嫖宿幼女者定强奸罪,那么组织幼女卖淫、引诱幼女卖淫就是强奸罪的共同犯罪,这是基本的刑法原理,也是刑法总则的规定,更是罪刑法定原则的要求。例如:甲明知被害人是幼女,而强迫她向行为人乙卖淫,并收取费用谋取利益,如果:(1)甲告诉乙被害人是幼女(这样甲就可以收更高的费用),那么甲乙显然是典型的共同犯罪(均定强奸罪),这自当没有疑问;(2)甲虽然没有告诉乙被害人是幼女,但是从体貌身形等特征,甲乙均心知肚明,均明知被害人是幼女,甲引诱或强迫被害人向乙卖淫,那么二人在与幼女发生性关系问题,仍然具有共同行为和故意,仍然是共同犯罪(均定强奸罪);(3)如果甲明知被害人是幼女,但是乙确实不明知被害人是幼女,则乙无罪,则甲相当于利用了无故意的乙作为强奸幼女的犯罪工具,属于间接正犯,甲成立强奸罪。(4)如果甲不明知是幼女,而乙明知是幼女(这种情况实践中很罕见),乙当然构成强奸罪,但甲仅构成强迫卖淫罪或引诱卖淫罪。按照上述解释,在实质上是将强迫幼女卖淫、引诱幼女卖淫定强迫卖淫罪、引诱卖淫罪的空间压缩甚至架空。换言之,强迫卖淫罪、引诱卖淫罪中幼女将不再是其犯罪对象,既然如此,立法在删除嫖宿幼女罪的同时,应该一并对第358条和第359条进行修改,以免引起法律适用上的混乱。可以预见,刑法修正案施行之后,对于强迫幼女卖淫、引诱幼女卖淫如何定罪将会是五花八门。

五、结语

"刑法中,有些内容在立法当初就缺少合理性和正当性,有些随着时代的变迁已丧失其存在的意义。因此,对刑法的推敲必须经常持续地进行,而且这种推敲不仅是以现在已经实行并具有效力的刑法为对象,还应针对立法过程中的法案,进而还必须在立法过程中考虑应制定什么样的刑法。"①刑法的修改是难免的,刑法修正案的脚步也不会停止,但是确实需要边修改边反思,因为修改的目的是使刑法典越来越好,而不是越来越坏;修改的目的是使法治越来越昌明,而不是越来越糟糕。

---

① [日]西原春夫:《刑法的根基与哲学》,顾肖荣等译,法律出版社2004年版,第4~5页。

●我国反腐败刑事立法最新修正的若干思考

——以《刑法修正案(九)》有关规定为视角

彭新林[*]　王　展[**]

摘　要:《刑法修正案(九)》对惩治腐败犯罪法律规定的修改,为我国惩贪肃腐工作的深入开展提供了坚实的法律制度保障,裨益于我国反腐败刑事法治的发展完善。不过,《刑法修正案(九)》对惩治腐败犯罪法律规定的修改也非尽善尽美,如一些具有严重社会危害性的贪污贿赂行为仍未纳入刑法规制等,仍然存在值得改进和完善的空间。应对受贿罪设置比贪污罪更为严格的定罪量刑标准,将贿赂犯罪对象由财物扩大为财物和财产性利益,并对《刑法》第395条规定的巨额财产来源不明罪加以修正。

关键词:《刑法修正案(九)》　腐败犯罪　反腐败刑事法治

自党的十八大以来,我国在惩治贪腐犯罪上取得了令人瞩目的成效,一大批贪腐高官相继落马,充分彰显了我们党和政府坚定反腐败的决心和信心。在反腐败斗争中,刑事法治的力量举足轻重。通过刑事法治开展的反腐败斗争,具有特别的威慑力和特殊的严厉性,当然也是最后的手段。刑事立法是刑事法治的基础和前提。因而刑事立法完善与否将在一定程度上制约我国反腐败刑事法治的发展。本文试结合《刑法修正案(九)》对我国反腐败刑事立法的修改,就完善我国反腐败刑法立法进行探讨,试就教于方家。

---

* 北京师范大学国际反腐败教育与研究中心秘书长,副教授。

** 北京师范大学刑事法律科学研究院硕士生。

一、《刑法修正案（九）》对腐败犯罪法律规定的修改

随着反腐败斗争的深入，为严厉惩治腐败犯罪，贯彻落实十八届三中全会、四中全会加强反腐败工作的要求，从而为新时期的惩腐肃贪工作提供有力法律支撑，《刑法修正案（九）》对现行刑法典相关条款进行了修正，完善了反腐败的制度规定。具体表现在以下几个方面：首先，修改了现有贪污受贿罪的定罪量刑标准。现行刑法典对贪污受贿罪定罪量刑规定了具体数额标准。从司法实践情况来看，规定数额虽然明确具体，但贪污贿赂犯罪情节差别很大，情况复杂，单纯考虑数额，难以全面反映具体个罪的社会危害性。同时，数额规定过死，有时难以根据案件的不同情况罪刑相适应，量刑不统一。因此，《刑法修正案（九）》取消了具体数额标准。其次，将为谋取不当利益，利用国家工作人员的影响力，向其近亲属等关系密切的人行贿的行为规定为犯罪。再次，规定行贿人在被追诉前主动交代行贿行为的，可以从轻或者减轻处罚；对于行贿罪免除处罚的情况进行了严格限定，要求有重大立功表现或者犯罪较轻、检举揭发行为对侦破重大案件起关键作用。最后，对于受贿罪、行贿罪、介绍贿赂罪、单位行贿罪以及对单位行贿罪增设罚金刑。总的来看，笔者认为，对于这次《刑法修正案（九）》对我国反腐败刑法立法的修改完善，因应了我国当前反腐败严峻形势、反腐刑事政策的实际需要，是科学、合理的。具体来说，有以下几点认识和评价：

第一，考虑到时代背景和司法现实的因素，我国在一定时期在贪污受贿罪定罪量刑标准中规定具体数额具有历史合理性。但是，将具体数额作为腐败犯罪定罪量刑的重要标准却不具有现实合理性，难免会出现量刑过度机械化的结果，而且往往容易让人产生只要受贿数额未达 5000 元即不构成犯罪的认识。无论是从《联合国反腐败公约》的有关规定来看，还是从其他法治发达国家的刑事立法来看，均没有将具体数额这样一个定量因素作为入罪的标准。如《日本刑法典》第 198 条共规定了七个贿赂罪名，[①]即受贿罪、受托受贿罪、事前受贿罪、第三者供贿罪、加重受贿罪、事后受贿罪、斡旋受贿罪，这七个贿赂犯罪的罪刑条文均没有定量的要

① 参见《日本刑法典》，张明楷译，法律出版社 1998 年版，第 213 页。

求。又如,《捷克刑法典》第331条规定,自己或者通过中间人,为自己或者第三人收受与公益物品采购有关的贿赂或者接受基于贿赂的许诺,或者自己或者通过中间人,为自己或者第三人收受与其本人或者他人所从事的事务有关的贿赂或者接受基于贿赂的许诺的,处3年以下监禁或者剥夺资格。① 再如,《挪威刑法典》第111条规定,公务员提供服务,为了自己、同僚或者政府机关而非法课税或者索要报酬、接受他人敬献的物品的,处5年以下监禁。② 由上可以看出,这些国家对贿赂犯罪的规定均未设置具体数额标准,只设定行为模式,这看似简单,实则是严密了刑事法网。

第二,随着我国反腐败斗争的深入开展,家族腐败特征日益明显。在已查处的很多腐败案件中,官员个人的腐败往往与家族腐败联系在一起。在腐败官员的背后,几乎很难找出一个完全清白的家庭和家族。如周永康案中,周永康之子、之弟等家族成员利用周的影响力直接或者间接大肆收受钱财,获得了巨额非法利益。在国家发改委原副主任刘铁男案中,刘铁男受贿的大部分事实均与其子刘德成关系甚大,刘德成由此被称为"最坑爹"儿子。这种家族式的腐败已经不是一种特例,而是当今社会比较典型的腐败形式。因此,面对新的反腐形势,针对新的反腐问题,有必要将为谋取不正当利益,向国家工作人员近亲属或者其他与该国家工作人员关系密切的人,或者离职的国家机关工作人员或者其近亲属以及与其有密切关系的人的行贿行为规定为犯罪。事实上,将为谋取不当利益,利用国家工作人员的影响力,向其近亲属等关系密切的人行贿的行为规定为犯罪,也是贯彻《联合国反腐败公约》有关规定的要求。如《联合国反腐败公约》第18条规定的影响力交易罪,就包括受贿和行贿两种行为在内,既包括公职人员或者其他任何人员为其本人或者他人故意地直接或间接索取或者收受任何不正当好处,以作为该公职人员或者该其他人员滥用本人的实际影响力或者被认为具有的影响力,从缔约国的行政部门或者公共机关获取任何不正当好处的条件;也包括故意地直接或间接向公职人员或者其他任何人员许诺给予、提议给予或者实际给予任何不正当好处,以使其滥用本人的实际影响力或者被认为具有的影响力,为该行为的

① 参见《捷克刑法典》,陈志军译,中国人民公安大学出版社2011年版,第192页。
② 参见《挪威一般公民刑法典》,马松建译,北京大学出版社2004年版,第27页。

造意人或者其他任何人从缔约国的行政部门或者公共机关获得不正当好处。而我国刑法典只规定了利用影响力受贿罪,而没有将与之对合的行贿行为规定为犯罪,可以说是存在缺憾的。

第三,完善了受贿罪、行贿罪的刑罚配置,对受贿罪、行贿罪等增设了财产刑,使犯罪分子在受到人身处罚的同时,在经济上也得不到好处。与其他刑事犯罪相比,腐败犯罪具有两个基本特征:一是贪利性,即大多是为了追逐私利;二是职务性,即大多利用了职务。从配刑的等价性和相应性的角度来看,对贪腐犯罪配置财产刑,无疑更能体现贪污腐败的性质和罪责刑相适应的要求。而且财产刑指向的客体是财产权利,其具有经济性,使国家在不费过多成本的情况下达到对腐败分子惩治的目的,并且可以此来增加国库收入。就金钱的功能而言,金钱实可当作"凝固化的或者具体化的自由"。因此,财产刑尤其是罚金刑是非单纯缴纳一定数额金钱的财产刑,而是剥夺一种特殊形态的自由,也即是受刑人的一种物质享受的自由。罚金所造成的刑罚痛苦重心并不在于被迫地缴纳一定数额的金钱,而是在于因缴纳罚金致无法满足其物质享受的需要所造成的间接痛苦。[①] 而这种痛苦在反腐败刑法立法中所发挥的价值无可替代。贪腐分子往往基于对钱财利益的过度追求而以越轨行为获得公私财物,并在此过程中随着财产的增加而不断获得满足。通过对其科处罚金等财产刑,国家对其财产进行剥夺,在发挥刑法一般威慑机能时,还依据财产损失而产生的心理上的冲击或训诫作用唤醒服刑人的规范意识,以预防其将来犯罪。

第四,进一步严格对行贿罪从宽处罚的条件。毋庸讳言,司法实践中常见到受贿官员纷纷落马,但行贿人身陷囹圄的却少之又少的现象。在不少贪贿案件中,有些行贿人只要交代了问题,提供了侦查机关定案所需要的证据或者给予了配合,基本上就平安无事了。然而,作为受贿罪对合犯的行贿罪,在很大意义上说,其社会危害程度实际上并不亚于受贿罪。正如日本著名学者大谷实教授所说的那样,受贿犯罪是行贿方为请求公务员酌情处理,为获取暴利而启用人际关系,接受财物的行为;毫无疑问,

---

① 参见陈兴良:《刑法哲学》,中国政法大学出版社 2004 年版,第 530 页。

从某种意义上讲，公务员也是被害人。[1] 因而严密惩治行贿犯罪的法网，严格对行贿罪从宽处罚的条件，进一步加大对行贿罪的处罚力度，表明反腐败刑法立法的不断成熟，除了兼顾惩治惩治贪腐分子外，也比较重视一般预防。

二、《刑法修正案（九）》对腐败犯罪法律规定修改的缺憾

总的来看，《刑法修正案（九）》适应经济社会发展状况和贪腐犯罪的发展变化，及时对刑法作出修改完善，以更加有效地惩罚贪腐犯罪，贯彻落实宽严相济刑事政策，对深入贯彻党的十八届三中、四中全会精神，进一步完善反腐败的制度规定，加大对腐败犯罪的惩处力度，扎实推进法治反腐具有重要意义。当然，《刑法修正案（九）》也还存在一些缺憾和不足，比如一些具有严重社会危害性的贪污贿赂行为仍未纳入刑法规制等。具体来说：

第一，此次对行贿罪的修改相较于《刑法》的规定，一个重要的体现就是缩小了免除处罚的范围，目的在于加大惩治行贿犯罪的力度。此类犯罪，在刑法上对其加以严格规制在某种程度上可以减少受贿犯罪的诱因。但是，应当认真评估进一步严格对行贿犯罪从宽处罚的条件对打击贿赂犯罪可能产生的实际效果问题。贿赂犯罪自身具有的隐蔽性以及主体的有限性等特点决定其往往不容易被侦查，因此缩小其免除处罚的范围之后，可能会给相关案件的办理带来新的困难，即案件的证据难以收集。

第二，将受贿罪的处罚通过概括性数额或者情节严重程度作出区别规定，从而赋予法官自由裁量权，有利于法官斟酌各种情况的基础上认定行为应受到的处罚。根据我国的惯例，最高人民法院会在《刑法修正案（九）》通过之后对数额和情节的具体适用问题作出司法解释，即最后仍然会回到定量定罪上来；所以说，最后仍然需要确定具体数额标准。此外，关于“其他较重情节”“其他严重情节”和“其他特别严重情节”的理解和适用，仍然有一定的模糊性。在适用情节标准时如何规制法官的自由裁量权，使其不偏离法治的轨道，以避免同案不同判现象仍是一个难题。

第三，此次刑法修正仍未将对外国公职人员、国际公共组织官员行贿

---

① ［日］大谷实：《刑事政策学》，黎宏译，中国人民大学出版社 2012 年版，第 143 页。

行为规定为犯罪，行贿犯罪的刑事法网仍存在缺漏之处。我们认为，基于刑法的目的是保护法益的立场，对外国公职人员、国际组织公共官员行贿行为，同样侵犯了公职人员职务行为的廉洁性，并具有严重的社会危害，因而应当入刑。而且将这种行为纳入刑法规制，有利于我国与国际社会顺利进行国际刑事司法协助与合作，特别是我国公司在向外国公职人员、国际公共组织官员行贿的场合，有利于我国向受贿的外国公职人员、国际公共组织官员追回赃款。

三、进一步完善我国腐败犯罪法律规定的几点思考

腐败是一种社会历史现象，是一个世界性的痼疾，亦是当前困扰全球经济发展和社会进步的重大现实问题，它严重破坏公共权力运行秩序，侵害社会公平正义，损害政府的威信与公信力，阻碍经济健康有序发展，对社会稳定构成潜在的乃至现实的威胁，成为社会的巨大隐患。《联合国反腐败公约》在“序言”开篇就明确指出：“腐败对社会稳定与安全所造成的问题和构成的威胁的严重性，它破坏民主体制和价值观、道德观和正义并危害着可持续发展和法治。”因而要深入推进反腐败斗争，就要提升治理腐败犯罪的能力和水平，进一步完善我国反腐败刑事法网。具体来说：

第一，对受贿罪设置比贪污罪更为严格的定罪量刑标准。目前我国贪污罪和受贿罪适用的是同一定罪量刑标准。这次《刑法修正案（九）》也未作出调整。我们认为，尽管贪污罪与受贿罪都属于贪污贿赂类犯罪，都侵犯了国家工作人员职务的廉洁性，但两罪存在很大差异，应对受贿罪设立更为严格的定罪量刑标准。首先，贪污受贿犯罪定罪量刑标准应予分立。贪污罪与受贿罪的客体不完全相同，贪污罪除了侵犯职务的廉洁性之外，主要是侵犯公共财产的所有权；而受贿罪的客体就直接体现为侵犯职务的廉洁性。《刑法》第383条对贪污罪的定罪量刑标准设置了具体数额，贪污的社会危害性很大程度上确实也是通过数额来体现的，但受贿的社会危害性则很难通过数额来全面反映，其更多的是要靠受贿的情节、危害后果等因素来体现。可见，对受贿罪适用贪污罪的定罪量刑标准来定罪科刑，既不能全面准确反映受贿罪的社会危害性，也难以实现罪刑相称。事实上，我国长期以来的立法传统基本上也是对受贿罪与贪污罪适用不同的定罪量刑标准，如1979年《刑法》就是采取贪贿分立的模式。其

次,受贿罪定罪量刑标准应比贪污罪严格。通常情况下,受贿罪比贪污罪的社会危害性要大。因为受贿人利用职务便利可能已为行贿人谋取了不正当利益,进而造成对国家、社会和他人的重大损失等,这对受贿罪的定罪量刑有重要影响。此外,受贿行为通常发生在"一对一"的场合,直接证据较为稀缺,而受贿人与行贿人往往又是利益共同体,加之受贿手段日趋隐蔽和复杂,因而使受贿行为更容易实施的同时也更难以侦破,其犯罪黑数比例很高;而贪污罪则不一样,其往往存在较多的直接和间接证据,特别是随着会计等财务制度的健全,贪污行为的实施愈加困难,即使发生贪污行为,其犯罪潜伏期较短,侦破相对也不是特别困难,故而犯罪黑数要少很多。最后,我国反腐败斗争打击的重点和政策指向也主要是受贿犯罪而非贪污犯罪。故而应对受贿罪设置更为严格的定罪量刑标准。

第二,应将贿赂犯罪对象由财物扩大为财物和财产性利益。关于贿赂犯罪对象的范围,我国曾经有过仅限于财产和物品的主张。但是,2007年最高人民法院和最高人民检察院联合颁布的《关于办理受贿刑事案件具体适用法律若干问题的意见》和2008年颁布的《关于办理商业贿赂刑事案件适用法律若干问题的意见》对财物作出了扩张解释,即财物还包括财产性利益,如特定关系人挂名领取薪酬、收受干股、以赌博形式受贿;除此之外,还包括旅游费用、含有金额的会员卡、提供房屋装修等。这样的解释有利于更好地惩治腐败犯罪,具有显著进步意义。但是,这样还并不能完全实现贿赂犯罪的立法目的,与《联合国反腐败公约》的规定也相距甚远。根据该公约第15条之规定,贿赂的范围是"不正当好处",即能满足受贿人各种生活需要及精神欲望的一切物质利益和非物质利益。我国也有学者认可这种规定,行贿人只要对受贿人投其所好,送其所要,不一定要仅限于财物或财产性利益,照样可以收买公职人员的权力,完成"以权换利"的肮脏交易。诸如调动工作、安置就业、提供女色、提升职务等行为在现实中时有发生,且其更为隐蔽不容易发现,对职务廉洁性造成的侵害更大。我们认为,这次刑法修正,应考虑修改刑法有关规定,将贿赂犯罪的对象统一扩大到"财物和财产性利益"。

第三,对《刑法》第395条规定的巨额财产来源不明罪加以修正。巨额财产来源不明罪的设置,不仅存在一定的理论争议,而且也受到具体实践过程中问题的困扰。较之于前者,其常常被认为是有罪推定思维的表现。司法机关无法证明行为人构成贪污、受贿等其他犯罪,而“降格”以巨额财产来源不明罪处理,表面上看至少与不追究刑事责任相比,宽纵的程度轻得多,然而这是一种相当功利的价值取向。至于后者,会发生诸如判刑后又查清财产来源等情形,对于此种问题如何解决,我国目前没有相关规定。目前,随着社会上对官员财产公开制度的呼吁以及该项制度逐步地上升到规则层面,巨额财产来源不明罪规定,应该作为与该项制度相衔接的配套规定,而不是处在现行刑法中尴尬地位。至于如何具体立法,值得认真斟酌。

司法实务

●擅开民用航空器应急舱门案件定性研究

左坚卫* 党 静**

摘 要:乘客擅开应急舱门是违反《民用航空法》第197条关于“移动使用中的航行设施”之禁止性规范的行为,如果危及了飞行安全,还可能构成犯罪。判断是否危及飞行安全,要看该行为是否形成了严重妨碍民用航空器操作、控制的现实可能性,从而使该航空器处于坠落、毁坏的危险状态。擅开应急舱门行为一般只会导致飞机不能飞行的后果,尚达不到“足以使民用航空器发生坠落、毁坏危险”的程度,且该行为的手段也不具有“危险方法”和“破坏”的属性,因而不符合以危险方法危害公共安全罪和破坏交通工具罪的构成要件,应当依照《治安管理处罚法》的规定处罚。

关键词:飞行安全 行政违法 危险方法 定罪

自2015年1月以来,昆明、重庆、呼和浩特、南京、延吉、长春、深圳、乌鲁木齐、郑州、腾冲等地已发生机上乘客擅自打开舱门事件12起。① 2015年2月12日,朴某在吉林省延吉机场乘坐韩亚航空OZ352航班准备前往韩国仁川中,于飞机滑行期间,擅自打开座位旁边的应急舱门,导致

---

* 北京师范大学法学院教授、博士生导师。

** 北京师范大学法学院法律硕士研究生。

① 《“飞机惊魂”何时不再上演》,载《法制日报》2015年5月18日第8版。2015年1月10日,由昆明至北京的MU2036航班上有旅客因不满航班延误,擅自打开飞机应急舱门,最终涉事的北京旅行团导游及一名旅客分别被治安拘留15日。吴丹:《“任性”有代价“空闹”已触法》,载《中国民航报》2015年1月21日第1版。

应急滑梯自动弹出，机组人员随即将飞机迫停，该航班延误近4小时，造成直接经济损失34000元。3月5日，朴某因涉嫌以危险方法危害公共安全罪被逮捕。[①] 5月11日，吉林省延吉市人民法院开庭审理了朴某被控以危险方法危害公共安全一案。[②] 这是我国首起因乘客擅自打开民用航空器应急舱门（以下简称擅开应急舱门）而提起公诉的案件，因而受到广泛关注，也引发了对该案定性问题的思考。

一、擅开应急舱门行为的违法性质

《中华人民共和国民用航空法》[③]（以下简称《民用航空法》）第197条规定，“盗窃或者故意毁损、移动使用中的航行设施，危及飞行安全，足以使民用航空器发生坠落、毁坏危险的，依照刑法有关规定追究刑事责任。”据此，乘客擅开应急舱门是一种行政违法行为，如果危及飞行安全，还可能构成犯罪。

首先，擅开应急舱门是“移动使用中的航行设施”的行为。从性质和功能看，民用航空器上的应急舱门是一种“航行设施”，如果该航空器处在“飞行中”，该应急舱门则属于“使用中的航行设施”。[④] 从行为类型来看，擅开应急舱门既不是“盗窃”，也不是“故意毁损”，而是一种“移动”行为。这是因为，“打开”是改变门、盖等物的原来位置，使之由关闭状态变为开启状态的动作，因而符合“移动”之“改换原来的位置”[⑤]的特征。因此，擅开应急舱门行为违反了《民用航空法》第197条中关于“移动使用中的航行设施”的禁止性规范。

其次，擅开应急舱门行为具有一定社会危害性。民用航空器都有应

---

① 央视网：《韩亚航空乘客擅自开舱门案开审》，载 http://m.news.cntv.cn/2015/05/11/ARTI1431358849119180.shtml，访问时间：2015年6月18日。

② 《“飞机惊魂”何时不再上演》，载《法制日报》2015年5月18日第8版。

③ 根据2015年4月24日第十二届全国人民代表大会常务委员会第十四次会议全国人民代表大会常务委员会《关于修改〈中华人民共和国计量法〉等五部法律的决定》第二次修订，载 http://www.88148.com/Info/201503123459.html，访问时间：2015年7月10日。

④ 根据《海牙公约》第3条，“航空器从装载完毕、机舱外部各门均已关闭时起，直至打开任何一机舱门以便卸载时止，应被认为是在飞行中。航空器强迫降落时，在主管当局接管对该航空器及其所载人员和财产的责任前，应被认为仍在飞行中”。转引自王剑波：《惩治危害国际航空安全犯罪问题研究》，载《河南师范大学学报》（哲学社会科学版）2008年第1期。

⑤ 《现代汉语词典》（第5版），商务印书馆2005年版，第1606页。

急舱门如波音－737 和－747 型飞机，前面有 2 个机舱行驶门，后面有 4 个应急机舱承载门。遇到紧急情况，乘务员一旦打开舱门，在拉力的作用下，应急滑梯会自动放出并充气，可用于疏散旅客，尽可能减少人员受到伤害。[①] 一般认为，应急滑梯误放，对飞机本身没有伤害，但会带来诸多损失如航班延误、经济损失、航空公司名誉受损等，[②]同时也扰乱了航空管理秩序。应急舱门一旦被打开，飞机就不能继续飞行，机组无法执行后续航班。这时，必须拆除释放的应急滑梯送修，航空公司为此要支付高昂的维修费用、赔偿乘客损失。正因如此，《民用航空法》第 197 条对包括擅开应急舱门在内的移动使用中航行设施的行为予以规制，并将"危及飞行安全，足以使民用航空器发生坠落、毁坏危险"的情形规定为追究行为人刑事责任的条件；同时，还在第 200 条规定，该行为"尚不够刑事处罚"的，依法给予治安管理处罚。[③]

最后，对擅开应急舱门行为给予刑罚处罚尚存疑问。在执法实践中，对乘客擅开应急舱门的行为，过去都是给予治安管理处罚的，从未见被定罪的实例。有专家认为，这是因为公安机关经调查发现乘客擅开应急舱门并不是要故意颠覆航空器而是过失之后，又没有造成后果，只能给予治安管理处罚。[④] 但也有法律人士认为，对擅开应急舱门的乘客给予治安管理处罚过轻，从而导致任性"机闹"屡屡发生，而中国民航大学民航法律与政策研究中心常务副主任黄全分析认为，这不是因为执法"疲软"，也不是法律没有相关规定，而是缺乏具体的司法解释，公、检、法三家对如何判罚

---

① 参见民航资源网：《"碰不得"的应急滑梯》，载 http://news.carnoc.com/list/306/306732.html，访问时间：2015 年 6 月 18 日。

② 参见东方网：《旅客误操作致应急滑梯放出　若属恶意航空公司可索赔》，载 http://sh.eastday.com/m/20141210/u1ai8483730.html，访问时间：2015 年 6 月 18 日。

③ 民用航空法第 200 条规定，"违反本法规定，尚不够刑事处罚的，应当给予治安管理处罚的，依照治安管理处罚法的规定处罚。"

④ 参见：《任性"机闹"几时休？》，载《中国交通报》2015 年 1 月 29 日第 4 版。具体案例有：2013 年 12 月 14 日，一名男子搭乘四川航空公司从重庆飞往北京的航班，在飞机落地停稳后，该男子想早点下飞机，擅自打开飞机应急舱门，后被行政拘留 15 日。2013 年 12 月 16 日，由南宁飞往重庆的华夏航空公司 G52652 航班降落在重庆江北机场后，一名年轻男子出于好奇打开应急舱门，被行政拘留 5 日。2014 年 12 月 15 日，在杭州萧山机场，一名男子为了透透气儿在厦航 MF8453 航班起飞前，打开了飞机的应急舱门，当时对涉事男子给予批评教育。参见：《必须增加擅开"逃生门"的违法成本》，载《中国民航报》2015 年 1 月 16 日第 2 版。

未形成统一认识,因此他提出,乘客擅自打开应急舱门致使滑梯释放的行为,可以"破坏公共交通工具罪"来追究刑事责任。① 朴某擅开应急舱门一案,公诉机关是以涉嫌以危险方法危害公共安全罪起诉的。这就产生了一个疑问:对擅开应急舱门的乘客予以定罪有无法律依据,该行为是否符合破坏交通工具罪或以危险方法危害公共安全罪的构成要件?

二、擅开应急舱门行为的入罪规则

"移动使用中的航行设施"作为一种行政违法行为,当属于民用航空法的调整范围,但当该行为的社会危害性达到严重程度即"危及飞行安全"时,就得由刑法来调整。所以,从调整范围上看,该行为属于"刑法和行政法的交叉领域",②因而涉及行政违法行为与犯罪的衔接关系。有学者认为,二者的衔接关系大体分为几种情形:③(1)因行政违法行为情节严重转为犯罪的,如《环境保护法》第43条规定的污染环境行为;④(2)因涉案金额巨大转化为犯罪的,如《税收征收管理法》第65条规定的逃避追缴欠税行为;(3)因多次行政违法转化为犯罪的,如《刑法》第201条规定的逃税行为;⑤(4)一个行为同时构成行政违法和犯罪的,如贩卖少量毒品的行为。⑥ 依据该学者的分类,移动使用中的航行设施行为转化为犯罪

① 参见《任性"机闹"几时休?》,载《中国交通报》2015年1月29日第4版。

② 在我国,犯罪与行政违法行为有几种对应关系:(1)杀人、抢劫等传统的犯罪行为一经实施,便立即进入刑法的视野,不存在构成行政违法行为的可能性;(2)纯正的行政违法行为,如吸食毒品,仅在行政法中予以规制,只能构成行政违法行为;(3)刑法和行政法的交叉领域,如盗窃、诈骗等,二者之间存在量变到质变的可能。参见冯江菊:《行政违法与犯罪的界限——兼谈行政权与司法权的纠葛》,载《行政法学研究》2009年第1期。

③ 参见崔冬:《行政违法与犯罪衔接问题研究》,载《行政论坛》2011年第1期。

④ 该学者引用的是1989年12月26日公布并施行的《环境保护法》,该法于2014年4月24日被修订并于2015年1月1日起施行。新法第六章"法律责任"中,只规定了适用行政处罚(包括治安管理处罚)的情形,而涉及行政违法行为转化为犯罪的情形,这些情形在第69条中全部由"违反本法规定,构成犯罪的,依法追究刑事责任"的笼统表述所涵盖。据此,旧法第43条关于"违反本法规定,造成重大环境污染事故,导致公私财产重大损失或者人身伤亡的严重后果的,对直接责任人员依法追究刑事责任"的规定已被取消。

⑤ 该学者此处引用的是《刑法修正案(七)》修订以前的刑法第201条,该条第3款规定,"对多次犯有前两款行为,未经处理的,按照累计数额计算"。

⑥ 贩卖少量毒品的行为,既违反了《治安管理处罚法》第71条中"非法运输、买卖、储存、使用少量罂粟壳"的规定,又违反了《刑法》第347条中"走私、贩卖、运输、制造鸦片不满二百克、海洛因或者甲基苯丙胺不满十克或者其他少量毒品"的规定。

属于前述第一种情形，但严格地讲，“危及飞行安全，足以使民用航空器发生坠落、毁坏危险”是行为所招致的“结果”，而非“情节”。所以，移动使用中的航行设施行为转化为犯罪并非因该行为“情节严重”，而是其招致的后果严重。

笔者认为，擅开应急舱门行为如转化为犯罪，必须遵守以下规则和要求。

（一）明确转化为犯罪的法律标准

综合考察《民用航空法》第 197 条和第 200 条，移动使用中的航行设施，“危及飞行安全，足以使民用航空器发生坠落、毁坏危险”的，才能追究行为人的刑事责任；该行为所招致的后果达不到该程度时，属于“尚不够刑事处罚”的情形，只能给予治安管理处罚。[①]

《民用航空法》第 197 条中，“危及飞行安全，足以使民用航空器发生坠落、毁坏危险”，是对“盗窃或者故意毁损、移动使用中的航行设施”行为成立犯罪所必需的结果要件的规定，其中，“危及飞行安全”与“足以使民用航空器发生坠落、毁坏危险”之间存在一般与具体的关系。以故意毁损使用中的航行设施为例，“危及飞行安全”是对该行为成立犯罪所必需的结果要件的一般规定，这是成立犯罪的实质标准，而“足以使民用航空器发生坠落、毁坏危险”则是对“危及飞行安全”之内容的一种具体描述。假设该行为“危及飞行安全”，即可转化为《刑法》第 116 条（破坏交通工具罪）的危险犯。[②] “举轻以明重。”在理论上，“危及（害）飞行安全”还会有一种表现即“使民用航空器发生坠落、毁坏”。这种情形尽管《民用航空法》中没有言明，但逻辑上是存在的。如果故意毁损使用中的航行设施，造成了飞机坠落、毁坏的严重后果，就要转化为《刑法》第 119 条（含破坏交通工具罪）的实害犯。[③]

据此，移动使用中的航行设施行为如转化为犯罪，必须符合“危及飞

① 《治安管理处罚法》第 34 条第 1 款规定，“盗窃、损坏、擅自移动使用中的航空设施，或者强行进入航空器驾驶舱的，处 10 日以上 15 日以下拘留”。

② 《刑法》第 116 条规定，“破坏火车、汽车、电车、船只、航空器，足以使火车、汽车、电车、船只、航空器发生倾覆、毁坏危险，尚未造成严重后果的，处三年以上十年以下有期徒刑”。

③ 《刑法》第 119 条规定，“破坏交通工具、交通设施、电力设备、燃气设备、易燃易爆设备，造成严重后果的，处十年以上有期徒刑、无期徒刑或者死刑”。

行安全”这一实质标准。判断是否“危及飞行安全”，要看该行为是否客观上形成了严重妨碍民用航空器操作、控制的“现实可能性”，从而使该航空器处于坠落、毁坏的危险状态。一般而言，移动的只有是关键的航行设施部附件才有可能招致这一危险，擅开应急舱门行为转化为犯罪则要看应急舱门是否属于关键性的航行设施。

（二）区分“使不能飞行”与“危及飞行安全”

《蒙特利尔公约》第1条（危害航空器飞行安全罪）规定：“任何人如果非法地和故意地从事下述行为即是犯罪行为：……（乙）破坏使用中的航空器或对该航空器造成损坏，使其不能飞行或将会危及其飞行安全；或（丙）用任何方法在使用中的航空器内放置或使别人放置一种将会破坏该航空器或对其造成损坏，使其不能飞行或对其造成损坏而将会危及其飞行安全的装置或物质……”①值得注意的是，该两款对破坏航空器和在航空器放置装置、物质的行为都区分了“使航空器不能飞行”②和“危及航空器飞行安全”两种情形。这种区分是有意义的。③ 有学者认为，因某行为使航空器不能飞行，可能带来财产的严重损失，但就飞行安全而言，一般不会有严重后果；而危及飞行安全的，则是以危险状态出现即可构成犯罪。④ 我国《民用航空法》第197条对“盗窃或者故意毁损、移动使用中的航行设施”行为规定的入罪标准是“危及飞行安全”，而不是“使不能飞

① 转引自［日］栗林忠男：《航空犯罪与国际法》，袁晓利译，法律出版社1988年版，第149～150页。此处的《蒙特利尔公约》即1971年《蒙特利尔公约》（The Montreal Convention），全称为《制止危害民用航空安全的非法行为的公约》（The Convention for the Suppression of Unlawful Acts Against the Safety of Civil Aviation）。该公约于1971年9月23日在加拿大魁北克省西南部的蒙特利尔市签署，1973年1月26日生效。我国于1980年9月10日加入。

② 笔者所引“使航空器不能飞行”，在《蒙特利尔公约》第1条中表述的术语是“使其不能飞行”，“其”即前述的“航空器”。该术语在蒙特利尔会议上没有明确，但在各国代表的发言中，有“接近于全面破坏的损害”“实施使航空器丧失正常机能，不适于飞行的行为”等解释。［日］栗林忠男：《航空犯罪与国际法》，袁晓利译，法律出版社1988年版，第88页。

③ 《蒙特利尔公约》第1条（甲）款和（丁）款分别规定了“对飞行中的航空器内的人从事暴力行为”，“破坏或损坏航行设备或妨碍其工作”的禁止性规范，但二者成立犯罪的结果要件均是如该行为“将会危及飞行中航空器的安全”，却没有诸如“使航空器不能飞行”的表述。

④ 参见杨承毅：《论危害民用航空安全犯罪》，四川大学2006年硕士学位论文，第30页。

行"。这样规定,立法者当时肯定注意到《蒙特利尔公约》第1条所作的这一区分,但在国内法转化时对此类行为的入罪标准作了限缩性规定,排除了"使不能飞行"情形入罪的可能。因此,考虑擅开应急舱门行为转化为犯罪时必须考虑这些因素,不能实际上或理念上用"使不能飞行"替代"危及飞行安全"这一法律标准。

一般而言,乘客擅开应急舱门对飞机本身不会造成损害,不过,由于机组只得停止执行后续航班,拆除滑梯送厂维修,由此发生了包括高昂的维修费用在内的诸多费用和损失。客观地讲,该行为招致的这些后果仍属于"使不能飞行"的范畴,尚达不到"足以使民用航空器发生坠落、毁坏危险"的程度。当然,也有一种例外:在应急舱门完全开启的情况下,应急滑梯自动脱落时损害了机舱外的重要部附件,或者应急滑梯被吸入发动机等,这种情形可认为是"危及飞行安全"。

(三)坚持法无明文规定不为罪

关于行政违法行为转化为犯罪的法律条件,一般认为,"现行各种行政法中大多有'构成犯罪的,依法追究刑事责任'的规定。至于能否追究行为人的刑事责任,还是要以刑法的规定为基础。"[①]这里,涉及"应当转化"和"能够转化"的区别问题。

有学者指出,"行政违法向犯罪转化的情形较多,但在具体的执法实践中存在诸多问题"如"行政违法转化为犯罪缺少相应的罪名对应"。[②]可见,"应当转化"与"能够转化"是行政违法行为与犯罪衔接关系问题的两个方面。"应当转化",事关行政违法行为与犯罪衔接的必要性,重点要考虑该行政违法行为的社会危害性是否严重、应否动用刑法予以惩罚;"能够转化",事关行政违法行为与犯罪衔接的可行性,重点要考虑行政法律对该行政违法行为转化为犯罪有无规定和刑法分则中有无对应的具体罪名。由于立法上的原因,行政法律中"依法追究刑事责任"的规定并非与刑法分则规定的罪名一一对应,有时会出现找不到可转化的具体罪名的"尴尬"境况。但是,根据罪刑法定原则,"应当转化"但因刑法分则中

---

① 原全国人大法工委刑法室副主任黄太云语。转引自王金贵:《犯罪与行政违法行为的界限及惩罚机制的协调研讨会综述》,载《人民检察》2008年第15期。

② 崔冬:《行政违法与犯罪衔接问题研究》,载《行政论坛》2011年第1期。

无对应的具体罪名而实际上不能转化的，不能追究行政违法行为人的刑事责任。

至于确定能否转化，要遵守两项要求：一是弄清刑法分则中有哪些具体罪名可用于转化。《东京公约》《海牙公约》《蒙特利尔公约》及《蒙特利尔公约补充议定书》四个国际公约陆续规定了危害国际航空安全犯罪的三个具体形态：非法劫持航空器罪、危害航空器飞行安全罪和危害国际民用航空机场安全罪。在公约国内法转化方面，我国 1997 年《刑法》分则中可直接适用的罪名有：第 116 条、第 119 条的破坏交通工具罪，第 117 条、第 119 条的破坏交通设施罪，第 121 条的劫持航空器罪，第 123 条的暴力危及飞行安全罪，第 131 条的重大飞行事故罪；可间接适用的罪名有：放火罪、爆炸罪、投放危险物质罪、以危险方法危害公共安全罪、投放虚假危险物质罪以及编造、故意传播虚假恐怖信息罪等。[①] 如故意毁损航行设施行为转化为犯罪时，可直接适用破坏交通工具罪。二是判断是否符合拟转化的具体犯罪的构成要件。如果认为某行政违法行为在刑法分则中有可转化的具体罪名，就要理性分析该行为是否符合该罪的法定构成要件，同时判断能否排除符合这些要件的可能。以乘客擅开应急舱门案为例。从对象上看，航空器的应急舱门不属于《刑法》分则明确列举的交通设施，因而可排除符合破坏交通设施罪的对象要件的可能；从方式上看，“打开”不具有“劫持”“暴力”的性质，因而可排除符合劫持航空器罪、暴力危及飞行安全罪的手段要件的可能；从主体上看，乘客不具有“航空人员”的身份，因而可排除符合重大飞行事故罪的主体要件的可能。

目前，对擅开应急舱门行为的定性有两种观点：朴某一案的公诉机关认为，该种行为符合以危险方法危害公共安全罪的构成特征；还有个别学者认为，该种行为应以破坏交通工具罪定罪。下面具体分析该种行为是否符合此二罪的构成要件。

三、擅开应急舱门行为的入罪质疑

笔者认为，擅开应急舱门行为一般会导致使飞机不能飞行的后果，但还不会“危及飞行安全”，且该行为的手段也不具有“危险方法”和“破坏”

① 参见付强：《论危害国际航空安全犯罪》，载《华东政法大学学报》2011 年第 3 期。

的属性,因而不符合以危险方法危害公共安全罪和破坏交通工具罪的构成要件。

（一）关于作为结果要件的危险状态

《刑法》第 114 条中的以危险方法危害公共安全罪和第 116 条的破坏交通工具罪,都以行为对公共安全构成现实的危险为结果要件:后罪是"足以使……航空器……发生倾覆、毁坏危险,尚未造成严重后果",前罪则是"危害公共安全,尚未造成严重后果"。由此,擅开应急舱门案以何一罪名定性,都得确定该行为已"足以使航空器放生倾覆、毁坏危险",此即满足《蒙特利尔公约》第 1 条界定的"将危及航空器飞行安全"这一要件。如果该行为不至于"将危及航空器飞行安全",而只是"使航空器不能飞行",虽然"使航空器不能飞行"也是《蒙特利尔公约》第 1 条规定的结果要件之一,但因我国刑法还没有将此转化为国内法,对"使航空器不能飞行"的该行为定罪就缺少了法律依据。①

为进一步说明,这里将《刑法》第 123 条(暴力危及飞行安全罪)②与《民用航空法》第 197 条进行对比,从中可以发现有几点不同:(1)性质不同。前者是刑法规范,后者是行政法律规范。(2)内容不同。前者禁止的行为是"对飞行中的航空器上的人员使用暴力",后者禁止的是"盗窃或者故意毁损、移动使用中的航行设施"。尽管有此差异,二者对结果要件(危险犯)的立法要求是相通的:前者是"危及飞行安全,尚未造成严重后果",③后者是"危及飞行安全,足以使民用航空器发生坠落、毁坏危险",均以"危及飞行安全"作为追究刑事责任的实质标准,具体判断都要看是否"将危及航空器飞行安全"。

就暴力危及飞行安全罪而言,行为成立犯罪必须同时具备"使用暴

---

① 《民用航空法》第 197 条中"危及飞行安全,足以使航空器发生倾覆、毁坏危险"与《蒙特利尔公约》第 1 条关于"将危及航空器飞行安全"的规定是一致的。

② 《刑法》第 123 条规定,"对飞行中的航空器上的人员使用暴力,危及飞行安全,尚未造成严重后果的,处五年以下有期徒刑或者拘役;造成严重后果的,处五年以上有期徒刑。"

③ 司法实践中,"飞行安全"是指不特定多数乘客和机组人员的生命、健康安全,运载物品和航空器的安全,以及地面上的人员和财产的安全。该罪的加重情节"造成严重后果"是指"使飞行中的航空器重要部件被毁坏,航空器的操纵系统失灵,甚至造成航空器坠毁等情形"。参见周道鸾、张军主编:《刑法罪名精释》(第 4 版)(上),人民法院出版社 2013 年版,第 110 页。从刑法"二次法"的属性和法律的体系解释出发进行推定,此处的"尚未造成严重后果"可等同于后面所指的"足以使航空器发生毁坏、坠落危险"。

力”和“危及飞行安全”两个要件。行为人虽然使用了暴力,但未危及飞行安全的,不构成犯罪。[①] 同理,擅开应急舱门导致应急滑梯脱落损害机舱外的重要部附件或者被吸入发动机的后果,方可认为是“危及飞行安全”。有学者提出,“司法实践中,行为人的行为在导致航空器有坠落、毁坏、被迫中断飞行等危险时,便是危及飞行安全。”[②]笔者认为,该观点将“导致航空器被迫中断飞行危险”归入“危及飞行安全”的情形,实际上扩大了《蒙特利尔公约》第1条在我国的适用范围,容易模糊“被迫中断飞行危险”与“坠落、毁坏危险”,也与《民用航空法》第197条“足以使民用航空器发生坠落、毁坏危险”的规定相冲突,因而是不适当的。如果将该观点适用于“移动使用中的航行设施”行政违法案件,更多的擅开应急舱门案件将会被不当定罪。

(二)关于作为行为要件的手段特征

退一步讲,即使将擅开应急舱门“导致航空器被迫中断飞行危险”视为“危及飞行安全”的一种表现,该行为也不符合以危险方法危害公共安全罪和破坏交通工具罪的手段特征。

1. 擅开应急舱门不是“危险方法”。近些年来,以危险方法危害公共安全罪被滥用、错用的趋势愈加明显,实际上变成了一个“口袋罪”,因而与其他犯罪的边界变得模糊不清。如对擅开应急舱门行为以以危险方法危害公共安全罪定性,首先必须确定该行为符合《刑法》第114条中“危险方法”的手段特征,而不能以行为造成重大财产损失来倒推其具有“危险方法”的危险性。笔者认为,擅开应急舱门行为不符合“危险方法”的手段特征。

第一,所谓“危险方法”,是指与《刑法》第114条规定的放火、决水、爆炸、投放危险物质的危险性相同或相当,一旦实施就可能(同时)危及不特定多数人生命、健康安全或重大财产安全的行为。[③] 如前所述,擅开应

---

① 参见周道鸾、张军主编:《刑法罪名精释》(第4版)(上),人民法院出版社2013年版,第110页。

② 参见赵颖:《关于暴力危及飞行安全罪的认定问题》,载《辽宁公安司法管理干部学院学报》2002年第1期。

③ 参见周道鸾、张军主编:《刑法罪名精释》(第4版)(上),人民法院出版社2013年版,第82页。

急舱门一般对飞机不会造成损害,所导致的直接后果是飞机不能飞行或中断飞行,易言之,该行为一旦实施并不能同时危及不特定多数人的生命、健康或重大财产的安全,因而不具有“危险方法”的危险性。

第二,在应急舱门完全开启的情况下,脱落的应急滑梯损害了机舱外的重要部附件或者被吸入发动机;或者在应急舱门为完全开启的情况下,飞机升到高空后因舱门大开而选择迫降时,虽然可形成“足以使民用航空器发生坠落、毁坏危险”的状态,但因该后果或状态并不是擅开应急舱门行为所能必然地导致、引起的,所以,也排除了该行为符合“危险方法”之危险性特征的可能。

第三,尽管擅开应急舱门会导致高昂的维修费用和其他物质损失,可认为属于《刑法》第115条第1款规定的“造成公私财产遭受重大损失”,[①]但因该行为不具有“危险方法”的危险性,故也不成立该条款规定的以危险方法危害公共安全罪。

2. 擅开应急舱门并非“破坏”。根据《刑法》第116条,破坏交通工具罪行为的手段是“破坏”,其对象包括航空器。据此,只有当擅打开应急舱门的行为具有“破坏”的性质,且足以使航空器发生倾覆、毁坏危险的,才能以破坏交通工具罪定性。《民用航空法》第197条将针对使用中航行设施的行为手段规定为“盗窃”“故意毁损”和“移动”,而关于“故意毁损”和“破坏”,我国刑法分则中有规定,可据以比较判断“擅自打开”的行为性质。

例如,《刑法》第324条第1款(故意损毁文物罪)和该条第2款(故意毁损名胜古迹罪)规定的行为手段都是“故意毁损”。[②] 在现代汉语中,“毁损”有损伤、损坏的意思,[③]而在司法实践中,“故意毁损”在前罪中,一般是指故意实施“捣毁、焚烧、污损、拆除、挖掘等行为”,后罪中是指故意

---

① 《刑法》第115条第1款规定,放火、决水、爆炸、投放危险物质或者以其他危险方法致人重伤、死亡或者使公私财产遭受重大损失的,处十年以上有期徒刑、无期徒刑或者死刑。

② 《刑法》第324条第1款规定,“故意损毁国家保护的珍贵文物或者被确定为全国重点文物保护单位、省级文物保护单位的文物的,处三年以下有期徒刑或者拘役,并处或者单处罚金;情节严重的,处三年以上十年以下有期徒刑,并处罚金”。该条第2款规定,“故意损毁国家保护的名胜古迹,情节严重的,处五年以下有期徒刑或者拘役,并处或者单处罚金”。

③ 《现代汉语词典》(第5版),商务印书馆2005年版,第609页。

实施“拆改、捣毁、挖掘、焚烧、爆炸等行为”。[1] 又如,破坏型的危害公共安全罪,还有破坏界碑、界桩罪,破坏永久性测量标志罪,破坏武器装备、军事设施、军事通信罪等,都是以物理性的“破坏”作为手段要件。总之,“破坏”有使建筑物损坏、使事物受到损害、(物体的组织或结构)损坏等物理性意义,[2]而这些罪名中的“破坏”,都有摧毁、毁坏、损坏、损害的意思。当然,针对的对象不同,手段特征也略有不同。例如,破坏交通工具罪中的“破坏”,是指“以拆卸、碰撞、在燃料中掺以杂质等各种手段和方法”。[3]

概言之,无论是“故意毁损”还是“破坏”,行为人都是出于故意,采用的都是以物理方法将外力作用于某物,造成该物功能、价值的损坏、毁坏,二者的危害程度也基本相当。值得注意的是,《民用航空法》第 197 条将“移动”与“故意毁损”相并列,这就意味着二者的性质在立法上并未被等量齐观。比较而言,“移动”只会改变航行设施的原来位置,只要遵循操作规范和流程,一般不会损伤、损坏该航行设施即不会造成类似于“故意毁损”和“破坏”所招致的损坏、毁坏后果。所以,擅开应急舱门只是一种“移动”航行设施的行为,根本不具有“破坏”的性质。

综上,朴某被控以危险方法危害公共安全一案的指控罪名不能成立,朴某的行为属于《刑法》第 13 条“但书”规定的“情节显著轻微危害不大”而不应认为是犯罪,应当依照《治安管理处罚法》的规定处罚。

---

① 参见周道鸾、张军主编:《刑法罪名精释》(第 4 版)(下),人民法院出版社 2013 年版,第 813、814 页。

② 《现代汉语词典》(第 5 版),商务印书馆 2005 年版,第 1059 页。

③ 周道鸾、张军主编:《刑法罪名精释》(第 4 版)(上),人民法院出版社 2013 年版,第 90 页。

●非法吸收公众存款罪中存款人被害人身份质疑

李学良*

摘　要：犯罪不是孤立的由犯罪人一方完成的，整个犯罪过程中被害人的行为对犯罪发生有一定的原因力，在某些犯罪中被害人行为促成了犯罪的发生。非法吸收公众存款罪中存款人的被害人身份受到质疑，存款人的行为诱发甚至促成了本罪的成立，其实质为本罪的犯罪主体。非法吸收公众存款行为中存款人的存款行为与吸收存款者的吸款行为都侵犯了金融管理秩序，是对本罪法益的侵害，刑法适用于任何侵犯其所保护的法益的行为，存款人的存款行为侵犯了本罪保护的法益，理应受到刑法的规制。非法吸收公款罪的行为特征决定了本罪的当事人不可能是一方，需要至少两方当事人参与，也意味着本罪实质上属于对向犯，存款人与吸收存款人都是本罪的犯罪主体。

关键词：非法吸收公众存款罪　存款人　被害人身份

引　言

在刑法发展史中被害人的研究长期以来未受到研究者的关注，直到20世纪四五十年代关于被害人的研究才逐渐兴起。被害人学的研究使犯罪不再表现为犯罪人"一方独大"，在研究犯罪的起因时，被害人的作用也被正视。当某些学者开始研究被害人时，初始兴趣表现为一种反被害人的倾向：他们寻找证据证明被害人在犯罪发生之前和发生过程中自身的

---

* 天津商业大学法学院硕士研究生。

行为促成了自身的受害。[1] 在非法吸收公众存款罪中存款人的身份一直以来是被害人，但是通过被害人学的分析，不禁反思，存款人其能否得到被害人的“礼遇”？是不是被害人？存款人是否要为自己的行为承担相应的责任？该责任是民事责任、刑事责任或者道德责任？

非法吸收公众存款罪属于《刑法》第三章破坏社会主义市场经济秩序罪下第四节破坏金融管理秩序罪中的一个罪名，根据法益侵害理论，刑法第三章保护的法益是社会主义市场经济秩序，其第四节保护的是在社会主义市场秩序法益下一层次的相对具体的法益即金融管理秩序，而非法吸收公众存款罪保护的法益是货币领域的金融秩序。本罪中“存款”应该从资本货币经营的意义来理解，存款人能依自己的意愿存取，吸收资金者有吸收存款予以放贷的行为。[2] 这一罪名所保护的法益是国家货币领域的金融秩序，作为吸收存款的行为人其吸收行为无疑侵犯了本罪所保护的法益，同时存款人的存款行为是否也侵犯了该罪所保护的法益？学界对于此问题少有论述，存款人是以谋取超法规利益的目的将存款放置于吸收存款人处，存款人合理考量了将“存款”是放置在金融机构还是非法吸收存款人处，存款人的行为触犯了本罪所保护的法益，其被害人身份值得商榷。

非法吸收公众存款罪是否可以归为对向犯？易言之，存款人与吸收存款人是共谋的犯罪人，其两者是否成立共同犯罪？如果成立共犯，如何分配两者的行为责任，是否需要追究存款人的刑事责任？同时，非法吸收公众存款罪的行为特性决定了本罪中存款人数量众多、全体庞大，在“法不责众”的固有观念下如何正确的理清存款人的罪责，在固有无罪观念中被视为被害人的存款人的行为责任该怎样追究？犯罪不是孤立的由犯罪人一方完成的行为，整个犯罪过程中被害人的行为对犯罪发生负有一定的责任，在某些犯罪被害人行为的原因力促成甚至导致了犯罪的发生，应当对犯罪结果承担与犯罪人相同的责任甚至是主要的责任承担者。

---

① ［美］安德鲁·卡曼（Andrew Karmen）：《犯罪被害人学导论》（第 6 版），李伟等译，北京大学出版社 2010 年版，第 29 页。

② 李健、李辰辰：《非法吸收公众存款罪之辨析——兼评〈最高人民法院关于审理非法集资案件具体应用法律若干问题的解释〉》，载《法治研究》2012 年第 3 期。

一、非法吸收公众存款罪中存款人"被害人身份"审视

非法吸收公众存款罪中的存款人一直作为被害人出现在法律中，司法实践中"民众对政府的依赖心理，一旦吸收资金者无能力偿还本息，先前大批为其提供资金的民众，往往首先想到的不是冷静的、沉着地通过法律手段加以解决，而是涌向政府和司法机关'讨个说法'""大批的存款人认为替他们追回和弥补损失是司法机关的当然职责，以各种方式向司法机关施加压力，甚至提出不合理的要求"。① 这里存款人无疑成为弱势群体，而在现实生活中存款人大批的资金丢失也博得民众及政府的支持与理解，以至于对其破坏金融秩序的行为忽略，只看重其行为部分结果而不关注其行为过程，偏向结果主义立场。造成是犯罪人一人导致了这一恶果，存款人不承担任何行为责任的假象。

（一）被害人与犯罪人的关系

"被害人"（又称被害者、受害人、受害者）一词，最初的含义是指古代宗教仪式上的祭祀品（sacrifice），即被杀死以敬献给神或其他超自然力量的人或者动物；后来词义不断充实发展，在日常用语中被害人直达是因各种原因而受伤害、损失或困苦的人，人们在谈论事故、疾病、自然灾害、司法腐败等话题的时候都可以存在被害人概念。② 简言之，被害人就是因为各种原因而遭受伤害、损失或困苦的人，这是最广泛意义的被害人概念。我国学者认为：在被害人学上，被害人是犯罪行为侵害的社会关系的主体，是危害结果的直接或间接承担者。③ 另有人从法益角度提出：犯罪被害人是指被犯罪所侵害法益的保有者。④ 后两种概念将行为限制在刑事法律中将刑事被害人的概念与犯罪人相对。犯罪人是因其行为触犯刑律而被迫承担国家刑罚的人。通常在一个刑事案件中有犯罪人必然有受害人，但是特殊案件中会发生被害人同时是犯罪人的情况。比如受胁迫犯

---

① 张珩：《非法吸收公众存款罪的难点问题》，载《中国刑事法杂志》2010 年第 12 期。

② ［德］汉斯·约阿希姆·施耐德主编：《国际范围内的被害人》，许章润等译，中国公安大学出版社 1992 年版，第 28 页。

③ 许章润主编：《犯罪学》（第 3 版），法律出版社 2007 年版，第 123 页。

④ 王佳明：《互动之中的犯罪与被害——刑法领域中的被害人责任研究》，北京大学出版社 2007 年版，第 13 页。

罪的行为人,其本来是犯罪行为的被害人但遭受到犯罪行为人胁迫后,转变为消极犯罪人或者积极犯罪人,同时具备两种身份因而《刑法》第28条规定:“对于胁迫参加犯罪的,应当按照他的犯罪情节减轻处罚或者免于处罚。”

犯罪人与被害人是刑事案件中必不可少的“两造”,但在部分犯罪中会出现一个行为人同时具备两种身份或者在某个案件中被害人或者犯罪人中的一方凸显而另一方处于模糊地位属于潜藏者。后一种情形大多表现为犯罪行为所侵害的法益是超个人法益,法益的享有者是国家或者某个超个人的团体,同时该行为还侵犯了某些具体的个人或者群体利益。这些具体的个人或群体有时也具有被害人身份,但此类的大部分案件中不具有被害人身份,因为相对于国家法益而言其个人身份被放置在“阴影”中。但不论何种情形下被害人与犯罪人在任何犯罪行为中都共同存在。

犯罪人与被害人的关系就表现为一种互动性。正如冯·亨梯提出的“在某种意义上是被害人塑造了犯罪人”。[①] 在某次犯罪中犯罪人不是孤立的个人,其存在与被害人有着生生相息的关系。1968年斯蒂芬·谢弗提出“功能责任”理论:所有的犯罪都不是“偶然”发生的,被害人的疏忽、刺激行为或引诱对于犯罪的发生和发展过程也常常有一定影响。社会规范描述的被害人的功能角色要求其不做任何可能招致自身被害的事情,同时,也要求其积极的不去引诱他人实施犯罪。[②] 两位被害人学的研究者对于被害人在犯罪行为中“力”的简要概括,表达了犯罪行为不是单向的而是双向互动的。犯罪如同任何正常的社会交往,但是此种类型的特殊性在于处于交往关系之中的是一种犯罪人与被害人之间的紧张、冲突、对立的关系。在这种互动的交往中两者身份不是固定不动的。常态的犯罪中犯罪人与被害人之间有一定的平衡性即双方身份基本是固定的,双方

---

① Joseph E. Jacoby(editor), *Classics of Criminology*, Waveland Press, 1988, pp. 26 – 27. 转引自王佳明:《互动之中的犯罪与被害——刑法领域中的被害人责任研究》,北京大学出版社2007年版,第36页。

② Stephen Schafer, *The Victim and His Criminal: A Study in Functional Responsibility*, Random House, 1968, p. 152. 转引自王佳明:《互动之中的犯罪与被害——刑法领域中的被害人责任研究》,北京大学出版社2007年版,第36~37页。

行为推动了案件的发生。但某些案件中被害人与犯罪人的身份具有模糊性。

(二)被害人的责任分担

刑事法律中责任的承担方式一般为犯罪人受到国家刑罚的制裁,刑事案件的被害人则不会遭受刑事法律的制裁。在某些单位犯罪案件中即使行为人利用单位犯罪,该单位本来也具有犯罪人身份,但是刑法只规定了单位主要负责任人的刑事责任而对于单位本身则免于处罚。从立法精神或者立法原意上推导,多数学者认为在这些犯罪案件中,单位已经遭受到了犯罪行为的侵害,在给予其刑事处罚则加重了单位的负担。这种考量不无道理,也以另一个角度说明刑事责任的分担原则。在责任分担中最具明示性的为共同犯罪中关于主犯、从犯处罚结果的不同,行为对结果发生的原因力不同,其承担的刑事责任的大小就不同。

罪责自负原则要求每个人对自己的行为负责,“一个人之所以需要或者说必须承担责任,一方面在于其行为对于法益产生了损害,另一方面在于法律对其具有责难的需要或必要”。[①] 犯罪行为不是孤立的个人对社会的反动,而是在犯罪人与被害人互动中产生的。犯罪的结果是在被害人与犯罪人双方行为作用的基础上才发生,被害人具有一定的行为责任。被害人的责任首先表现为一种事实责任,详言之,在犯罪行为受到法律规范的评价之前,被害人对于犯罪行为的发生、所起的作用和影响就已客观存在。在规范层面上,刑法作为最严厉的法律制裁手段,加之被害人已经遭受了犯罪人的一次侵害,为避免双重压迫被害人,在评价被害人的责任时需要运用较犯罪人而言更高的责任承担标准。我们同情被害人所承受的事实层面上的不利后果,但仍然可以从规范层面对其不当行为或者样态进行评价。[②] 刑事责任的承担不仅仅是为了惩罚犯罪人,也在于通过惩罚犯罪人预防犯罪行为的再次发生。这种预防包括一般预防与特殊预防,对被害人而言承担刑事责任也具有同样的效果。不同犯罪行为中被害人表现也有差异,白建军教授将被害人的被害性分为三种,即“状态被

---

① 王佳明:《互动之中的犯罪与被害——刑法领域中的被害人责任研究》,北京大学出版社 2007 年版,第 90 页。

② 同上书,第 50 页。

害性、过失被害性、主动被害性”。[①] 这一分类是着眼于犯罪预防的需要，以被害性的强度不同进行的划分。对于被害性强弱的差异表现为被害人在承担刑事责任上的差别。主动被害性型的责任最重，过失被害性型责任较重，状态被害性责任最轻，相反在以上三种类型的犯罪中犯罪人的责任相比较而言则是“由轻到重”。刑事被害人的刑事责任的分担真正实现了罪责自负，符合罪责刑相应的刑法原则，而忽视被害人刑事责任则与此原则的背离。

二、非法吸收公众存款罪中存款人“被害人身份”的质疑

非法吸收存款罪中存款人在现实司法中一般作为被害人，但是这一认同与目前刑法理论相冲突。换言之，非法吸收存款行为中存款人的被害人身份应受到刑法理论的质疑。法益，是指根据宪法的基本原则，由法所保护的、客观上可能受到侵害或者威胁的人的生活利益。[②] 刑法所保护的“人的生活利益”就是刑法的法益，非法吸收公众存款罪中所保护的法益是货币领域的金融秩序。在判断某种行为是否侵犯本罪的法益时，应当“以具体法条的保护法益是否受到侵害为标准判断犯罪的既遂与未遂”[③]。在非法吸收公众存款行为中，吸收行为侵犯了本罪保护的法益，而存款行为同样是对本罪所保护法益的侵犯。

（一）存款人“被害人身份”的质疑

在非法吸收公众存款行为中，以往的司法实践和刑法理论普遍认为存款人是被害人，而非法吸收公众存款罪的行为主体只能是存款人以外的行为人。事实上，在非法吸收公众存款行为中，存款行为与吸款行为是同时或者几乎同时发生，只有存款行为或者只有吸收行为是难以想象的、不可接受的。换言之，是两种行为共同促成了非法吸收公众存款行为的发生，是两方主体共同作用下实现了非法吸收公众存款罪。吸款行为与存款行为的互动或者相互转化下才完成整个的吸收存款行为。而现实中出现，A 吸收了 B 的货币资金，把自己的资金以及 B 的资金共同存入 C

① 白建军：《犯罪学原理》，现代出版社 1992 年版，第 225 ~ 229 页。
② 张明楷：《刑法学》（第 4 版），法律出版社 2011 年版，第 67 页。
③ 同上书，第 69 页。

的手中。此时A既是吸收人又是存款人,同时如果C把资金存入B手中,则B、C都具有了两种身份,存款人不再是"单纯的"被害人。这是一种较为极端的例子,但其在现实中确实存在。

存款人拥有大量的闲置资金,而银行利率较低,存款人迫切的寻求资金增值的渠道。而吸收存款人为资金短缺者,其在银行贷款难度大、取得贷款所耗费的时间长。供需双方都处于"过度"形态中,"一触即发"。供方通过供给资金可以得到丰厚的利益,而需方则通过融资缓解了一时的经济困难,此时需要双方互动即借款↔存款,仅有一方难以实现。而现实中追究犯罪时往往忽略被害人,只追究吸款行为人的责任,这是极不合理的。存款人对其供给资金行为应当承担一定的责任,但并不意味着要减轻吸收存款人的刑事责任。

非法吸收存款行为中存款人是非法吸收公众存款行为的原始发起人、参与人,其对犯罪行为的延伸、发展有重大影响。在归责时忽略存款人的责任,对吸款行为人是不公平的,也有违罪责自负原则与罪责刑相适应原则。将存款人视为完全无责的被害人,赋予其被害人身份,理应受到质疑。

(二)存款行为侵犯刑法保护的法益

刑法从某种意义上可以理解为法益保护法,具体表现为其对侵害法益的行为用刑罚制裁。作为法益保护法的刑法具有法益保护机能即"刑法通过对一定犯罪行为规定刑罚以及通过对现实的犯罪行为科处处罚,防止一定的犯罪行为,保护被犯罪行为侵害或者威胁的'生活利益',这种生活利益在受法所保护的阶段便是'法益'。"①非法吸收公众存款罪所保护的法益是国家货币领域的金融秩序。非法吸收公众存款行为侵犯了为刑法所保护的金融秩序,即侵犯了本罪的法益,理应受到禁止,以维护金融安全与稳定。

非法吸收公众存款行为中包括两个子行为:吸款行为与存款行为。前者对法益的侵害性表现得更为积极,也易于为人们所识别,所以在司法实践中吸款行为受到了法律的严厉惩处。反观存款行为没有得到应有的"待遇",存款可以作为一种常态的行为方式,在存款的对象出现了偏失时

① 张明楷:《法益初论》,中国政法大学出版社2003年版,第146~147页。

得到了民众的普遍认同。存款人的弱势首先赢得了大多数人的怜悯与支持,在这一常态下,作为原始犯罪行为触发者的存款人,其行为的侵害法益性被忽视。存款行为同吸款行为一样,都会侵害或者威胁国家金融秩序的稳定,违反国家货币领域的金融秩序,实质上侵害了本罪所保护的法益。

张明楷教授认为,用刑法来防止犯罪是因为它侵害或威胁了法益,不是因为它违反了伦理道德。① 也就是说,如果某种行为违反了伦理道德而没有侵害或者威胁刑法所保护的法益,该行为只会受到道德的批判而刑事法律规范不对其评价。同样可以从反面理解:非法吸收公众存款行为中,一方面,存款人自由支配自己的所拥有的资金,理性的进行"投资",投资资金丢失的风险作为其行为后果应当由自己承受;另一方面,其"投资"行为超出了法律界限,在法律容许的范围之外谋求个人非法利益,损害或威胁国家的金融安全,理应对该行为的后果承担相应的法律责任。进而,当存款人"投资"失败其行为责任应当由自己承受,社会民众可以给予道德关怀,但这并不能否认其行为对刑法所保护的金融法益的侵犯。现实生活中,司法机关被存款人损失了大量资金这一道德面所迷惑而不再追究其法律责任,无疑这种做法对吸收存款人是不公平的,也违背刑法法益保护法的基本精神。

在考察某种行为是否侵犯法益时,应当以该行为为考察对象,以刑法条文为依据,此外的其他因素都不是应当考虑的因素。法律规范规定了某种行为的法益侵害性,就应当运用刑法相关理论解决。而道德、伦理因素应该排除在法律之外。应当注意的是法益侵害理论中,凡是侵害法益的行为只要值得刑法规制,必然处以一定的刑事责任。明示存款行为的法益侵害性,实现罪责自负,避免"一箩筐"的将犯罪的结果归咎于吸收行为人。只有在互动犯罪行为样态下才可以更好地理解整体的犯罪行为,吸款行为与存款行为在互动之中都具有法益侵害性,一个是明示的侵害一个是隐蔽的侵害,其实质没有差别,存款行为侵犯了本罪所保护的法益。

---

① 张明楷:《法益初论》,中国政法大学出版社 2003 年版,第 3 页。

（三）存款人不是刑事被害人

“在生活意义上，存款人确实遭受了损失，是被害人。”[①]被害人将手中大量的闲置资金存置于吸款人处，一旦吸款人丧失偿还能力，即使吸款人有心还款也因资金短缺而不能偿还存款本金及利息，此时存款人无疑是被害人。“但损失也是存款人违法行为造成的，如果将这些损失作为犯罪侵犯的法益，让存款人作为法律意义上的被害人，通过法律手段、投入大量的司法资源为违法者追回损失，用纳税人的钱为违法者弥补损失，不利于预防犯罪，也不利于维护刑法所保护的社会共同生活的基本价值。”[②]“任何人都不能在自己非法行为中获得利益”这一法谚也明示了违法犯罪行为中获得利益不再是利益，违法行为造成的结果由行为人自己担责。存款人明知其存入吸款人资金的行为是法律所禁止的，至少知道此种行为是不合法的、非常规的，但是存款人仍然将资金投入，应当承担其行为后果。同样值得思考的是金融投资活动中的存款人都具有相当的理性，其考察自己如何行为会获得更大的利益，“预谋性”的行为选择也可以合理推断出存款人能够预见到投资行为的风险，但巨大利益面前，存款人选择“赌一把”。根据“被害人有利抉择”的观点，一个理性人做出承诺，应该是其经过理性思辨之后的最有利选择，有其利害的衡量。[③] 有利抉择之后的行为后果将由行为人自己承受，存款人对吸款人的吸款行为允诺，即权利人请求或同意行为人在可能损害其某种合法利益。当存款人将资金存入吸款人手中时，表明他已经接受了可能存在的风险，也就意味着吸款人可以合理支配该存款，出现风险时根据责任分担理论合理分担法律责任。因此，当存款人放弃其合法利益时，法益就没有必要对其保护，也就意味着存款人不是被害人。

非法吸收公众存款罪是位于刑法第三章破坏社会主义市场经济秩序罪下第四节破坏金融管理秩序罪中的一个罪名，从犯罪客体上，刑法第三章保护的犯罪客体是社会主义市场经济秩序，其第四节是在社会主义市场秩序下一层次的相对具体的犯罪客体即金融管理秩序，而非法吸收公

---

① 张珩：《非法吸收公众存款罪的难点问题》，载《中国刑事法杂志》2010 年第 12 期。

② 同上注。

③ 黄瑛琦：《被害人行为导入定罪机制研究》，法律出版社 2011 年版，第 20 页。

众存款罪保护的客体是国家货币领域的金融秩序，而不包括存款人的财产权。存款人参与非法吸收存款行为是自愿、自主的行为，同样破坏了国家金融管理秩序，自然不应当得到法律的保护，其不具有被害人身份。且在1998年国务院颁发的《非法金融机构和非法金融业务活动取缔办法》第18条规定："因参与非法金融业务活动受到的损失，由参与者自行承担。"从法益侵害理论分析，刑事被害人可以理解为"犯罪所侵害法益的保有者"，就非法吸收公众存款罪而言其保护的法益是金融秩序，而金融秩序的法益保有者不是个人而是国家，也就意味着在非法吸收公众存款罪中刑事被害人不是具体的某个人而是国家。国家作为特殊的刑事当事人成为本罪所侵害的具体法益保有者，因而存款人不是非法吸收公众存款罪中的刑事被害人。

三、非法吸收公众存款罪中存款人身份的纠正

只存在吸款行为或者只存在存款行为都不能完成吸收存款整个行为过程，吸收存款行为的整体性要求在整个行为过程中必然存在吸款行为与存款行为的互动。而仅把吸款行为列为非法吸收存款行为的犯罪客观方面则有失偏颇，因而需要把存款行为纳入本罪的行为样态中。进而非法吸收公众存款罪的犯罪主体不再是单一的犯罪人，而是存在吸款人与存款人"两个方向"的犯罪主体，易言之非法吸收公众存款罪为对向犯。存款人在非法吸收存款行为中不再享有"被害人特权"，其身份已然是犯罪人而不是被害人。

（一）非法吸收存款行为必然为互动行为

犯罪过程是犯罪人与被害人的互动过程，"在某种意义上说，被害人决定并塑造了犯罪……被害人与犯罪人之间具有深刻的互动作用，直至该戏剧性事件的最后一刻，而被害人可能在该事件中起决定性作用"。[①] 当被害人在某次犯罪案件中起决定作用时其被害人身份就丧失了，被害人不再是被害人而成为犯罪人。在非法吸收公众存款罪中存在两个行为：吸收存款行为和存款行为。两个行为共同塑造了非法吸收存款行为，缺少任一个行为，整个吸收存款行为将丧失构成要件，非法吸收存款行为

① 郭建安：《犯罪被害人学》，北京大学出版社1997年版，第154页。

必然是一个互动的过程。有学者认为:绝大多数犯罪中都存在被害人,且犯罪人与被害人处于相伴始终的关系之中,犯罪人与被害人的互动关系可以分为:对立相向关系、逆向转化关系、同向衍生关系。[①] 其中,对立相向关系根据被害人在犯罪过程中的不同作用又可分为受动被害、触发被害、主动被害;逆向转化关系中出现犯罪人与被害人角色的互换;同向衍生关系可分为两种类型:犯罪人与被害人的行为方向是相同的或者犯罪所指向的对象是在犯罪行为侵害其他法益时衍生的。被害人与犯罪人互动理论以全新的视角揭示了犯罪的本质,犯罪不是孤立的个人对社会的反抗,而是在两方乃至多方主体互动下造成的。非法吸收公众存款行为本就是一种存款与吸收存款的互动,两种行为从侵害法益角度是同向的即存款行为与吸收行为都对本罪所保护的法益造成损害或威胁。同时在一些具体的案件中出现逆向转化关系,存款人同时兼具吸收存款与存款两种行为,此种情形下就不能给予其被害人身份。非法吸收存款行为在对立相向关系中较为明显的表征"主动被害"特点,作为供给方的存款人以谋求超法规的利益通过其持有的资金及便利的借贷条件吸引资金需求方。吸收存款人即需求方在面临正规手段不能及时取得而民间资金又可以满足其资金需求,进而在双方互动下促成了整个行为。

非法吸收存款行为是以两个子行为为根基在子行为主体互动下最终形成非法吸收存款罪的行为方式。而吸收行为的主体一般被认为是本罪的行为主体,而存款行为主体一般作为本罪的受害人无视其犯罪人身份,这种做法是一种单向犯罪理念的固囿。重新确立非法吸收存款行为的互动性,以"犯罪——被害"双向互动的犯罪发生观念审视非法吸收公众存款罪的行为特性则会全面的认识本罪,正确的分析本罪中各行为人的责任,避免重视一方责任而忽视另一方责任,全面、动态的分析犯罪行为即非法吸收存款行为是双向互动的行为,行为的单方均对行为后果承担责任。

（二）非法吸收公众存款罪是对向犯

根据互动行为理论,非法吸收公众存款行为是存款行为与吸款行为共同构成的,犯罪结果也是两种行为方式"合成的"。在某种意义上存款

① 刘军:《刑法学中的被害人研究》,山东人民出版社2010年版,第30~34页。

人与吸款人是共谋的犯罪人;特别是此类犯罪中投资的行为特性要求行为人是相当的理性人,两种行为的当事人对于己方行为的意义或者后果是明知的,存款人与吸款人在思辨后选择以共同侵害法益的行为方式掠取非法利益应当受到刑法同等的评价。存款人的存款行为侵害了非法吸收公众存款罪所保护的法益,即存款行为人不是刑法所认同的被害人。同时被害人学理论中被害人对于犯罪的发生起诱引作用,具体在非法吸收公众存款罪中吸款人是资金需求方而存款人是资金供给方,吸款人多数为生产经营的目的吸收资金以弥补一时的资金短缺,反观存款人则是占有大量的闲置资金又想得到高额的利益,通过其间接引诱及直接投资行为促成了非法吸收公众存款罪的犯罪结果。两行为人虽没有明确的以言语方式表达共同侵犯国家的金融秩序的意图,但其行为方式及样态明示了其行为共同对法益的侵害。存款行为与吸款行为同样属于非法吸收存款行为的一种样态,并且这两种行为共同构成非法吸收存款行为,缺少任何一种行为非法吸收存款行为是不健全,也就不能称为非法吸收存款行为,更不会造成对本罪法益的侵犯。换言之,存款行为与吸款行为属于共同的实行行为,两行为者都是实行犯即正犯,并且属于刑法理论中必须有两人以上共同实行的犯罪,即非法吸收公众存款罪是必要的共犯。

我国刑法理论中必要共犯大致可以分为三种:对向犯,聚众共同犯罪,集团共同犯罪。其中,对向犯(对立的犯罪),是指以存在两人以上相互对向的行为要件的犯罪。① 对向犯根据各行为法定刑与罪名的不同又分为三种情况:(1)双方的罪名与法定刑相同;(2)双方的法定刑与罪名都不同;(3)只处罚一方的行为。非法吸收公众存款罪表面上看因其参与人数众多可能被归入后两种必要共犯中,其实不然,非法吸收公众存款罪是对向犯。非法吸收公众存款行为中的吸款行为属于犯罪行为已成为共识,而存款行为由于种种原因未被刑法规制。存款行为侵犯了本罪的法益,在行为本质上与吸款行为无差别,两种行为呈现"进——出"特点,缺一不可。但是存款行为一方多为"多数人",又呈现为"多对单"的样态,但行为结构还是一方主体"对抗"另一方主体,存款人一方内部表现为多数,对外表现为单数作为一个整体进行评价,具体的责任分担则依据各自

---

① 张明楷:《刑法学》(第4版),法律出版社2011年版,第351页。

的行为进行划分。典型的对向犯重婚罪中表征上或者主观感受上是一方主体起主导作用,另一方处于附随地位,实则不然,不论相婚者还是重婚者其结婚行为都是对刑法所保护法益的侵犯,并且重婚罪的发生是双方共同意志下产生,双方的自愿行为直接导致责难后果。同样,在非法吸收公众存款罪中,主观感受上存款人处于从属地位,吸款行为人处于支配地位,实则存款人未必处于从属地位,吸款人也不必然处于支配地位,两者行为的原因力共同塑造了本罪的犯罪行为,且在互动理论中双方的角色的互换也难以从理论中分为究竟何者责任更大。对向犯所要求的"两人以上""相互对向"等行为特征在非法吸收公众存款行为中具有体现,如非法吸收存款行为必然为两方主体参与,且两方主体的行为方向是不同的"吸款与存款"。就现有的罪名体系而言,存款人与吸款人所应承担的罪名应当是相同的即非法吸收公众存款罪,但具体量刑时需要具体分析吸收人和各个存款人的具体罪刑。综上,非法吸收公众存款罪是必要的共犯,且两种行为方式的犯罪人,承担的罪名相同、罪责差异不大,属于对向犯。

(三)非法吸收公众存款行为中存款人是刑事犯罪人

非法吸收公众存款行为是存款人与吸款人互动的行为过程,两种行为对犯罪最终结果的发生担负相当的责任,各自的行为人应当对自己行为后果承担其相应的责任。存款行为一定程度上促成了犯罪结果的发生,存款人也不是非法吸收公众存款罪的被害人。在责任分担理论支持下,罪责自负原则与罪责刑相适应的刑法原则要求,不能过分的苛责吸款人,不能将犯罪后果全部归咎于吸款人,存款人的行为也对犯罪结果的发生起了"积极"作用,当然罪责自负对自己的行为承担后果,同时相应的减轻吸款人的罪责。从两个行为方向全面、合理、公平的分配两者的行为责任。

存款行为与吸款行为一样或者说两种行为在本质上是等同的,都侵害了非法吸收公众存款罪所保护的法益,而不是仅有吸款行为侵害了本罪的法益。作为对向犯的非法吸收公众存款罪在仅存有一方当事人时,没有对向的行为者则本罪就不成立,进而吸款行为也不构成犯罪。非法吸收存款行为是一种互动行为,其行为过程必然的表现为存款行为与吸款行为,两种行为几乎是同时发生,很难想象在非法吸收存款行为中仅有吸款行为或者仅有存款行为。既然两种行为都侵害了本罪所保护的法益,在刑事司法中只追求吸款行为的法律责任,而把存款行为的支配者存款人作为被害人。这样在存款人与吸款人之间没有合理分配刑事责任,违背刑法面前人人平等原则,破坏了刑事法治。并且把本该作为犯罪人的存款人当作被害人,使其本人及其他行为人在选择是否存款时,必然选择将资金存入可以获取高利益的非法机构,使真正的犯罪人逃避法律的制裁,纵容了犯罪,也不利于犯罪的预防。

非法吸收公众存款罪中的存款人与吸款人是共谋的犯罪人,其行为具有对向性特征,缺少任何一种行为都难以完成本罪所要求的行为方式,也就难以成立本罪。存款行为与吸款行为合力侵害了本罪所保护的法益,拆分之后的存款行为同吸款行为一样,也是对国家金融秩序的破坏,都对本罪的法益造成损害或者威胁。存款人与吸款人的在互动的行为中,各自相互隐藏其犯罪行为,促成、加剧了本罪所造成了的后果。如果仅评价吸款人的行为无异于放纵存款人的行为,但是两种行为是不可分开的,就像硬币的两面,缺一不可。质言之,存款人被害人身份是虚假的,是受到质疑的,存款人不是非法吸收公众存款行为的受害人,其真实身份应当是犯罪人即非法吸收公众存款罪中存款人是犯罪人。

●外挂行为应构成破坏计算机信息系统罪

李耀宇*

在当今这个信息技术时代，计算机和网络已成为许多人生活中重要的一部分。随着计算机和互联网能够承担的功能越来越多，针对计算机系统的犯罪行为也越来越普遍。尽管我国有专门针对计算机犯罪的《刑法》第285条、第286条等规定，但由于计算机犯罪形式上的多样性、法益侵害的多重性等特点，在司法实践中对计算机犯罪的法律适用往往会出现罪与非罪、此罪与彼罪的争议，给打击计算机犯罪制造了难题。外挂行为就是其中一个典型的例子。

所谓外挂程序，是指故意编制的网络游戏客户端程序以外以对网络游戏或者包含网络游戏在内的一系列程序产生直接或间接影响的程序。① 外挂分为良性外挂和恶性外挂。前者的功能仅限于代替人工从事游戏中的“练级”等劳动或者辅助玩家实施某些操作，原理主要是模拟鼠标键盘的活动或者调用游戏的指令；后者除了能代替玩家练级之外，还能帮助玩家获得游戏规则所禁止的能力（如无敌），这些功能的实现方式有修改游戏数据、拦截游戏客户端向服务器端发送的封包等。一般良性外挂不具有危害性或者危害性不足以构成犯罪，因此本文主要讨论的是恶性外挂。外挂行为包括开发、销售（传播）、使用外挂程序的行为。虽然各游戏运营商均明文禁止外挂的使用，但由于巨大利益的诱惑，仅仅依靠经营者的自主管理很难阻止不法分子开发、使用外挂牟利，需要国家动用行政手段乃至刑事措施对其进行打击。

---

* 北京师范大学刑事法律科学研究院硕士生。

① 寿步、黄毅峰、朱凌、杨威：《外挂程序的定义特征和分类》，载《电子知识产权》2005年第8期。

目前,司法实务界及刑法学界对外挂行为的刑事违法性已基本达成共识,但在具体适用的罪名方面却存在较大的争议。争论的焦点主要集中在外挂行为究竟是构成侵犯著作权罪或者非法经营罪,还是破坏计算机信息系统罪。笔者认为,无论是使用外挂的行为,还是制作、销售外挂的行为,均应当以破坏计算机信息系统罪定罪处罚。

一、使用外挂属于修改计算机系统数据的行为

《刑法》第 286 条第 2 款规定:“违反国家规定,对计算机信息系统中存储、处理或者传输的数据和应用程序进行删除、修改、增加,后果严重”的行为,应当承担刑事责任。笔者认为,使用外挂的行为完全符合这一规定。然而,无论是学术界还是实务界,均对使用外挂行为是否违反刑法第 286 条第 2 款存在争议。笔者在此希望通过对相应观点的整理和评析,明确使用外挂行为的刑法性质。

有学者认为,“对于作弊类外挂,由于行为人仅是利用游戏服务器判别数据的缺陷,未对原游戏程序的修改或复制,也没有侵入游戏服务器,与《刑法》286 条规定的‘修改’完全不同。因此无法适用《刑法》第 286 条破坏计算机信息系统罪的规定”。[①] 笔者认为这一观点并不妥当。破坏计算机信息系统罪是故意犯罪,考察某一行为是否构成该罪要从主客观两个方面考虑。刑法意义上的修改计算机系统数据行为应当具有以下特点:客观上的非法性,即对数据的修改是计算机系统的管理者或者程序的设计者所不允许的,并且导致非法的数据进入了计算机系统的存储、传输、处理序列;主观上的明知性,即行为人明知自己实施的是非法修改数据的操作,将导致非法数据进入计算机系统的存储、传输、处理序列,且会造成一定的危害后果,仍实施修改数据的行为。外挂实现作弊功能主要有两个途径:一是修改计算机内存中存储的数据;二是拦截游戏客户端向服务器端发送的数据封包。前者修改了计算机系统中处理的数据,后者修改了计算机系统传输中的数据。无论哪一种方式,都是网络游戏运营商所明令禁止的。外挂程序的使用者在使用外挂时,其目的是获取超越

① 刘守芬、申柳华:《网络犯罪新问题刑事法规制与适用研究》,载《中国刑事法杂志》2007 年第 3 期。

游戏规则之外的利益,必然知道这种行为是不被运营商所允许的。因此,使用外挂行为在主客观上均符合《刑法》第286条第2款的规定。而服务器判别数据的缺陷只是给外挂程序修改数据达到作弊目的提供了客观条件,存在缺陷并不代表没有发生数据的修改,更不能成为外挂程序免责的理由。事实上,包括计算机病毒在内的诸多破坏性程序都是利用了计算机系统的漏洞,才能实现它们的破坏目的。利用系统漏洞恰恰是外挂程序具有危险性的一种表现。所以,使用外挂的行为无论是从形式特征还是危害实质上看,均符合破坏计算机系统罪的特性。

还有一种观点认为,外挂没有造成被害人计算机信息系统不能运行、瘫痪等危害结果,不属于破坏行为,不构成破坏计算机信息系统罪。[①] 笔者认为,这种观点没有正确理解破坏计算机信息系统罪的构成要件。刑法第286条第2款并不要求破坏计算机信息系统罪必须造成计算机信息系统不能运行、瘫痪等危害结果。实际上,让计算机信息系统不能运行、瘫痪并非造成严重危害后果的必然表现,使计算机部分功能失效或者产生错误结果,同样可以导致十分严重的后果。因此,认为构成破坏计算机信息系统罪必须造成计算机信息系统不能运行的观点是毫无道理的。这种观点严重限制了《刑法》第286条适用的范围,违背了立法者打击此类犯罪的本意,也不符合目前破坏计算机信息系统犯罪危害方式和结果趋于多样化的现实。

二、制作、销售外挂属于制作、传播破坏性程序的行为

相对于使用外挂的行为,制作、销售外挂的行为受到刑事起诉的情况更为普遍。在通过北大法律信息网司法案例部分查找到的27起外挂相关刑事案件中,23起系制作、销售外挂类案,其中被认定为非法经营罪的有17件,被认定为侵犯著作权罪的有5件,还有一件被认定为侵犯著作权罪、销售侵权复制品罪。[②] 尽管司法实践对制作、销售外挂行为的定性基本集中在非法经营罪和侵犯著作权两个罪名上,但笔者认为,制作、销

① 张苗苗:《制作并销售游戏"外挂"行为的定罪分析——以亲办高某涉嫌破坏计算机信息系统罪为评》,载《经营管理者》2014年第11期。

② 俞小海:《网络游戏外挂行为刑法评价的正本清源》,载《政治与法律》2015年第6期。

售外挂行为实际上违反的是《刑法》第286条第3款的规定，与使用外挂行为一样应当以破坏计算机信息系统罪定性。

事实上，在制作、销售外挂案件中，也有根据《刑法》第286条第3款起诉的，但最终均被审判机关改为其他罪名。主要原因在于对《刑法》第286条第3款的理解存在偏差。相比前两款较为详细的罪状描述，刑法第286条第3款使用了比较简单的表述方式：故意制作、传播计算机病毒等破坏性程序，影响计算机系统正常运行，后果严重的，依照本条第1款的规定定罪处罚。其中，"计算机病毒等破坏性程序"存在歧义："计算机病毒等"在这里起到的是修饰作用还是举例作用，或者说，本款中的"破坏性程序"，是仅仅只包括计算机病毒和其类似程序，还是包括一切破坏性程序在内？笔者认为，要弄清这一问题，应当考虑立法时的历史背景。1997年修订刑法时，计算机和互联网行业正处于高速发展前的萌芽阶段，那时对大多数人来说计算机的用途十分简单，针对计算机的破坏性程序基本只有病毒等破坏计算机系统整体功能的程序。

而随着计算机和互联网行业的迅猛发展，人们越来越多地将办公、消费、娱乐等生活的重要内容转移到计算机和网络中进行，计算机和网络已成为很多人生活中不可或缺的工具。与此同时，一些新的恶意程序类型也开始出现。与可以导致计算机系统整体瘫痪的病毒等程序不同，这类程序具有以下几个特点：一是牟利性，这类程序绝大多数是制作者为牟取经济利益而开发，围绕计算机系统中有利可图的地方下手。二是针对性，专门针对计算机的某一功能或者程序（比如游戏、购物支付软件等）进行干扰破坏，从而达到牟取经济利益的目的。三是隐蔽性，由于此类程序不会造成计算机系统瘫痪，因而计算机系统所有者常常不能发现其存在，使其持续产生危害。这类程序表面上破坏力远不如计算机病毒，其造成的危害后果有时却不输甚至更甚于病毒。

外挂就是这样一种破坏性程序。外挂通过篡改数据的方式，帮助部分玩家在游戏里作弊，获得超出游戏规则许可的能力。虽然外挂不会导致游戏完全无法运行，却使玩家失去了一个公平的游戏环境，游戏的乐趣受到严重破坏，也使得部分玩家选择放弃游戏，他们在游戏里投入的时间和金钱也随之付之东流，运营商的收入亦受到很大影响，情况严重时甚至会到导致游戏停止运行。最终，游戏运营商和玩家的利益都受到了损害。

因此，外挂程序具有相当严重的危害性。

我国现行法律虽然没有明确规定外挂程序属于《刑法》第286条第3款中的“破坏性程序”，但也没有将其明确排除在外。2011年最高人民法院、最高人民检察院出台的《关于办理危害计算机信息系统安全刑事案件应用法律若干问题的解释》（以下简称《计算机犯罪解释》）第5条曾对“破坏性程序”作出解释，即包括以下三种情形：（1）能够通过网络、存储介质、文件等媒介，将自身的部分、全部或者变种进行复制、传播，并破坏计算机系统功能、数据或者应用程序的；（2）能够在预先设定条件下自动触发，并破坏计算机系统功能、数据或者应用程序的；（3）其他专门设计用于破坏计算机系统功能、数据或者应用程序的程序。

笔者认为，外挂程序应当涵括在上述第三种情形“其他专门设计用于破坏计算机系统功能、数据或者应用程序的程序”的范围之内。既然《刑法》第286条前两款已经明确规定了增加、删除、修改、干扰计算机系统功能的行为和对计算机系统中存储、处理或者传输中的数据或者应用程序进行删除、增加、修改操作的行为属于破坏计算机系统的行为，那么制作、传播专门用于实施此类行为的程序的行为理所应当也要受到相应的制裁。因此，笔者建议，应在相关司法解释中明确“专门用于增加、删除、修改、干扰计算机系统的功能和对计算机系统中存储、处理或者传输中的数据或者应用程序进行删除、增加、修改操作的程序”属于刑法第286条第3款中的“破坏性程序”，这样既有助于打击有关犯罪行为，还能强化刑法的明确性和一致性。

何况，对于制作、销售外挂行为用其他罪名评价并不合适。外挂程序的开发虽然破解了游戏原程序的技术保护措施，并且复制了一部分游戏的代码，但这种行为只能算作民法中的侵犯著作权行为，并不属于侵犯著作权罪的范畴。侵犯著作权罪只包括“复制发行”这一种行为，不包括突破技术保护措施等行为。而“复制发行”中的复制应当指的是完全或者大规模地复制，一般地部分复制行为不应当包括在内。否则，一部小说仅仅借用了另一部小说的人物设定、历史背景，或者一部文学作品仅仅抄袭了另一部作品的某一小段内容就要承担刑事责任，这显然是十分荒谬的。外挂程序虽然复制了游戏原程序的一部分，但其主体架构、运行机制以及核心模块都是由开发者自己设计的，不应当视作对游戏程序的复制发行，不构成侵犯著作权罪,但游戏开发者可以追究外挂制作者的民事侵权责任。

同时,制作、销售外挂的行为也不宜认定为非法经营罪。我国现行法律法规没有专门规定对互联网出版活动的刑事处罚措施,《互联网出版管理暂行规定》对互联网非法出版活动的惩罚只停留在行政处罚层面,并未涉及到刑事手段。而对于司法实践中通过引用最高人民法院《关于审理非法出版物刑事案件具体应用法律若干问题的解释》将外挂解释成非法出版物或者将制作、销售外挂行为解释成非法出版活动的做法,笔者认为是有失偏颇的。其实,《关于审理非法出版物刑事案件具体应用法律若干问题的解释》只是在界定《刑法》第 217 条复制发行时,认定复制发行的对象包括计算机软件,其他地方均没有关于计算机软件及互联网出版活动的规定。计算机软件及互联网出版物较传统出版物的内容及出版方式均有很大区别,不能将针对传统出版物的规定套用在计算机软件及互联网出版物上,否则就是类推解释,有违罪刑法定原则。因此,将制作、销售外挂的行为认定为非法经营罪缺乏相应的法律依据。

三、使用、制作、销售外挂行为侵害的客体与破坏计算机信息系统罪的客体相一致

犯罪客体是划分此罪与彼罪界限的重要依据。使用、制作、销售外挂行为符合破坏计算机信息系统罪的客体特征,而不符合其他犯罪的客体特征,应当构成破坏计算机信息系统罪。

关于破坏计算机系统罪的客体,目前学界有以下几种观点:第一种观点认为,本罪的客体是国家对计算机信息系统的管理秩序。① 第二种观点认为,本罪所侵害的客体是计算机信息系统的安全。② 第三种观点认为,本罪侵犯的客体是国家对计算机信息系统的安全运行管理制度和计算机信息系统的所有人和合法用户的合法权益。③

---

① 陈兴良:《罪名指南》(第 2 版),中国人民大学出版社 2007 年版。

② 周道鸾、张军:《刑法罪名精释》(第 3 版),人民法院出版社 2007 年版。

③ 王作富:《刑法》(第 2 版),中国人民大学出版社 2000 年版。

笔者认为前两种观点都有一定的可取之处,但都不全面。其中第一种说法只考虑到了国家这一利益主体,而忽略了涉及的其他利益主体。诸如非法经营之类的犯罪行为,通常不会直接侵害个人的利益,因此可以用国家对市场的管理制度或者管理秩序来概括其犯罪客体。而破坏计算机信息系统的行为往往会直接侵害到个人利益(计算机信息系统的所有人和合法使用人等),仅仅用国家对计算机信息系统的管理秩序来概括本罪的客体不能体现刑法对个人合法利益的保护,因此第一种观点不可取。第二种观点没有体现相应的社会关系,破坏计算机信息系统的行为确实危害到了计算机信息系统的安全,但之所以要保护计算机信息系统的安全,是因为它与人的社会活动有密切的关系。之所以故意毁坏财物罪的客体是公私财物的所有权而不是公私财物的安全,就是因为财物是人类生产活动的重要资源。同理,正因为人们的部分活动需要计算机信息系统的正常运转才能进行,才需要对其进行保护。而将破坏计算机信息系统罪的客体归纳为计算机信息系统的安全则不能反映这种联系。笔者赞同第三种观点,此观点兼顾国家管理制度和个人权益,更考虑到了相关权益人不仅包括计算机系统的所有人,也包括其合法使用者,准确概括了计算机信息系统相关的法益,全面而不繁琐,表述更加科学,是关于破坏计算机信息系统罪客体的合理学说。

制作、销售、使用外挂的行为,一方面破坏了国家关于互联网出版物、网络游戏产业的管理制度,另一方面更侵害了相关权益人的个人利益。个人利益主要包括网络游戏运营商的利益和游戏玩家的利益。游戏运营商为了游戏的运营投入了大量的资金、物资以及人力资源,理应享有安全运营游戏的权利以及对在法律允许范围内对网络游戏的支配权。玩家在游戏里投入了时间和金钱,有权享有一个公平的游戏环境。而外挂行为不仅会给服务器发送大量非法数据或者垃圾数据,从而加大了服务器的负担,使服务器不能稳定运行甚至停止运行,而且也会帮助部分玩家作弊,使其获得超越游戏规则的能力和权限,导致其他合法玩家无法公平地享受游戏,也使运营商失去对游戏系统的部分控制,从而使运营商无法获得与其投入相匹配的收入,玩家无法获得与其投入相匹配的游戏乐趣。

可见,外挂行为侵害的客体符合破坏计算机信息系统罪的客体特征。

而其他罪名的客体均不能准确评价外挂行为的危害特征。非法经营罪侵害的客体是国家对市场的管理制度,而外挂行为主要侵害的是相关权利人的私人利益。侵犯著作权罪侵害的只是著作权人的权利,而外挂行为的受害者不仅有游戏开发商、运营商等著作权人,广大游戏玩家的权益同样不容忽视。只有破坏计算机信息系统罪才能准确、全面地评价外挂行为,更好地体现我国刑法对国家和个人利益的全面保护。

四、使用、制作、销售外挂行为均满足《刑法》第286条"后果严重"的条件

有学者认为,外挂行为无法明确判定其是否达到《刑法》286条所要求的"后果严重"的条件,①因此无法使用适用破坏计算机信息系统罪追究其刑事责任。笔者不赞同这一观点,性质严重的外挂行为完全符合破坏计算机罪"后果严重"的条件。计算机系统安全之所以要受到刑法保护,是因为它能为人提供服务,是人们工作、生活、娱乐活动重要的平台和工具。一旦计算机系统受到攻击而不能正常运行,那些依赖它的活动就会受到影响乃至完全无法进行,损害的是人们的物质或者精神利益。因此,当破坏计算机系统的行为造成的损害达到一定程度时,就属于"后果严重"的行为,具体可以从以下几个方面考虑:(1)对计算机系统破坏程度的严重性;(2)被破坏的计算机系统的重要性;(3)被破坏的计算机系统的数量;(4)受影响的计算机系统的使用者的人数;(5)造成的直接及间接经济损失。外挂程序篡改网络游戏客户端与服务器端之间传输的数据,使服务器接收到大量非法数据,造成游戏系统整体或部分不能正常运行,游戏玩家不能获得正常的游戏体验,运营商不得不投入额外的人力物力对游戏进行维护,玩家和运营商的利益均受到了损害。当外挂的影响力达到一定程度时,这种损害的程度就足以达到破坏计算机信息系统罪所要求的"后果严重"的程度,这在一些著名的外挂案例中均有所体现。在2007年谈文明等人制作、销售外挂案件中,被告人谈文明针对网络游戏《恶魔的幻影》开发了外挂程序,并伙同被告人刘某某、沈某某等人在自己开设的网站上销售,获利高达281万余元。在2014年韩笑等人制作、

① 王燕玲:《论网络游戏中外挂之刑法规制》,载《法律适用》2013年第8期。

销售外挂案中，被告人韩笑将自己针对《大唐无双》和《倩女幽魂》两款网络游戏开发的外挂程序出售给他人使用，使大量被伪造、篡改过的数据被输入服务器，增加了服务器载荷，消耗了服务器带宽，造成两款游戏的收入大幅下降，据估计损失在100万元左右。韩笑等人通过销售外挂共获利近50万元。从这些案件中可以看出，外挂行为足以造成相当严重的后果。此外，司法解释也给认定外挂行为"后果严重"提供了明确的依据。前述《计算机犯罪解释》第4条规定了破坏计算机系统功能、数据或者应用程序的几种"后果"严重的情形，其中第3项"违法所得五千元以上或者造成经济损失一万元以上"及第4项"造成为一万以上用户提供服务的计算机信息系统不能正常运行累计一小时以上"都符合一些性质严重的使用外挂行为的特征。而《计算机犯罪解释》第6条规定的几种制作、传播破坏性程序"后果严重"的情形中，第3项"提供破坏性程序十人次以上"及第4项"违法所得五千元以上或者造成经济损失一万元以上"也均可适用于制作、销售外挂的行为。

五、结语

计算机犯罪分为两类，以计算机为工具的犯罪和以计算机为对象的犯罪。通常的观点认为对于前者主要依照《刑法》第287条的规定依照其具体实施的犯罪处理，而对于后者则应当优先考虑《刑法》第285条及第286条的规定。

外挂行为本质上是一种滥用计算机技术牟取非法利益的行为，其危害后果直接作用在计算机系统上，具有典型的计算机犯罪特征。只有《刑法》第286条规定的破坏计算机信息系统罪才能准确、全面地反映外挂行为的行为方式及危害后果上的特点，而其他罪名只能部分、片面地反映外挂行为的特点。

在司法案例中，外挂行为很少最终被认定为破坏计算机信息系统罪，除了反映出我国对计算机犯罪的立法需要进一步完善之外，还有司法人员对破坏计算机信息系统罪等计算机犯罪罪名适用的保守态度。笔者认为，尽管仍有争议，但无论是制作、销售，还是使用外挂的行为，都有充分的依据将其认定为破坏计算机信息系统行为的。相对于破坏计算机信息系统罪，司法机关更倾向于适用同样具有争议的侵犯著作权罪、非法经营罪等罪名,反映出对破坏计算机信息系统罪这种含有技术性描述的罪名一定程度上的回避。这种做法即使能暂时解决外挂行为的法律适用问题,也很难应付不断出现的新型计算机犯罪形式。要有效打击花样不断翻新的计算机犯罪,除了立法上要与时俱进、不断更新之外,司法上也要多下功夫,找到犯罪行为与法律规定之间的内在联系。

●关于毒品犯罪《武汉会议纪要》的若干法律适用问题的探讨

王庆刚*

摘　要：吸毒者在运输毒品的过程中被查获，不应以数量较大为构成要件，应当按照运输毒品罪定罪处罚，但考虑到我国吸食毒品不入刑的客观现实以及少量毒品为自身吸食所用的目的，可在量刑时对其酌予从轻处罚。受以吸食为目的的购毒者的委托，为其介绍联络贩毒者的行为，应按照贩卖毒品罪的共犯处理，但在量刑时可以根据其居间介绍提供帮助的程度，考虑是否构成从犯，根据罪刑相适应原则，对行为人定罪量刑。购毒者接收贩毒者通过物流寄递方式交付的毒品行为，根据间接正犯和共犯理论，应当以运输毒品罪对行为人定罪处罚。

关键词：运输毒品　居间介绍　间接正犯　共同犯罪

随着毒品犯罪形势的发展变化，针对近年来出现的一些新情况、新问题，最高人民法院于2015年5月18日印发了《全国法院毒品犯罪审判工作座谈会纪要》（以下简称《武汉会议纪要》），供全国法院审判参照执行。至此，在毒品犯罪尚未出台统一的司法解释前，最高人民法院先后共印发了三个座谈会纪要，指导司法审判，即2000年4月4日印发的《全国法院审理毒品犯罪案件工作座谈会纪要》（以下简称《南宁会议纪要》）、2008年3月26日印发的《全国部分法院审理毒品犯罪案件工作座谈会纪要》（以下简称《大连会议纪要》）以及此次印发的《武汉会议纪要》。三个座谈会纪要都是为了针对性的解决实践中出现的问题而出台的，对不同时

* 北京市第三中级人民法院刑一庭法官。

期毒品犯罪案件的审判工作起到重要作用。本文基于三个会议纪要,结合司法实践,对《武汉会议纪要》中的一些法律适用问题进行探讨。

一、关于《武汉会议纪要》与前两个纪要的适用问题

最高人民法院就审判中的法律适用问题而印发的各种会议纪要,具有即时针对性,供全国法院参照执行,其虽然不具有司法解释的法律效力,但比司法解释更为灵活便利,具有针对性指导作用。与《大连会议纪要》出台后《南宁会议纪要》即时失效不同,此次《武汉会议纪要》的出台,并没有导致《大连会议纪要》的即时失效,相反,根据《武汉会议纪要》的规定:"《大连会议纪要》较好地解决了办理毒品犯罪案件面临的一些突出法律适用问题,其中大部分规定在当前的审判实践中仍有指导意义,应当继续参照执行。……但《大连会议纪要》没有作出规定,或者规定不尽完善的毒品犯罪法律适用问题进行了认真研究讨论,就下列问题取得了共识。"由此可见,《武汉会议纪要》是对《大连会议纪要》补充和完善。

从最高人民法院的相关意见看,《武汉会议纪要》要与《大连会议纪要》配合适用,具体区分以下几种情况:一是《大连会议纪要》没有规定的,或者虽有规定,但《武汉会议纪要》作了修改、完善的,参照《武汉会议纪要》的规定执行。如居间介绍买卖毒品的共同犯罪的认定、一案涉及两种以上毒品的数量认定、吸毒者运输毒品行为的定性以及有吸毒情节的贩毒人员的贩毒数量的认定等。二是《大连会议纪要》已有规定,《武汉会议纪要》在此基础上作出补充性规定,两者配套使用。如毒品犯罪的死刑适用问题。三是《大连会议纪要》已有规定的,《武汉会议纪要》没有涉及的,继续参照执行《大连会议纪要》的规定。如毒品案件的立功认定、特情介入案件的处理、主观明知的认定等。

从审判实践的角度来看,《武汉会议纪要》的出台不同于《大连会议纪要》,后者的出台直接导致了《南宁会议纪要》的失效,为毒品犯罪案件的审理提供了一个统一的规范性指导文件,便于实践操作。而《武汉会议纪要》是在肯定《大连会议纪要》的现实指导作用的基础上对后者进行的补充、完善。这既是当前毒品犯罪案件的复杂性使然,也是毒品犯罪相关司法解释出台前的不得已而为之,一定程度上增加了法官对法律适用把握的难度。

二、关于“吸毒者在运输毒品过程中被查获”的行为定性问题

(一)三个会议纪要相关规定的区别

吸毒者在毒品犯罪案件中扮演多种角色,可能存在于毒品犯罪的任何环节,造成了毒品犯罪案件的多变性和复杂性。正因如此,三个会议纪要都针对涉及吸毒者的毒品犯罪作了单独规定。关于“吸毒者在运输毒品的过程中被查获”的行为定性,三个毒品犯罪纪要针对不同时期的毒品犯罪特点,所作规定有所不同。2000 年的《南宁会议纪要》规定:“吸毒者在购买、运输、储存毒品过程中被抓获的,如没有证据证明被告人实施了其他毒品犯罪行为的,一般不应定罪处罚,但查获的毒品数量大的,应当以非法持有毒品罪定罪;毒品数量未超过刑法第 348 条规定数量最低标准的,不定罪处罚。”2008 年的《大连会议纪要》规定:“吸毒者在购买、运输、存储毒品的过程中被查获的,如果没有证据证明其是为了实施贩卖毒品等其他毒品犯罪行为,毒品数量未超过刑法第 348 条规定的最低数量标准的,一般不定罪处罚;查获毒品数量达到较大以上的,应以其实际实施的毒品犯罪行为定罪处罚。”最新的《武汉会议纪要》规定:“吸毒者在购买、存储毒品过程中被查获,没有证据证明其是为了实施贩卖毒品等其他犯罪,毒品数量达到刑法第 348 条规定的最低数量标准的,以非法持有毒品罪定罪处罚。吸毒者在运输毒品过程中被查获,没有证据证明其是为了实施贩卖毒品等其他犯罪,毒品数量达到较大以上的,以运输毒品罪定罪处罚。”仔细揣度不难发现,三个会议纪要虽然规制毒品犯罪所遵循的总的政策没有大的改变,但对吸毒者的相关行为作出的规定在不断变化。

首先,三个会议纪要的规定形式存在区别。《南宁会议纪要》和《大连会议纪要》对吸毒者的购买、运输、存储毒品的行为作出并列规定,根据刑法解释理论,此种并列规定形式,突出了购买、运输、存储三种行为的相当性;而《武汉会议纪要》则将运输毒品的行为作出单独规定,突出了运输毒品的行为与购买、存储毒品行为区别。

其次,三个会议纪要对“吸毒者在运输毒品过程中被查获”的行为性质认定不同。《南宁会议纪要》对吸毒者购买、运输、存储毒品行为设置了两项条件,作出统一定性。即如没有证据证明被告人实施了其他毒品犯

罪行为的，以数量为依据，达到数量较大（10 克）以上，按非法持有毒品罪定罪处罚，定性单一。《大连会议纪要》有所突破，在《南宁会议纪要》规定的两项条件的基础上，明确了以被告人实际实施的毒品犯罪行为定罪处罚。即对于吸毒者购买、运输、存储毒品过程中被查获的，根据其具体实施的行为，可能被认定为非法持有毒品罪，也可能被认定为运输毒品罪。《武汉会议纪要》则作出更进一步明确，在《南宁会议纪要》规定的两项条件的基础上，明确对吸毒者购买、存储毒品的行为应认定为非法持有毒品罪，运输毒品的行为应认定为运输毒品罪。

再次，三个会议纪要对吸毒者购买、运输、存储毒品行为的处罚的原则不同。《南宁会议纪要》规定对上述行为如果没有证据证明被告人实施了其他毒品犯罪行为的，一般不应定罪处罚，也即以不处罚为原则，以达到数量较大时的处罚为例外。《大连会议纪要》虽沿袭了前者的精神，但在表述上改为“一般不处罚”，没有了前者“一般不应当处罚”的“应当”性。《武汉会议纪要》则完全删除了这种可供审判者自由裁量较为模糊的原则，更加明确具体，只要满足两项条件的，就以相应罪名定罪处罚，更具有可操作性。

最后，三个会议纪要对“否定性”条件的设置不同。《南宁会议纪要》规定“如没有证据证明被告人实施了其他毒品犯罪行为的”，显然，证据要证明的是被告人实施了其他具体的毒品犯罪行为；而《大连会议纪要》规定“如没有证据证明其是为了实施贩卖等其他毒品犯罪行为”，《武汉会议纪要》规定“没有证据证明其是为了实施贩卖毒品等其他犯罪”。尽管《大连会议纪要》的用语中也有“行为”一词，但其更突出“为了”的犯罪目的。故后两者证据要证明的是被告人有实施其他犯罪的目的即可，而不需要证明被告人实施了其他具体的毒品犯罪行为。可见，《南宁会议纪要》设置的“否定性”条件对证据所证明的内容要求更高，被告人得以降低罪行的门槛更低。

（二）《武汉会议纪要》对“吸毒者在运输毒品过程中被查获”的行为定性存在的问题

从《刑法》第 347 条规定来看，运输毒品的社会危害性与走私、贩卖、制造毒品相当，而《武汉会议纪要》也适时的将吸毒者运输毒品的行为与购买、存储毒品的行为明确作出区分，这无疑更有利于打击运输毒品的犯罪行为。但是也应注意到,《武汉会议纪要》对吸毒者运输毒品行为的规定还存在一些不足,需要进一步完善。

根据《武汉会议纪要》的规定“吸毒者在运输毒品过程中被查获,没有证据证明其是为了实施贩卖毒品等其他犯罪,毒品数量达到较大以上的,以运输毒品罪定罪处罚”。如果吸毒者所运输毒品的数量没有达到数量较大(即非法持有毒品罪的入罪数量10克),也没有证据证明其为了实施贩卖毒品等其他犯罪,吸毒者的行为既不构成运输毒品罪,也不构成非法持有毒品罪。那么,该规定对“吸毒者在运输毒品过程中被查获”行为定性就会存在以下问题:

首先,该规定与《刑法》第347条的规定相冲突,突破了刑法内容,于法无据。我国《刑法》第347条第1款明确规定:“走私、贩卖、运输、制造毒品,无论数量多少,都应当追究刑事责任,予以刑事处罚。”明确了运输毒品罪系行为犯,在入罪上并没有毒品数量的要求。即在主观明知的前提下,客观上只要实施了运输毒品的行为,无论数量多少,都构成运输毒品罪。而《武汉会议纪要》的规定,有为运输毒品罪“额外”增设数量条件、有设置“过滤”屏障之嫌,显然于法无据。

其次,该规定还为运输毒品罪增设了“出罪”条件,同样违反刑法规定。我国刑法规定的运输毒品罪的主体为一般主体,即凡年满16周岁具有完全刑事责任能力的人均可以构成运输毒品罪。而该规定明确“吸毒者”非为贩卖等犯罪而运输毒品数量未达到较大的,则不构成运输毒品罪。显然,设定了“吸毒者”为特殊的“出罪”主体,有违刑法关于运输毒品罪为一般主体的规定。

再次,就社会危害性而言,该规定也有其不合理之处,难为社会接受。具有劣迹污点的“吸毒者”的社会危害性显然要大于非吸毒者,非吸毒者运输少量毒品都要构成运输毒品罪,而吸毒者却因具有“吸毒者”身份而“出罪”,难以让社会接受。

最后,该规定还会造成司法尴尬。如非吸毒人员不为贩卖等犯罪而运输10克毒品的过程中被查获,行为人及时吞下其中少量毒品,该如何定性呢?根据司法实践经验,一般认定行为人为“吸毒者”,其主要依据是行为人的尿检,即如果行为人尿检苯丙胺类为阳性,则认定为吸毒者。如此,笔者所举此例就有问题了,由于10克毒品被行为人吞下少量,其数量已不足10克,行为人又因吞下少量毒品,尿检苯丙胺类呈阳性,而由非吸毒人员变成了“吸毒者”。那么,根据《武汉会议纪要》的该规定,行为人就不能定罪处罚。这种结果必然置司法于尴尬,难为社会接受。

此外,该规定还为审判机关制造不必要的程序障碍。如果非吸毒人员因运输少量毒品被诉至法院,不排除辩护人申请法院调取行为人系“吸毒者”的相关证据,要求法院根据《武汉会议纪要》的该规定判处其无罪。由于行为人吸食毒品后,苯丙胺类在尿或血液中的保存时间有限,如果在公安侦查阶段没有对行为人进行毒品检验或其毒品检验报告为苯丙胺类呈阴性,那么到法院阶段既无法进行毒品检验,也无法排除行为人被抓若干天前曾吸毒。这样,也就难以排出其“吸毒者”身份的嫌疑,无疑给审判机关制造不必要的程序障碍。

当然,对于“吸毒者在运输毒品过程中被查获”的行为定性问题,并不是《武汉会议纪要》出台后新出现的问题,而是从《南宁会议纪要》至今一直存在的老问题,只是因为《武汉会议纪要》将“吸毒者在运输毒品过程中被查获”的行为单独规定后,上述问题表现得更为突出明显。笔者认为,考虑到吸毒行为不受刑法规制以及吸毒者的吸食数量等因素,在不违背刑法规定的前提下,应当将吸毒者运输少量毒品的行为定性为运输毒品罪,在量刑时可对其酌情考虑。

三、关于“受以吸食为目的的购毒者的委托,为其介绍联络贩毒者”的行为定性问题

关于居间介绍买卖毒品的共同犯罪的认定是《武汉会议纪要》新增的内容,前两个纪要都未涉及,也是涉毒品犯罪司法实践中经常遇到的问题。对于毒品买卖的居间介绍者,司法实践中一般也是根据共同犯罪理论来认定的,而《武汉会议纪要》既是对司法实践的总结,也是对司法实践作出的明确指导。

《武汉会议纪要》规定:“居间介绍者受贩毒者委托,为其介绍联络购毒者的,与贩毒者构成贩卖毒品的共同犯罪;明知购毒者以贩卖为目的购买毒品,受委托为其介绍联络贩毒者的,与购毒者构成贩卖毒品罪的共同犯罪;受以吸食为目的的购毒者委托,为其介绍联络贩毒者,毒品数量达到《刑法》第三百四十八条规定的最低数量标准的,一般与购毒者构成非

法持有毒品罪的共同犯罪；同时与贩毒者、购毒者共谋，联络促成双方交易的，通常认定与贩毒者构成贩卖毒品罪的共同犯罪。居间介绍者实施为毒品交易主体提供交易信息、介绍交易对象等帮助行为，对促成交易起次要、辅助作用的，应当认定为从犯；对于以居间介绍者的身份介入毒品交易，但在交易中超出居间介绍者的地位，对交易的发起和达成起重要作用的被告人，可以认定为主犯。”该规定全方位的将居间介绍者的行为进行了规制，结合最高人民法院的相关解读，对居间介绍者的定性，关键在于居间介绍者受何方委托、出于何种目的。据此规定，如果居间介绍者受以吸食为目的的购毒者委托，为其介绍联络贩毒者的行为定性，就会因购毒者购买毒品的数量不同而有区别，毒品数量达到《刑法》第 348 条规定的最低数量标准的，居间介绍者与购毒者以非法持有罪共同犯罪论处；未达到《刑法》第 348 条规定的最低数量标准的，由于吸毒行为不受刑法的规制，居间介绍者和购毒者均不构成犯罪。

笔者认为，《武汉会议纪要》对于“受以吸食为目的的购毒者的委托，为其介绍联络贩毒者”的行为定性的规定与法理冲突，容易造成司法混乱。

首先，之所以将毒品交易的居间介绍者列入刑法的规制范围，是因为居间介绍者的介绍行为促成了毒品交易的实现，造成了毒品在社会的流通，有其现实的社会危害性。其次，居间介绍者的危害性不应因受购毒者或贩毒者的不同委托而不同。如前所述，由于居间介绍者的介绍行为促成了毒品交易的完成，尽管购毒者为吸食而购买，数量未达到刑法第 348 条规定的最低数量标准，购毒者不构成犯罪，但因居间介绍者与贩毒者之间存在联系，且对贩毒者有提供下家的帮助，居间介绍者与贩毒者之间既有让毒品交易完成的主观故意，又有帮助提供信息或联系下家的客观行为，其应当与贩毒者构成共同犯罪，以贩卖毒品罪论处。再次，若不处罚此类居间介绍者，也可能出现司法的尴尬。如居间介绍者的 100 个朋友为吸食毒品，分别委托居间介绍者帮助其各购买 9 克毒品，而居间介绍者也是分别找到 100 个贩毒者，为购毒者提供信息帮助，实现 100 次毒品交易的完成。那么，根据《武汉会议纪要》的规定，针对每一起毒品交易，居间介绍者均不构成犯罪，尽管最终通过该居间介绍者实现了 100 起毒品交易的 900 克毒品的流通，但却对其无法治罪。显然，此种将居间介绍者以受何人委托而论罪的方式不可取。笔者认为,惩罚居间介绍者,不应当以受何人委托为要件,只要其实施的居间介绍行为促成了毒品交易的完成,都应当将其与贩毒者以贩卖毒品罪的共同犯罪论处。当然,在量刑时,可以考虑居间介绍者在毒品交易中的作用大小,决定是否认定为从犯(从犯应当从轻、减轻或免除处罚),以实现其罪责刑相适应。

由于《武汉会议纪要》是第一次明确对居间介绍买卖毒品的共同犯罪行为进行规制,既难以做到一步到位,也不可能包罗万象,需要通过司法实践进一步充实、完善。

四、关于"购毒者接收贩毒者通过物流寄递方式交付的毒品"的定性问题

《刑法》关于运输毒品罪,仅表述了运输毒品行为,并没有对运输毒品罪的客观表现形式作任何描述。1994 年最高人民法院发布的《关于适用〈全国人民代表大会常务委员会关于禁毒的决定〉的若干问题的解释》中将运输毒品规定为"明知是毒品而采用携带、邮寄、利用他人或使用交通工具等方法非法运送毒品的行为"。而在司法实践中,运输通常表现为两种形式:一是人货一体的,行为人携带毒品乘交通工具实施运输毒品;二是人货分离的,随着物流业的发达,实践中最常见的就是利用不知情的第三方(快递公司)实施运输毒品。

而针对实践中经常出现的行为人利用不知情的第三方实施运输毒品的行为定性问题,对于贩卖方的行为以贩卖、运输毒品罪定罪处罚,一直不存异议。而对于购毒者接收贩毒者通过物流寄递方式交付的毒品的定性,如没有证据证明其为了实施贩卖毒品等其他犯罪的,尽管前两个会议纪要没有作出明确规定,但实践中一般也以运输毒品的共同犯罪定罪处罚。此次,《武汉会议纪要》对此作出明确规定:"购毒者接收贩毒者通过物流寄递的方式交付的毒品,没有证据证明其是为了实施贩卖毒品等其他犯罪的,毒品数量达到《刑法》第三百四十八条规定的最低数量标准的,一般以非法持有毒品罪定罪处罚。"结合最高人民法院的相关解读,购毒者与贩毒者达成了通过快递的方式寄递毒品的合意,购毒者提供了地址、联系方式,甚至交了寄递费用,只要没有证据证明其为了实施贩卖毒品等其他犯罪,如果接收的毒品数量达到《刑法》第 348 条规定的最低数量标

准的(10 克以上),购毒者的行为一般以非法持有毒品罪论处。

笔者认为,《武汉会议纪要》关于“购毒者接收贩毒者通过物流寄递方式交付的毒品”行为定性的规定有违间接正犯和共同犯罪的理论,不利于打击毒品犯罪。

首先,购毒者与贩毒者应构成共同犯罪。购毒者与贩毒者就毒品运送的方式达成了合意,购毒者与贩毒者具有共同完成毒品交易的主观故意;购毒者提供了地址、联系方式,甚至交纳寄递费用,是双方完成毒品交易不可或缺的部分,购毒者的上述行为也是实现毒品流通的必要客观行为,因而购毒者与贩毒者就毒品交易的完成构成了共同犯罪。其次,实施运输毒品的行为是由不知情的第三方(快递公司)来完成,因为第三方的不知情而不构成犯罪,对于此次毒品交易而言,购毒者和贩毒者是毒品犯罪的间接正犯。如果将贩毒者交付寄递的行为定性为运输毒品罪,那么对于实施了提供地址、联系方式,甚至交纳寄递费用等行为的购毒者而言,其行为的危害性并不比交付寄递行为小,故也应当认定为运输毒品罪,而非其他。再次,非法持有毒品罪是毒品犯罪的兜底性罪名,只有在没有证据证明行为人构成其他犯罪的前提下,行为人达到第 348 条规定的最低数量标准的,才能认定为非法持有毒品罪。笔者认为,这种退而求其次的定罪处罚缘由,仅是迫于证据的不足。当现有证据能够证明购毒者与贩毒者之间就毒品运送的方式达成了合意、并提供地址、联系方式、付费等行为的情况下,应当认定其构成运输毒品罪。最后,如果购毒者非为了实施贩卖毒品等其他犯罪而通过上家寄递未达到第 348 条规定的最低数量标准的毒品,不构成犯罪,也与刑法关于运输毒品罪的规定相冲突。此外,自《大连会议纪要》以来,司法实践中一般都将此类行为认定为运输毒品罪,惩处力度较大,利于打击毒品犯罪,已为社会普遍认同,如果改变此行为的定性,不利于司法的稳定和统一。

域外法治

●克雷格列表案与美国网络服务提供者的刑事责任

Shahrmad T. Radbod[*] 著

涂龙科[**] 杨新绿[***] 译

"《通讯规范法》并不意味着创设互联网上的非法的无人之境。"①

1995年,克雷格·纽马克(Craig Newmark)创设了Craigslist. org,一个用户能够在论坛中张贴分类广告并进行互动的网站。克雷格简约的设计和不出售广告空间的方式在很大程度上有助于其成功。② 它的网页分为诸如工作和服务的几大类,并且为全球450个城市提供子类别的便捷导航。在其诞生后15年的时间里,这个成立于旧金山的网站在世界上最流行的英语网站中位列第七,每月有200亿人次的网页访问量。③ 然而,尽管克雷格列表如此风靡,它只雇了大约30个员工。④

近期,几起关于克雷格列表的案件引起了法律执行官员的注意。

* University of California, Berkeley Boalt Hall School of Law. This paper Originally published in the Berkeley Technology Law Journal 25 Annual Review 2010.

** 上海社会科学院法学研究所副研究员、美国俄克拉荷马城市大学法学院访问学者。

*** 中南财经政法大学刑事司法学院2014级博士研究生、美国俄克拉荷马城市大学法学院访问学者。

① Fair Hous. Council of San Fernando Valley v. Roommates. com, LLC, 521 F. 3d 1157, 1164(9th Cir. 2008)(en banc).

② Nisan Gabbay, Craigsist Case Study, STARTUP REVIEW, July 16, 2006, http://www. startup - review. com/blog/craigslist - case - study. php.

③ Craigslist. org, Fact Sheet, http://www. craigslist. org/about/factsheet (last visited Sept. 26, 2009).

④ Id.

2009年4月,波士顿警察官员逮捕了一名叫做Philip Markoff的22岁医学院学生——他被熟知为"克雷格列表杀手"——他与数起犯罪有关。起初,他被指控在通过克雷格列表中的"色情服务"板块接受一位妇女的按摩之后,在Westin宾馆持枪抢劫该妇女。① 当她丈夫进入房间时,女按摩师逃出房门。② 据警方称,4天以后,Markoff谋杀了另一个女按摩师Julissa Brisman,该人也是由Markoff通过克雷格列表的"色情服务"板块请求见面的。③ 在犯罪后的几个月中,媒体和法律执行机构均将注意力转向与克雷格列表分类服务广告相关的大量的犯罪。④

《通讯规范法》第230条(以下简称230条款)对用户自己生成内容的网站赋予了广泛的豁免权。在过去的几年里,两个法庭稍稍限制了230条款的范围,但是该条仍旧是保护网站免于为其用户的侵权和刑事活动承担责任的有力的避风港。⑤ 尽管如此,或者是在某种程度上受230条款司法限制的驱动,克雷格列表开始改变网站上"色情服务"的内容,并且向法律执行官员保证它的员工会监视非法活动的内容。⑥

本文将会讨论克雷格列表为其用户的犯罪行为所承担的潜在的刑事责任内容。第一部分着眼于230条款及其裁判解释。第二部分探讨适用于230条款的案例以及原告是如何利用独特的法律理论来使网络服务提供者为第三方的行为承担责任的。第三部分探讨克雷格列表的"色情服务"论坛是如何变成用户刑事犯罪的来源的。第四部分衡量了通过230条款的例外来使克雷格列表承担刑事责任的可能性。

---

① Reports: Craigslist Suspect had Items from Vitims, USA TODAY, April 22, 2009, http://www.usatoday.com/news/nation/2009-04-21-craigslist-killerN.htm.

② Med Student Held Without Bail in Possible Craigslist Killing, CNN, April 21, 2009, http://www.cnn.com/2009/CRIME/04/21/mass.killing.craigslist/index.html.

③ Craigslist Drops Erotic Services Ads After Killing, Website to Screen 'Adult' Listings, BOSTON GLOBE, May 14, 2009, at 1.

④ See, e.g., Robert Mitchum & Monique Garcia, CraigslistErotic Services: Legal Pressure Shuts Down Section Tied To Prostituion, CHI. TRIB., May 14, 2009, at 6; Brad Stone, Craigslist Agrees to CurbSex Ads, N.Y. TIMES, Nov. 6, 2008, at B3;

⑤ See, e.g., NPS, LLC v. StubHub, Inc., No. 06-4874-BLS1, 2009 Mass. Super. LEXIS 97 (Mass. Super. Ct. Jan. 26, 2009); Fair Hous. Council of San Fernando Valley v. Roommates.com, LLC, 521 F.3d 1157, 1164 (9th Cir. 2008) (en banc).

⑥ Brad Stone, Under Pressure, Craigslistto Remove "Erotic" Ads, N.Y. TIMES, May 13, 2009, at B1.

一、《通讯规范法》230条款及司法解释

（一）230条款的立法背景

1995年，纽约州法院主张交互式计算机服务作为出版者，应当为其虚拟留言板上用户发布的诽谤性的评论负责。[①] 为了防止针对当时方兴未艾的网络服务的侵权诉讼的大幅增长，并导致对于言论自由的寒蝉效应，国会在1996年通过了《通讯规范法》（以下简称CDA）。[②] CDA试图推动"互联网持续发展"和"使个人接收的信息实现最大化的用户控制的技术的发展"的政策目标。[③] 在下一年，美国最高法院在Reno v. ACLU[④]案中认为CDA对于淫秽材料归责的部分违反了宪法第一修正案的规定。然而，CDA230条款仍旧完好无损，并且为交互式计算机服务提供者保证了广阔的豁免权，该条款规定如下：

（c）对于冒犯性材料的阻止和审查的"好撒玛利亚"的保护。

（1）对待出版者和演讲者

任何交互式计算机服务的提供者和用户不得被视为由另一个信息内容提供者所提供的任何信息的出版者或者演讲者。

（2）民事权利

任何交互式计算机服务的提供者和用户不得因为以下内容担责——

（A）任何出于诚实信用自愿实施的限制访问或者取得材料，这些材料是被提供者或者用户认为是猥亵、淫荡、下流、恶心、过于暴力、骚扰或是不良内容，不管这种材料是否受宪法保护；或者

（B）任何使得信息内容提供者或者其他的技术手段能够或者有机会限制访问第1段所描述的材料［小段（A）］。[⑤]

国会同样对230条款设置了限制：

（e）对其他法律的效果

---

① Stratton Oakmont, Inc. v. Prodigy Servs. Co., No. 31063/94, 1995 N. Y. Misc. LEXIS 712（N. Y. Sup. Ct. Dec. 15, 1995）.

② 47 U. S. C. §230（2006）.

③ Id. at §230（b）（1），（3）.

④ Reno v. ACLU, 521 U. S. 844（1997）.

⑤ §230（c）.

(1)对刑法没有效果

这一部分的任何内容都不得被理解为损害本篇第223条或者第231条的执行,第18篇第71章(与色情有关)或者第110章(与儿童的性虐待有关),或者其他任何联邦刑事法规。

……

(3)州法律

这一部分的任何内容都不得被理解为阻碍任何州执行与本部分相符的州法律。不得在与本部分不相符的任何州或者地方法律的名义下提起任何诉讼或者科以任何责任。①

因此,只要另一个"信息内容提供者"提供了内容,该法案使"交互式计算机服务"提供者免于通常是归因于出版者的责任。② 虽然230条款的免责范围相当广阔,它还是没有拓展到联邦刑事法律。③

(二)裁判解释

1997年,审理Zeran v. America Online,Inc.上诉案件的第四巡回法庭成为第一个阐释230条款免责范围的上诉法庭。④ 原告Zeran对美国在线(以下简称AOL)提起了过失赔偿请求,因为AOL没有及时移除其电子公告栏的诽谤言论。⑤ 首先,原告主张被告是一个散布者而不是一个发行者,因此不受230条款中发行者责任豁免的保护。⑥ 法庭不同意此种观点,坚持认为AOL符合"发行者的传统定义",因此明显应当受230条款的保护。⑦ 巧妙的辩护没有否定的事实是AOL认为230条款有特别的保护作用。⑧

其次,Zeran认为对诽谤言论有所认识的服务提供者进行归责与230条款的框架是一致的。⑨ 法庭又一次拒绝了原告的主张。法庭说理道,不

① Id. at § 230(e).
② Id. at § 230(c)(1).
③ Id. at § 230(e)(1).
④ Zeran v. America Online,Inc. ,129 F. 3d 327(4th Cir. 1997).
⑤ Id. at 328.
⑥ Id at 331.
⑦ Id. at 332.
⑧ Id at 332 -33.
⑨ Id at 333.

像印刷发行者只发行有限的内容,互动式的计算机服务接收大量的信息,及时调查投诉不可行。[1] 法庭断言,因为基于通知的责任会对言论自由产生寒蝉效应并影响自律,因此与230条款的制度不相符。[2]

最后,原告请求法庭应用成文法令赞成保留普通法原则,并由此对散布者科以责任。[3] 法庭拒绝了原告最后的请求因为此种法令将会与国会预设的广阔的范围相冲突。[4] 法庭发现国会通过使用"发行者"一词清晰地强调了这个议题,发行者在传统意义上包括了散布者和原始的发行者。[5] 法庭在Zeran案中的决定为下一个十年里230条款广阔的适用打下了基础。

二、反对230条款的努力

CDA一出台,法庭大量使用230条款豁免网络服务提供者。许多排除法案广阔保护范围的创造性的努力均告失败。[6] 然而,在过去的两年里,两名原告成功地主张230豁免条款不适用于他们所起诉的网上服务提供者。[7] 这一部分探讨失败和成功的案例,以及它们可能对未来克雷格列表的立法产生何种影响。

(一)确认230条款保护的案例

1."我的空间"案例

我的空间是一家网上社交网站,两个案子与此有关,为我们提供了法庭如何适用230条款来应对克雷格列表的视角。两个案例中,原告最后都没能说服法庭不适用230条款。

---

① Id.

② Id.

③ Id at 333-34.

④ Id. at 334.

⑤ Id.

⑥ See e. g. ,Doe v. MySpace,Inc. ,528 F. 3d 413,417-18(5th Cir. 2008)(holding that plaintiff's claim that website had a common law duty to protect minors was barred by Section 230);see also Dart v. Craigslist,Inc. ,No. 09-C1385,2009 U. S. Dist. LEXIS 97596, *1-*19(N. D. Ill. Oct. 20,2009)(rejecting plaintiffs claim that website created a public nuisance).

⑦ See Roommates. com,521 F. 3d 1157(9th Cir. 2008)(en banc);see also NPS,LLC v. StubHub,Inc. ,No. 06-4874-BLS1,2009 Mass. Super. LEXIS 97(Mass. Super. Ct. Jan. 26, 2009).

(1) Doe v. MySpace

2008年5月,第五巡回法庭肯定了地区法庭的裁决,同意230"好撒玛利亚"条款禁止原告,一个13岁孩子的母亲假装成18岁进入社交网站我的空间,对我的空间的过失行为提起起诉,认为其没有保护她的女儿免于性侵。① 原告的女儿遭受了她在被告网站上认识的猎艳者的性骚扰。② 原告提出了三个不成功的论点来说明为什么我的空间不受230条款广泛范围的保护。

首先,原告主张我的空间不是一个受保护的"发行者",因为它需要为创造在猎艳者和她女儿之间交换的信息的内容承担部分责任。③ 其次,原告主张230条款不会保护那些没有采取合理措施保护未成年人的主体。④ 最后,原告主张被告有普通法的义务来保护她女儿。⑤

通过引用第三、四、九、十巡回法庭的案例,法庭主张230条款应该被认为是保护用户生成的评论的发表者。⑥ 法庭没有裁决原告的第一个主张即我的空间在其网站上创设了内容,因为这个主张没有在庭审过程中提出来。⑦ 虽然原告试图通过显示我的空间没有采取措施来 保护未成年人来区分她的案例,法庭认为此种"主张不外乎要求我的空间为发布[第三方内容]负责。"⑧因此,法庭认为CDA禁止原告为过失以及重大过失索赔。⑨

(2) Doe IX v. MySpace

2009年5月,得克萨斯州的地区法庭批准我的空间的动议,不予理会一个孩子母亲提起的诉讼,这个孩子被其在我的空间网站上遇到的猎艳者性侵了。⑩ 除了像Doe v. MySpace案子中的原告一样提起过失和重大

---

① Doe v. MySpace, Inc., 528 F.3d 413 (5th Cir. 2008).
② Id. at 416.
③ Id. at 417.
④ Id.
⑤ Id. at 417 – 18.
⑥ Id. at 418.
⑦ Id. at 422.
⑧ Id. at 420.
⑨ Id.
⑩ Doe IX v. MySpace, Inc., 629 F. Supp. 2d 663 (E. D. Tex. 2009).

过失之诉,本案原告还提出了针对网站的严格产品责任之诉。①

原告提出两项主要主张。首先,她断言被告不适用于230豁免条款,因为它没能采取保护措施。② 法庭引用Doe v. MySpace案例轻易拒绝了第一个主张。③ 其次,原告主张被告是一个信息内容提供者,而不是一个交互式的计算机服务,并因此不受230条款保护。④ 这是Doc案第五巡回法庭拒绝考虑的同一主张,因为原告没有在地区法庭中提出此项主张。⑤

然而,这次,法庭没有讨论我的空间应当为创造交互信息承担部分责任的主张的是非曲直。原告主张我的空间,和Roommates. com案⑥的被告一样,是一个信息内容提供者,因为它在她女儿和猎艳者之间创造了交互信息。⑦ 在Roommates. com案中,法庭决定被告不受230条款的豁免,因为它要求用户输入特定的数据,因此像一个信息内容提供者。⑧ 法庭拒绝了此项主张并对Roommates. com做出了区分。它指出我的空间用户不"需要为他们的文件提供任何附加的信息," 然而Roommates. com的用户协议要求用户提供特定的信息。⑨ 法庭认为仅仅鼓励用户提供更多信息并不能使网站称为一个信息内容提供者。⑩

2. 克雷格列表案例

在过去的两年里,数个原告基于不同的理论提起了针对克雷格列表的诉讼。和我的空间一样,克雷格列表用230条款使自己免于责任。

(1) Gibson v. Craigslist

2008年9月,Calvin Gibson对Craigslist, Inc提起诉讼,主张它违反了

---

① Id. at 664.

② Id.

③ Id.

④ Id.

⑤ Doe v. MySpace, Inc., 528 F. 3d 413, 422 (5th Cit. 2008).

⑥ Roommates. com, 521 F. 3d 1157 (9th Cir. 2008) (en banc).

⑦ Doe IX, 629 F. Supp. 2d at 664 – 65.

⑧ Roommates. com, 521 F. 3d 1157, 1166 (9th Cit. 2008) (en banc).

⑨ Doe IX, 629 F. Supp. 2d at 665. See also Doe II v. MySpace, Inc., 96 Cal. Rptr. 3d 148 (Cal. Ct. App. 2009) (holding that MySpace was not an information content provider and, therefore, immune under Section 230).

⑩ Doe IX, 629 F. Supp. 2d at 665.

注意义务，当其网站上用户生成的广告促使了被告非法买枪用来射杀原告。[①] 克雷格列表提起动议，利用230豁免条款使主张失效。[②] 被告主张"CDA绝对禁止将会使诸如克雷格列表的交互式活动提供者为通过其服务在互联网上的第三方内容承担责任的行为，不论这种行为出于何种原因。"[③]

为了决定230条款是否能够使克雷格列表免责，法庭采纳了"三管齐下"测试。法庭必须决定"[i]被告是否是一个交互式计算机服务提供者；[ii]如果有争议的帖子是由另一个信息内容提供者提供的信息；并且[iii]不论原告主张是将被告作为第三方内容的发表者或者演说者。"[④]根据第一，原告没有对被告作为一个交互式计算机服务提供者的分类进行质疑。[⑤] 第二，修改过的起诉书指出不知名的个人在列表中发布信息，建议这信息由"另一个信息内容提供者"提供。[⑥] 最后，法庭认为原告将被告作为发布者，因为原告力图使被告为没有监管粘贴在其网站上的内容承担责任。[⑦] 法庭最终同意了被告要求撤销的动议。

(2) Chicago Lavyers' v. Cradgslist

2008年，第七巡回法庭在牵涉到《公平住房法》[⑧]与克雷格列表[⑨]的案例中做出决定。法律下的民事权利芝加哥律师协会对克雷格列表提起诉讼，主张其网站违背了《公平住房法》，该法禁止广告陈述对于种族、宗教、性别或者家庭地位的偏好。[⑩] 原告主张230条款不能给予克雷格列表豁免，因为它并不适用于不过滤网站内容的信息内容提供者。[⑪] 它的主张

---

① Gibson v. Craigslist, Inc., No. 08 Civ. 7735 (RMB), 2009 U. S. Dist. LEXIS 53246, at *1 - *2 (S. D. N. Y. June 15, 2009).

② Id. at *2.

③ Id.

④ Id. at *8 - *9 (quoting Nemet Chevrolet, Ltd. v. Consumeraffairs. com, Inc., 564 F. Supp. 2d 544, 548 (E. D. Va. 2008)).

⑤ Id. at *10 - *11.

⑥ Id. at 12.

⑦ Id.

⑧ 42 U. S. C. 5 3601 (2006).

⑨ Chi. Lawyers' Comm. for Civil Rights Under Law, Inc. v. Craigslist, Inc., 519 F. 3d 666 (7th Cir. 2008).

⑩ Id. at 668; 42 U. S. C. 5 3604 (a), (c).

⑪ Chicagolawyers' 519 F. 3d at 669.

基于这样一个事实,230 条款的标题写着“保护‘好撒玛利亚’的阻止或者审查不恰当的材料。”[①]然而,克雷格列表争辩道,230 条款为互动式服务提供者提供了广泛的民事归责的禁止。[②] 法庭断言原告和被告都不对,230 条款没有排除未经过滤的互联网服务,但也没有在所有的民事责任案例中构成完全的豁免。[③]

Easterbrook 法官详尽地讨论了如果互联网服务提供者被要求过滤他们网站上粘贴的所有信息,将会出现的问题。[④] 法庭认为克雷格列表具有类似于报纸的分类广告版面的特性。[⑤] 然而,因为它既没有制造也没有发布这些材料,克雷格列表仅仅类似于一个普通的载体。[⑥] 法庭认为增加网站有限的员工来审查每月发布的 3000 万美元的通知是成本高昂的。[⑦] 法庭得出结论,指出 230 条款不允许一方“仅仅因为信息揭示了第三方参与非法歧视的计划就起诉报信者。”[⑧]

Chicago Lawyers' 案的法庭同样指出,虽然克雷格条款在提供论坛用以发布歧视性广告中有因果作用,但它绝没有导致广告的制造。[⑨] 法庭论证道,“克雷格列表提供的任何服务都不曾诱使任何人发布任何特殊的列表或者表达一种歧视性的偏好。”[⑩]克雷格列表不应当承担比电脑制造者更多的责任,因为电脑制造者是使用户能够发布广告的先决因素。[⑪] 最后,法庭认为尽管原告能够指出谁违反了《公平住房法》,但是原告不能使克雷格列表担责。[⑫]

(二)230 豁免条款没有被确认的情况

尽管原告经常试图通过辩称交互性服务提供者创造了网站上的内容

---

① Id. ;47 U. S. C. 230(c).

② ChicagoLawyers' ,519 F. 3d at 669.

③ Id.

④ Id. at 668 – 69.

⑤ Id. at 668.

⑥ Id.

⑦ Id. at 668 – 69.

⑧ Id. at 672.

⑨ Id. at 671.

⑩ Id.

⑪ Id. at 672.

⑫ Id.

并且有责任保护青少年用户来避开230条款,两条论理都被法庭赋予的230条款的广泛的豁免权所驳倒。然而近日几个信号表明法庭将会设置对于230条款赋予更多限制。

1. Roommates. com

就在第七巡回法庭在Chicago Lawyers' 案中宣读了决定之后的一个月,第九巡回法庭在另一个关于《公平住房法》中得出了一个不同的结论。① 几个当地的住房委员会对Roommates. com(一个搭配室友的网站)提起诉讼。② 在用户能够访问被告网站的内容之前,被告要求他们创建资料,公开他们的性别、性取向和其他个人信息。③ 网站还要求用户描述他们对室友的偏好,并鼓励他们在一个"附加评论"的留言箱发表评论。④ 原告宣称网站要求其用户阐述他们对室友的喜好以及分享未受保护的特征的行为,违反了《公平住房法》⑤和国家住房歧视法律。⑥

法庭决定230豁免条款并不适用,因为当Roommates. com要求网站用户完成它所创建的完整的问卷时,它充当了信息内容提供者的角色。⑦ 不同于Chicago Lawyers' 案中克雷格列表中有限的作用,Roommates. com助益于网站的内容陈设。法庭指出230条款并不能保护网上服务提供者免于民事诉讼,当他们"实质性地助益于"内容的非法性。⑧ 法庭分析道,"《通信规范法》并不意味着在因特网上创设非法的无人之境"。⑨

法庭还决定,"附加评论"的功能能够被豁免,因为被告"没有提供任何特殊的指导……也没有促使发布者输入歧视性的偏好"。⑩ 不同于问卷调查,Roommates. com没有要求用户填写"附加评论",也没有提供信息类别或者有下拉菜单供用户选择。"附加评论"部门更类似于Chicago Lawyers' 案中放置在Craigslist. org上的用户生成的广告。

① 42 U. S. C. § 3601.

② Roommates. com, LLC, 521 F. 3d 1157, 1161(9th Cir. 2008)(en banc).

③ Id.

④ Id. at 1162.

⑤ 42 U. S. C. § 3601.

⑥ Roommates. com, 521 F. 3d at 1162.

⑦ Id. at 1164.

⑧ Id. at 1167 – 68.

⑨ Id. at 1164.

⑩ Id. at 1173 – 74.

Roommates.com 的决定代表了其与过去 CDA 判决的决裂,在以前的判决中,法庭为几乎所有的互动式计算机服务提供者赋予豁免权。

2. NPS,LLC v. StubHub,Inc.

在第九巡回法庭判处 Roommates 案不久后,另一个法庭在 NPS,LLC v. StubHub,Inc. 中适用了 230 条款的分析。① StubHub 的被告开办了一家网站帮用户出售体育赛事的季度门票。② 原告是爱国者足球赛的门票发行商,他对被告提供场所供持票人非法出售门票的行为提起了数项起诉。③

被告就原告主张故意干扰有利关系的主张的部分要求简易判决。④ 被告辩称他可享受 230 条款的豁免,因为它只不过是一个互动式的计算机服务提供者。⑤ 然而,法庭不同意此观点,并说明有证据证明 StubHub"实质性地助益于"季度门票的非法抽头转卖。⑥ 通过引用 Roommates.com 案,法庭主张因为 StubHub 帮助在其网站上发展非法内容,它已远离了 230 豁免条款的保护范围。⑦

法庭提供了两个主要的标准来区分 StubHub 和例如 Craigslist.org 的网站托管分类广告。⑧ 首先,其他网站收取固定的利息,StubHub 基于门票的售价收取用户的费用。⑨ 其次,Stubhub 肯定在他们广告支出中增长了价格。⑩ 其他分类广告并没有鼓励广告中包含任何特殊的内容。在法庭大方地赋予交互式计算机服务的提供者以豁免权的多年之后,两个法庭重新评估了 230 条款,并且对于向网站贡献内容的解释做出了限制。

---

① NPS,LLC v. StubHub, Inc., No. 06 – 4874 – BLS1, 2009 Mass. Super. LEXIS 97 (Mass. Super. Ct. Jan. 26,2009).

② Id. at *5.

③ Id. at *1.

④ Id.

⑤ Id. at *12.

⑥ Id. at *13; See Roommates.com, 521 F. 3d at 1167 – 68 (holding that a website that materially contributes to the unlawful content on a website falls within the exception to Section 230 and is not granted immunity).

⑦ StubHub, 2009 Mass. Super. LEXIS 97 at *13.

⑧ Id. at *33 – *34.

⑨ Id. at *34.

⑩ Id. at *34 – *35.

三、受指责的"色情服务"

（一）与州检察长的协议

2008 年 11 月，在通过克雷格列表"色情服务"板块被雇佣的女按摩师被杀害之事公开之前一年，克雷格列表，以及 40 个州的检察长和丢失与被虐待儿童国家中心发表申明。[①] 该联合申明详细阐述了"克雷格列表正在采取的抵制非法活动以及提高网络中公共安全的措施"并且宣布克雷格列表应要求色情服务提供者付费，并当其在网站上做广告时要提供有效的身份验证信息。[②] 此外，如果克雷格列表被传讯，它需要将信息提供给相关的机构。[③] 该协议的目的是"倡导合法保护，允许其他服务继续做广告，同时大力抑制非法经营的公司"。[④] 然而抑制网站上的非法行为失败了，有人质疑其努力，因为广告者使用伪造的信用卡或者难以追踪的借记卡。[⑤]

在"克雷格列表杀手"被捕之后，克雷格列表自动调整政策。2009 年 5 月，在没有和州检察长或者法律执行官员交换意见的情况下，克雷格列表声明其将关闭"色情服务"分类，代之以"成人服务"分类。[⑥] 在新分类中发布信息需要花费 10 美元，将会被返还 5 美元。[⑦] 此外，克雷格列表承诺其员工将会审查非法内容的帖子。[⑧] 纽约检察长 Andrew Cuomo 说："没有和办公室合作来防止进一步的违法行为，克雷格列表在午夜采取单边行动，我们认为该行动是不成熟的。"[⑨]

---

① News Release, Washington State Office of the Attorney General, McKenna Announces Agreement with Craigslist to Crack Down on Illegal Sex Trade Ads (Nov. 6, 2008) http://www.atg.wa.gov/pressrelease.aspx? &id = 21328 (providing text of Joint Statement).

② Id.

③ Id.

④ Craigslist To Require Charge Fee For Erotic Ads. WCBSTV, Nov. 6, 2009, http://wcbstv.com/local/craigslist.prostitution.erotic.2.857943.html.

⑤ Stone, supra note 10.

⑥ Jim Buckmaster, Striking a New Balance, CRAIGSLIST BLOG, May 13, 2009, http://blog.craigslist.org/2009/05/striking – a – new – balance/.

⑦ Id.

⑧ Id.

⑨ Statement From Attorney General Andrew M. Cuomo Regarding Craigslist, May 13, 2009, http://www.ag.ny.gov/media – center/2009/may/mayl3c_09.html.

与此同时,南卡罗来纳检察长 Henry McMaster 扬言要对克雷格列表的管理人员提起刑事诉讼,如果他们不在 10 天内移除 Craigslist. org 中使得教唆卖淫和色情材料传播的部分。[1] 克雷格列表通过在南卡罗莱纳的地区法庭提起确认和禁止救济的动议,来"禁止违反联邦法律和美国宪法的威胁性的起诉"。[2] 此外,克雷格列表阐明它自动自愿地减少网站的非法使用,并且它的努力失败了,因为非法发布行为极大地减少了。[3] 克雷格列表指出 McMaster's 检察长对于起诉的威胁将会违反宪法第一修正案中言论自由的内容。[4] McMaster 随后让步,并称他很高兴看到克雷格列表正在严肃对待此事。[5]

(二)DART v. CRAIGSLIST

2009 年 3 月,伊利诺伊州郡治安官 Thomas Dart 在伊利诺伊州北部呈交了针对克雷格列表的诉状,主张其"明知并且故意促使卖淫"[6]并且它通过促使卖淫"制造了持续的麻烦"。[7] 原告认为克雷格列表此举违反了数个市、州和联邦法律。[8] 原告指出他的国家为监视克雷格列表以及逮捕在其网站活动的罪犯花费了 10 万美元。[9] Dart 指出使克雷格列表遵循 2008 年 11 月协议的改变并没有减少网站上非法内容的数量,因为卖淫者"找到了绕行繁重限制的方法"。[10]

---

① News Release, Craigslist Told to Remove Illegal Content in Ten Days or Face Possible Prosecution, May 5, 2009, http://www. scattorneygeneral. org/newsroom/pdf/2009/craigslist release. pdf.

② Complaint para. 1, Craigslist, Inc. v. McMaster, 3:09 - av - 99999 - CIV (D. S. C. filed May. 20, 2009) available at http://www. citmedialaw. org/sites/citmedialaw. org/files/2009 - 05 - 20 - Craigslist%20Complaint%20for%20Declaratory%20Relief. pdf.

③ Id. at 5.

④ Id. at 69.

⑤ Kevin Poulsen, Sued by Craigslist, South Carolina's Top Cop Declares Victoy and Goes Home, WIRED, May 20, 2009, available at http://www. wired. com/threatlevel/2009/05/sued - by - craigslist - south - carolinas - top - cop - declares - victory - and - goes - home/.

⑥ Complaint para. 86, Dart v. Craigslist Inc., 09 - CV1385 (N. D. Ill. March 5, 2009) available at http://www. citmedialaw. org/sites/citmedialaw. org/files/2009 - 03 - 05 - Dart%20Complaint. PDF.

⑦ Id. at 129.

⑧ Id. at 5.

⑨ Id. at para. 141.

⑩ Id. at 46 - 53.

2009年5月,克雷格列表在起诉状中发起了审判的动议。① 克雷格列表指出230条款使其免于责任并且原告提出的补救措施是法律所禁止的。② 为支持230条款的争论,克雷格列表向法庭指示第七巡回法庭的Chicago Lawyers’案和第九巡回法庭的Rommmates. com案。③ 此外,克雷格列表提示法庭它符合230条款的豁免,在“三管齐下”测试下决定网上服务提供者何时构成第三方非法内容的发行者。④ 克雷格列表指出Dart没有“通过巧妙的恳求来逃离这个结论——例如试图将克雷格列表认定为‘公害’来对其归责”。⑤ 最后,克雷格列表主张如果法庭信任Dart的辩论,它将会曲解国会鼓励互联网发展和自律的意图。⑥

2009年7月,Dart对克雷格列表的动议作出回应。⑦ 起初,Dart指出卖淫广告不受宪法保护。⑧ 他认为被告网站上“色情服务”是对“卖淫”的委婉表述,并且卖淫广告并不是一个宪法性的权利。⑨ 然后,他指出230豁免条款不适用,因为克雷格列表通过展示分类并使用户可以利用性倾向进行检索在网站上创设了内容。⑩ 最后,Dart指出,即使克雷格列表在230条款下享受豁免,它的行为仍旧构成损害因为它有意促进非法行为。⑪

2009年10月20日,地区法庭裁决克雷格列表胜诉并撤销了起诉。⑫ 法庭认为克雷格列表享受230条款豁免,因为它提供交互式计算机服务

---

① Motion in Support of Craigslist’s Motion for Judgment on the Pleadings, Dart v. Craigslist, Inc. ,09 - CV1385 (N. D. Ill. May 4, 2009) available at http://www. citmedialaw. org/sites/citmedialaw. org/files/2009 - 05 - 04 - Memo%/o20in%/o20Support% o20of% 20Craigslist’s/20Motion%20for%20Judgment%200n%20the%20Pleadings. pdf.

② Id.

③ Id. at 11 - 13.

④ Id. at 13 - 17.

⑤ Id. at 16.

⑥ Id. at 17 - 19.

⑦ Sherriff Thomas Dart’s Response to Defendant’s Motion for Judgment on the Pleadings, Dart v. Craigslist, Inc. , 09 - CV1385 (N. D. Ill. May 4, 2009) available at http://www. citmedialaw. org/sites/citmedialaw. org/files/2009 - 07 - 10 - Dart/o20Response. pdf.

⑧ Id. at 3.

⑨ Id. at 4 - 5.

⑩ Id. at 7 - 8.

⑪ Id. at 15.

⑫ Dart v. Craigslist, 2009 U. S. Dist. LEXIS 97596 (N. D. Ill. Oct. 20, 2009).

并且网站上的广告是“由另一个信息内容提供者所提供的信息”。① 对于损害赔偿，法庭认为郡治安官 Dart 在其起诉克雷格列表为了卖淫的目的故意安排会见时，曲解了“安排”和“指示”这样普通含义的词汇的含义。② 法庭援引 Chicago Lawyers' 案强调 230 条款已颁布，因此交互式计算机服务提供者不必为此种犯罪承担责任。③ 法庭将这种论理扩展到原告的指控，认为克雷格里列表提供了卖淫及场所的联系信息；这是由克雷格列表的用户，而不是由克雷格列表提供的信息。在长篇分析之后，法庭得出结论，克雷格列表在 CDA 第 230 条(c)(1)下免责。④

法庭很大程度上依赖于 Chicago Lawyers' 案以及与此相区别的 Roommates. com 案。与郡治安官 Dart 的主张相反，法庭发现克雷格列表的“色情服务”部分并没有引诱其他人参加非法活动，不像 Roommates. com 案中的强制性的问卷调查。⑤ 此外，法庭主张并非所有的在列的服务都有色情的本质，这些亚分类不仅仅是非法性服务的同义词，克雷格列表并不对无视网站规则的用户负责任。⑥ Grady 法官总结到，郡治安官 Dart 的主张与第七巡回法庭在 Chicago Lawyer 案中所拒绝的没有什么两样。⑦ 克雷格列表再一次用 230 条款使自己免于责任。

四、230 条款(E)项中的潜在责任

尽管过去十年里原告们对于设立网上服务提供者的责任提出了富有创造性的主张，但是还没有人提出过基于230 条款(E)项刑法例外的成功的赔偿请求。然而，这种来自联邦和州检察官的威胁可能给会驱使许多互动式计算机服务提供者改变他们行事的方式。该部分将会探讨 230 条款豁免中可能的例外，并且他们是否会改变互动式计算机服务提供者的行为。

---

① Id. at ＊13; See 47 U. S. C. § 230(f)(2) - (3).

② Dart, 2009 U. S. Dist. LEXIS 97596, at ＊19.

③ Id. at ＊19 - ＊20.

④ Id. at ＊27.

⑤ Id. at ＊22; see Chicagolanyers' 519 F. 3d 666, 671 - 72 (7th Cir. 2008) ("Nothing in the service craigslist offers induces anyone to post any particular listings. . . ")

⑥ Dart, 2009 U. S. Dist. LEXIS 97596, at ＊24.

⑦ Id. at ＊27.

(一)例外

1. Section 230(e)(1)——联邦刑事法律

Section 230(e)(1)指出"本部分任何内容都不得理解为损害本篇223条或者231条,第18篇第71章(与色情有关)或者第110章(与儿童的性虐待有关),或者其他任何联邦刑事法案的实施"。[①] 尽管230条条款先占了州刑事法律,如果互联网服务提供者得以规避责任时,230(e)(1)允许原告对互联网服务提供者提出联邦刑事违法行为的指控。[②] 除了指出克雷格列表违反了州和市的法律,Dart v. Craigslist的原告郡治安官Dart指出克雷格列表违反了《美国法典》第18篇第1952条,禁止为卖淫提供便利。[③] 当法庭对原告的起诉状批准动议之后,它通过在脚注里阐释来掩盖这个问题,指出《美国法典》第18篇第1952条"并不能将[Dart's]案的公害诉讼置于[230(e)(1)]的例外之中"。[④] 法庭引用了Doe v. Bates来支持230(e)(1)不能使私人诉讼当事人在联邦刑事法律的伪装下提起民事诉讼的主张,该案是得克萨斯州地区法庭一个未经报道的案例。[⑤] Doe v. Bates的法庭阐述道,国会打算保留法律执行官员工作的能力,同时使网上服务提供者免于民事责任承担。[⑥] 没有其他法庭引用Doe v. Bates案来支持相似的主张。

这个提出了问题,即克雷格列表,或者其他任何交互式计算机服务提供者,是否能够在相同的联邦刑事法案之下承担责任,如果是检察官而不是普通公民提起此项诉讼?根据Doe v. Bates案,该问题的答案是肯定的。[⑦] 如

---

① 47 U. S. C. § 230(e)(1).

② See Voicenet Commc'ns, Inc. v. Corbett, No. 04 – 1318, 2006 U. S. Dist. LEXIS 61916, at *13(E. D. Pa. Aug. 30, 2006)("sub – subsection(e)(3) gives interactive computer service providers immunity from state criminal laws that are inconsistent with the CDA ....').

③ Dart Complaint 4, supra note 109.

④ Dart, 2009 U. S. Dist. LEXIS 97596, at *14 n. 6.

⑤ Id.; Doe v. Bates, No. 5:05 – CV – 91 – DF – CMC, 2006 WL 3813758(E. D. Tex. Dec. 27, 2006)(holding that plaintiff cannot bring a claim against defendant because she believed that it violated criminal law by hosting child pornography).

⑥ Bates, 2006 WL 3813758, at *22.

⑦ See id. ("section 230(e)(1) exemption permits law enforcement authorities to bring criminal charges against even interactive service providers in the event that they themselves actually violate federal criminal laws.").

果一个检察官在由郡治安官引用的成文法——《美国法典》18 篇第 1952 条——之下成功地提起了刑事诉讼,克雷格列表会因为促使卖淫而承担责任。然而检察官尚未提起针对克雷格列表的联邦刑事指控,这将会是使克雷格列表为用户活动负责任的一个成功的方法,并且可能会促使克雷格列表决定改变网站。进而,检察官不必拘泥于与卖淫有关的刑事犯罪。检察官可以引用《美国法典》第 18 篇任何章节的内容来指控网站运营商的刑事活动。

2. Section 230(e)(3)——州法律

230(e)(3)指出"这一部分的任何内容不得被理解为阻止任何州执行与本部分相一致的任何州的法律"。① Dart 指出克雷格列表的行为违反了禁止教唆卖淫的州法律。② 然而,法庭认为郡治安官 Dart 所指称的"曲解'安排'和'指挥'等普通含义的词组"是粘贴在 Craigslist. org 上的,而不是由克雷格列表自己创制的。③ 然而,法庭没有同意克雷格列表违反了州法律,另一个法庭可能基于稍稍不同的事实类型来得出不同的结论。

Craigslist. org 当前的设计会排除一些可能的违法行为。不像 Roommates. com 的网站,Craigslist. org 有一个简单的用户界面并且没有下拉菜单。④ 因此,很难说网站在源于粘贴内容的任何非法行为中起了作用。然而,正如 230(e)(1)条款中的联邦法律的例外,可以想见,一个交互式计算机服务提供者违反与 230 条款相一致的成文法的事实模型将会出现。

过去的几年里,州试图通过法律使互联网变成更安全的地方。⑤ 例如,新泽西州提出《社交网络安全法》,在州之内禁止未成年人的性冒犯的材料的传播。⑥ 在该法律之下,如果操作者没有提供一个报告链接,该链接能使用户阻止性冒犯评论或者由用户或第三方审查关于性冒犯材料的

① 47 U. S. C. § 230(e)(3).

② Dart Complaint 4, supranote 109; 720 ILCS § 5/11 - 15.

③ Dart, 2009 U. S. Dist. LEXIS 97596, at *19.

④ Roommates. com, 521 F. 3d 1157, 1161(9th Cit. 2008)(en banc).

⑤ See Charlotte Chang, Note, InternetSafey Survey, 25 BERKELEY TECH. L. J. (2010).

⑥ Assem. 3757, 213 Leg., (N. J. 2009) available at http://www. njleg. state. nj. us/2008/Bills/A4000/3757_R1. HTM.

报告,那么就要归责。[①] 该法案一旦获得通过,符合宪法,并且与 CDA 相一致,就会对交互式计算机服务提供者造成严重威胁。

(二) SECTION 230(E)作为推动改革的动力

担心在 230(e)提供的例外之下受到起诉,会改变交互式计算机服务提供者运营方式。在过去的几年里,克雷格列表自动实施许多改变,阻止用户出于非法目的使用网站。2009 年 3 月,克雷格列表报告称,作为改变的结果,网站上“色情服务”板块每月的发帖量已经有 90 ~ 95% 的下降。[②] 在南卡罗来纳检察长 Henry McMaster 威胁克雷格列表不到两周的时间,网站通通删除了“色情服务”的所有类别。[③] 可能是克雷格列表担心在 230 豁免例外中潜在的刑事责任。

大约在 2008 年初期的时候,克雷格列表在 230(e)(1)例外条款之下岌岌可危,网站的当前化身试图阻止用户实施违法行为。然而,其他拥有复杂用户界面的网站不大可能继续用 230 条款作为挡箭牌。在过去的几年里,Roommates. com 和 StubHub 的案例已经说明法庭不再热衷于对交互式计算机服务提供者赋予无拘无束的豁免。因此,法庭可能会接受利用 230(e)作为限制 230 条款豁免的一种方式。

检察官也可使用 230(e)提供的例外来进一步实现国会的目标。一些人指出尽管法律实现了促进互联网的目标,但是不能说成其促进了阻止儿童色情的目标。[④] 在 230 条款的自由应用之下,有意促进对儿童的性剥削的网站被豁免了。[⑤] 检察官可以利用 230 条款的例外作为限制交互式计算机服务提供者的工具,如果它违反了联邦刑事法律或者与 CDA 相一致的州法律。例如《美国法典》第 18 篇第 1466 条 A 的联邦刑事法律,禁止性侵儿童的淫秽视觉材料的传播,可以被用来使促进犯罪活动的网

---

① Id.

② Jim Buckmaster, CL Collaborationwith AGs, NCMEC – Eary Results, CRAIGSLIST BLOG, March 9, 2009, http://blog. craigslist. org/2009/03/cl – partnership – with – ags – ncmec – early – results/.

③ Jim Buckmaster, Striking a New Balance, CRAIGSLIST BLOG, May 13, 2009, http://blog. craigslist. org/2009/05/striking – a – new – balance/.

④ Katy Noeth, Note, The Never – Ending Limits of f 230: Extending ISP Immunity to the Sexual Exploitation of Children, 61 FED. CoMM. L. J. 765, 776(2009).

⑤ Id. at 777.

站承担责任。

230(e)的例外可以作为230豁免条款的必要限制。许多评论认为法庭不当地拓宽了230条款的适用范围。① 此外,评论认为对于服务提供者适用的广泛豁免不再必要,因为国会已经实现了促进互联网发展的目标。② Roommates. com 和 StubHub 案例展示了一种限制230条款广泛范围的趋势,虽然只是少数。然而,克雷格条款屈服于州检察长的要求,开始对网站作出改变,可以视为交互式计算机服务提供者不再将230条款视为全体豁免的信号。

五、结论

在过去的十年里,交互式服务提供者在《通讯规范法》的230条款下享受了广泛的豁免权。原告试图阻碍230条款对交互式计算机服务提供者的适用,但努力没有成功。迄今为止,克雷格列表在230条款之下避免了每一次对其提起的民事诉讼,并在近期对网站作出改变,以避免未来承担责任。然而,近期两起案件证明了230条款的豁免是有边界的。提供一个稍稍不同的事实模型的交互式计算机服务提供者或许不会像克雷格列表一样幸运,如果检察官在230(e)例外中提起了诉讼。

① See Thomas D. Huycke, Note, LicensedAnarchy: Anything Goes on the Internet? Revisiting the BoundariesofSection 230 Protection, 111 W. VA. L. REV. 581(2009).

② Noeth, supranote 149.

全国刑法学术年会

●2015 年全国刑法学术年会在保定成功举行

2015 年 10 月 18 ~ 19 日，2015 年全国刑法学术年会在河北保定成功举行。此次刑法学术年会由中国法学会指导，中国刑法学研究会主办，河北省高级人民法院、河北省人民检察院和河北大学承办。来自中央政法委、全国人大常委会、最高人民法院、最高人民检察院、河北省政法委、河北省高级人民法院、河北省人民检察院等中央和地方政法机关的领导，以及来自全国各地的 300 余位刑法专家学者参会。

此届刑法学术年会的主题是“法治中国与刑法发展”，包括“法治中国与刑法理念变革”和“治理腐败的刑事政策与刑法立法”两个子议题，由刑法学研究会副会长暨最高人民法院副院长李少平、全国政协常委暨社会和法制委员会副主任朱孝清和北师大法学院党总支书记卢建平教授轮值主持。2015 年 10 月 17 日，年会举行研究会理事会会议暨年会预备会，参加年会的刑法学研究会理事共计 40 余人参会，会议通报了过去一年来刑法学研究会的主要工作。随后，年会举行了会长办公会并通过了明年刑法学研究会换届选举的初步方案。

10 月 18 日上午，会议举行开幕式，由副会长朱孝清副主任主持，中国刑法学研究会会长赵秉志教授作研究会年度工作汇报。随后，中央政法委副秘书长暨中国法学会副会长姜伟、最高人民法院副院长暨中国刑法学研究会副会长李少平、河北省高级人民法院党组书记暨院长卫彦明、河北省人民检察院党组书记暨检察长童建明、河北大学党委书记王洪瑞等先后致辞，对年会的顺利召开表示祝贺，对过去一年来刑法学研究会的工作及所取得的成绩给予高度评价，并对刑法学研究会未来的发展寄予厚望。

开幕式后，年会举行第一场专题报告，由全国人大常委会法工委副主任、中国法学会副会长暨中国刑法学研究会副会长郎胜主讲，题目是《〈刑法修正案(九)〉的立法精神和主要内容》，由中国刑法学研究会会长赵秉志教授主持。郎胜副主任从《刑法修正案(九)》的修法原则和七个方面的主要内容入手，详细介绍了《刑法修正案(九)》的修法过程、立法内容、立法争议和思考，有助于人们更好地了解《刑法修正案(九)》的立法原意。

10月18日下午，年会举行了第二、三场专题报告。其中，第二场专题报告由最高人民法院副院长暨刑法学研究会副会长李少平大法官主讲，题目是《以审判为中心的诉讼制度改革》，由朱孝清副主任主持。李少平副院长详细阐述了以审判为中心的诉讼制度改革背景、内涵和内容，有助于人们更好地了解我国诉讼制度改革的背景、内容和趋势。第三场专题报告由朱孝清副主任主讲，题目是《错案责任追究》，由研究会副会长卢建平教授主持。朱孝清副主任生动地讲述了我国错案的标准、错案责任追究的条件等，报告深入浅出，生动形象。

10月19日上午，年会举行了第一、二单元的主题报告。其中，第一单元的主题是法治中国与刑法理念变革，由刑法学研究会副会长刘宪权教授和香港特别行政区律政司沈仲平专员主持，中国财经政法大学刑事司法学院郭泽强教授、河北大学政法学院苏永生教授、苏州大学法学院彭文华教授、内蒙古财经大学法学院范祥教授分别作了《法治中国视角下刑法谦抑观之重读》《从压制到治理——西部边疆地区犯罪的刑法治理模式研究》《法治中国与回应型刑法的构建》和《我国刑法之人权保障制度的梳理与建议》的论文报告，报告内容深刻，密切联系实际，引起了与会者的积极回应。第二单元的主题是治理腐败的刑事政策与刑法立法，由刑法学研究会副会长陈忠林教授、副会长莫洪宪教授主持，四川大学法学院魏东教授、武汉大学法学院皮勇教授、北京师范大学法学院卢建平教授、西南政法大学法学院胡江副教授先后作了题为《我国当下反腐政策及其贯彻》《论贪污罪的数额与情节要件》《论悔罪退赃对贪污犯罪量刑的影响》和《贪污贿赂犯罪死刑废除论》的论文报告。报告内容紧密联系我国《刑法修正案(九)》的立法实际，研讨深入，热点频出。

10月19日下午，年会举行了第三单元的专题报告和闭幕式。其中，第三单元由刑法学研究会顾问张泗汉教授和副会长齐文远教授主持，中国人民公安大学法学院陈志军教授、西北政法大学刑事法学院舒洪水教授、浙江工业大学法学院张兆松教授、武汉大学法学院何荣功副教授和中国人民公安大学张伟珂讲师分别作了题为《中国贿赂犯罪罪名体系之完善建议》《受贿罪定罪量刑标准的立法完善》《贪污贿赂犯罪的罪名：从分立走向统一》《"严惩行贿"的法治与逻辑悖论》和《论行贿罪中"为谋取不正当利益"之舍弃》的论文报告，引发了与会者的热烈讨论。随后，年会举行闭幕式，由刑法学研究会副会长贾宇教授主持，副会长卢建平教授、河北大学党委副书记王佘丁和会长赵秉志教授先后致辞，对此次年会的成功举办进行了简要总结和评价，并对明年全国刑法学术年会的事宜做了通报。

此次全国刑法学术年会是中国刑法学研究会贯彻党的十八届三中、四中全会的精神和《刑法修正案（九）》修法的热点问题举行的一次重要学术年会，对于深化相关问题的理论研究、完善相关刑法立法和司法、加强全国刑法理论界与实务界的学术友谊具有重要意义。

●繁荣学术　促进法治

——中国刑法学研究会2015年年会开幕致辞

中国刑法学研究会会长　赵秉志教授

（2015年10月18日·河北保定）

尊敬的各位领导、各位代表、各位嘉宾：

大家上午好！

金秋十月，秋高气爽。今天，我们来到素有“京畿重地”“首都南大门”之称的历史文化名城河北保定，在这里隆重举行2015年全国刑法学术年会。首先，请允许我代表中国刑法学研究会向莅临本届年会的各位领导、各位代表和各位来宾表示热烈的欢迎！同时，我也要代表会议的主办单位中国刑法学研究会和全体与会代表，向会议承办单位河北省高级人民法院、河北省人民检察院、河北大学以及会议的全体工作人员，表示我们衷心的感谢！感谢你们为本次年会的顺利召开给予的鼎力支持和付出的辛勤工作！

过去的一年是我国法治建设全面繁荣发展的一年。2014年10月20～23日，党的十八届四中全会胜利召开，会议通过了《中共中央关于全面推进依法治国若干重大问题的决定》，提出要全面推进依法治国，建设中国特色社会主义法治体系，建设社会主义法治国家。刑事法治是我国社会主义法治体系的重要组成部分，也事关我们党执政兴国，事关人民幸福安康，事关党和国家的长治久安。2015年8月29日，在党的十八届三中全会、四中全会精神的指引下，第十二届全国人大常委会第十六次会议审议通过了《刑法修正案（九）》。该修正案创制、审议和通过前后历时三年，修法内容重要，热点亮点显著，从多个方面进一步完善了我国刑法立法，其中的一大亮点，就是总结了近年来我国反腐败的实践经验，完善了反腐败的刑事法治。本届全国刑法学术年会以《法治中国与刑法发展》为主题，并以《法治中国与刑法理念变革》为理论议题，以《治理腐败的刑事政策与刑法立法》为实务议题，就是为了结合我国刑事法治领域的重大理论和现实问题进行研讨和交流。我们相信，今年全国刑法学术年会的研讨一定能够为我国深化这两方面的理论研究和推进实务进步提供有参考价值的真知灼见。

各位代表，河北是中华民族的发祥地之一，拥有长城、承德避暑山庄、清东陵和清西陵3项世界文化遗产，邯郸、保定、承德、正定、山海关5个国家级历史文化名城；河北环抱首都北京，地理位置优越，是首都北京连接全国各地的交通枢纽。作为河北省人口第一众多的城市，保定是中国历史文化名城，有3000多年历史，清为直隶总督署，位于华北平原北部、河北省中部，大部位于海河平原，自古是“北控三关，南达九省，地连四部，雄冠中州”的“通衢之地”，可谓物华天宝，人杰地灵。古壮士荆轲，燕大夫郭隗，汉昭烈帝刘备，宋太祖赵匡胤，地理学家郦道元，数学家祖冲之，戏剧家关汉卿等名人志士辈出于此。同时，保定教育渊源深厚，人文灿烂，宋有州学，明有府学，清有莲池书院，北洋军阀冯国璋、清末状元刘春霖等一大批清代重要官员和教育家曾毕业于此。新中国建立后尤其是改革开放以来，保定更是迎来了历史性的发展机遇，经济和社会取得了全面进步。目前，保定市是全国首个创新驱动发展示范市、中国优秀旅游城市、全国双拥模范城、戏曲之乡、游泳之乡、全国乒乓球重点城市、“长寿之城”和“冠军之城”。

今天，我们在这里隆重举行2015年全国刑法学术年会，我们刑法学人要努力弘扬“坚韧朴实、重信尚义、宽厚包容、求实创新”的新时期河北人文精神，“崇信、重义、尚和、争先”，进一步增进全国刑事法学界、法律实务界同行的学术友谊，促进我国刑法学研究和刑事法治事业的全国性繁荣与发展。

过去的一年，刑法学研究会在中国法学会的领导下，在本会名誉会长、顾问的指导和全体理事、会员的积极参与下，锐意进取、努力创新，卓有成效地开展了大量工作，并取得了相应的成绩。下面，请允许我简要汇报一下刑法学研究会自2014年9月北京全国刑法学术年会（也是刑法学研究会成立30周年纪念大会）之后一年来的主要工作：

一、充实领导机构

健全机构和充实领导成员是加强研究会各项工作的基础。既往的一年间，刑法学研究会在这两个方面都取得了成绩。

（一）健全机构

2015年3月30日，民政部向刑法学研究会下达了《民政部关于中国刑法学研究会成立登记的批复》（民函〔2015〕103号）。该批复正式批准中国刑法学研究会成立登记。至此，中国刑法学研究会成为原中国法学会下属的43个二级研究会中，继中国廉政法制研究会、中国刑事诉讼法学研究会和海峡两岸关系法学研究会之后，第四个经民政部同意注册登记的全国性社团法人。随后，刑法学研究会依法办理了研究会的法人证书、法人印章、纳税登记等程序。中国刑法学研究会从而成为经国家民政部社团登记批准的具有独立法人资格的国家一级学会。这对于中国刑法学研究会从事国内国际学术活动提供了有利的条件，具有重要的意义。我们衷心感谢中国法学会和民政部给予中国刑法学研究会的支持。

（二）增补两位副会长

2011年刑法学研究会换届选举后，因工作变动的原因，刑法学研究会的领导班子结构发生了一定的变化。其中，研究会副会长张军同志由最高人民法院副院长调任中央纪律检查委员会副书记，副会长朱孝清同志由最高人民检察院副检察长调任全国政协常委暨社会和法制委员会副主任。刑法学研究会的领导班子中因此缺少最高人民法院、最高人民检察院的代表。鉴于最高人民法院、最高人民检察院在我国刑事法治建设和刑法理论研究中的特殊重要地位和“两高”历来有领导担任刑法学研究会副会长的惯例，刑法学研究会的领导班子中亟须增补“两高”的相关领导同志。

按照中国法学会的要求，并在与“两高”沟通协商的基础上，经过研究会正副会长沟通酝酿，2015年1月10日，刑法学研究会在北京召开了研究会常务理事会议，在京的正副会长、多位常务理事、部分京外赶来的副会长、常务理事和研究会正副秘书长等近20人参加了会议。会议一致同意增补最高人民法院副院长李少平同志、最高人民检察院副检察长柯汉民同志为刑法学研究会副会长人选。会后，研究会秘书处进一步征求了未参会的副会长、常务理事的意见。全体常务理事一致同意增补李少平、柯汉民同志为刑法学研究会副会长。之后，经报中国法学会党组同意，并经10月17日晚理事会会议通过，李少平、柯汉民两位同志被增补为刑法学研究会副会长。他们两位担任中国刑法学研究会副会长也经由“两高”政治部同意并获得中组部的批准。

二、编辑出版会刊和文集

编辑会刊与文集则是刑法学研究会推动学术研究的基础工作。过去一年间，研究会编辑出版了一卷会刊、一部文集和两卷年会文集。

（一）编辑出版第27卷《刑法评论》

《刑法评论》是中国刑法学研究会的会刊，由刑法学研究会和北师大刑科院联合主办，研究范围涵盖了中国刑法、比较刑法、区际刑法与国际刑法等方面，是刑法学研究会进行学术交流的重要窗口。2014年北京学术年会至今，《刑法评论》出版了第27卷（2014年年会前集中出版了两卷）。该卷《刑法评论》共载文23篇，分“理论探索”“立法研究”“司法实务”“域外法治”“全国刑法年会”等专题对刑事法治领域的若干重要问题进行了深入研究，并刊载了2014年全国刑法学术年会的重要学术信息。

（二）编辑出版《中国资深刑法学家》

为传承和发扬老一辈刑法学家崇尚法治、献身法学、务实求真、开拓创新的信念和治学精神，在2014年刑法学研究会成立30周年之际，刑法学研究会在全国刑法学界组织评选了“资深刑法学家”。34位已满80岁高龄的具有正高级职称的刑法学者获得了“资深刑法学家”的荣誉称号。为表彰、纪念和弘扬这些资深刑法学家对我国刑法学教育与研究所做出的重要贡献，经过近一年的筹备和编写等工作，2015年9月，刑法学研究会编辑出版了《中国资深刑法学家》一书。该书由刑法学研究会会长赵秉志教授担任主编，由两位副会长张军教授（中纪委副书记）和陈泽宪研究员（中国社科院国际法研究所所长）担任副主编。除部分资深刑法学家因年事已高、身体欠佳等原因令人遗憾地未能提交文稿外，该书共收录24位资深刑法学家的生平简介、学术思想和主要著述。该书的编写和出版，对我们全面了解老一辈刑法学家的生平、学术贡献并以此激励中青年刑法学人的奋进，具有积极的促进作用。

（三）编辑出版2015年学术年会文集

2015年10月，本届年会前夕，刑法学研究会2015年年会文集《法治中国与刑法发展》由中国人民公安大学出版社正式出版。该年会文集由研究会三位轮值副会长李少平（最高人民法院副院长）、朱孝清（全国政协法制与社会委员会副主任）和卢建平（北师大法学两院教授）共同主编，共收录论文161篇，分上、下两卷，《法治中国与刑法理念变革研究》《治理腐败的刑事政策研究》《腐败犯罪治理的刑法协调研究》《贪污犯罪的刑法治理研究》《受贿犯罪的刑法治理研究》和《行贿犯罪的刑法治理研究》六编。该文集的出版不仅为本届年会的顺利召开提供了重要的研讨基础，而且具有重要的学术和实践价值，相信对于进一步推动相关问题的理论研究和我国刑事立法与司法的完善也将产生积极作用。

三、承担和参加中国法学会的相关活动

过去的一年里，刑法学研究会积极承担中国法学会的研究课题，并密切配合中国法学会，参加了中国法学会的各项有关活动。

（一）积极申报中国法学会部级研究课题

过去一年里，刑法学研究会积极申报并承担了中国法学会多项部级研究课题。根据《中国法学会2014年度部级法学研究课题最终立项公告》，刑法学研究会成员共承担了中国法学会部级研究课题5项，其中重大项目1项（研究会理事李晓明教授的《网络反腐法律机制研究》），一般项目1项（研究会理事黄华生教授的《刑事被害人救助地方立法评析与展望》），另有3项自选课题立项。

（二）积极参加中国法学会相关工作

过去一年来，刑法学研究会积极参加了中国法学会主办的多项会议和相关工作，进一步促进了刑法学研究会工作的开展：（1）参加中国法学会学习贯彻党的十八届四中全会精神座谈会。2014年11月2日，中国法学会在京举行"中国法学会学习贯彻党的十八届四中全会精神座谈会"。座谈会由中国法学会主办，来自中国法学会、各个研究会的120余名代表参加了此次会议。刑法学研究会常务副会长陈泽宪教授、副会长卢建平教授、副秘书长黄晓亮副教授参会。（2）参加中国法学会第三届"中国法学优秀成果奖"终评会议。2014年12月10日，中国法学会在京召开第三

届“中国法学优秀成果奖”终评会议，终评委员会主任由中国法学会党组书记、常务副会长陈冀平担任，中国法学会副会长暨学术委员会主任张文显担任副主任，各学科共计42位专家学者担任委员。刑法学研究会会长赵秉志教授、副会长朱孝清应邀参会并共同担任了刑法学与刑事诉讼法学组的召集人。终评工作在各学科组认真审核材料和推荐的基础上，经过无记名投票，产生了一、二、三等奖的获奖著作与论文名单。名誉会长高铭暄教授的专著《中华人民共和国刑法的孕育诞生和发展完善》获专著类一等奖。(3)参加“《国家安全法(草案)》专家研讨会暨中国法学会2015年第1期立法咨询会”。2015年1月15日，中国法学会在京举办了“《国家安全法(草案)》专家研讨会暨中国法学会2015年第1期立法咨询会”。来自北京多个院所和国家安全部法制办、公安部等实务部门的10余位专家学者参会。刑法学研究会会长赵秉志教授、副秘书长袁彬副教授应邀参会，围绕《国家安全法(草案)》的立法模式、基本结构等问题进行了深入研讨。(4)参加《中国法学》编委会年度会议。2015年1月21日，中国法学会主办的《中国法学》杂志社和编辑部在京召开《中国法学》编委会年度会议近20位编委参加了会议。刑法学研究会会长赵秉志教授应邀参会。(5)参加中国法学会常务理事扩大会议。2015年1月21~22日，每年一度的中国法学会常务理事扩大会议在京隆重举行，来自中国法学会以及中国法学会所属和管理的各研究会、地方法学会等共计200余人出席会议。刑法学研究会会长赵秉志教授等应邀出席。(6)参加“中国法学会研究会工作经验交流暨法学理论骨干培训会议”。2015年4月25日，“中国法学会研究会工作经验交流暨法学理论骨干培训会议”在京召开。中国法学会各所属研究会、中国法学会主管的各全国性法学社团、各省级法学会代表，第三届“中国法学优秀成果奖”获奖作者和中国法学会机关各部室、各直属事业单位负责人等360余人参加会议。刑法学研究会会长赵秉志教授、常务副会长陈泽宪教授、秘书长刘志伟教授代表中国刑法学研究会参会。(7)参加中非法律人才交流项目第二期研修班并作学术讲座。2015年5月，中国法学会与北京外国语大学合作举办的“中非法律人才交流项目第二期研修班”在北京外国语大学举办，来自非洲近20个国家的30多名法官、检察官、律师、法律学者参加。刑法学研究会会长赵秉志教授应邀于2015年5月29日上午前往该研修班并作了题为

“中国刑法的演进及其时代特色”的学术讲座。(8)参加中国法学会“《青少年法治教育大纲(征求意见稿)》专家研讨会”。2015 年 6 月 23 日下午,中国法学会在京召开“《青少年法治教育大纲(征求意见稿)》专家研讨会”。中国法学会领导、教育部有关部门领导、《大纲》课题组成员暨有关方面的专家等 20 余人出席。刑法学研究会会长赵秉志教授应邀出席会议并发言。(9)参加第十届中国法学家论坛。2015 年 7 月 3 日,由中国法学会主办的“第十届中国法学家论坛”在京召开。来自中央政法机关、中国法学会所属研究会、地方法学会以及全国法学界、法律界的领导、专家等共计 300 余人出席论坛。本届论坛的主题是“推进中国特色社会主义法治理论创新和发展”。刑法学研究会秘书长刘志伟教授、副秘书长袁彬教授等参会。

四、积极加强国际、区际刑法学术交流

刑法学研究会始终注意加强研究会的国际、区际刑法学术交流。过去的一年里,先后主办第十三届“中韩刑法学术研讨会”和第五、六届“海峡两岸刑事法治学术研讨会”,参与协办第六届“当代刑法国际论坛”,并参加了多个国际、区际刑法学术研讨会。

(一)主办“第十三届中韩刑法学术研讨会”

2015 年 8 月 25 日至 26 日,第十三届中韩刑法学术研讨会在辽宁沈阳举行。本届研讨会由中国刑法学研究会、韩国比较刑事法学会联合主办,辽宁大学法学院、北京师范大学刑事法律科学研究院联合承办。来自中韩两国高等院校、科研院所以及中央和地方政法机关的 40 余位代表以及辽宁大学法学院、辽宁省公安厅的 60 余位师生、干警参加。研讨会分为四个单元分别讨论了反恐问题的研究现状暨国内立法、反恐的国际公约与国内立法的协调问题、反恐的犯罪学与刑事政策学问题、反恐的人权保障与国际合作问题。刑法学研究会名誉会长高铭暄教授、会长赵秉志教授、多位副会长等众多研究会成员参会。此次会议的召开对于进一步巩固中韩两国刑法学界的学术友谊、促进中韩两国刑事法治的发展具有重要意义。

(二)主办第五、六届“海峡两岸刑事法治学术研讨会”

“海峡两岸刑事法治学术研讨会”是由中国刑法学研究会和台湾刑事

法学会为两岸刑法学者共同搭建的学术交流平台，每年在海峡两岸轮流举办。2014年北京年会至今，刑法学研究会先后举办了两届“海峡两岸刑事法治学术研讨会”：（1）举办第五届“海峡两岸刑事法治学术研讨会”。2014年10月23～24日，第五届海峡两岸刑事法治学术研讨会在台北举行。本届研讨会的主题为“两岸贪腐行为与刑法管制”，由台湾刑事法学会和中国刑法学研究会联合主办，由台湾地区“法务部廉政署”、台湾地区桃园律师公会承办，台湾地区“法务部调查局”、台湾海峡两岸法律交流协会协办。来自大陆地区高校与司法机关的8名代表，与来自台湾地区的高校、司法机关的近90名代表一起参加了本次研讨会。刑法学研究会会长赵秉志教授、副会长刘宪权教授、副会长梅传强教授等刑法学研究会多位成员参会。（2）举办第六届“海峡两岸刑事法治学术研讨会”。2015年9月26～27日，“第六届海峡两岸刑事法治学术研讨会”在安徽芜湖举行。此次研讨会由中国刑法学研究会主办，安徽师范大学法学院承办，安徽深蓝律师事务所、安徽国伦律师事务所协办，主题为“死刑制度改革”。来自我国台湾、大陆地区的60余位代表参加了研讨会。刑法学研究会名誉会长高铭暄教授、会长赵秉志教授、常务副会长陈泽宪研究员、副会长卢建平教授等刑法学研究会多位成员参会。

（三）举办第六届当代刑法国际论坛

2015年8月22～23日，由北京师范大学刑事法律科学研究院与德国马普学会外国刑法与国际刑法研究所联合主办，并由中国刑法学研究会与国际刑法学协会中国分会协办的第六届当代刑法国际论坛在京召开。论坛的主题为“反腐败的国际经验与中国实践”。来自国际组织、十多个国家的高等院校、科研机构，以及来自我国中央及地方政法机关、国内高校和科研机构的150余名代表与会。刑法学研究会作为会议的协办方积极参与了会议的组织工作和研讨活动。刑法学研究会名誉会长高铭暄教授、会长赵秉志教授、多位副会长等刑法学研究会众多成员参会。这为会议的成功举行作出了积极贡献。

（四）积极参加国际、区际刑法学术会议

除了举办多种国际、区际刑法学术研讨会，过去一年里，刑法学研究会及其主要成员还积极参加了十余个国际、区际刑法学术会议。其中比较有代表性的会议有：（1）参加“社会治安综合治理理论创新暨有组织犯罪及其治理国际会议”。2014 年 10 月 30 日 ~ 11 月 1 日，由华东政法大学、牛津大学和曼彻斯特大学主办，华东政法大学社会管理综合治理研究院承办的“社会治安综合治理理论创新暨有组织犯罪及其治理国际会议”在上海举行。来自中英两国学术界和理论界的百余位专家学者参加了会议。刑法学研究会名誉会长高铭暄教授、副会长刘宪权教授、副会长卢建平教授等多位成员参会。(2)参加第七届“两岸四地刑事法论坛”。2014 年 12 月 3 ~ 4 日，由北京师范大学刑事法律科学研究院、台湾辅仁大学法律学院、香港大学法律学院、澳门检察律政学会及澳门刑事法研究会共同主办的“第七届两岸四地刑事法论坛”在澳门举行。论坛的主题是“两岸四地刑事法律面临的挑战”。来自中国内地(大陆)和台湾、香港、澳门地区刑事法理论与实务界的 90 余位专家学者参会。刑法学研究会名誉会长高铭暄教授、会长赵秉志教授、常务理事赵国强教授、理事徐岱教授和魏东教授等众多成员参会。(3)参加“中日刑事法学的现状与未来”学术研讨会。2015 年 5 月 30 日，由中国人民大学刑事法律科学研究中心与日中刑事法研究会共同主办的“中日刑事法学的现状与未来”学术研讨会在京举行。来自全国各地高校共 100 余名专家学者，和来自日本早稻田大学、一桥大学、东京大学等著名刑事法学者参加了本次研讨会。刑法学研究会名誉会长高铭暄教授、副会长张明楷教授、副会长曲新久教授等多位成员参会。(4)参加第三届东北亚刑事政策论坛。2015 年 9 月 19 日，第三届东北亚刑事政策论坛在吉林大学举行。论坛邀请到韩国刑事政策研究院、辽宁大学法学院、延边大学法学院、黑龙江大学法学院以及吉林大学法学院的近 30 名中外刑法学界学者和吉林省人民检察院和吉林省长春市中级人民法院的法律工作者 40 余人参会。论坛围绕腐败犯罪的立法、贿赂犯罪的问题点及认定、腐败犯罪的实态应对与司法协助以及腐败犯罪的政策四个方面的问题进行讨论。刑法学研究会理事张旭教授和徐岱教授等多位成员参会。

五、积极加强国内刑法学术交流

过去一年里，刑法学研究会通过主办和参加各种学术活动，进一步加强了国内刑法学术交流。

(一)举办《刑法修正案(九)(草案)》研讨会

2014 年 10 月,全国人大常委会第一次审议了《刑法修正案(九)(草案)》并随后向社会公开征求意见。2014 年 11 月 29 日,中国刑法学研究会与中国法学会研究部在京共同举办了《刑法修正案(九)(草案)》研讨会。来自中国法学会、中国社科院法学研究所、清华大学、北京师范大学、中国人民大学等单位专家学者暨来自国家立法、司法机关和律师代表共计 30 余人参会。会议由刑法学研究会会长赵秉志主持,与会学者和专家围绕《刑法修正案(九)(草案)》中的相关问题进行了深入研讨。会议内容会议整理成会议纪要并呈报给了全国人大常委会法工委。

(二)举办"聚焦《刑法修正案(九)(草案)》系列学术座谈会"

为了进一步深入研讨《刑法修正案(九)(草案)》的诸多重大问题并为国家立法机关提供有价值的参考意见,2015 年 1 月 10 ~ 11 日,刑法学研究会与北京师范大学刑事法律科学研究院在京联合举办了"聚焦《刑法修正案(九)(草案)》系列学术座谈会":(1)举办"我国死刑立法改革的新发展问题学术座谈会"。2015 年 1 月 10 日下午,"聚焦《刑法修正案(九)(草案)》系列学术座谈会"之一"我国死刑立法改革的新发展学术座谈会"在京举行。座谈会由北京师范大学死刑研究国际中心承办。刑法学研究会名誉会长高铭暄教授、顾问储槐植教授、会长赵秉志教授、常务副会长陈泽宪研究员,副会长张军书记、郎胜主任、陈忠林教授、莫洪宪教授、黄京平教授、卢建平教授、梁根林教授等 30 余人参加了此次会议。(2)举办"我国惩治恐怖犯罪的立法完善学术座谈会"。2015 年 1 月 11 日上午,"聚焦《刑法修正案(九)(草案)》系列学术座谈会"之二"我国惩治恐怖犯罪的立法完善学术座谈会"在京举行。座谈会由北京师范大学反恐怖法治研究中心承办。刑法学研究会名誉会长高铭暄教授、会长赵秉志教授、常务副会长陈泽宪教授、副会长陈忠林教授、莫洪宪教授与来自理论和实务部门的专家等 30 余人围绕恐怖犯罪的立法完善问题进行了深入研讨。(3)举办"我国惩治腐败犯罪的立法完善问题学术座谈会"。2015 年 1 月 11 日下午,"聚焦《刑法修正案(九)(草案)》系列学术座谈会"之三"我国惩治腐败犯罪的立法完善问题学术座谈会"在京举行。座谈会由国际反腐败学院联盟成员单位北京师范大学中国反腐败教育与研究中心承办。刑法学研究会名誉会长高铭暄教授、会长赵秉志教授等众多研究会成员与来自中央政法机关以及科研院校的近30位专家学者就我国惩治腐败犯罪的立法完善问题进行了深入研讨。

（三）举办《国际刑事司法协助法（征求意见稿）》专家研讨会

2015年3月14日下午，由中国法学会举办，中国法学会研究部和中国刑法学研究会共同承办的《国际刑事司法协助法（征求意见稿）》专家研讨会（暨中国法学会2015年第9期立法专家咨询会）在北京师范大学召开。来自中央有关部门负责同志和来自高等院校、科研机构的专家学者30余人参加了会议。会议由刑法学研究会会长赵秉志教授和中国法学会研究部主任李仕春教授共同主持。与会专家学者围绕《国际刑事司法协助法（征求意见稿）》诸多重大问题进行了深入研讨。

（四）举办"走向世界的中国刑法学事业暨祝贺高铭暄教授荣获'贝卡利亚奖'学术座谈会"

2015年4月21日下午，为祝贺中国刑法学界泰斗高铭暄教授2015年4月15日在卡塔尔首都多哈召开的联合国第十三届预防犯罪与刑事司法大会期间荣获国际社会防卫协会授予的"切萨雷·贝卡利亚奖"这一极具分量的国际大奖，并以此为契机研讨中国刑法学如何走向世界，北京师范大学刑事法律科学研究院与中国刑法学研究会、国际刑法学协会中国分会在北京联合隆重举办"走向世界的中国刑法学事业暨祝贺高铭暄教授荣获'切萨雷·贝卡利亚奖'"学术座谈会。来自中央政法机关的领导、专家和高等院校与研究机构的学者以及北师大刑科院师生等60余人与会，共同研讨了中国刑法的国际化发展。国际社会防卫学会设立"切萨雷·贝卡利亚奖"是为了表彰全世界在刑事法领域为推动实现法治精神与人道关怀做出巨大贡献的贤达之士。此次"切萨雷·贝卡利亚奖"颁给高铭暄教授是对高铭暄教授"在中国基于人权保障与人道主义刑事政策发展现代刑法学所取得的巨大成就"的肯定和褒奖，也是对我国刑法学术事业和刑事法治建设所取得成绩的肯定。

（五）举办《刑法修正案（九）（草案二次审议稿）》专家研讨会

2015年7月27日上午，由中国法学会主办，中国法学会研究部和中国刑法学研究会承办的《刑法修正案（九）（草案二次审议稿）》专家研讨会暨中国法学会2015年第21期立法专家咨询会在中国法学会召开。中国法学会党组书记、常务副会长陈冀平出席会议并讲话。研讨会由中国刑法学研究会会长赵秉志教授和中国法学会研究部主任李仕春教授共同主持。来自高等院校、科研院所的20余位专家学者围绕《刑法修正案(九)(草案二次审议稿)》进行了深入研讨。会后,会议内容于会后整理成会议纪要并呈报给了全国人大常委会法工委。

(六)举办第七届当代刑事司法论坛

当代刑事司法论坛是北师大刑科院与建立合作关系的各级司法机关联合创建、运行的常设性刑事司法实务交流合作平台,原则上每年举办一届。2015年8月19日,北师大刑科院与中国刑法学研究会在北京联合举办第七届当代刑事司法论坛。本届论坛的会议主题为"《刑法修正案(九)(草案)》热点聚焦"。来自中央和地方政法机关以及高等院校与科研机构的120余名代表与会,就《刑法修正案(九)(草案)》涉及的诸多热点问题进行了深入研讨。

(七)积极参加国内刑法学术会议

过去一年里,刑法学研究会先后参加各种学术研讨会十余次,其中具有一定影响的学术研讨会主要有:(1)参加"死刑改革与国家治理"学术研讨会。2014年11月22日,中国社会科学院法学研究所在京召开"死刑改革与国家治理"学术研讨会。来自教学科研机构和实务部门的专家学者共90余人参会。刑法学研究会多名成员应邀出席。(2)参加"第十二届刑事法前沿论坛暨剥夺自由罚改革研讨会"。2014年12月27~28日,中国社会科学院刑事法重点学科主办的"第十二届刑事法前沿论坛暨剥夺自由罚改革研讨会"在京召开。来自高等院校和研究机构的专家学者以及来自最高人民法院、最高人民检察院、湖北省高级人民法院、《人民检察》杂志等单位的相关专家共计80余人参会。刑法学研究会会长赵秉志教授、多位副会长、理事等多位成员应邀出席。(3)参加"司法抑或立法:中国死刑改革的路径选择"学术研讨会。2015年2月7~8日,由北师大刑科院主办的"司法抑或立法:中国死刑改革的路径选择"学术研讨会在京召开。来自国内外理论与实务部门的代表共70余人参会。刑法学研究会名誉会长高铭暄教授、会长赵秉志教授以及多位副会长、理事等成员应邀出席。(4)参加"历史变革中的刑法新思维学术研讨会"。2015年6月27日,西南政法大学主办、西南政法大学刑法学科承办的"历史变革中的刑法新思维学术研讨会"重庆举行。来自最高司法机关和高校的领导、专家学者共计 100 余人参会。刑法学研究会副会长梅传强教授等多名成员应邀出席。(5)参加 2015 年食品药品安全刑事保护论坛。2015 年 6 月 29 日上午,公安部主办、公安部治安管理局和人民公安报社共同承办的"2015 年食品药品安全刑事保护论坛——互联网时代食药犯罪的法治化应对"在京召开。来自公安部、国务院食品安全办、中国法学会、知名高校、地方司法机关、阿里巴巴集团等企业以及相关主流媒体的代表共计 200 余人出席论坛。刑法学研究会会长赵秉志教授等多名成员应邀出席。(6)参加"反腐败的刑事法治保障"学术研讨会。2015 年 9 月 19 ~ 20 日,中国社会科学院法学所主办的"反腐败的刑事法治保障"学术研讨会在北京举行。来自国家立法机关、最高司法机关以及高等院校、学术机构的 80 余名代表出席了会议。刑法学研究会名誉会长高铭暄教授、会长赵秉志教授、多位副会长和理事等多位成员应邀出席。

六、积极筹备 2015 年学术年会

经刑法学研究会会长办公会议讨论决定并报中国法学会批准,中国刑法学研究会 2015 年年会定于 10 月 18 ~ 19 日在河北保定召开。本次年会由中国刑法学研究会主办,由河北大学政法学院承办。为贯彻党的十八届四中全会的精神,同时密切结合我国反腐败的实践和要求,本届年会的主题被确定为"法治中国与刑法发展"。具体又分为两个议题,其中理论议题为"法治中国与刑法理念变革";实务议题为"治理腐败的刑事政策与刑法立法"。这两个议题都是我国刑法领域的重大现实问题,其中刑法理念变革问题关系到法治中国实现的基础理论问题,治理腐败问题在当前我国腐败治理不断深入的背景下需要刑法理论上进行总结,并为腐败犯罪的进一步治理寻找刑法对策。刑法学研究会会长赵秉志教授领导研究会秘书处全面负责此次年会的筹备、组织、运作和协调工作;副会长暨最高人民法院副院长李少平大法官、副会长暨全国政协社会和法制委员会朱孝清副主任和副会长暨北师大法学院党总支书记卢建平教授作为轮值副会长共同主持本届年会。

为保证年会的顺利召开,刑法学研究会会长赵秉志教授、秘书长刘志伟教授与年会的承办单位进行了多次沟通协调。刑法学研究会秘书处就年会的筹备事宜与河北大学等年会承办单位进行了多次沟通和协调。之

后，刑法学研究会秘书处年会筹备班子按照本会的学术年会规则，与年会承办单位的有关同志配合，认真、细致而卓有成效地进行了年会的各项筹备工作，从而为今年年会的顺利召开和圆满成功打下了良好的基础。在此，刑法学研究会要向年会的承办单位及参与年会筹备工作的同志们、朋友们，表示深深的感谢！

此外，按照惯例，刑法学研究会在年会报到日召开了理事会。赵秉志会长向理事会会议通报了研究会一年来的主要工作。之后，刑法学研究会召开了会长办公会议，研究和通过了中国刑法学研究会明年换届工作的初步方案，并将于年会后择机召开常务理事会进一步研究和通过换届方案。

各位领导、各位代表、各位来宾：过去的一年，刑法学研究会在中国法学会的指导下，在全体成员的共同努力和有关方面的支持、帮助下，励精图治、锐意进取，积极推动了我国刑法理论研究、国内外刑法学术交流的发展，并积极参与了我国刑法的立法、司法等工作，为我国刑事法治建设的繁荣和进步作出了应有的贡献。今后，我们全体刑法学人要全面贯彻党中央提出的全面推进依法治国要求，再接再厉，积极进取，乐于奉献，不断促进我国刑法学术研究事业的繁荣发展，为我国社会主义刑事法治建设作出更大的贡献。

最后，预祝本次年会圆满成功！

祝愿各位领导和专家学者身心康健、工作顺利、万事如意！

谢谢大家！

●出席2015年全国刑法学术年会的领导致辞选登

繁荣刑法学研究　推进法治中国建设

中国法学会副会长　姜　伟

各位专家学者、同志们：

金秋十月，天高气爽，丹桂飘香，全国各地的刑法专家学者聚集在历史文化名城河北保定，举行中国刑法学研究会2015年学术年会。借此机会，请允许我代表中国法学会，对大会的召开表示热烈的祝贺！向全国广大刑法理论与实务工作者致以诚挚的问候！向一直以来关心和支持中国刑法学研究会的领导和有关部门表示衷心的感谢！

中国刑法学研究会是中国法学会的学科研究会，自1984年成立以来，在中国法学会的指导下，在前任会长高铭暄教授和现任会长赵秉志教授及常务理事会的带领下，在广大专家学者的支持下，研究会始终坚持以中国特色社会主义法学理论为指导，贯彻“百花齐放、百家争鸣”的方针，充分调动广大刑法理论与实务工作者的积极性，勇于开拓、锐意创新，在繁荣刑法学研究、服务刑事司法实践、加强法制宣传、培养刑法学人才等方面做了大量卓有成效的工作，取得了丰硕成果，受到了社会各界的肯定和认可。这次大会以“法治中国与刑法发展”为主题，集中研讨新形势下法治中国与刑法理念变革、治理腐败的刑事政策与刑法立法、《刑法修正案(九)》的理解与适用等问题，为法治中国建设、反腐倡廉建设积极建言献策，可谓因时而动、应势而谋，具有十分重要的意义。

回顾过去，中国刑法学研究会成绩斐然。展望未来，新形势、新任务给我们提出了更高的标准和要求。党的十八大以来，以习近平同志为总书记的党中央，就全面落实依法治国，加快建设社会主义法治国家，提出了一系列的重要论述，为不断开创依法治国新局面指明了方向。党的十八届三中全会对推进国家治理体系和治理能力现代化作出了重要部署。党的十八届四中全会以全面推进依法治国为主题，规划了建设中国特色社会主义法治体系、建设社会主义法治国家的宏伟蓝图。这既为刑事法治工作明确了奋斗目标和工作任务，也为繁荣刑法学研究、促进刑事法治事业的发展提供了难得的历史机遇和宽广舞台。刑事法治研究事业必将进入一个大有可为、大有作为的辉煌时期。我们一定要把思想行动统一到中央的决策部署上来，充分发挥广大刑法理论与实务工作者的作用，努力为法治中国建设贡献智慧和力量。

下面，我就中国刑法学研究会的工作和刑法学研究谈几点意见，供大家参考：

第一，刑法学研究要服务于党和国家的中心工作。

习近平总书记强调："要把全面依法治国放在'四个全面'的战略布局中来把握，深刻认识全面依法治国同其他三个'全面'的关系，努力做到'四个全面'相辅相成、相互促进、相得益彰。"法治中国建设，离不开刑事法治的完善。刑事立法、刑事政策要与时俱进，刑法学作为一门实践法学，也要与时俱进，积极适应新形势新任务的要求，配合中央全面推进依法治国的总体部署，准确把握法治中国建设的目标任务，运用马克思主义的立场、观点、方法，去研究法治中国建设中的重大刑法理论和刑事司法实践问题。当前，我国的发展既处于大有作为的重要战略机遇期，也面临社会转型期伴生的诸种风险所带来的重大挑战。随着我国工业化、信息化、城镇化、市场化、国际化快速推进，各种变革调整速度之快、范围之广、影响之深前所未有，经济问题与社会问题相互渗透、网上舆论与网下活动相互影响、传统安全威胁与非传统安全威胁相互作用，社会治安、公共安全的形势依然严峻，成为全面建成小康社会、全面深化改革、全面依法治国的不稳定因素。明年是"十三五"的开局之年，希望刑法学者着眼于党和国家的中心工作，着眼于国家安全、社会长治久安、人民安居乐业，积极深入研究影响社会稳定、妨碍经济发展、危害公共安全的各种违法犯罪现象，科学把握刑法在风险社会中的角色定位，为维护公共安全、管控各种风险，保障经济社会平稳发展、保护人民群众生命财产安全，积极献计献策，作出应有的贡献。

第二，刑法学者要成为中国特色刑法科学的建设者和实践者。

习近平总书记指出："中国特色社会主义法治道路，是社会主义法治建设成就和经验的集中体现，是建设社会主义法治国家的唯一正确道路。"我们必须深刻地认识到，只有坚持中国特色，坚持中国特色社会主义法治理论的指导，才能保证我们法学研究、法学教育和法治实践的正确政治方向。法治中国建设蕴含着一系列的刑事法治问题。党的十八届三中、四中全会决定等一系列中央文件提出的战略部署和工作举措，既是改革的方向，也是任务的清单。希望刑法学者在学术研究与法治实践中，既要借鉴人类刑事法治文明的优秀成果，更要彰显中国特色刑法科学的立场和价值，始终坚持以问题为导向，立足于中国国情，从中国的刑事法治实践出发，把学问和著述作在推进刑事法治理论建设和法治实践的进程中。希望刑法学者走出书斋、深入实践，积极参与刑事立法、刑事司法活动，主动研究法治建设的重大现实问题，重点破解改革实践中的热点和难点问题，不论撰写论文、报告，还是申请课题、项目，都要从实践破题、以实践立论、用实践论证，避免刑法理论与刑事立法、刑事司法相脱节。研究会要充分利用"双千计划"等平台，努力创造条件，鼓励支持刑法学者到实务部门挂职，亲自参与刑事司法问题研究、疑难复杂案件办理、司法改革方案论证，使刑法学研究接地气，重实践，有的放矢，真正做到理论联系实际、理论服务实践。

第三，刑法学研究会要注重人才培养、不断推出优秀的理论研究成果。

在今年7月召开的中央党的群团工作会议上，习近平总书记再次强调了群团事业是党的事业的重要组成部分，强调要发挥群团组织的人才资源作用。作为全国性刑法学术组织，中国刑法学研究会要继续加强自身的思想政治建设、组织建设、制度建设和作风学风建设，注重发挥研究会的平台作用。通过这个平台，聚集专家人才，形成新型法治智库，既能在刑事司法实践中解疑释惑推动刑法学发展，又能将研究成果及时向应用领域转化。通过这个平台，努力培养一批青年刑法学人才，不断加大对优秀青年人才的支持力度，营造青年人才健康成长的良好环境。通过这个平台，进一步丰富学术活动、健全学术评价激励体系、创新学术活动机制，努力推出一批扎根刑事法治建设一线、科学借鉴国外有益的刑事法治经验、切实解决中国刑事法治实践问题的优秀学术成果。广大刑法学者、特别是中青年刑法学者,要以今年获得“切萨雷·贝卡利亚”大奖的高铭暄教授为榜样,学习他对法治的信仰和对公平正义的追求,学习他严谨扎实的治学态度和开拓创新的学术精神,学习他甘为人梯、乐于奉献、为人师表的高尚品格,在建设中国特色刑法科学的进程中创造研究成果、实现人生价值。

同志们,中国法治建设的发展前景,为中国刑法学研究会和刑法学者提供了广阔的舞台。中国法学会将一如既往地支持刑法学研究会的工作,同研究会一道为建设法治中国努力奋斗!希望研究会抓住机遇,乘势而上,充分发挥桥梁纽带作用,团结带领广大刑法理论与实务工作者,积极投身全面推进依法治国的伟大实践,为建设中国特色社会主义法治体系、建设社会主义法治国家,再立新功!

最后,预祝大会取得圆满成功!

谢谢大家!

努力开创刑法学研究事业繁荣发展新局面

——在中国刑法学研究会2015年学术年会上的致辞

最高人民法院副院长　李少平

尊敬的各位领导、各位代表、各位同仁:

上午好!

十月的保定,金风送爽,景色宜人。在这个美好的日子,在这个充满历史文化沉淀的城市,迎来了中国刑法学研究会2015年学术年会的召开。在此,我代表最高人民法院对年会的召开表示热烈的祝贺,对各位法学同人的到来表示由衷的欢迎。

自中华人民共和国成立以来,新中国刑法学研究已经走过了六十多年的发展历程。在这个过程中,我国刑法学研究紧密贴近我国的实际情况,坚持理论与实践相结合,吸收国外先进经验,在刑法学研究方面硕果累累。无论是对刑事立法的建言献策,刑事司法的实际规划,还是中国特色的刑事法治理论建构等方面都发挥着巨大的指引作用,为我国刑事法治建设和刑事法治的发展做出了突出的贡献。在这里,尤其值得肯定的是中国刑法学研究会。中国刑法学研究会是专门从事刑法学研究的全国性学术团体,自 1984 年成立以来,勇于开拓、不断创新,在繁荣刑法学研究、服务刑事法治实践、加强法制宣传、培养刑法学人才等方面做了大量卓有成效的工作,创造了不平凡的业绩。

回顾过去,我们的成果丰富,成绩斐然,展望未来,在新形势,新环境下,又要求我们与时俱进。依法治国作为党领导人民治理国家的基本方略自 1997 年 9 月在党的第十五次代表大会上提出,1999 年写入宪法,自此我们踏上了建设社会主义法治国家,繁荣社会主义法治文化的新征程。在党的高度重视下,在全国人民的奋斗下,在法治工作者的努力下,我们社会主义法治事业稳步向前推进。尤其是在党的十八届四中全会上,大会以全面推进依法治国为主题,规划了建设中国特色社会主义法治体系、建设社会主义法治国家的宏伟蓝图,对科学立法、严格执法、公正司法、全民守法、法治队伍建设、加强和改进党对全面推进依法治国的领导作出了全面部署。这既为刑事法治工作明确了奋斗目标和工作任务,也为繁荣刑法学研究、促进刑事法治事业的发展提供了难得的历史机遇和宽广舞台。刑事法治研究事业必将进入一个大有可为、大有作为的辉煌时期。我们坚信在党的领导下,在各位同人的齐心协力下,中国刑事法治事业必将繁荣昌盛。

但是,法治的发展是一个漫长而又艰难的过程。在这个过程中,需要我们共同的努力。这次大会以“法治中国与刑法发展”为主题,集中研讨新形势下法治中国与刑法理念变革、治理腐败的刑事政策与刑法立法问题,为法治中国建设和我国反腐倡廉建设积极建言献策,可谓因时而谋、应势而动,具有十分重要的意义。在此,我衷心希望与会的各位专家学者畅所欲言、各抒己见,以自己的智慧为中国刑事法治建设添砖加瓦,为法治事业贡献自己的力量。

同志们,在新的环境,新的背景下,应对新形势、新问题,需要在原有的研究基础之上稳定地推动我国刑法学发展。转化理论观念;丰富研究方法坚持理论研究、量化研究、实证研究并重;拓宽研究视野,强化比较研究,充分吸收世界各国优秀成果;紧密联系实践,积极回答和解决实践提出的新问题、新挑战,从深度和广度两个维度不断推进我国刑法学研究。

一言以蔽之,中国法治建设任重而道远。在这里,希望中国刑法学研究会抓住机遇,乘势而上,积极投身全面推进依法治国伟大实践,为建设中国特色社会主义法治体系、建设社会主义法治国家再立新功!最高人民法院将一如既往地支持刑法学研究会的工作,同研究会一道为建设法治中国努力奋斗!

最后,预祝会议取得圆满成功!

在中国刑法学研究会 2015 年学术年会上的致辞

河北省高级人民法院党组书记、院长　卫彦明

尊敬的各位领导,各位专家学者,各位嘉宾,各位老师、同学们:

大家上午好!

中国刑法学研究会2015年年会今天在河北大学隆重召开,我代表河北省高级人民法院对此次盛会的召开表示热烈的祝贺!对前来参加会议的各位领导、专家学者、来宾表示热烈的欢迎!

感谢中国刑法学研究会把这次会议的承办交给了河北,交给了保定,交给了河北大学。刚才,秉志老师在致辞中介绍了河北的一些情况,特别是对保定也有详尽和准确的介绍。借此机会,我想再向大家介绍保定一处与司法有关的古迹。大家都知道保定直隶总督府,就在总督府旁边,1907年晚清政府筹建设立了直隶审判厅和直隶检察厅,1910年投入使用开始审理案件。直隶审判厅的设立是我国从封建司法制度向近代司法制度演变的重要标志,因此保定也是现代司法的开端地之一。之后几经周折,民国时期变更为河北省高等法院,解放后成为河北省人民法院,新中国成立后第一反腐大案"刘青山、张子善案"就在此审理。这一处建筑和遗产正是在河北大学的精心呵护下得以完整保存至今,2013年被列为全国重点文物保护单位,现在转给河北法院进行管理,我们对河北大学对文物的精心保护表示衷心的感谢。正因如此,这次中国刑法学研究会年会交给河北大学承办也可谓实至名归。相信此次会议在河北保定召开,必将推动我省的刑法学研究事业向纵深发展!

河北省地处京畿重地，是维护首都安全和稳定的护城河，刑事司法在维护首都和河北社会和谐稳定的大局中发挥着举足轻重的重要作用。河北省地域面积18.8万平方公里，人口7300多万，近年来，全省法院每年审理刑事案件4万件左右，今年1～9月新收刑事案件3.3万件。可以说，我省的刑事案件发案和审判呈平稳态势，河北的大局是稳定的。党的十八大以来，河北省法院紧紧围绕中央全面推进依法治国的战略部署，认真贯彻落实党的十八届三中、四中全会对刑事司法提出的明确要求，在最高人民法院的监督指导下，以改革创新的精神加强刑事审判工作，较好地完成了刑事审判工作任务。当前，服务和保障京津冀协同发展以及"一带一路"国家战略，是河北省法院面临的首要政治任务。协同发展战略的实施和"一带一路"建设需要平安和谐的法治环境，刑事审判必将面临的新的、更大的挑战。我们必须坚持惩防并举，不断更新刑事司法理念，深化刑事司法改革，将罪刑法定、罪刑相适应、疑罪从无、证据裁判、程序公正等原则和理念，真正落实在每一个案件中。

河北省法院一直非常注重刑事法学的应用研究，积极鼓励广大法官尤其是中青年法官，参与学术研究工作，将审判实践中的思考积累下来、整理出来，形成理论成果。多年来，全省有一大批理论成果在全国法院获奖，获得最高人民法院领导肯定，有些成果转化为我省规范性文件，有效地促进了我省刑事审判工作发展。我院还积极组织日常学术交流活动，省法院举办的"法苑茗品"，每月一期，每期一个主题，成为法官们交流审判经验，探讨疑难法律问题的重要平台。全省刑事法官还开办"刑事大讲堂"，让法官教法官，弥补法学教育与司法实践联结的空白点，提升刑事法官的司法业务能力。通过加强理论研究，全省培养了一批专家法官，带出了一批业务骨干，储备了一批后备人才。

多年来，河北省高级人民法院与河北省各政法机关、省法学会、法律院系之间保持着良好的合作关系，在法学研究方面取得了一系列卓有成效的研究成果。此次刑法学年会以"法治中国与刑法理念变革"和"治理腐败的刑事政策与刑事立法"等为议题，触及我国当前推进法治国家建设一些重大法学理论理念问题。相信通过本次会议的召开，在刑法理念和治理腐败犯罪方面能够取得高质量的研究成果。我们将积极参与中国刑法学研究会、河北省法学会、河北大学以及各政法院系的重大研究课题，加强彼此的交流与合作,取得进一步的研究成果,更好地服务于我国的法治建设。

最后,预祝大会圆满成功!谢谢大家!

在中国刑法学研究会
2015 年学术年会上的致辞

河北省人民检察院检察长　童建明

尊敬的各位领导,各位专家教授,各位司法实务界的同人:

大家上午好!首先,我代表河北省人民检察院对中国刑法学研究会2015 年学术年会的召开表示热烈祝贺,对与会的各位领导、专家学者以及新老朋友表示热烈欢迎,对广大刑法学专家学者长期以来对河北检察工作的支持表示衷心感谢!

中国刑法学研究会一年一度的学术年会,已成为全国刑法学界专家学者和实务工作者进行学术交流、理论研讨的重要平台。多年来,刑法学研究会不断拓展研究领域,开展多视角、全方位研究,学术成果丰硕,成绩斐然,为促进我国刑法学理论研究和刑事法治建设作出了积极贡献。相信本届学术年会也必将为进一步繁荣刑法学理论研究、推动刑事司法实践发挥积极作用。

法治,作为现代国家治理的基本方式和人类文明的重要标志,是实现中华民族伟大复兴中国梦的重要保障。本届年会以“法治中国与刑法发展”为主题,围绕“法治中国与刑法理念变革”“治理腐败的刑事政策与刑事立法”“《刑法修正案(九)》理解与适用”三个议题进行研讨,聚焦学术前沿,紧跟时代步伐,既有很强的学术价值,又有很强的实践指导意义。刑法理念引领刑事司法,提高刑事司法水平迫切需要更新刑事理念。治理腐败是刑法的重要任务,也是检察机关的重要职责,完善刑事政策和刑事立法,有助于为查办和预防职务犯罪提供司法保障。《刑法修正案(九)》,是适应社会发展新形势、总结司法实践新经验形成的重要法律规范,加强对这些新法律规范的交流研讨,有助于司法机关准确理解、严格适用法律,切实提高司法办案水平。

检察官与法学家同属中国特色社会主义法治工作队伍，共同担负着构建公平正义的共和国法治大厦的光荣使命和重要职责。检察工作的科学发展离不开法学界专家、学者的支持和帮助。在此，我真诚地希望在座的各位专家学者更多地关注、研究和解决检察实务中出现的热点、难点问题，推动检察工作健康开展。河北省人民检察院愿同中国刑法学研究会加强联系和交流，进一步深化与河北大学等高等院校、科研机构的交流与合作，更加积极主动地参与刑法学理论研究，用生动的司法实践为刑法学理论研究提供有价值的研究线索和实证支撑。

最后，预祝本届年会圆满成功！谢谢大家！

在中国刑法学研究会
2015 年学术年会上的致辞

河北大学校党委书记　王洪瑞

尊敬的各位领导、各位来宾，

老师们、同学们：

大家上午好！

今天，我们在这里隆重举行“中国刑法学研究会 2015 年学术年会”。首先，我代表河北大学全体师生，向本次大会的胜利召开表示热烈的祝贺！向远道而来参加会议的各位领导、各位专家，表示热烈的欢迎！同时，也向长期支持河北大学建设改革和发展的中央和省市政法机关、中国法学会、中国刑法学研究会、河北省法学会的各位领导、各位朋友表示衷心的感谢！

受中国刑法学研究会委托，河北大学有幸成为本次年会承办方之一，这既是对我校的充分信任与深深厚爱，也是对我们工作的极大鼓励和热情鞭策。

河北大学是由河北省政府和教育部共同建设的重点综合性大学，也是我省唯一入选国家“中西部高校提升综合实力工程”的高校。学校的前身，是 1921 年法国天主教会在天津创建的天津工商大学。历经津沽大学、天津师范大学等六易其名，1960 年归属河北省，定名为河北大学。1970 年由天津市迁至河北保定市。目前学校各类在籍学生 77,000 人，所开设的学科专业涵盖了除军事学之外的全部十二大学科门类,尤其是在九大学科门类均具有博士学位授权。九十多年来,已累计为社会培养了30多万名优秀毕业生,在国家高等教育布局中具有特殊的区域地位,在河北省高等教育中始终发挥着龙头和示范作用。

河北大学法学专业创办于1980年,是河北省最早设立的法学专业。30多年来,在各级领导的关心、指导和帮助下,法学专业在人才培养、科学研究和社会服务等方面都实现了长足发展。现已拥有一支优秀的专业教师队伍,其中具有博士学位的教师达到了50%,拥有法学本科专业、法学一级学科硕士点和法律硕士专业学位点。2009年法学专业被批准为河北省品牌特色专业,2010年法律硕士专业获批为“全国专业学位研究生教育综合改革试点专业”,2012年成功入选全国首批“卓越法律人才教育培养基地”。先后有8000多名学生在此完成学业,为我国的民主法制建设、经济社会发展和法学研究提供了强大的人才支撑。

河北省副省长秦博勇同志,全国十大杰出青年法学家刘俊海同志,2008年度中国十大法治人物、全国十佳法官赵爱彬同志,2010年十年法治人物特别贡献奖获得者任秋华同志,以及2011年度中国十大法治人物郑喜兰同志等,都是我校法学专业的杰出校友。

各位领导、各位专家:

刑法是规定犯罪、刑事责任和刑罚的法律,是我国法制体系建设的核心组成部分,是维护社会稳定和推进经济社会发展的重要制度保障,是全面推进依法治国方略的重要支撑。今天在座的各位都是国内刑法学界的学术领袖和杰出专家,你们的到来,特别是你们带来的前沿信息、严谨思想和学术之风,必将推动我校法学特别是刑法学研究向更宽、更深发展。

在此,我们将竭尽全力,努力为各位专家做好各项会议服务,协助大家借助中国刑法学研究会这一重要学术平台,为促进我国刑法理论发展与刑事法律制度建设,助力京津冀协同发展,更好地服务于全面加强依法治国的国家方略,作出新的更大贡献!

最后,再次欢迎各位领导、各位专家莅临河北大学,感谢大家对我校工作的无私关爱与大力支持!

祝本次学术年会取得圆满成功!

祝全体来宾身体健康、万事如意!谢谢大家!

●聚焦当代中国刑法理论与实务热点问题

——中国刑法学研究会2015年学术年会综述

赵秉志　袁　彬　等*

2015年10月18~19日，中国刑法学研究会2015年学术年会在河北保定举行。本届全国刑法学术年会由中国法学会指导，中国刑法学研究会主办，河北省高级人民法院、河北省人民检察院和河北大学承办，来自中央政法委、全国人大常委会、最高人民法院、最高人民检察院、河北省政法委、河北省高级人民法院、河北省人民检察院等中央和地方政法机关的专家型领导以及来自全国刑法理论与实务界的300余位专家学者参会。本届全国刑法学术年会的主题是"法治中国与刑法发展"，包括"法治中国与刑法理念变革"和"治理腐败的刑事政策与刑法立法"两个子议题，可以说都是我国当前刑法理论与实务关注的热点问题。本届全国刑法学术年会围绕会议议题共收录论文161篇。这些论文全面深入地研讨了年会议题所涉及的几乎所有理论和实务问题，反映了我国刑法理论界和实务界在这些领域的最新学术研究成果，必将为立法和司法实践提供重要的理论指导和参考。

一、法治中国与刑法理念变革问题

本届全国刑法学术年会上，与会专家学者围绕法治中国与刑法理念

---

* 本文作者分别是：赵秉志，北京师范大学刑事法律科学研究院暨法学院院长、长江学者特聘教授、博士生导师，中国刑法学研究会会长；袁彬，北京师范大学刑事法律科学研究院院长助理、教授，中国刑法学研究会副秘书长；李彦峰，北京师范大学刑事法律科学研究院博士生；郑祖星，北京师范大学刑事法律科学研究院博士生；贾佳，北京师范大学刑事法律科学研究院博士生。

变革问题进行了深入研讨。其中,研讨较为集中的是法治中国与刑法的观念更新、机能协调、价值目标、基本模式等具体问题。

(一)法治中国与刑法的观念更新

法治中国建设对刑法观念的更新提出了新的具体的要求。本届全国刑法学术年会上,论者们主要从刑法观念更新的宏观问题和具体问题两个方面进行了研讨。

1. 刑法观念更新的宏观问题

有论者从法治中国建设的视角,提出传统的刑法观念已经不能支撑起刑法对于法治中国建设的使命,必须要予以反思和变更。这具体包括:(1)破除刑法万能观,树立刑法谦抑观;(2)扬弃刑法工具观,树立刑法的人权保障观;(3)破除重刑主义观,树立宽严相济观;(4)摒弃片面的形式刑法观,树立形式和实质统一的刑法观。只有这样才能促成法治中国的建设。①

也有论者从恐怖活动治理的角度,认为敌人刑法应当作为一种例外刑法、特别刑法和应急刑法在我国刑法体系中存在,理由主要是:(1)在实务上,敌人刑法能够提供更有效的刑事司法资源用于治理恐怖活动犯罪;(2)在理论上,市民刑法与敌人刑法之分界、论争和并存能够推动刑法学研究的进一步深化,促使实践问题的再省思、引致刑法启蒙的再出发、构建刑法生态的再平衡。②

还有论者从刑法的现代化转型角度,认为当代刑法观念存在三个问题:(1)刑事法治目标的主观设计与刑法观念内在生成规律之间的脱节和冲突;(2)当前传统刑法观念中的国家本位主义、工具主义、万能主义等思维至今仍然影响着人们的行为;(3)受整体法治建设的阶段性特征所决定,刑法观念的进步也是曲线式的、波浪式的、渐进式的,呈现出明显的阶段性和不平衡性。我国刑法观念更新应当从四个方面入手:(1)从单一的国家刑法转向社会刑法、治理刑法;(2)从单纯的法律之治转向良法善治;(3)从过度的刑事政策思维转向法治优先思维;(4)从片面的工具刑法走

---

① 参见彭凤莲、徐子盼:《论法治中国视域下刑法观念的更新》,载李少平、朱孝清、卢建平主编:《法治中国与刑法发展》,中国人民公安大学出版社 2015 年版,第 22 ~ 30 页。本文以下注释均来自该书。

② 参见罗钢:《敌人刑法与中国刑法范式转型》,第 153 ~ 160 页。

向价值刑法、目的刑法。①

2. 刑法观念更新的具体问题

关于刑法观念更新的具体问题,论者们重点探讨了法治中国背景下的轻罪概念、刑法谦抑观念等问题。

有论者探讨了法治中国背景下的轻罪概念问题,认为近年来对轻罪的研究颇盛,但人们仍局限于刑法的框架内,从刑法规范的角度来审视轻罪概念,忽略了轻罪的实质概念,进而导致了刑法发展的滞后。因此,有必要从轻罪实质概念和规范概念融合的立场,对当下的轻罪概念作出反思。该论者主张将我国轻罪概念界定为:具有较大的社会危害性,应当按照刑事司法程序处理,可能受到 3 年以下有期徒刑刑罚处罚或较长人身自由限制的那些行为。具体包括三类罪:刑事类轻罪、行政类轻罪和民事类轻罪。②

也有论者探讨了法治中国背景下的刑法谦抑观念问题,认为刑法的谦抑性作为刑法理念的重要组成部分,在面对新的时代环境之下,应当被赋予新的内涵,否则刑法将不足以应对新出现的犯罪现象。其具体包括:面对猖獗的网络犯罪,刑法谦抑性可允许立法上犯罪圈的适度扩张;为满足法治反腐的要求,刑法谦抑性可进行司法上的扩大解释;欲防控风险,刑法的谦抑性可与民生型刑事政策共融。③ 但有论者认为,坚持和恪守谦抑性是保持刑法稳定性和权威性的一个重要基础,也是慎刑思想的集中体现,在刑事立法上要强调刑法对其他前置部门法的补足而非引领;必须重视发挥前置法的过滤作用,在没有有效发挥民法、行政法等前置法之作用的时候就一味地诉诸刑法,是违背刑法谦抑性理念的。强调刑事立法民主化、公开化,保持刑法对于社会发展变化的适应性的同时也应关注和保持刑法应有的张力,因为立法的选择和判断必须是在对急剧变化社会现实的理性考量和积累沉淀过程中作出的谨慎回应和反映。置于这种背景下的社情民意与立法公意之博弈与坚守的艰难取舍过程中,过分回应民意并不值得提倡。④

---

① 参见王秀梅、任成玺:《法治中国与刑法观念的更新》,第 12 ~ 21 页。

② 参见张鑫、陈小炜:《略论我国轻罪概念之反思》,第 210 ~ 217 页。

③ 参见郭泽强、王丹:《法治中国视角下刑法谦抑观之重读》,第 31 ~ 40 页。

④ 参见苏惠渔、闻志强:《法治中国视野下的刑事立法理念审思》,第 3 ~ 11 页。

(二)法治中国与刑法的机能协调

关于刑法机能,论者们主要探讨了刑法机能的新分类、刑法机能的实现与发挥、刑法机能的困局与破解方法以及刑法机能的协调等问题。

有论者认为,刑法除了存在规范性机能、保障性机能、预防性机能之外,还存在两个附属机能:(1)刑法的政治性机能,即为了保障各项政治政策的落实,社会管理者自觉主动地运用刑法,将其作为挖掘增长潜力实现政治政策的手段所发挥的作用。(2)刑法的经济性机能,即为了保障各项经济政策的落实,社会管理者自觉主动地运用刑法,将其作为发掘经济增长潜力、实现经济政策的手段所发挥的作用。①

有论者从刑法规范属性的角度对刑法机能的实现问题进行了考察,认为行为规制机能证明刑法具有行为规范性,法益保护机能必须通过行为规范的作用来发挥,人权保障机能最终也只能以行为规范的形式实现,即刑法的三种机能最终都要通过行为规范的形式实现,刑法规范应当成为一般人的行为规范。② 刑法机能的发挥,应当坚守刑法的保障法地位,公正司法,保障合法权益,破除刑法迷信,探求多元治理。③

也有论者认为,刑法机能的困局主要有:(1)程序、轻刑优位的态势愈发明显,有矫枉过正之嫌,实体刑法本质机能的发挥因此受限;(2)大量的立法解释、司法解释以及其他一些文件充斥其间、横行其道,使得刑法机能在司法实践领域进一步退却;(3)部分学说有意无意地削弱刑法的影响及其存在的意义,以行政法模糊、淡化刑法界限,以民法蚕食刑法的领域,以教育替代刑罚,使刑法的刚性元素不断消弭;(4)作为副机能的人权保障大有取代打击犯罪这一主力机能的态势。对于以上困境,我国需要重构刑法机能的体系,为适应当前法治中国社会治理的需要,在新的刑法机能的体系中融入新的刑法机能构成元素:(1)从刑法机能的认识论层面来看,应坚持刑法机能二元论的立场,即刑法机能可以分为本质机能和引申机能;(2)从刑法机能的本体论层面来看,应坚持刑法机能一元论的立场,

① 参见莫开勤、黄伟亚:《刑法机能新论》,第79~87页。
② 参见茹士春:《刑法机能的实现方式——以刑法规范属性为视角》,第88~96页。
③ 参见董邦俊:《法治中国视野下刑法教义学与刑法机能之实现》,第59~67页。

即仅有刑法的形式机能。①

还有论者认为，刑法应当坚守其最后性，与其他部门法共担时代的重任，在刑法机能的协调上应当坚持有所为有所不为。刑法与其他部门法一样，有通过评价功能塑造社会公众行为模式的价值功用，但是对于刑法的机能不能过于苛刻，不能强迫刑法去超越法律功能以外的范围履行使命，一味的苛求刑法保护社会的机能将可能导致刑法正当性和威慑性的减损。因此，刑法本身所具有的功能局限性，使它成为维护社会秩序、保护社会所不得已采取的必要手段，除此之外，对于刑法功能的寄托都是过度的执迷。②

（三）法治中国与刑法的价值目标

刑法价值事关社会和人们的需要、刑法的属性与刑法功能。有论者认为，在刑法所追求的价值中，最根本的是"秩序""安全"与"自由"。同时，刑法的价值还意味着社会及其成员的需要，效益应当据此成为刑法基本价值的内容。该论者认为，自由是刑法的基本价值目标。与公正价值一样，自由价值对刑法来说是内在的，也是灵魂，刑事立法和刑事司法活动应当追求自由价值目标的实现。国家对刑罚目的内容的设定应当有利于保障更多人的更多自由。刑法效益与刑罚效益在内容上具有同一性，刑罚效益是国家制刑、量刑和行刑所产生的符合立法者、司法者主观预期的客观效果和收益。刑法效益主要包括公正惩罚犯罪、有效预防犯罪以及最大限度地实现刑法的任务。③

也有论者认为，我国应当继承和发扬刑事立法和谐理念，刑事立法应该在传统"和谐"理念继承的基础上做到情法两尽，并认为良法是善治的前提和基础，努力实现刑事立法兼顾社会共情，做到情法两尽、情法两依的情法交融。充分考虑社会共情的刑事立法才能成为善治的良法，刑事司法才能回应新时期司法改革所迫切渴求的司法公正、提高司法公信力

① 参见夏凉：《刑法机能的困局及其破解——兼论社会治理对刑法机能构成元素的要求》，第97～105页。

② 参见于冲：《法治建设背景下刑法发展脉络的梳理性反思——兼论刑法的理性与机能协调》，第106～112页。

③ 参见韩轶、唐大森：《刑法的自由与效益价值之研析》，第132～140页。

的期待。①

还有论者认为,刑事司法政策应当体现人道主义。其主要路径包括:(1)刑事立法应该在传统"和谐"理念继承的基础上做到情法两尽;(2)要树立人道主义在我国刑事司法政策当中的绝对不可动摇的地位;(3)要认真看待我国长期以来以严刑峻罚来制裁犯罪的政策传统,要认识到严刑峻罚并不能换来长治久安,反而容易养成一种暴戾的社会风气,人心刚硬,以暴易暴。②

(四)法治中国与刑法的体系完善

随着刑法的不断修订,我国刑法的体系也日臻完善,但仍然存在许多的问题。本届刑法学术年会上,论者们主要从宏观和微观两个方面对这些问题进行了研讨。

1.刑法体系完善的宏观问题

有论者认为,以往的行为中心论、行为人中心论、社会防卫中心论、社会危害性中心论等刑法学体系的类型有其科学合理之处,但也有许多弊病与欠缺。该论者主张以罪责关系为中心建立新的学科体系,这种体系是建立在以往的刑法学科体系之上的一种探索性实验。具体而言,这种学科体系是以"罪责及其辩证关系"为研究主线,以"法益侵害论"作为基础理论,以辩证唯物主义和历史唯物主义为主要研究方法的一种更加科学的模式。③

也有论者认为,在建设法治中国的时代背景下,构建回应型刑法的条件已经完全成熟。回应型刑法主要包括两个方面:一是处罚必要与规范治理并重。坚持实质合理并非排除形式合理,坚持处罚必要也并非排斥规范治理,否则法律与司法就成为无意义的摆设,这不利于实现实质合理和处罚必要。二是强化刑法的开放性与灵活性。回应型刑法应当力求做到处罚必要与规范治理并重,使刑法规范、刑事司法体现更大的能动性与灵活性,以便最大限度地实现公平与正义。④

还有论者认为,我国刑法应当走向国际化,以国际公约、国际惯例的

---

① 参见许健:《我国刑事立法传统和谐理念的继承与发扬》,第50~58页。

② 参见杨方泉:《从人道主义看中国的刑事司法政策》,第121~125页。

③ 参见李晓明:《法治中国进程中刑法学科体系的梳理与重构》,第68~78页。

④ 参见彭文华:《法治中国与回应型刑法的构建》,第141~152页。

规则、精神、原理为参照,通过完善我国立法,促进刑法与国际接轨,使刑法反映人类法律文明;通过司法相互协调与改革,促进刑法间的协同与融合。这具体体现在对网络犯罪、恐怖主义犯罪、环境犯罪、危害人类与灭绝种族罪以及其他一些侵害人类利益犯罪的治理完善方面。①

2. 刑法体系完善的具体问题

有论者认为,职业禁止完全符合保安处分的特征,但是我国刑法典中并未规定保安处分,这就导致职业禁止的地位非常尴尬,关于其性质也招致颇多争议,应当将保安处分写入刑法。② 关于保安处分,有论者提出应当实现保安处分的刑事法律化,并对保安处分的具体措施及其适用对象、保安处分的适用程序和适用原则以及保安处分的执行制度等做出合理、明确的规定。③ 同时有论者认为,预防性措施入刑将对我国刑法造成两方面的结构性冲突:一是对犯罪基础结构的冲击。预防性措施入刑要求犯罪的立法概念中必须包含"危险性"的内容,否则将导致预防性措施入刑的根基缺失,并因此导致预防性措施被边缘化。而预防性措施入刑所导致的"危险性"要素进入犯罪结构,将导致"客观危害"和"主观恶性"的犯罪结构地位下降。二是对刑罚基本结构的冲击。预防性措施入刑将导致刑事制裁体系的结构性失衡,形成刑罚、非刑罚性措施和禁止令措施(即预防性措施)并立之格局,同时将导致管制刑被虚置,进而导致我国主刑体系中限制自由刑的结构性缺失。作为一种介于刑罚与非刑罚性措施之间的预防性措施,将其纳入附加刑的范畴并加以完善,更符合当前我国刑法改革的发展方向。④

也有论者针对财产刑结构的优化提出了自己的建议,认为没收财产和罚金同质同效,功能重叠。刑法同时规定罚金和没收财产是一种立法上的浪费,也导致了没收财产刑的司法适用率低下。两者应合二为一,以罚金取代没收财产。财产刑的优化并不只在于没收财产的存废问题,而在于如何设计合理的财产刑制度以实现刑罚的目的、实现罪责刑相适应

① 参见焦阳:《中国刑法的国际化论纲》,第161~167页。
② 参见宋九华:《论〈刑法修正案(九)草案〉中的职业禁止》,第274~282页。
③ 参见冯军、敦宁:《法治推进与保安处分制度的建构》,第252~259页。
④ 参见袁彬:《刑法功能转型下的预防性措施入刑探讨》,第260~273页。

原则、实现犯罪人的再社会化、实现刑罚的有效执行。①

还有论者认为,刑法对一般人权的保障机能和对犯罪人特别人权的保障机能不可偏废。就近年来的情势来看,我国应该在特定领域强化一般人权保障机能,有选择地加大对犯罪人特别人权的保障力度。具体而言,在一般人权保障领域,对于涉恐涉暴犯罪及黑社会性质的犯罪、涉毒涉嫖涉淫犯罪、涉及伪劣有毒有害产品类的犯罪、涉及民主法制与政治制度建设的犯罪、违背诚信风尚的犯罪、买卖妇女儿童犯罪等加大处罚力度。在犯罪人特别人权保障领域,应当降低侵犯犯罪嫌疑人、被告人合法权益类犯罪的入罪门槛,提高其刑度,增设妨害律师履行职责罪,赋予犯罪嫌疑人、被告人之父母、子女、配偶、亲生兄弟姊妹在非国家安全领域罪案和非公共安全领域罪案中免予作证的权利,进一步缩小死刑适用的范围。②

(五)法治中国与刑法的基本模式

关于刑法的基本模式,论者们主要探讨了刑法的边界、危险犯的心理联结模式等方面的问题。

有论者认为,基于全球化和城市化所带来的风险和威胁在不断凸显,在反恐领域对法律尤其是刑事法律规范所带来的挑战和冲击空前严峻。刑法应当在充满政治性的反恐氛围中保持相对的中立和公正。虽然安全在不断地被强调,但刑法边界的划定还是应当坚守法治。公开和责任是法治的核心。草率地赋予公务人员更广泛的权力,在巨大的灾难性风险面前看似必要,但反恐立法却制造了大量的法律真空。反恐立法中模糊的规定,加诸不受限制的权力适用,会导致权力的干涉与寻求的目标严重失衡,会严重悖逆刑事司法谦抑原则的精神。③

有论者对危险犯的心理联结模式进行了分析,认为危险犯"明知"的危害结果是法定的危险状态,由于危险状态的进一步发展的危害结果是实害结果。在危险犯实施时,行为人对实害结果是否预见以及持何种态度会影响到对行为的定性。心理联结模式主要有以下种类:(1)"故意—

① 参见单民、陈磊:《法治中国与财产刑结构优化》,第245~251页。
② 参见范祥:《对我国刑法人权保障制度的梳理与建议》,第113~120页。
③ 参见胡霞:《法治中国视域下刑法的边界——以反恐为背景》,第327~335页。

过失”模式。这种模式是指对危险状态持故意心态而对可能实害结果持过失的心理联结模式。(2)“故意—故意或过失”模式。这种模式是指对危险状态持故意心态而对可能的实害结果持故意或过失的心态联结模式。(3)“过失—过失”模式。这种模式是指对危险状态持过失而对可能的实害结果也持过失的心理联结模式。准确把握这些危险犯的心理联结模式,能够对犯罪的认定起到重要作用。①

也有论者认为,我国刑事立法有着过度犯罪化的倾向,治安违法行为的犯罪化、风险刑法理论的部分不合理主张以及公众的非理性诉求是造成当前我国刑事立法过度犯罪化倾向的主要原因,刑罚是最严厉的处罚措施,不当的犯罪化会对公民的财产、自由乃至生命造成巨大的侵害,因此需要对这种立法模式进行预防。对此主要应当坚持以下两个原则:一是只有违反规范并且侵害法益的行为才能犯罪化;二是犯罪化必须符合谦抑原则的要求。②

还有论者对刑法解释的基本立场进行了批判,认为客观解释并不“客观”,主观解释论难以保证客观、准确地获取“立法意图”。因此,解释者在进行法律解释时应当进行主体间性的判断即多元解释者之间就法律类型进行交流、对谈形成的共识。无论是客观解释论者还是主观解释论者,都只是其中的解释者之一,其各自的结论都不具有终局性,因而彼此之间应当平等相待。而正确的解释方法应当是将各自的解释结论所产生的效果进行呈现,并置于一定的原则之下进行平等比较、“对谈”从而达成共识。③

(六)法治中国与犯罪治理的基本原理

犯罪治理一直是刑法的重要问题,关于犯罪治理的基本原理,论者们从不同的视角进行了阐述。

有论者从西部边疆地区犯罪的刑法治理模式出发,认为西部地区的压制型犯罪治理模式虽然有其特殊的意义,但是这种治理模式的缺陷也是极大的,应当将该模式转变为治理型犯罪治理模式。相比较而言,治理

---

① 参见欧锦雄:《中国危险犯的心理联结模式及其罪过形式》,第233~244页。

② 参见陈家林、刘洋:《论我国刑事立法过度犯罪化的倾向及预防》,第173~182页。

③ 参见莫洪宪、周天泓:《法治中国语境下提高刑法解释客观性的路径考察》,第183~190页。

型犯罪治理模式有以下六个方面的特点:(1)国家是解决刑事冲突的主要主体,其他社会组织也分享一定的刑事冲突解决权。(2)刑法并非解决刑事冲突的唯一合法根据,在不违背罪刑法定原则的情况下,可以适用习惯法等民间规则。(3)以社会和谐为目标,将控制犯罪的目标定位为解决刑事冲突,而非压制与平息刑事冲突。(4)在控制犯罪的手段上,强调刑罚的轻缓化以及刑罚的必然性与及时性。(5)国家是行刑权的重要主体,同时在一定程度上与社会分享着部分轻刑的执行权,而且执行机构从思想和空间上与社会的隔离程度降低。(6)刑事冲突的解决在以保护社会为价值取向的同时,更为注重人权保障,将人权保障视为刑法的首要社会机能。①

有论者从社会契约的角度,认为可以建立一种通过商谈形成的兼顾各方利益,各方按照权利、义务方式参与犯罪治理的以犯罪治理为目的的协议,这样可以很好地提升犯罪事务处理的公共水平。但是这种协议的执行仍然面临着许多的困难。因此,需要从社会契约等国家学说中汲取合理的因素,改善包括犯罪治理在内的各种公共事务的处理。其方法主要包括三个方面:其一,树立一个强调商谈、自治的契约范式;其二,加强对局外人地位和作用的研究;其三,加强对社会契约抑或是犯罪治理协议的深入研究。②

也有论者以治理现代化为犯罪治理模式优化的理论基础,认为犯罪治理的基本定位应该在"参与主体、目标定位、制裁权力与行动展开"等方面进行更为科学的思考。在此基础之上对主体模式、犯罪治理中目标定位、制裁权力模式、行动展开模式进行优化。具体而言,在主体模式方面,民间社会应当逐渐参与到犯罪治理中来,在犯罪治理的目标定位方面应当注重源头治理。源头治理要求在治理犯罪的同时也要治理社会,亦即作为广义的治理犯罪的刑事政策,应将治理诱发犯罪之社会因素纳入考察与研究的范围内;在制裁权力模式方面,在国家专属的犯罪治理领域内,犯罪治理的核心模式应为刑事司法模式,而非行政处罚模式,必须对

① 参见苏永生:《从压制到治理——西部边疆地区犯罪的刑法治理模式研究》,第291~299页。

② 参见周建军:《社会契约、外邦人与犯罪治理协议》,第300~306页。

行政处罚与刑事司法作出合理界分进而确立科学的犯罪治理模式,以避免行政权膨胀、刑法干预滞后所引发的刑法规范被行政权所架空的窘境;在行动展开模式方面,应当从"过度强调运动式犯罪治理"转向"以日常式犯罪治理为基本模式"。①

还有论者认为,犯罪的治理应当将依法治国的理念贯彻于制裁恐怖主义犯罪的刑法理念中,做到"科学立法、严格执法、公正司法、全民守法"。具体体现为:立法机关应当及时立法、听从各界意见使立法更充分地反映广大人民的意志;执法机关要严格执法、依法行政,在确保人民群众的生命财产安全的同时,防止侵害公民和组织的合法权益;司法机关应当兼顾司法公正与司法高效,以达成公正司法的目的,即维护社会公平正义;普法宣传机关应做好普法教育,加强宣传动员,增强国民安全保障意识,让法治的力量深入人心。②

二、治理腐败的刑事政策问题

作为本届学术年会的重要议题,论者们对腐败犯罪治理的刑事政策问题进行了研讨,并着重探讨了反腐刑事政策与宽严相济刑事政策的关系、反腐刑事政策的内容及其贯彻等问题。

(一)反腐刑事政策与宽严相济刑事政策的关系

有论者提出,反腐刑事政策应坚持科学体系化,必须全面考量国家刑事政策体系,必须服从、服务于"依法治国"大局,必须同"宽严相济刑事政策"协调一致,必须科学考量国家刑事政策体系的功能限缩性,必须全面权衡现代刑事政策的价值理念。"零容忍""老虎苍蝇一起打""行贿受贿一起抓"是我国反腐败的重要策略措施,但不能解读为反腐败犯罪在刑事政策上放弃了依法治国大局和宽严相济刑事政策而回到了"严打"老路。"宽严相济刑事政策"必须坚持,这是我国的基本刑事政策,是刑事法治的基本要求。③ 据此,对于情节显著轻微危害不大的,不应认定为犯罪;对于符合法定或酌定从轻、减轻或免除责任情节的,应依法从宽或免除处

---

① 参见姜瀛:《治理现代化与犯罪治理的模式优化》,第318~326页。

② 参见潘新睿:《法治中国与制裁恐怖主义犯罪的刑法理念》,第336~342页。

③ 参见魏东:《我国当下反腐政策及其贯彻——兼议〈刑法修正案(九)(草案)〉相关内容的修改完善》,第424~432页。

罚;对于构成犯罪的或具有从重情节的,应依法严厉惩处。

也有论者认为,宽严相济的刑事政策是我国基本的刑事政策。在基本刑事政策之下,对各种类型的具体犯罪采取什么样的具体刑事政策,仍需审慎的选择,应根据各类犯罪的具体情况,实行区别对待、该严则严、当宽则宽、宽严适度、宽严结合的具体刑事政策。高压反腐应看作是惩治腐败犯罪的具体刑事政策,在当前腐败犯罪呈"塌陷式腐败"的严峻情形下,对腐败犯罪实施高压反腐的具体刑事政策是符合反腐败犯罪斗争需要的。保持惩治腐败的高压态势,是指在总体上司法机关在惩处各类犯罪时,将查处腐败案件作为工作重点,投入更多的司法资源,查处一批有影响力的案件,振奋民心,形成对腐败犯罪的震慑氛围。至于个案的查处上则应当严则严,该轻则轻。①

还有论者认为在宽严相济刑事政策的指引下,反腐刑事政策包括了"零容忍""老虎苍蝇一起打""行贿受贿一起抓"等内容,并应坚持科学体系化。② 以"零容忍"态度惩治腐败,就要坚持惩治这一手不放松,始终保持惩治腐败的高压态势,反腐不留死角。③ 有论者认为,反腐刑事政策的具体措施包括"反腐倡廉常抓不懈","坚持老虎、苍蝇一起打"以及"反腐败零容忍"。④ 还有论者指出,由于我国在惩治贿赂犯罪上重受贿犯罪而轻行贿犯罪,逐渐形成了一种"不对称"的差异化刑事政策。在这种刑事政策的指导下,行贿犯罪的立法和理论都存在缺陷,应当从立法层面和司法层面强化对行贿犯罪的惩治。⑤

(二)反腐败刑事政策的体系与内容

关于我国反腐败刑事政策的体系与内容,在本届刑法学术年会上,论者们主要从宏观和微观两个角度进行了论述。

在宏观方面,多数论者强调反腐败刑事政策应注重宽严的协调统一。有论者认为,对贿赂犯罪的刑事政策应全面关注"严厉"与"宽缓"这两个

---

① 参见杨曙光:《"高压反腐"刑事政策的理解与贯彻》,第433~440页。

② 参见魏东:《我国当下反腐政策及其贯彻——兼议〈刑法修正案(九)(草案)〉相关内容的修改完善》,第424~432页。

③ 参见赵秉志、彭新林:《习近平反腐倡廉思想论纲》,第366页。

④ 参见杨曙光:《"高压反腐"刑事政策的理解与贯彻》,第433~440页。

⑤ 参见孙道萃:《惩治行贿犯罪的政策演变与立法完善》,第495~505页。

刑事处罚的侧面，寻求严厉与宽缓两者的协调统一。在当前贿赂犯罪形势严峻的情况下适当从严，主要指刑事法网严密，对需要科处刑罚的贿赂行为，无论是在立法上还是司法上都要追究其刑事责任，但不能背离刑法对被告人从严、从重进行处罚；同时也应保持必要的宽缓，对有从轻、减轻处罚或者免除处罚情节的贿赂犯罪行为人进行妥当的处理，充分维护刑事司法的公平正义，并充分考虑到预防和打击贿赂犯罪的实际效果。① 但我国当前贿赂犯罪刑事政策存在片面严打倾向，对贿赂犯罪的行为人予以可能本不应当由其承担的重判重罚的理性缺失，刑事政策应当具有全面性和辩证性。将“严厉”与“宽缓”并存于贿赂犯罪的处置思维范畴之中并根据实际情况进行抉择，才能称为真正具有理性的贿赂犯罪刑事政策。② 不过，也有论者认为基于对我国职务犯罪形势的基本判断，在相当长的时期内对职务犯罪的刑事司法政策应“以严为主，辅之以宽”。“以严为主”是指在刑事司法的各个阶段必须严格适用和执行刑事实体法和程序法，不枉不纵，使职务犯罪得到依法及时的追处。当前我国职务犯罪正处于高发期且存在较高的犯罪黑数、危害后果严重是“以严为主”主张的基本考量。对职务犯罪的侦查、起诉和审判“以严为主”主要体现为严肃公正执法，严格依法办案，严厉惩处腐败，同时要避免从严过度和不依法从严两种错误倾向。基于对刑罚有限性、刑法经济性、刑法宽容性的认识，职务犯罪中刑事司法政策应当“辅之以宽”，但无节制擅法宽大倾向须引起警惕，有些地方对职务犯罪存在“查大放小”的趋势，职务犯罪非监禁刑判处率过高，造成犯罪成本过低。③ 此外，还有论者对反腐败刑事政策与罪刑法定原则的关系问题进行了分析，认为贿赂犯罪刑事政策与罪刑法定存在紧张关系，贿赂犯罪刑事政策存在理性缺失以及适用偏差。具体而言，刑事政策相较于刑法规范更具有动态性和灵活性，刑事政策逸脱法律规范在现实上也确有发生，应通过刑事政策的法治化来解决。④

---

① 参见童伟华、徐海波：《严厉与宽缓之间：我国贿赂犯罪的刑事政策分析》，第 387 ~ 396 页。

② 同上。

③ 参见诸葛旸、陈丽玲、唐晓萍：《关于查办职务犯罪中的刑事司法政策之我见》，第 483 ~ 494 页。

④ 参见童伟华、徐海波：《严厉与宽缓之间：我国贿赂犯罪的刑事政策分析》，第 387 ~ 396 页。

在微观方面,论者们对我国反腐败刑事政策在立法、司法中的具体适用问题进行了分析。有论者认为,贿赂犯罪的立法完善应重视“严而不厉”的思想;对行贿罪不宜过分宽纵,有必要对现行行贿罪的立法与司法解释进一步完善,对于主动行贿、多次行贿、行贿数额巨大以及长期“围猎”干部的行贿犯罪要进行严厉惩处;在同等情节下对公务受贿犯罪的处罚原则上应重于商业受贿犯罪,因为公务受贿犯罪和商业受贿犯罪侵犯的法益,前者较为严重。我国刑事司法实务对贿赂犯罪刑事政策的适用存在“狠抓大要案”“轻纵小案”与处置上违背罪责刑相适应原则的偏差而陷入了困境,应绝不姑息放纵任何贿赂犯罪,对构成犯罪的行为人均应依法定罪量刑,但是在定罪量刑过程中,当严则严,该宽则宽。①

(三)党的十八大以来我国反腐败刑事政策及其贯彻

对于党的十八大以来我国反腐败刑事政策,论者们从“全面从严”和“法治反腐”两个角度进行论述。有论者认为,考察建国后我国在治理腐败犯罪方面的刑事政策,总体上越来越趋于严厉,尤其是党的十八大以来,我国的反腐败刑事政策进入“全面从严”的新时期,反腐败越来越强调预防犯罪、反腐败越来越重视制度化。从形成治理腐败犯罪长效机制来看,需从政策、立法、司法三个层面多管齐下,努力完善,实现反腐败机制的法制化。② 也有论者认为,党的十八届四中全会为法治反腐的刑事政策指明了方向,明确了思路。全面贯彻宽严相济的刑事政策是法治反腐的治理理念;“零容忍”刑事政策之提倡是法治反腐的治理目标,应该坚持当前的反腐态势,摒弃“抓大放小”的反腐败思维模式,积极贯彻落实“苍蝇老虎一起打”政策精神。在定罪上,只要严格按照刑法的规定认定腐败犯罪,而不是自定标准、法外施恩,坚持“苍蝇老虎一起打”的政策,“零容忍”刑事政策目标也就不难实现。③

---

① 参见童伟华、徐海波:《严厉与宽缓之间:我国贿赂犯罪的刑事政策分析》,第387~396页。

② 参见马章民:《新形势下治理腐败犯罪刑事政策及其贯彻》,第397~404页。

③ 参见李梁、夏萌:《党的十八大以来我国反腐败刑事政策评析与思考》,第415~423页。

三、贪污贿赂犯罪治理的刑法协调问题

在贪污贿赂犯罪的治理上，本届刑法学术年会重点探讨了贪污贿赂犯罪的罪名体系、定罪量刑标准和刑罚协调等重要问题。

（一）贪污贿赂犯罪的罪名体系完善问题

关于贪污贿赂犯罪的罪名体系，论者们重点对我国现行贿赂犯罪罪名体系的不足与完善进行了论述。

1. 我国现行贿赂犯罪罪名体系存在的缺陷

关于我国现行贿赂犯罪罪名体系存在的不足，有论者认为我国目前贿赂犯罪的立法方式存在明显缺陷，包括严重失衡的法定刑设置违背罪责刑相适应原则、不符合我国刑法的罪名设置通例、行贿罪的有关规定是否可以比照适用于单位行贿罪或者对单位行贿罪存在争议、不符合当今世界各国和地区通行的行贿犯罪立法模式、徒增司法实务区分此罪与彼罪界限的困扰；受贿犯罪现有的罪名设置方式也存在诸如严重失衡的法定刑设置、违背罪责刑相适应原则、不符合我国刑法的罪名设置通例、自然人和单位共同犯受贿罪将出现司法认定难题等缺陷。[①] 我国贿赂犯罪罪名体系呈现出“身份—行为”的双层次立法规制体系，其不足表现在：（1）分类标准不统一，类别不清；（2）引入了“单位”次级身份标准，从而使得罪名体系变得混乱无章、前后矛盾；（3）不能客观体现贿赂犯罪的社会危害性本质。[②]

也有论者认为，我国贪污贿赂犯罪实行的是二元制罪名体系，即国家工作人员构成贪污罪、受贿罪和挪用公款罪，而非国家工作人员对应的罪名是职务侵占罪、非国家工作人员受贿罪和挪用资金罪。从司法实践看，这种二元制罪名体系立法给反腐败带来严重影响，其科学性和合理性需要重新检讨。这主要表现为：贪污贿赂犯罪主体混乱，执法不统一；非国家工作人员贪贿犯罪刑罚偏轻；农村基层组织人员贪贿犯罪认定难；贪污贿赂犯罪罪名不统一，严重影响刑事诉讼。该论者建议取消现行刑法关于贪污贿赂犯罪二元制罪名体系，即取消职务侵占罪、挪用资金罪、非国

① 参见陈志军：《中国贿赂犯罪罪名体系之完善建议》，第879～887页。

② 参见陆旭：《我国贿赂犯罪罪名体系的省思与重构》，第888～896页。

家工作人员受贿罪三个罪名，将其内容统一纳入贪污贿赂犯罪一章中。①

还有论者认为，单位贿赂型犯罪独立设罪欠缺必要性和正当性，其犯罪构成要件不具有独特性。单位受贿罪、单位行贿罪和对单位行贿罪应当被废止，并将其纳入受贿罪和行贿罪中。理由包括：(1)世界各国都不存在对单位贿赂独立设罪的立法例。(2)单位贿赂犯罪与自然人贿赂犯罪在罪质上无本质的区别。(3)独立设罪容易造成整个刑法体系上的逻辑冲突和内在矛盾。(4)会造成只突出"单位"的主体地位，否定自然人在犯罪中的独立行为主体地位。(5)对单位贿赂犯罪的直接责任人配置较轻的法定刑不具有合理性。②

2. 我国现行贿赂犯罪罪名体系的完善。

针对我国现行贿赂犯罪罪名体系存在的不足，论者们主要提出了以下完善建言：第一，取消独立的单位贿赂犯罪罪名，改设单位犯罪主体条款；③应当将行贿罪、单位行贿罪和对单位行贿罪合并为行贿罪，自然人和单位均可以构成。应当将受贿罪和单位受贿罪合并为受贿罪，自然人和单位均可以构成；④应当为利用影响力受贿罪增设单位犯罪主体。⑤ 第二，将斡旋受贿独立成罪。⑥ 第三，弥补贿赂犯罪"对向罪名阙如"漏洞。具体包括：补充非国家工作人员斡旋受贿罪、补充对具有影响力人员行贿罪、补充外国公职人员和国际公共组织官员受贿罪。⑦ 基于构建和完善追赃追逃的刑事司法协助体系的考虑，应该处理好国内法与国际法的关系，重视国内法与国际公约的衔接。⑧ 第四，废除介绍贿赂罪，明确介绍贿赂以行贿罪或者受贿罪的共犯论处。主要理由是：介绍贿赂罪和行贿犯罪、受贿犯罪之间的法定刑严重失衡，与我国刑法对介绍行为的定性通例不符，不应片面借鉴境外肯定介绍贿赂罪的立法例。⑨ 第五，将刑法分则第

---

① 参见张兆松：《贪污贿赂犯罪的罪名：从分立走向统一》，第626～634页。

② 参见谢治东：《论单位贿赂型犯罪独立设罪之废止——兼论单位犯罪的立法完善》，第933～940页。

③ 参见陆旭：《我国贿赂犯罪罪名体系的省思与重构》，第888～896页。

④ 参见陈志军：《中国贿赂犯罪罪名体系之完善建议》，第879～887页。

⑤ 参见刘夏：《利用影响力受贿罪的立法完善建议》，第997～1004页。

⑥ 参见陆旭：《我国贿赂犯罪罪名体系的省思与重构》，第888～896页。

⑦ 同上注。

⑧ 参见陈泽宪、周维明：《追赃追逃与刑事司法协助体系构建》，第595～604页。

⑨ 参见陈志军：《中国贿赂犯罪罪名体系之完善建议》，第879～887页。

三章中的贿赂犯罪纳入第八章贪污贿赂罪之中,完善利用影响力受贿罪和对有影响力人行贿罪这一对合犯。①

(二)贪污罪受贿罪定罪量刑数额标准的问题及完善

贪污罪受贿罪的定罪量刑是当前我国刑事立法和司法的热点问题,也是本届刑法学术年会研讨的重点问题。对此,论者们主要从以下两个方面进行了探讨:

1. 贪污罪受贿罪定罪量刑数额标准存在的问题

论者们对于贪污罪受贿罪定罪量刑数额标准存在的问题主要从起刑点数额绝对确定化、各量刑等级数额与刑罚量设置不合理、唯数额论的弊端等方面展开。

有论者认为,以明确数额规定贪污罪和受贿罪的起刑点及处罚幅度缺乏适应性。一方面,法律的稳定性要求立法语言具有抽象性;另一方面,惩处贪污罪受贿罪的司法现实,已经凸显了确定数额规定的定罪标准和量刑标准存在的巨大缺陷。②

有论者对现行贪污罪数额进行了两个方面的反思:第一,起点数额反思。起点数额绝对确定化导致漏罪;起点数额静态化导致适用结果与社会实践脱节。第二,各量刑等级数额反思。贪污罪的阶梯式量刑规定至少存在以下两个方面缺陷:一是形式缺陷,各量刑等级内的单位数额对应的刑罚量失衡;二是实质缺陷,基本型设置的非衔接性导致量刑有失公平正义。③

也有论者总结了我国贪污罪受贿罪的定罪量刑标准争议,认为其主要存在以下几个方面:一是起刑点对应的贪污数额较低;二是贪污数额并不能完全反映行为社会危害性严重与否;三是贪污数额难以实现一些案件的公平正义。④

还有论者认为,我国现行刑法关于贪污受贿犯罪定罪量刑标准规定之不足之处主要体现在:一是难以全面反映个罪的社会危害性;二是难以

① 参见陈志军:《中国贿赂犯罪罪名体系之完善建议》,第 879 ~ 887 页。
② 参见黄伟明、陈昌林:《贪污受贿犯罪量刑标准的立法完善》,第 759 ~ 766 页。
③ 参见徐宏、万善德:《贪污罪数额若干问题研究》,第 801 ~ 808 页。
④ 参见王海桥、曹红坤:《我国贪污罪定罪量刑立法标准研究》,第 809 ~ 816 页。

体现罪责刑相适应原则；三是不利于刑法目的的实现。[①]

2. 贪污罪受贿罪定罪量刑数额标准之完善建议

针对我国贪污罪受贿罪定罪量刑数额标准存在的问题，论者们主要从以下几个方面提出了完善建议：

第一，完善贪污罪受贿罪的起刑点数额标准。总体上看，论者们对于起刑点数额标准设定提出了多种方案，主要争论在于起刑点数额设定的参照标准和起刑点数额的升降两个方面。对于起刑点数额设定的参照标准，主要有比照盗窃罪数额、参照上年度全国城镇居民人均可支配收入、综合我国GDP近年来发展水平及实际地区差异、参照公务员的平均收入标准等观点。有论者认为，现行刑法采取的是定额数额标准，而《刑法修正案九（草案）》采取的是概括数额标准。比照盗窃罪设置贪污罪的概括数额标准更具有合理性和可操作性，且贪污罪比盗窃罪的社会危害性更大，其犯罪人更应当严惩，因此，贪污罪的数额标准应比照盗窃罪减半设置。[②] 有论者认为，基于贪污受贿犯罪所侵犯的法益的特殊性，具体标准的确定宜采取犯罪时上年度的全国城镇居民人均可支配收入为主要基准，确定超过相应的倍数，即可构成犯罪。[③] 有论者认为，在贪污罪起刑点数额标准的具体化设定上，立法仅仅描述"数额较大"，司法具体量化则应当以一定经济周期内的经济指数为参照加以确定，不同经济发展周期内贪污罪数额的起刑点应当作相应调整。贪污罪数额标准的设定应当以城镇居民人均可支配收入为主要基准，以此为基础，建议司法解释将贪污罪起刑点调整为3万元。[④] 也有论者认为，《刑法修正案九（草案）》对于贪污罪定罪量刑标准的修改是值得肯定的，刑法规范对于贪污罪规定了数额较大、数额巨大、数额特别巨大，对此三类的具体数额，应当由司法解释进行规定且应当考虑实际地区差异。综合我国GDP近年来发展水平及各地司法实践，对于东部地区而言，数额较大指3万～20万元，数额巨大指20万～100万元，数额特别巨大指100万元以上；对于中部地区而言，

---

① 参见闫雨：《我国贪污受贿犯罪定罪量刑标准刑法完善前瞻》，第817～823页。

② 参见皮勇、王肃之：《论贪污罪的数额与情节要件——兼评〈刑法修正案（九）（草案）〉相关立法条款》，第749～758页。

③ 参见闫雨：《我国贪污受贿犯罪定罪量刑标准刑法完善前瞻》，第817～823页。

④ 参见徐宏、万善德：《贪污罪数额若干问题研究》，第801～808页。

数额较大指1万~10万元,数额巨大指10万~50万元,数额特别巨大指50万元以上;对于西部地区而言,由于其经济水平发展相对较低,适用现在的定罪量刑标准比较合适,不宜作出修改。① 还有论者认为应采用参照国民收入的标准,合理确定量刑幅度的数额标准。考虑到贪污犯罪和受贿犯罪都是国家工作人员的犯罪,所以,应当参照公务员的平均收入标准来确定量刑的基本数额。② 具体数额可以以全国城镇居民人均可支配收入为主要基准,并在依照社会发展水平、居民消费指数、通货膨胀等因素的基础上作出适当的调整。③ 此外,有论者认为惩治贪污贿赂犯罪,应转变观念,贯彻“零容忍”,采用“虽严不厉”的模式,即扩大处罚范围,但在司法上可以适当宽松。将贪污贿赂犯罪起刑点降为零,有利于将腐败犯罪扼杀于摇篮之中,符合刑法预防犯罪的目的,进而形成全民反腐败的氛围,肃清腐败犯罪。④

第二,完善贪污罪受贿罪的量刑等级。有论者认为,在量刑等级完善方面,除了在数额标准具体化设定上参考一定经济周期内的经济指数外,还应把握以下三个原则:一是各刑档单位数额对应刑罚量的相对均衡性;二是同一刑档内应保持规范完整性;三是避免交叉刑,确保刑罚的衔接性。数额的无限性和刑罚处罚力度有限性矛盾无可避免,构建绝对正比例关系的刑罚等级不现实,但仍需结合罪刑相均衡原则与刑事政策设立相对正比例关系的刑法等级。建议司法解释当以10万元、50万元和100万元为数额临界点进行刑罚等级构建。⑤

第三,避免唯数额论的立法倾向。在本届刑法学术年会上,多数论者赞同贪污罪受贿罪应坚持“数额+情节”的定罪量刑标准。⑥ 也有论者认为我国现行刑法关于贪污罪的认定通过“不足五千元+情节严重”的模式能够实现腐败犯罪入罪的无数额门槛,契合当前“腐败零容忍”的政策需求。《刑法修正案(九)(草案)》以“数额较大+情节严重”为起刑点,实质

---

① 参见王海桥、曹红坤:《我国贪污罪定罪量刑立法标准研究》,第809~816页。

② 参见黄伟明、陈昌林:《贪污受贿犯罪量刑标准的立法完善》,第759~766页。

③ 参见熊永明、钟学友:《贪污罪具体数额标准应该废除》,第785~792页。

④ 参见张爱艳、何峰:《全球化背景下的反腐败问题探究》,第605~613页。

⑤ 参见徐宏、万善德:《贪污罪数额若干问题研究》,第801~808页。

⑥ 参见王海桥、曹红坤:《我国贪污罪定罪量刑立法标准研究》,第809~816页;闫雨:《我国贪污受贿犯罪定罪量刑标准刑法完善前瞻》,第817~823页。

上是为了提高贪污受贿罪的起刑数额,不具有充分的理由。经济的发展、人民币购买力的变化,根本不能为腐败犯罪的入罪标准提供任何根据。腐败犯罪大案要案众多,吸引反腐办案力量,这不能为“抓大放小”的司法政策提供任何犯罪形势上的根据。当前反腐败司法实践的主要问题在于,现行刑法所提供的“不满五千元+情节较重”的“零容忍”模式根本没有被启用。反腐败法治的重心不在于改变贪污受贿罪的起刑数额,而在于以量刑规范化破解贪污受贿罪量刑畸轻的罪刑失衡格局。①

第四,注重定罪量刑数额标准的具体化。对此,论者们主要提出了立法具体化与司法具体化两种见解。有论者认为,贪污受贿犯罪的数额标准宜直接规定在刑法条文中。具体而言,可考虑借鉴《刑法》第367条关于淫秽物品界定的规定,将贪污受贿犯罪概括数额的具体标准直接规定在贪污贿赂犯罪一章之后。② 也有论者认为,贪污罪数额标准应选择“立法概括式定量,司法解释具体定量”的模式。为了维护贪污罪立法的稳定性,同时,使贪污罪定罪量刑更具科学性和可操作性,应由最高人民法院和最高人民检察院联合发布贪污罪的“数额较大”“数额巨大”“数额特别巨大”以及“使国家和人民利益遭受特别重大损失的”的认定标准,以统一某一地区司法机关侦查、起诉和审判贪污犯罪的数额标准。③

(三)贪污罪受贿罪的数额与其他情节关系问题

关于贪污罪受贿罪的数额与其他情节关系,论者之间主要存在是否应该将“数额”与“情节”并重的争论。其中,主张二者并重论者认为,贪污情节在贪污罪定罪量刑中的地位应当提升。对于贪污犯罪案件而言,“数额”这一定罪量刑标准只是可操作性更强,但是对于行为人的社会危害性并不能给予较准确、公正的客观评价。综合考虑情节要素能更好地评价行为人的社会危害性,因此,建议在对于贪污罪进行定罪量刑时应当进一步提高情节的地位,将情节与数额并重,使之在贪污受贿犯罪的定罪量刑中都发挥决定性的作用。具体而言,对于贪污行为的定

① 参见冀洋:《腐败零容忍政策与贪污受贿罪起刑数额的设定——以〈刑法修正案九(草案)〉的反思为中心》,第457~463页。

② 参见闫雨:《我国贪污受贿犯罪定罪量刑标准刑法完善前瞻》,第817~823页。

③ 参见皮勇、王肃之:《论贪污罪的数额与情节要件——兼评〈刑法修正案(九)(草案)〉相关立法条款》,第749~758页。

罪而言，以数额为主情节为辅。在对贪污行为进行量刑时，应当将“数额”与“情节”并重。①

反对二者并重论者认为，现行刑法对于其他情节的地位，采取的是加重处罚情节的立场，即将贪污数额作为选择法定刑档次的基本情节，将其他情节作为一定范围内的加重处罚情节；而《刑法修正案（九）（草案）》则将其他情节与贪污数额情节并列，取消了其他情节的加重处罚情节的地位。该论者认为这种修改违反了罪刑相适应原则。理由有三点：一是犯罪数额与法定刑的区间成正比例关系是数额犯的典型特点，将其他情节限于从重处罚情节，不能反映兼有贪污数额和其他情节情形的罪责实际情况；二是取消贪污数额在决定刑罚的基本情节地位，不利于正确选择法定刑档次；三是其他犯罪情节应当是补充贪污犯罪的罪责的非基础情节。②

（四）贪污罪与受贿罪定罪量刑标准合并模式改革

关于贪污罪与受贿罪的定罪量刑标准是否应当合并，有不少论者重点探讨了贪污罪受贿罪分别设置刑罚的主张和具体建议。

1. 贪污罪与受贿罪定罪量刑标准分别设置的主张

在本届刑法学术年会上，许多论者认为贪污罪与受贿罪定罪量刑标准合并模式存在弊端，应当分别设置。具体理由主要有：

第一，贪污罪与受贿罪的区别。有论者认为，贪污罪和受贿罪具有不同的罪质，不具有适用同一刑罚规定的实质性基础。③ 由于受贿罪与贪污罪侵犯的法益不同、数额在两罪的社会危害性程度评价体系中所起作用不同、犯罪黑数不同，应该分立受贿罪与贪污罪的定罪量刑标准。④ 受贿罪与贪污罪客体有别、主体范围不同、行为表现有所差异、社会危害性程度不同。⑤ 基于贪污罪与受贿罪本质以及犯罪模式的不同，其对国家工作人员所从事公务的要求也不相同，由此导致两罪中国家工作人员的内涵

① 参见王海桥、曹红坤：《我国贪污罪定罪量刑立法标准研究》，第817～823页。

② 参见皮勇、王肃之：《论贪污罪的数额与情节要件——兼评〈刑法修正案（九）（草案）〉相关立法条款》，第749～758页。

③ 参见黄伟明、陈昌林：《贪污受贿犯罪量刑标准的立法完善》，第759～766页。

④ 参见闫雨：《我国贪污受贿犯罪定罪量刑标准刑法完善前瞻》，第817～823页。

⑤ 参见王建新、杨代英：《受贿罪应有独立的量刑标准》，第984～989页。

存在差异;根据法条的表述,贪污罪和受贿罪都体现了行为人利用职务之便,两罪中所谓的利用职务之便同样具有差异性;《刑法修正案(九)草案》没有对受贿罪增设独立的法定刑,是一大疏漏。贪污罪与受贿罪相比存在法益侵害等方面的诸多不同,不宜对贪污罪与受贿罪适用同样的法定刑和量刑规则。[①] 受贿罪并非简单的贪利性犯罪,其侵害的法益不同于贪污罪,社会危害性程度有时根据受贿数额难以反应,因此受贿罪的处罚标准不能参照贪污罪,应设立独立的处罚标准。[②] 受贿罪与贪污罪在犯罪性质、侵犯客体及社会危害性等方面存在明显区别。贪污罪的犯罪性质为贪利性的犯罪,其行为对象为公共财物,侵犯的客体系双重客体即公共财物的所有权以及职务行为廉洁性。受贿罪的犯罪性质则侧重为渎职性的犯罪,其法益是职务行为的不可出卖性,侵犯的客体为职务行为的廉洁性。可见,现行刑法完全援引贪污罪的法定刑来处理受贿罪的立法设计显系不当,因此刑法应对受贿罪的法定刑进行单独设置。[③]

第二,合并模式的弊端。有论者指出,受贿罪与贪污罪适用同一量刑标准的弊端表现为违反罪责刑相适应原则、不利于法官适当量刑、减轻处罚或免予处罚的标准不够明晰、与刑法分则条文的整体构造不相协调。[④] 贪污罪受贿罪立法表述并不简捷,缺乏同一适用的实用基础;对贪污罪和受贿罪适用同一量刑标准,有违罪刑法定原则和罪刑相适应原则。[⑤] 而且,从法律制度比较上来看,国外刑法少见贪污罪罪名,多数国家是将其作为侵犯财产犯罪来对待的,从犯罪构成以及犯罪分类上来看,财产犯罪和渎职犯罪当然是明显不同的犯罪。[⑥]

2. 贪污罪与受贿罪定罪量刑标准分别设立的具体建议

对贪污罪与受贿罪定罪量刑标准分别设立的具体方式,论者们提出了多种不同的建议。有论者认为,受贿的入罪标准要比贪污罪低,而其法

---

① 参见姜涛、余晓杰:《贪污罪与受贿罪界分的三个新维度》,第 824 ~ 834 页。

② 参见张爱艳、何峰:《全球化背景下的反腐败问题探究》,第 605 ~ 613 页。

③ 参见吴喆、任文松:《受贿罪的立法完善建议——以〈联合国反腐败公约〉为视角》,第 862 ~ 868 页。

④ 参见王建新、杨代英:《受贿罪应有独立的量刑标准》,第 984 ~ 989 页。

⑤ 参见黄伟明、陈昌林:《贪污受贿犯罪量刑标准的立法完善》,第 817 ~ 823 页。

⑥ 同上。

定刑应比贪污罪要高。[①] 受贿罪的处罚标准应以数额为主，兼采情节。[②] 对受贿罪应该设置比贪污罪更为严格的定罪量刑标准。[③] 宜从以下三个方面重构受贿罪的量刑标准：第一，完善量刑情节，不以数额作为唯一的量刑依据。在规定受贿罪的量刑标准时，应该综合考虑行为的社会危害性轻重和行为人的人身危险性大小，适当降低数额在量刑情节中所占的比重，仅将其作为诸多情节之一。这样一来，受贿罪的量刑依据就是以情节为基础，兼顾数额。另外，单独设置法定刑的含义不仅局限于单独处罚犯罪，还表现在单独设置减轻或免除处罚的情形。受贿罪的减轻处罚或免除处罚不能再依赖于贪污罪的标准，即以数额较小、认真悔改、积极退赃为依据，而是应该综合考虑受贿的数额、行为的方式和对他人的影响等情节，对于有坦白、自首或立功表现的，直接根据刑法总则予以宽大处理即可。因为受贿之后积极退赃已经不能有效减少损害，所以不能减轻或免除处罚。第二，以各地经济发展状况为依据计算受贿数额，确定量刑起点幅度。第三，增设资格刑和罚金刑，进一步完善受贿罪的刑罚体系。[④] 受贿数额并非受贿犯罪危害性的唯一表现，数额不应该是决定贿赂行为危害性程度的唯一决定因素。因此，应对现行刑法关于受贿罪数额评价体系进行彻底改造，改变以往单一的"计赃论罪"的数额模式，建立以数额与情节并重的双重评价体系。建议借鉴利用影响力受贿罪的量刑模式，在法律条文中规定"数额较大或者有其他严重情节的""数额巨大或者有其他严重情节的""数额特别巨大或者有其他特别严重情节的"三个既考虑数额又考虑情节的量刑档次。[⑤]

（五）贪污罪受贿罪的量刑情节

对于《刑法修正案（九）（草案）》对贪污罪采取的数额加情节立法模式，有论者提出，要正确处理好情节与数额的辩证关系，真正确立概括数额和情节并重的弹性标准模式，改变情节的附属地位，提升情节因素的区

---

① 参见姜涛、余晓杰：《贪污罪与受贿罪界分的三个新维度》，第 824 ~ 834 页。

② 参见张爱艳、何峰：《全球化背景下的反腐败问题探究》，第 605 ~ 613 页。

③ 参见张淑芬、王展：《完善我国腐败犯罪法律规定的若干思考——以〈刑法修正案（九）草案〉有关修改为视点》，第 620 ~ 625 页。

④ 参见王建新、杨代英：《受贿罪应有独立的量刑标准》，第 984 ~ 989 页。

⑤ 参见吴喆、任文松：《受贿罪的立法完善建议——以〈联合国反腐败公约〉为视角》，第 862 ~ 868 页。

分对定罪和量刑的升降格作用。由于犯罪情节的复杂多变性和不可预测性，最高司法机关在对“情节较重”“情节严重”“情节特别严重”等情节作司法解释时，可以以情节所折射出的社会危害性和人身危险性为标准，从犯罪特征、刑罚目的以及社会心理的角度来考虑，并遵循粗疏与细密相结合的原则。①

《刑法修正案(九)(草案)》对于悔罪退赃影响贪污罪量刑作出了修改。对此，有论者认为，这一修改扩大了悔罪退赃影响贪污罪量刑的范围；根据犯罪数额和情节的不同，在量刑从宽的程度上进行更为细致的区分；对悔罪退赃的内涵作进一步细化。在此基础上，该论者进一步提出，“如实供述罪行”“真诚悔罪”“积极退赃”“避免、减少损害结果发生”地位是不同的，在量刑从宽的力度上，呈现逐步递减的趋势。而且，从对行为人获取量刑从宽的能力要求上看，这四个要素呈现递增的趋势。②

(六)贪污贿赂犯罪的刑罚协调问题

贪污贿赂犯罪刑罚的配置影响着刑法预防和打击贪腐犯罪的效果，1997年刑法关于贪污贿赂犯罪的刑罚配置缺乏科学性和合理性。在本届刑法学术年会上，论者们着重探讨了贪污贿赂犯罪的刑罚协调问题。

1. 贪污贿赂犯罪刑罚配置存在的问题

有论者认为，目前我国刑法对贪污贿赂犯罪在刑量、刑种和刑度的配置上均存在诸多问题：(1)就刑罚总量的配备而言，存在部分犯罪刑量配置过重和异罪同配的问题。(2)对于刑量有重大影响的数额因素，在条文设置中存在规定过于刚性和规定不足的问题。(3)罚金刑配置体系混乱、配置不协调。(4)资格刑的适用范围过于狭窄。(5)量刑档次之间的梯度衔接存在交叉。(6)量刑档次之间的梯度缺乏层次。③

有论者认为腐败犯罪的资格刑存在以下问题：(1)不区分单位犯罪和自然人犯罪。(2)剥夺政治权利中被剥夺的四项权利并没有区分情况分别适用，会出现“刑罚配置过剩”与“刑罚配置不足”的问题。(3)资格刑

① 参见熊永明、钟学友：《贪污罪具体数额标准应该废除》，第785～792页。

② 参见卢建平、赵康：《论悔罪退赃对贪污犯罪量刑的影响——兼评〈刑法修正案(九)(草案)〉对贪污罪量刑条款的修改》，第741～748页。

③ 参见卢勤忠、周立波：《论贪污贿赂犯罪的刑罚配置与完善》，第651～658页。

的种类不够全面,缺乏针对性。(4)资格刑的配置比较混乱、随意性较强。①

有论者认为我国贿赂类犯罪刑罚配置存在问题,包括行贿犯罪与受贿犯罪的刑罚配置失衡、非国家工作人员贿赂犯罪与国家工作人员贿赂犯罪刑罚配置失衡、单位类贿赂犯罪与普通贿赂犯罪刑罚配置失衡。从犯罪的社会危害性角度来讲,行贿犯罪和受贿犯罪没有本质区别,都是对国家公共权力的不可收买性的侵害,应该在立法的刑罚配置上和司法的刑罚裁量上一视同仁;我国对涉及公共权力的行、受贿犯罪配置比私营领域同类犯罪明显较重的刑罚无可厚非。但是过犹不及,对在社会中违反公平竞争的商业贿赂等行为也应该进行严厉打击;单单基于贿赂款物的不同归属和不同的支配对象,立法者就降低了对单位受贿罪行为人社会危害性和人身危险性的否定性评价,就降低了对该罪行为人进行非难的严厉程度,值得商榷。②

2. 贪污贿赂犯罪刑罚的立法完善

关于贪污贿赂犯罪的刑罚完善,有论者从宏观上进行了探讨,认为应当从以下五个方面对贪污贿赂犯罪的刑罚配置进行完善:(1)对于贪污贿赂犯罪这一罪群,均采用概括数额加情节标准,作为刑量配置的依据。(2)合理考察受贿罪刑量,单独配置刑罚。受贿罪刑量配置应比贪污罪更轻。由于受贿罪与行贿罪属于对合性犯罪,受贿罪的刑量配置可以与行贿罪相当。(3)全面配置罚金刑,完善配置方式,不应局限于并科方法,也可以单独适用。(4)对国家工作人员犯贪污贿赂犯罪,单独增设剥夺政治权利的资格刑。(5)条件成熟时废除死刑的配置。③

也有论者具体探讨了贪污贿赂犯罪的死刑、自由刑和附加刑的完善问题,包括应增设罚金刑和资格刑,应当对废除贿赂犯罪的死刑进行认真审视,调整自由刑的规定方式和幅度,并有必要在无期徒刑的执行上严格限制减刑和假释。④ 具体而言,关于死刑问题,有论者从事实依据和理论依据两个方面明确提出应当废除贪污贿赂犯罪的死刑。理由有:(1)死刑

① 参见罗猛:《论我国贪污贿赂犯罪资格刑与财产刑的完善》,第698~707页。
② 参见柴建桢、安文录:《贿赂类犯罪的刑罚协调分析研究》,第732~740页。
③ 参见卢勤忠、周立波:《论贪污贿赂犯罪的刑罚配置与完善》,第651~658页。
④ 参见张淼、刘红英:《贿赂犯罪的刑罚合理性反思》,第990~996页。

规定并未有效遏制腐败犯罪。(2)死刑规定导致反腐国际合作受限。(3)死刑适用情况导致刑法权威受损。(4)贪污贿赂犯罪的实质属于贪利性犯罪。(5)死刑对贪污贿赂犯罪的预防作用有限。(6)死刑有违贪污贿赂犯罪的发生规律。在废除贪污贿赂犯罪死刑的具体构想上,可以先在司法上停止贪污贿赂犯罪的死刑适用,为立法上的最终废除奠定基础,同时完善废除贪污贿赂犯罪死刑的配套机制。①

关于自由刑的配置,有论者提出,应当参照抢劫罪、强奸罪的立法例,同时借鉴德国关于受贿罪的法定刑配置经验,规定受贿数额较大的,处三年以下有期徒刑或者拘役,并处罚金;数额巨大的,处三年以上十年以下有期徒刑,并处罚金或者没收财产;有下列情形之一的,处十年以上有期徒刑、无期徒刑或者死刑,并处没收财产:(1)多次接受贿赂或接受多人贿赂的;(2)受贿数额特别巨大的;(3)索取贿赂的;(4)为他人谋取非法利益的;(5)为他人成功谋取利益的;(6)收受外国公职人员、国际公共组织官员贿赂的;(7)造成国家利益、社会利益特别重大损失的。②

关于附加刑的配置,有论者提出对于贪污贿赂犯罪的财产刑应作以下修改:(1)将罚金刑与没收财产刑合并为罚金刑。(2)将我国刑法中的没收与追缴合并为《联合国反腐败公约》中的没收,并规定为附加刑。(3)对单位犯罪中应该负刑事责任的自然人配置罚金刑。(4)对挪用公款罪、(个人)对单位行贿罪、介绍贿赂罪、巨额财产来源不明罪、隐瞒境外存款罪附加适用罚金刑。③ 也有论者认为,鉴于我国目前家庭财产所有权状况不明晰,犯罪分子贪污的财物,尤其是赃款并不以个人名义掌握,在没收财产时会产生许多麻烦,罚金刑则可以避免没收财产刑的执行中的缺陷,对贪污贿赂犯罪应增设罚金刑;对于贪污犯罪而言,除判处死刑、无期徒刑的以外,没有规定附加适用剥夺政治权利,即犯罪分子仍然拥有从事公职的权利,这对于预防贪污犯罪是不合理的,应增设资格刑,如可以增加一款规定,凡犯贪污罪,从判决生效之日起,终身丧失担任国家公职的权利;我国刑罚体系中除了死刑立即执行以外的刑罚过于轻缓,不足保

① 参见胡江:《贪污贿赂犯罪死刑废除论》,第680~687页。

② 参见王恩海:《浅析受贿罪的法定刑模式——以〈刑法修正案(九)(草案)〉第39条为视角》,第976~983页。

③ 参见罗猛:《论我国贪污贿赂犯罪资格刑与财产刑的完善》,第698~707页。

持对于犯罪的威慑力,应适当延长自由刑;应逐步适时废除死刑。①

四、受贿犯罪的立法完善问题

受贿罪是反腐败犯罪的重要类型。本届刑法学术年会围绕贿赂犯罪的主体、利用职务便利之要素、为他人谋取利益之要素等问题进行了深入研讨。

(一)受贿犯罪主体问题

有论者认为,我国已经加入《联合国反腐败公约》,应当在国内法上与其保持一致,将外国公职人员和国际公共组织官员纳入受贿犯罪的主体范围。具体而言,我国刑法将受贿罪主体严格界定为国家工作人员这一范畴,无法将新出现的提供公共服务的人员包含在内。从刑事立法的国际视野考察,除我国目前使用"国家工作人员"外,其他国家鲜有使用这一用语。《联合国反腐败公约》中关于受贿罪主体的规定,均一致使用"公职人员"一词。"国家工作人员"与"公职人员"相比较而言,后者的涵盖范围更广、更准确,能更好地符合受贿犯罪本质特征的要求。用公职人员替代国家工作人员更符合受贿犯罪刑法规制的国际化、现代化趋势。②

也有论者认为,我国刑法关于贪污贿赂犯罪的主体及其表述较为繁杂,在相当程度上造成了理解上的混乱,更造成了司法实践中对惩治腐败犯罪法条适用的混乱。在将来的立法中,可将其"国家工作人员"表述为"公职人员"。当然"公职人员"的表述还可以进一步斟酌,其也可以表述为"公务人员""公权力执行人员"等。③

还有论者在此基础上建议,应扩大受贿罪的主体范围,将外国公职人员和国际公共组织官员纳入受贿罪的主体范围,以打击国内涉外犯罪和国际贿赂犯罪。④

(二)"利用职务上的便利"要素之存废问题

在本届刑法学术年会上,论者们对"利用职务上的便利"这一要素的

---

① 参见尹安德、曾涛:《试论贪污贿赂犯罪的刑罚立法与完善》,第665~672页。

② 参见吴喆、任文松:《受贿罪的立法完善建议——以〈联合国反腐败公约〉为视角》,第862~868页。

③ 参见况安全、王远伟:《我国贪污贿赂犯罪立法完善探析》,第635~641页。

④ 参见曾粤兴、周兆进:《受贿罪立法若干问题研究》,第835~843页。

地位，总体上持赞成态度，认为将"利用职务上的便利"完全排除出受贿罪的犯罪构成要素并不可取，但对"利用职务上的便利"应该作扩大解释，即只要国家工作人员收受财物的行为与其职务有关，就应认定为"利用职务上的便利"。

有论者认为，职务要素在各国的受贿犯罪构成要件中呈现淡化的趋势，《联合国反腐败公约》也没有将利用职务上的便利作为受贿犯罪的构成要件。因此，只要国家工作人员所索取或者收受的财物与其职务行为有关，就可以认定为利用了职务上的便利，因为索取或者收受与职务行为有关的财物，就意味着行为人侵害了职务行为的不可收买性。因此，在刑事立法上不应再使用"利用职务上的便利"一词，只要国家工作人员无正当理由收受他人财物或财产性利益，就应当构成受贿犯罪。①

也有论者认为，受贿犯罪属于"权钱交易"的一种职务犯罪，职务因素是受贿罪必不可少的因素，即使对将来可能的收受礼金罪而言，也不能缺少职务的要素，因为，没有职务因素就缺乏对公权力的亵渎，也不符合"权钱交易"的受贿本质。否定"利用职务上的便利"为受贿罪构成要素的观点不可取。不过，虽然职务因素对受贿罪的成立必不可少，但这并不意味着对"利用职务上的便利"表述的肯定，因为"利用职务上的便利"至少存在以下两点缺陷：一是含义模糊；二是会导致部分"感情投资"型受贿逃脱惩罚，纵容"感情投资"型受贿的蔓延，不符合当前严密职务犯罪刑事法网的刑事政策。在理解受贿罪"利用职务上的便利"时，应考虑以下几个方面：第一，要以受贿罪"权钱交易"的贿赂本质为指导。只要国家工作人员收受财物与其职务有关，就应当肯定其"利用职务上的便利"。第二，为了应对当前贿赂犯罪的新情况，应当将只要国家工作人员收受财物与其职务有关，就认定为"利用职务上的便利"，而不宜将其限定为国家工作人员的"职务与行贿人的利益之间有某种制约关系"。第三，将"利用职务上的便利"理解为国家工作人员收受财物与其职务有关，是对"利用职务上的便利"在现有的解释基础作了进一步的扩大解释，符合司法解释逐渐扩大对"利用职务上的便利"解释的趋势，也契合当前严密职务犯罪法网，从

---

① 参见吴喆、任文松：《受贿罪的立法完善建议——以〈联合国反腐败公约〉为视角》，第862～868页。

严惩处职务犯罪的刑事政策。①

(三)受贿犯罪行为方式问题

有论者认为,应当借鉴《联合国反腐败公约》的规定,将受贿犯罪在行为进程上划分为实际取得和约定取得两种状态,以进一步昭示和彰显我国严厉打击受贿犯罪的决心和态度。理由包括:《联合国反腐败公约》在规定与受贿对应的行贿罪时,使用的词汇为"许诺给予、提议给予或者实际给予"受贿人不正当好处。由于行贿犯罪与受贿犯罪系对合性犯罪,因此可以认为受贿罪的行为方式应当包括接受收受许诺、接受收受提议、接受实际给予三种对应的方式。换言之,只要受贿者实施了这三种方式中的任何一种,都应认为是受贿罪的完成方式。这种认定受贿行为的方式在其他国家的刑事立法中也不乏先例。由于受贿罪的犯罪客体是国家工作人员职务行为的廉洁性,只要行为人实施了上述三种行为,就足以表明其职务行为的不可收买性已经受到侵害,而无须考察权钱交易行为是否已经完成。②

(四)"为他人谋取利益"要素之存废问题

关于受贿罪"为他人谋取利益"要素之存废,多数论者主张应当删除受贿罪中"为他人谋取利益"的要件③,理由主要有:(1)从"为他人谋取利益"的立法沿革过程来看,其并非一开始就作为受贿罪的构成要件之一,设立的初衷是为了更严厉地打击贿赂犯罪行为,但是,就其设立后在司法实践中的效果来看,却并未达到所预想的结果。(2)从受贿罪的保护客体角度来看,也没有必要将"为他人谋取利益"作为受贿罪的构成要件要素加以规定。(3)与《联合国反腐败公约》接轨的需要。(4)通过删除"为他人谋取利益"要件将非法收受礼金行为入罪是规制该类行为的最佳方案。④ 除此之外,还有论者认为,"为他人谋取利益"要件会造成罪责刑不

---

① 参见夏勇、刘伟琦:《受贿罪"利用职务上的便利"之规定的演变及评析》,第844~852页。

② 参见吴喆、任文松:《受贿罪的立法完善建议——以〈联合国反腐败公约〉为视角》,第862~868页。

③ 参见王志祥、柯明:《受贿罪中的"为他人谋取利益"要件应当删除——以非法收受礼金行为入罪之争为切入点的思考》等,第853~861页。

④ 同上注。

相适应，并且不利于预防和打击贿赂犯罪。[①] 有论者则从避免“徇私型”渎职犯罪与受贿罪重复评价的角度提出取消“为他人谋取利益”要件。[②] 也有论者认为，《联合国反腐败公约》规定的贿赂犯罪是公职人员为其本人或者其他人员或实体直接或间接索取或者收受不正当好处，以作为其在执行公务时作为或者不作为的条件，没有明确规定受贿罪必须具备“为他人谋利益”的要件。世界上许多国家的刑事立法也都未将“为他人谋取利益”作为受贿罪的成立要件。国家工作人员利用职务上的便利非法收受他人财物的行为本身，就已经侵犯了国家的廉政制度。只要国家工作人员利用职务上的便利非法收受了他人财物，不管其是否“为他人谋取利益”，就已经构成了受贿罪。当然，是否“为他人谋取利益”对于职务行为的侵害程度存在差别，因此“为他人谋取利益”不是受贿罪构成的要件，但应作为量刑的情节。[③]

（五）利用影响力受贿罪之“关系密切人”存废问题

有论者主张取消利用影响力受贿罪中“关系密切人”要素，认为“关系密切的人”是一个非常具有弹性与模糊性的概念难以判断，在具体案件中，控诉方对于行为人双方是否具有密切关系进行举证证明的困难极大，现实生活中也完全可能出现行为人虽与国家工作人员的关系并不密切，却能够切实影响到其决策的例子。为了更好地实现罪责刑相适应原则，填补本罪可能存在的处罚漏洞，取消“关系密切人”势在必行。事实上，《联合国反腐败公约》对影响力交易罪的主体并无特殊限制，包括“公职人员或者其他任何人员”，范围十分广泛，只要行为人宣称能够对公职人员施加影响，就有资格构成本罪的主体。我国刑法也完全可以在本罪现有立法的基础上更进一步，将主体修改为一般主体，即无论任何人，只要其通过国家工作人员职务上的行为，或者利用国家工作人员职权或者地位形成的便利条件，或者利用离职的国家工作人员原职权或者地位形成的便利条件，通过其他国家工作人员职务上的行为，为请托人谋取不正当

① 参见曾粤兴、周兆进：《受贿罪立法若干问题研究》，第 835 ~ 843 页。

② 参见高雷：《竞合条件下“徇私型”渎职罪与受贿罪并罪处罚新论》，第 1064 ~ 1072 页。

③ 参见吴喆、任文松：《受贿罪的立法完善建议——以〈联合国反腐败公约〉为视角》，第 862 ~ 868 页。

利益，索取请托人财物或者收受请托人财物，数额较大或者有其他较重情节的，均应成立利用影响力受贿罪。①

五、行贿犯罪的立法完善问题

关于行贿犯罪，本届刑法学术年会重点探讨了行贿"为谋取不正当利益"要素的存废问题、贿赂的范围、行贿犯罪的行为方式、刑罚配置等多个重要问题。

（一）"为谋取不正当利益"要素之存废问题

关于行贿罪的"为谋取不正当利益"要素，多数论者主张废除该要素，但也有个别论者认为该要素应该继续存在，还有论者认为应该分情况区别对待。

1. 主废论的观点及理由

主张废除论者认为立法应该将"为谋取不正当利益"从行贿罪中的构成要件要素中剔除出去，具体理由主要有以下几个方面：第一，"为谋取不正当利益"判定标准模糊。有论者认为应取消"谋取不正当利益"的主观要件，因为"谋取不正当利益"的判定标准过于模糊，即使当前"两高"已不厌其烦的出台数个司法解释对"不正当利益"进行解释，但实践情况复杂，司法机关很难掌握，甚至发生了一些截然相反的判决。② "谋取不正当利益"的内涵具有不确定性。③ 第二，不符合行贿罪的犯罪本质。有论者认为，就行贿罪的本质而言，行贿罪所侵犯的直接客体是国家工作人员职务行为的廉洁性和不可收买性，只要行为人实施了行贿行为，无论其主观上为谋取什么样的利益，都是对公职的收买，都构成了对国家工作人员职务行为廉洁性的侵犯。至于行贿人谋取的利益正当与否，只是反映行贿人主观恶性的大小和社会危害性程度的不同，并不影响行贿罪的本质。改革我国关于行贿罪的构成要件，取消行贿罪犯罪构成要件中"为谋取不正当利益"的限定条件，并将其作为量刑情节予以考量。④ 谋取何种利益

---

① 参见刘夏：《利用影响力受贿罪的立法完善建议》，第997～1004页。

② 参见刘良、艾行利：《论我国行贿犯罪的立法治理》，第1170～1177页。

③ 参见汪维良、王远伟：《行贿罪立法完善探析》，第1242～1249页。

④ 参见李军、张媛：《行贿犯罪的立法完善——以〈刑法修正案九（草案）〉为视角》，第1225～1232页。

无关行贿罪本质，简化行贿罪构成要素切实可行，应当对行贿罪的构成要件进行调整，将"谋取不正当利益"从构成要件中剔除出去。① 第三，从历史沿革来看行贿罪中"为谋取不正当利益"要素要求不一；从现行规定来看，经济行贿中无"为谋取不正当利益"的要素。② 第四，现行规范的立法背景已不存在。③ 20 世纪 80 年代有关单行刑法之所以将"为谋取不正当利益"作为行贿罪的必备构成要素，当时主要是鼓励经济发展，不能无限制地惩治行贿行为，将"为谋取不正当利益"作为限制条件是合适的。但现在经济社会发展发生翻天覆地的变化，行贿罪构成中应取消"为谋取不正当利益"这个主观要素。无论行贿人是为谋取不正当利益或正当利益，只要给予国家工作人员财物的，都以行贿罪论处。④ 第五，基于犯罪成本收益理论为切入点进行分析，我国目前行贿犯罪成本低廉，刑事立法应当进一步强化对我国行贿犯罪的打击而非相反，应删除行贿犯罪中"为谋取不正当利益"的要件，扩大行贿犯罪入罪范围，从而增加行贿者入罪的风险成本。⑤ 第六，域外立法无"谋取不正当利益"之要求。考察《联合国反腐败公约》及外国刑法关于行贿罪的规定，我国现行刑法规定行贿罪构成要件中必须是"为谋取不正当利益"，有违严密法网的要求。行贿罪中"为谋取不正当利益"要素应否取消，要从历史发展和与国际社会接轨的角度进行审视，域外无"谋取不正当利益"之借鉴。此外，主张废除论者多认为，应将"谋取不正当利益"作为量刑情节予以考量。⑥

2. 主存论的观点及理由

持该种观点的论者认为，"为谋取不正当利益"是体现行贿罪处罚必要性的要素，不应轻易废除，主废论的理由难以成立，原因在于：虽然行贿罪和受贿罪是对向犯，但行贿和受贿的社会危害性并不一定相同；废除"为谋取不正当利益"并不一定能从源头治理腐败；"不正当"概念可以合

---

① 参见张伟珂、杨朔：《论行贿罪中"为谋取不正当利益"之舍弃》，第 1153 ~ 1162 页。

② 参见汪维良、王远伟：《行贿罪立法完善探析》，第 1242 ~ 1249 页。

③ 参见张伟珂、杨朔：《论行贿罪中"为谋取不正当利益"之舍弃》，第 1153 ~ 1162 页。

④ 参见汪维良、王远伟：《行贿罪立法完善探析》，第 1242 ~ 1249 页。

⑤ 参见杨彩霞、梅定珠：《法经济学视阈下行贿犯罪立法完善研究》，第 1217 ~ 1224 页。

⑥ 参见李军、张媛：《行贿犯罪的立法完善——以〈刑法修正案九（草案）〉为视角》，第 1225 ~ 1232 页；汪维良、王远伟：《行贿罪立法完善探析》，第 1242 ~ 1249 页。

理界定;国外没有将"为谋取不正当利益"作为行贿罪的构成要件不能成为废除该要件的理由。理论界和实务界几乎没有争议地将"为谋取不正当利益"理解为主观要素,不当的缩小了行贿罪的范围,可能是造成行贿犯罪司法困局的原因之一。"为谋取不正当利益"既是主观要素也是客观要素。在事前行贿的情况中"为谋取不正当利益"为主观目的要素,即为谋取不正当利益而给予国家工作人员财物。在事后行贿的情况中"为谋取不正当利益"是客观要素即由于国家工作人员为行为人谋取了不正当利益,而事后给予其财物。①

3. 区别对待论的观点

持该种观点的论者认为,结合当前我国国情,我们应当取消主动行贿中不正当利益的要件并将其作为量刑情节予以考虑,但仍应保留因索贿而行贿情形下谋取不正当利益的要件,同时还要设置必要款项区分人情送礼与为谋取正当利益而行贿的行为。②

(二)贿赂的范围问题

在本届刑法学术年会上,论者们基本赞同应该将贿赂范围扩大至财产性利益,但对于是否应将其进一步扩大至非财产性利益,论者之间存在较大分歧。

反对将贿赂扩大至非财产性利益论者认为,应坚持并在立法上明确规定将贿赂限定为财产性利益,不应将非财产性利益纳入贿赂范围。③ 在贿赂范围的规定上,除法国和西班牙刑法把贿赂仅限于财物之外,其他国家均扩大到财物以外的范围。《联合国反腐败公约》第 15 条规定受贿罪的对象为"不正当好处"。此"不正当好处"包括财物、财产性利益,也包括非财产性利益。现行刑法将贿赂的范围规定为财物,其范围过于狭窄,势必会放纵那些"利用职务上的便利"获取财物之外的财产性利益和其他利益的行为,因此,扩大贿赂的范围是必要的。虽然出于刑法国际化和与国际接轨的考量,需要对我国贿赂犯罪的贿赂范围进行调整,但是也需要在尊重我国当前国情的基础上转化成国内法的形式,而不是生搬硬套。

---

① 参见程红、吴荣富:《行贿罪中"为谋取不正当利益"要件的深度解读》,第 1090 ~ 1099 页。

② 参见陈结淼、程冉:《论行贿罪的立法完善》,第 1201 ~ 1208 页。

③ 同上注。

因此，将财产性利益之外的其他利益一律纳入贿赂范围之内，将对司法实践带来难以应对的挑战。立法应当结合我国国情，借鉴《联合国反腐败公约》和国外立法例，将贿赂范围规定为“财物及财产性利益”。[①] 从目前的立法来看，刑法是对财物与利益作了严格的界分的。将一切好处均归结为贿赂犯罪中所指的财物，是把现行刑法严格区分的财物与利益两个不同的术语混同理解，有违刑法体系的一致性原则。而且，将贿赂的范围扩展至一切利益不符合刑法的谦抑性。[②]

赞同将贿赂扩大至非财产性利益论者认为，法定贿赂形式的单一性与现实生活贿赂形式的多样性、复杂性发生了尖锐的矛盾，严重制约了对贿赂犯罪的认定与惩处。将财产性利益乃至非物质性利益纳入我国“贿赂”范围，完善法网，十分必要，同时这也是对《联合国反腐败公约》的接轨、国际法国内化的要求。[③] 在行贿罪的刑事立法上，我们应该借鉴俄罗斯刑法典、香港地区和澳门地区法域的刑法典鉴，扩大行贿的内容范围，将以“财物”为代表的财产利益修订为“财产利益和其他非财产性利益”。[④] 随着我国对腐败犯罪打击力度的加大，根据现实情况，对于性贿赂的问题，应该明确立法规定此为受贿罪。[⑤] 我国《刑法》将贿赂内容的范围局限于财产性利益，与《联合国反腐败公约》的相关规定不符，也限制了我国对腐败分子的打击力度。应当借鉴《联合国反腐败公约》的规定，将贿赂的范围扩大至“不正当好处”，即不仅包括财产和财产性利益，还包括占用车辆、亲友安排工作、职务晋升、享受家政服务、享受度假、性服务等一切物质与非物质、财产与非财产利益。[⑥]

（三）行贿犯罪的行为方式问题

论者的主要观点在于基于严密行贿罪的刑事法网和区分行贿行为与个人间馈赠行为，以打击感情投资型行贿的目的，立法上应扩充行贿罪的

① 参见吴喆、任文松：《受贿罪的立法完善建议——以〈联合国反腐败公约〉为视角》，第 862～868 页。

② 参见孙天乐：《论贿赂犯罪中贿赂的范围》，第 925～932 页。

③ 参见李军、张媛：《行贿犯罪的立法完善——以〈刑法修正案九（草案）〉为视角》，第 1225～1232 页。

④ 参见汪维良、王远伟：《行贿罪立法完善探析》，第 1242～1249 页。

⑤ 参见况安全、王远伟：《我国贪污贿赂犯罪立法完善探析》，第 635～641 页。

⑥ 参见陈泽宪、周维明：《追赃追逃与刑事司法协助体系构建》，第 595～604 页。

行为方式。如有论者提出应增加行贿罪的行为方式,将“给予”扩大为“给予、提议给予或许诺给予”,并且将行贿罪既遂的标准提前为只要行贿人实施了上述任一行为就构成犯罪既遂。① 也有论者认为,我国内地刑事立法可借鉴香港地区《防止贿赂条例》公务员索取和接受利益罪中把公务员可以接受的好处分为“私交友好处”和“非知交友好处”两种类型,并在尽可能的范围内以钱款数额作为衡量罪与非罪的标准的立法模式,在刑法典中明确规定国家工作人员接受好处的最高限额。对超过最高限额的好处,结合行贿罪的犯罪构成要素认定其是否构成行贿罪。由此,可以把行贿行为和个人间的馈赠行为区分开来,进而惩治真正的行贿犯罪和预防未然的行贿行为。对行贿罪应增加“表示给予”和“许诺给予”行贿罪行为方式和“感情投资型”行贿行为。②

(四)行贿犯罪的刑罚配置问题

关于行贿犯罪的刑罚配置,论者们主要探讨了合理配置财产刑、增加资格刑,规范与创新非刑罚处罚措施等问题。

1.行贿犯罪的法定刑提升问题

有论者明确提出,应当升高单位行贿罪和介绍贿赂罪法定刑。目前我国刑法规定单位行贿罪的最高法定刑为5年有期徒刑,单位对非国家工作人员行贿罪的最高法定刑为10年有期徒刑,而自然人行贿罪的最高法定刑为无期徒刑。为了实现单位行贿罪刑罚的紧密衔接,应为单位行贿罪设置10年以上有期徒刑的最高法定刑。介绍贿赂行为在大多数情形下,既符合行贿罪共犯的犯罪构成,同时也符合介绍贿赂罪的犯罪构成。如果依照罪刑法定原则,将这种行为认定为介绍贿赂罪,则要求介绍贿赂罪本身能够实现对“为行贿人介绍贿赂”行为的公正评价。因此不取消原有罪名前提下,应当通过法定刑的调整以实现对行为的公正评价。③ 也有论者认为,同是行贿行为,在对单位犯罪的直接责任人员的处罚要远远轻于自然人触犯行贿罪的处罚,应当调整单位行贿罪的立案标准,降低

---

① 参见李军、张媛:《行贿犯罪的立法完善——以〈刑法修正案九(草案)〉为视角》,第1225～1232页。

② 参见汪维良、王远伟:《行贿罪立法完善探析》,第1242～1249页。

③ 参见聂立泽、高猛:《行贿犯罪刑罚体系完善研究》,第1343～1350页。

入罪的门槛,修订单位行贿罪的刑事责任。[①]

2. 行贿犯罪的罚金刑问题

在本届刑法学术年会上,有不少论者对行贿犯罪的罚金刑问题进行了详细论述,主要焦点在于无限额罚金制是否适当以及罚金刑的适用基准问题:(1)关于无限额罚金制是否适当的问题。赞同者认为,在我国现行的刑罚体系下无限额罚金制应当是一种比较适宜的选择,赞同对于行贿罪数额规定"无限额罚金制",至于司法实践中关于罚金数额的具体操作可以通过司法解释给予相对明确的指引。[②] 但反对者认为,《刑法修正案(九)(草案)》对无限额罚金制的规定不合理,罚金数额的规定应为倍比罚金制。无限额罚金制很容易造成司法擅断,出现量刑上的畸轻畸重,严重影响法律的权威性和统一性,无限额罚金制并不符合罪刑法定原则的基本要求。[③] 为行贿犯罪确立科学的罚金刑,从经济上提高行贿犯罪的惩罚成本,使作为理性经济人的行贿者能深刻感受到犯罪的得不偿失。采取倍比罚金制相对于无限额罚金制更为可取。我国立法机关可以以行贿数额为基准,基于立法和司法的双重考量确定罚金合理的具体倍数。[④] (2)关于罚金刑的适用基准问题。多数论者认为,罚金刑的适用应以行贿数额为基准,如罚金刑的适用应当以行贿人给予国家工作人员的财物价值为基础,确定相应的倍数作为罚金数额,即以行贿数额作为适用基准。理由包括:行贿人获取的"不正当利益"通常无法进行价值评估;对行贿人而言,他们所能承受的仅仅是给予给国家工作人员财物的那部分损失,对于获得的不正当利益时所承受的风险则通常难以承受。以行贿数额作为适用基准更加具有可行性,既能够避免因罚金数额过高导致执行存在困难,又足以显示出刑罚的严厉性。[⑤] 采取倍比罚金制相对于无限额罚金制

---

① 参见段晓娟:《单位行贿罪立法完善的几点思考》,第1266~1272页。

② 参见王水明、刘梦璐:《论行贿罪的刑法完善——以〈刑法修正案(九)草案〉为视角》,第1195~1200页。

③ 参见邵超、卓一丹:《论我国行贿犯罪罚金刑的立法完善——以〈刑法修正案(九)(草案)〉为视角》,第1357~1363页。

④ 参见杨彩霞、梅定珠:《法经济学视阈下行贿犯罪立法完善研究》,第1217~1224页。

⑤ 参见邵超、卓一丹:《论我国行贿犯罪罚金刑的立法完善——以〈刑法修正案(九)(草案)〉为视角》,第1357~1363页。

更为可取,我国立法机关可以以行贿数额为基准,基于立法和司法的双重考量确定罚金合理的具体倍数。① 司法实践中关于罚金数额的具体操作可以通过司法解释给予相对明确的指引。具体而言,首先应当坚持相关的原则以做到罪责刑相适应;其次罚金刑数额应当与自由刑向协调。按照五年以下有期徒刑或者拘役、五年以上十年以下有期徒刑、十年以上有期徒刑、无期徒刑分为四档,按照这四档数额逐次增加。(3)鉴于行贿罪司法实践操作中的特殊性,往往不法利益的数额难以获取,在此情况下以行贿数额作为参照基数更为合适。但是在行贿数额较大的情况下,往往追缴了犯罪所得之后没有多少财产可供缴纳罚金,因此在这种情况下以各省市的年均收入为基数就更为合适了。综上所述,罚金刑数额计算公式可以表现 $P = CV$。P 是指罚金刑数额,C 是指四个比照自由刑的量刑幅度,V 则是指具体基数即行贿数额或各省市年均收入。假设依据自由刑的量刑幅度,C 为 5、10、15、20。则罚金刑计算数额公式就为 $P = 5V$、$P = 10V$、$P = 15V$、$P = 20V$。前文也提到保障行贿数额较大的情况下罚金刑可以执行,因此建议 $P = 20V$ 的情况下,V 取各省市年均收入,其他三种情况 V 则按照行贿数额来计算。若 $P = 20V$ 所算的数额低于 $P = 15V$ 的数额,则 P 所取值必须大于 $P = 15V$。②

3. 行贿犯罪的资格刑问题

有论者建议在行贿罪的刑罚立法中,增加资格刑的适用,以完善行贿罪的刑罚种类。其一,增加资格刑的配置内容。对自然人可以考虑增加以下内容:(1)禁止从事特定职业;(2)剥夺相关执照或者相关资格证书;(3)禁止担任特定职务。对单位犯罪责任人可以考虑暂时或者永久禁止担任同行业相关管理者职务等的资格。对单位犯罪的单位可考虑将以下几种行政性制裁上升为资格刑:(1)限制经营范围。具体内容可包括限制业务种类、限制活动区域、限制业务对象等。(2)剥夺相关资质。具体内容应限于其可能继续用于从事相关犯罪的资质如专业鉴定资格、检验资格等。(3)强制解散。其二,优化资格刑的配置方式,将概括式配置方式

① 参见杨彩霞、梅定珠:《法经济学视阈下行贿犯罪立法完善研究》,第 1217 ~ 1224 页。

② 参见王水明、刘梦璐:《论行贿罪的刑法完善——以〈刑法修正案(九)草案〉为视角》,第 1195 ~ 1200 页。

修改为分立式。由于概括式配置比较笼统，无针对性且不具有可操作性，如果根据犯罪主体的具体情况剥夺其某一或几种资格，增强资格刑的针对性和灵活性。①

4. 行贿犯罪的非刑罚处罚措施问题

有论者认为，刑法规定的非刑罚处罚措施在适用方式与内容上均有一定的局限性，无法结合具体行贿犯罪案件的特点与行为人人格特征进行适用，因而司法实践中在对行贿犯罪人免予刑事处罚时较少采用非刑罚处罚措施，导致行贿犯罪人虽被判定构成犯罪，但实际上未受到任何处罚和教训。因此，有必要对行贿犯罪非刑罚处罚刑事适用进行理性创新。其对现有非刑罚处罚措施在行贿犯罪案件中的规范适用进行了论述，并对行贿犯罪案件适用非刑罚处罚措施的完善与创新提出了如下建议：夯实行贿犯罪非刑罚处罚的司法基础、完善信息及时披露制度、完善相应的监督机制、创新行贿公司强制性检察监管制度和创新行贿公司强制性检察监管制度。②

（五）行贿罪的减免处罚制度或特别自首制度

对于现行刑法规定的行贿罪减免处罚制度或特别自首制度，论者之间主要存在维持论、取消论以及改良论三种不同的观点。

维持论者认为，我国现行《刑法》第 390 条第 2 款规定的行贿罪减免处罚制度本身并无修改必要，而是应予保留。原因在于：行贿人在被追诉前主动交代行贿行为，兼具自首与立功双重性质；行贿人在行贿与受贿的互动关系中处于从属和次要的一方；行贿罪的追诉数量与受贿罪的追诉数量不具有可比性；行贿罪减免处罚制度有利于解决贿赂犯罪案件侦破难的问题；行贿罪减免处罚制度有利于有效预防和公正惩罚贿赂犯罪；以减免处罚换取共犯人供述犯罪是世界各国应对侦破难问题的普遍策略；实践中过度宽宥行贿人的做法属于执法偏差而非立法缺陷。③

取消论者认为，应取消行贿罪中“污点证人豁免”制度。④ 基于犯罪

---

① 参见汪维良、王远伟：《行贿罪立法完善探析》，第 1242 ~ 1249 页。

② 参见刘宪权、李振林：《行贿犯罪非刑罚处罚措施的规范与创新》，第 1073 ~ 1081 页。

③ 参见黄华生、李文吉：《现行行贿罪减免处罚制度应予保留》，第 1209 ~ 1216 页。

④ 参见刘良、艾行利：《论我国行贿犯罪的立法治理》，第 1170 ~ 1177 页。

成本收益理论为切入点进行分析,我国目前行贿犯罪成本低廉,刑事立法应当进一步强化对我国行贿犯罪的打击而非相反,鉴于行贿犯罪法定的从宽处理量刑情节以及缓刑适用的失当,有必要转变观念进一步修改完善立法以增加惩罚成本。《刑法修正案(九)(草案)》严格设定了对行贿罪从宽处罚的条件,这一修改虽然一定程度上提高了行贿犯罪的惩罚成本,但仍然存在使行贿人通过检举立功等行为规避较高的惩罚成本的可能性。《刑法》总则对犯罪分子从宽处罚已经规定了自首和坦白制度,在贿赂案件实际侦破过程中,完全可以根据行为人的具体表现选择适用自首或坦白的规定,而非必须单独制定例外条款对行贿人的供罪或揭发行为予以优待,这样也可避免对行贿犯罪的从宽幅度大于一般自首和坦白的不协调情形。据此,特别自首规定不宜继续纳入法定情节,以保持与一般自首从宽幅度的一致性。①

改良论者认为,特别自首制度的存在将双方置于囚徒困境中,从而破坏行贿者与受贿罪的信任关系减轻贿赂案件的侦察难度,具有一定的价值。但由于现行《刑法》针对特别自首制度当中减轻处罚免除处罚的规定太过粗糙,以至于司法操作中这一条款被无条件滥用,也扩大了司法裁量权这在某一种程度上又导致了另一种腐败。《刑法修正案(九)(草案)》针对这一情况进行了相应的完善,将原先一律的减轻处罚或免除处罚改为从轻或减轻处罚并且对于免除处罚给予了严格的条件限制。这一完善对于改变当前的司法现状起到了相当积极的作用。② 此外,有论者从对行贿人"另案处理"的角度对行贿罪减免处罚制度或特别自首制度的弊端进行了分析,认为司法实践中对行贿人"另案处理"存在以下缺陷:过度运用"从行贿突破受贿"的办案模式导致对贿赂犯罪的查处不力;容易导致司法腐败、执法不公;我国尚未真正建立起英美法系的"污点证人"以及"辩诉交易"诉讼制度,但却在司法实践中实行"污点证人"之实,导致司法实践中经常有承诺无法兑现、坦白不从宽的现象出现。③ 也有论者对改良后

① 参见杨彩霞、梅定珠:《法经济学视阈下行贿犯罪立法完善研究》,第 1217 ~ 1224 页。

② 参见王水明、刘梦璐:《论行贿罪的刑法完善——以〈刑法修正案(九)草案〉为视角》,第 1195 ~ 1200 页。

③ 参见行江、胡安琪:《行贿罪的理论与实践问题思考》,第 1257 ~ 1265 页。

出现的新问题给予了关注，如应当认真评估进一步严格对行贿犯罪从宽处罚的条件对打击贿赂犯罪可能产生的实际效果问题。贿赂犯罪自身具有的隐蔽性以及主体的有限性等特点决定其往往不容易被侦查，因此缩小其免除处罚的范围之后，可能会给相关案件的办理带来新的困难，即案件的证据难以收集。①

① 参见张淑芬、王展：《完善我国腐败犯罪法律规定的若干思考——以〈刑法修正案（九）草案〉有关修改为视点》，第620～625页。

北京师范大学刑事法律科学研究院十周年院庆

●“北师大刑科院建院十周年庆典”隆重举行

北京师范大学刑事法律科学研究院（以下简称北师大刑科院）成立于2005年8月18日，迄今已走过十年的风雨历程。十年来，北师大刑科院在各方面的积极关心和大力支持下，同心同德、艰苦奋斗，在学科建设、人才培养、教学科研、对外交往和服务法治建设等各个方面都取得了跨越式的快速发展。

为了总结过去十年的发展成绩、发现不足并为未来发展明确思路，2015年8月18日下午，北师大刑科院在北京友谊宾馆隆重举行“北师大刑科院建院十周年庆典”，来自中央纪委、中央政法委、全国人大常委会、最高人民法院、最高人民检察院、公安部、司法部等中央和地方政法机关的领导和专家，来自中国社会科学院、北京大学、清华大学、中国人民大学、中国政法大学、武汉大学等高等院校、科研院所的专家学者，以及来自北师大刑科院毕业的校友，共计300余人参加了庆典。

庆典由开幕式和三个单元组成。在开幕式上，北师大刑科院常务副院长卢建平教授宣布庆典开幕并介绍了主席台就座的嘉宾。庆典的第一单元由北师大刑科院常务副院长卢建平教授主持，北师大刑科院院长赵秉志教授作刑科院十年发展工作汇报，他从体制创新、对外交往、服务实践、队伍建设、科学研究、人才培养、教学改革、文化建设八个方面全面汇报了北师大刑科院过去十年的发展情况，也指出了自身存在的不足和未来的发展方向，并对十年来中央、地方政法机关、兄弟院校和境外合作伙伴等各方面对刑科院发展所给予的关心、支持和帮助表示感谢。之后，北师大刑科院副院长宋英辉教授宣读了给此庆典发来的部分贺函以及祝贺单位、捐助单位名单，来自联合国、境外合作伙伴以及我国中央和地方政法机关、高等院校和科研院所的80余家单位发来贺函。

庆典的第二个单元由北师大刑科院副院长宋英辉教授主持，分领导致辞和著名学者、有关代表致辞两个环节。在领导致辞环节，北京师范大学校长董奇教授、中共中央政法委研究所黄太云所长、全国人大常委会法工委刑法室主任王爱立、最高人民法院副部级专职委员刘学文大法官、最高人民检察院副检察长李如林大检察官、司法部党组副书记张苏军副部长和中国法学会副会长兼学术委员会主任张文显教授先后致辞，对北师大刑科院建院十年所取得的成绩给予了高度评价，对北师大刑科院在服务刑事法治建设、发展刑事法学理论和培养高层次刑事法人才等方面所做出的贡献给予了充分肯定。在著名学者和有关代表致辞环节，著名学者代表中国政法大学终身教授陈光中先生、兄弟院校代表西南政法大学校长付子堂教授、合作单位代表北京市海淀区人民检察院王伟检察长、教师代表北师大刑科院吴宗宪教授、毕业生代表北京市第三中级人民法院法官于靖民博士、在校生代表北师大刑科院博士生商浩文先后致辞，他们在肯定北师大刑科院十年发展所取得成绩的同时，也深情回忆了他们支持、参与北师大刑科院发展的感受和体会。

庆典的第三个单元是颁发聘书和闭幕致辞，由北师大刑科院院长赵秉志教授主持。北师大校长董奇教授、副校长陈光巨教授和刑科院名誉院长高铭暄教授作为嘉宾向部分受聘的特聘教授、兼职教授和特邀研究员代表颁发了聘书。此次北师大刑科院共聘请和续聘170余位国内外刑事法理论和实务方面的专家学者担任刑科院的特聘教授、客座教授、兼职教授和特邀研究员。之后，北师大刑科院名誉院长、特聘教授高铭暄先生作闭幕致辞。高铭暄教授饱含激情地回顾了刑科院十年的发展历程，对刑科院十年取得的成绩给予高度评价，并对刑科院的未来发展寄予了殷切期望。

此次庆典既是北师大刑科院建院十年来发展的回顾和总结，也是刑科院承前启后、未来不断创新发展的新起点。相信在北师大刑科院全体师生的共同努力和各有关方面的热心支持下，北师大刑科院未来必将进一步发展，继续为我国刑事法治建设作出更大的贡献。

据悉，经过十年发展，目前北师大刑科院已经形成包括21位教授、18

位副教授在内的49人的学术团队；接收、培养硕士研究生、博士研究生、博士后研究人员和访问学者近1000人；发表重要学术论文2300余篇，出版学术著作、专业教材、学术刊物400余部，科研成果获得省部级等各种奖励100余项，举办“京师名家刑事法讲座”“京师刑事法专题论坛”“关注死刑改革系列论坛”200余期；主持各类研究课题220余项。在外交部、教育部等中央部委的鼎力支持下，北师大刑科院打造了三大联合国平台，先后于2011年4月、2013年10月和2014年8月，成为联合国预防犯罪与刑事司法网络成员单位、国际反腐败学院联盟成员单位和联合国反恐怖主义委员会执行局合作伙伴。北师大刑科院还与国际刑法学协会、德国马普学会外国刑法与国际刑法研究所等50余个国际知名学术机构，以及最高人民法院等中央政法机关的15个庭(厅)局级业务部门和北京市人民检察院等40余个地方政法机关签订协议缔结了正式学术交流合作关系。北师大刑科院创设了三大学术平台“当代刑法国际论坛”“两岸四地刑事法论坛”和“当代刑事司法论坛”，举办国际国内学术会议100余场。通过十年的高起点、跨越式发展，北师大刑科院已经成为名副其实的全国刑事法领域的重点研究基地、高层次人才培养培训基地和中外刑事法学界交流合作的重要平台，并逐步成为中国刑事法治建设的智库和咨询服务基地。

●风雨兼程　跨越发展

——北师大刑科院十年发展巡礼

北师大刑科院院长　赵秉志教授

(2015年8月18日)

目　次

前　言

有谚语云："法治兴则国兴。"当今，法治不仅是我们国家富强、人民幸福的制度保证，也是我国社会主义政治文明的重要内容。而法治理论与法学教育的勃兴则是国家法治建设的重要基石。正是在这种时代背景下，北京师范大学刑事法律科学研究院（以下简称北师大刑科院或刑科院）应运而生。2005年8月18日，为促进刑事法治建设、繁荣刑事法治理论并谋求学术事业的更大发展，我们数位刑法学人在人到中年之际毅然离开原来较高的学术平台，以“从头再来”的人生奋斗豪情加盟北京师范大学，并在学校的支持下，创建了中国刑事法学领域首家且目前唯一具有独立性、实体性、综合性的新型学术研究机构和研究生培养单位——北师大刑科院。时光荏苒，转瞬之间北师大刑科院已走过了十年的风雨岁月。

十年来，北师大刑科院秉持强烈的责任感、使命感，本着刑事法学一体化的精神，致力于把刑科院建设成为全国领先并与国际知名刑事法学机构看齐的新型刑事法学术机构及国家刑事立法和司法咨询服务重镇，力求为我国法学研究和高层次人才培养做出新的探索和贡献，为国家依法治国、建设社会主义法治国家的伟大事业建言献策。经过十年的不懈努力，北师大法学学科已跻身于全国“A+”类法学学科行列，并进入世界顶级法学学科 QS 排名前 200 位（2014 年甚至已位居全球法学 102 位，高居中国内地高校第 4 名），拥有法学一级学科硕士学位授予权和法律硕士学位授予权，拥有刑法学和诉讼法学二级学科博士授予权，并拥有刑法学和诉讼法学方向的博士后招收权限，实现了学科的跨越式发展。

“功崇唯志，业广唯勤。”（《尚书·周书》）十年来，北师大刑科院奉行“学为人师，行为世范”的校训精神和“德育英才，法行天下”的院训理念，以教学科研为中心，以人才培养为根本，以对外交流为引领，实现了“一个创新”（体制创新）、“两大特色”（外向型发展和应用型发展）和“五项跨越”（队伍建设、科学研究、人才培养、教学改革和文化建设），成绩斐然。下面，我将北师大刑科院十年发展的情况分为八个方面简要汇报如下：

一、改革发展模式，坚持以体制创新促进发展

党的十六大报告提出：“创新是一个民族进步的灵魂，是一个国家兴旺发达的不竭动力。”党的十八大报告进一步强调了创新对民族和国家发展的重要性。创新也是一所大学、一个学科、一个学院发展的动力源泉。十年来，北师大刑科院取得跨越式发展的重要基础就是探索和实现了体制创新。

（一）独创法学两院并行合作体制

北师大法学学科发展的体制创新，是独创了法学院与刑科院的并行合作体制。改革开放三十余年来，得益于法治进步的推动，我国法学教育和法学理论研究空前发展，法律院校异军突起。法学教育出现了两种不同的发展模式：一是法科大学法学学科的精细化发展，主要体现为取消综合性法学院，以单个或若干个部门法为基础设立专门的法学院和法学研究机构；二是综合性大学法学学科的综合化发展，主要体现为建立或壮大综合性法学院。这两种发展模式的形成原因是多方面的，但根本在于法学学科发展目标和发展水平的不同，体现的是法学学科发展的高精尖模式与综合化模式的分野。

北师大刑科院的创建及之后北师大法律系撤系建立法学院（2006 年 4 月），可以说是我国高等院校法学教育体制的一大突破和创新，我们创

设了在综合性大学分别设立综合法学院与专门化法学研究院的体制。这一法学两院并行体制的优势突出:(1)法学院的设置有利于促进北师大法学学科的全面性、综合化发展。作为一个综合法学院,北师大法学院目前拥有60多位专任教师,教学科研力量和课程设置涵盖了所有的法学分支学科(包括刑科院覆盖的刑法学和诉讼法学),功能齐全,学科配置完备,能够满足北师大法学学科教育的基本要求。(2)刑科院的设置有助于促进北师大刑事法学科的精细化发展。北师大刑科院肩负刑事法学(刑法学和刑事诉讼法学)的教学科研和高层次人才培养等任务,人员编制独立,研究力量和资源集中。刑科院的设置和刑事法学科的跨越式发展展示了北师大法学学科的特色和优势,体现了北师大刑事法学科的高精尖的发展方向。(3)法学院与刑科院的相互促进与合作有助于实现优势互补。法学院与刑科院组织独立、业务互通、互相支持,是北师大法学整体力量的有机组成部分。两院相互取长补短、精诚合作。刑科院建院时,北师大法学学科力量十分薄弱,只有16名教师(其中只有1名教授),刑科院以自身较强的刑事法学团队,不仅促成了法学院的成立,而且还以刑事法律学科的发展为龙头,带动了法学院的迅速发展,不仅把法学学科的建设纳入北师大总体发展目标,而且使法学学科的学术地位迅速获得长足的提高,从而与北师大作为国家重点大学的地位相协调。而刑科院学术地位与学术影响的进一步提升,也得到了功能齐全、学科完备的法学院的大力支持。法学院与刑科院彼此依托的互助合作机制,有效避免了法学学科传统发展模式存在的不足。

(二)深入推进法学两院互助合作

根据法学两院彼此依托、团结互助的发展体制,十年来,刑科院与法学院加强了多方面的协作:(1)刑科院与法学院的刑事法学科教师互为对方的校内兼职教学科研人员,双方在本科教学、研究生教学、项目研究、学术交流等方面密切合作,共同促进了北师大刑事法学科的繁荣发展。(2)刑科院与法学院在行政管理层面充分沟通、协作。法学两院建立有信息通报制度、两院领导班子联席会议制度,不仅使两院的信息能够及时沟通、共享,而且有效地促进了两院决策的相互配合,进而消除双方不必要的内耗,既集各自之力,又形成合力,推动了北师大法学学科整体快速发展。(3)刑科院与法学院师生曾长期共属一个分党委。建院之初因党员人数较少,刑科院原本和经济与资源管理研究所李晓西团队同属一个党支部。2006 年 4 月,法学院成立后,刑科院和法学院共同成立了分党委。近十年来,刑科院与法学院师生在一个分党委的领导下通力合作,加强了沟通和联系。(4)刑科院与法学院共属一个法学学科学位分会,共同开展包括法律硕士、法学硕士和法学博士学位授予在内的各项学位工作。

受益于法学两院并行合作体制,北师大刑科院与法学院实现了两院的优势互补和共同发展,并共同取得了不菲的成绩:(1)刑科院与法学院共同促进了北师大法学学科跻身全国"A+"类法学学科的行列。(2)刑科院与法学院共同实现了进入世界顶级法学学科 QS 排名前 200 位(2014 年甚至已位居全球法学学科 102 位,高居中国内地高校第 4 名)。(3)刑科院与法学院共同取得多个学位授予点,包括法学一级学科硕士学位授予点和法律硕士学位授予点,刑法学、诉讼法学两个二级学科博士授予点,并拥有刑法学和诉讼法学方向的博士后招收权限。(4)刑科院与法学院共同拥有两个教育部法律卓越人才教育基地("应用型、复合型法律职业人才教育培养基地"和"涉外法律人才教育培养基地")。(5)刑科院与法学院共同建设了多个精品课程和教学团队,其中"刑法学"课程于 2008 年被评为"国家级精品课程",刑法学教学团队于 2009 年被评为"北京市教学团队"和"国家级教学团队","刑事诉讼法学"课程于 2009 年被评为"北京市精品课程"。可以说,没有两院并行合作的体制保障,北师大法学学科是很难在短时间内取得这些成绩的。未来,刑科院与法学院的这种并行合作体制仍将长期存在和有效运行。

二、重视对外交流,坚持以高端平台引领发展

"志合者,不以山海为远。"(晋·葛洪《抱朴子·博喻》)与志同道合的境外学术机构、国际学术组织建立全面而广泛的学术联系是刑科院十年发展的一大特色和亮点。而坚持以高端学术平台建设为引领全面推动对外学术交流的展开,则是刑科院外向型发展的主要思路。

(一)建设三大联合国平台

因为历史等原因,我国刑事法学在国际领域长期处于弱势地位,学术输出局限明显,国际影响力不足。为提升刑科院刑事法学的国际影响力,十年来,刑科院得益于深厚的学术底蕴和广泛的国际交往,在国家有关方

面和学校的支持下,成功加入了联合国的三大平台,并借此广泛参与国际刑事法治和刑事法学事务,提升了刑科院乃至我国整个刑事法学的国际影响力。

第一,成功加入联合国预防犯罪与刑事司法网络(PNI)。由联合国毒品与犯罪问题办公室主导的联合国预防犯罪与刑事司法网络是一个有着广泛国际影响的学术平台,也是联合国的重要谘商机构。在北师大刑科院数年的长期准备与沟通交流的基础上,2011 年 4 月 12 日,在外交部、教育部和中央多家政法领导机关的通力支持下,在中国驻联合国总部外交使团临时代办陈佩洁代表中国外交部的见证下,联合国毒品与犯罪问题办公室主任尤里·费多托夫(Yury Fedotov)先生与北师大刑科院院长赵秉志教授分别代表两机构在维也纳联合国总部签署备忘录,北师大刑科院作为代表中国的刑事法学术机构,被吸纳加入联合国犯罪预防与刑事司法机构网络(PNI),成为其第 15 个国家成员单位,并于 2012 年 4 月又发展成为 PNI 的 5 个理事单位之一。

第二,成功加入联合国国际反腐败学院联盟。腐败问题影响国计民生,严惩腐败是国际社会的一贯主张。为促进反腐败的国际合作,2013 年 11 月,北师大校领导与联合国毒品与犯罪办公室在奥地利维也纳联合国总部正式签订《联合国与北京师范大学反腐败合作备忘录》,北师大成为国际反腐败学院联盟的第 33 家成员单位,并且是中国大学与联合国签订的首个反腐败合作备忘录。根据该备忘录,北师大成立了刑科院牵头负责、相关院系共同参与并由刑科院院长赵秉志教授为负责人的“北师大国际反腐败教育与研究中心”。该中心得到了中央纪委和最高人民检察院的重视和大力支持。

第三,成为联合国反恐怖主义委员会执行局合作伙伴。恐怖主义严重威胁国际社会和国家安全,是联合国致力打击的严重国际罪行。在以往交流合作的基础上,2014 年 8 月 22 日,刑科院院长赵秉志教授与刑科院国际刑法研究所副所长、北师大国际交流与合作处处长王秀梅教授应邀访问位于纽约的联合国安理会反恐怖主义委员会执行局,并代表刑科院与联合国安理会反恐局签订学术合作协议。刑科院成为联合国反恐局在全球选定的 12 个学术合作伙伴之一,且是与联合国反恐局签订学术合作协议的首家学术单位。

刑科院成功加入这三大联合国学术平台，是联合国相关组织和机构对刑科院学术能力、学术地位和参与国际相关事务能力的充分肯定，标志着刑科院在对外交流方面迈上了新的台阶。立足于联合国这三大平台，几年来，刑科院先后派出上百人次参加联合国相关机构及其成员单位举办的学术会议以及《联合国反腐败公约》等国际公约、决议、宣言的审查、实施活动，极大地提升了刑科院的对外交流水平。

（二）打造三大国际区际论坛

学术论坛是加强学术交流、增进学术友谊的重要平台。十年来，为加强刑事法学的国际和中国区际交流，刑科院在三大联合国高端平台之外，着力打造了三大国际、区际学术论坛：

第一，创建"当代刑法国际论坛"。"当代刑法国际论坛"系刑科院创立的重要国际学术交流平台，旨在为各国同行的坦诚对话交流提供平台，推动相互之间在刑事法理论研究、立法、司法等领域的全面有效合作，为促进国际刑事法治和人类和平进步事业而共同努力。第一届论坛始于2005年，之后每两年举办一次，迄今已成功举办5届，先后有近千名中外专家学者参与了"全球化时代的刑法变革——国际社会的经验及其对中国的启示""联合国公约在刑事司法中的贯彻实施""知识产权的刑事法保护""全球化时代有组织犯罪的惩治与防范""当代刑罚改革"等主题的研讨。目前，"当代刑法国际论坛"已成为刑科院对外交流的学术品牌，加强了包括国际刑事法院、国际刑法学协会、德国马普学会外国刑法与国际刑法研究所、美国约翰杰刑事司法学院在内的著名国际学术机构的联系与合作。

第二，创设"两岸四地刑事法论坛"。"两岸四地刑事法论坛"系由刑科院与香港大学法律学院、澳门大学法学院于2008年联合创立的"中国区际刑事法论坛"发展而来，在2011年邀请台湾辅仁大学法律学院、澳门检察律政学会、澳门刑事法研究会加入论坛主办单位后改为现名称，每年轮流在内地和港澳台地区举行，迄今已举办7届。论坛先后讨论了刑法改革、腐败犯罪、博彩领域犯罪、诈骗犯罪、家暴犯罪等刑事法领域热点问题，500余人参与，加强了我国内地与港澳台地区的刑事法交流。

第三，共同举办"中韩刑法学术研讨会"。"中韩刑法学术研讨会"系由中国刑法学研究会与韩国比较刑事法学会于2002年12月18日在北京签订《关于中韩两国刑法学学术交流协议书》所确立，每年轮流在中韩两国举行。刑科院系“中韩刑法学术研讨会”的承办单位和主要参与者。自2005年以来，“中韩刑法学术研讨会”已举办8届，围绕死刑、诈骗犯罪、特别刑法、少年刑法等问题进行了深入研讨，在中韩两国刑事法学界产生了广泛影响。

通过打造这三大国际、区际学术论坛，刑科院加强了与国际社会和我国港澳台地区刑事法学者学术交流，并在论坛研讨的基础上编辑、出版了20余本会议文集，为我国刑事法理论和实践研究积累了重要的学术成果。

（三）拓展对外学术交流渠道

以创建联合国高端学术平台为引领，十年来，刑科院积极拓展对外交流渠道，多形式地开展对外学术交流活动：

第一，通过签署合作协议与域外学术机构建立正式合作关系。稳定的对外学术联系与合作是发展对外交往的重要保证。十年来，刑科院先后与56个域外学术单位签订了正式的学术交流合作协议。这些学术单位，包括国际知名的学术研究机构，如德国马普学会外国刑法与国际刑法研究所、美国维拉司法研究所、加拿大刑法改革与刑事政策国际中心、韩国刑事政策研究院等；域外著名大学的法学院或法学研究机构，如美国纽约大学法学院、意大利路易斯大学法学院、西班牙巴斯克大学犯罪学研究院、韩国东亚大学法学院、台湾大学法律学院、香港大学法律学院、澳门大学法学院等；域外著名的学会和协会，如国际刑法学协会、韩国比较刑事法学会、法国全法中国立法与经济协会、香港本地政府律师协会、澳门检察律政协会等。

第二，通过举办专题国际学术会议加强对外交流。除了打造三大国际、区际刑事法学术论坛，十年来，刑科院先后举办了包括死刑制度改革、社区矫正、联合国国际公约的国内贯彻、反恐怖主义犯罪、知识产权犯罪等在内的专题国际、区际学术会议40余场，参加其他单位举办的各类专题国际、区际学术会议百余场，加强了刑科院与域外机构、组织和专家学者的交流与合作。

第三，通过教师在国际学术机构的任职深化对外交流。过去十年间，刑科院多位教师在国际刑法学协会、国际犯罪学会、国际社会防卫学会等国际刑事法学术组织中代表中国担当多项领导职务，深化了刑科院的对外交往。其中,刑科院名誉院长高铭暄教授担任国际刑法学协会名誉副主席,院长赵秉志教授担任国际刑法学协会副主席,常务副院长卢建平教授担任国际刑法学协会理事暨国际犯罪学会理事、国际社会防卫学会理事兼亚太区秘书长,国际刑法研究所副所长王秀梅教授担任国际刑法学协会的执委和副秘书长。通过教师在这些国际学术机构中任职,刑科院的对外交流得到了不断深化。

第四,通过国际互访与合作加强对外交流。十年来,刑科院与联合国相关机构、国际学术组织和域外学术机构(含港澳台地区)开展了950余人次的人员互访,并与域外许多高水平大学和学术研究机构建立了学生联合培养机制和人员交流机制,联合培养硕士研究生和博士研究生,互派访问学者。通过这些互访与合作,刑科院加深了对域外机构和人员的了解,拓展了学术研究与合作的视野。

第五,通过学术网站等建设促进对外交流。刑科院十分重视对外信息的交流。建院之初(2005年10月16日),刑科院即开通了自己的学术网站“京师刑事法治网”。因内容丰富、信息反映及时,该网站很快受到了各方的一致肯定和好评。之后,刑科院专门设立了信息中心,由专人负责刑科院的对外信息交流、资料互换、研究院简报等工作,并根据对外交流的需要在中文网页的基础上于2009年开通了“京师刑事法治网”的英文网页。2015年5月25日,刑科院又及时利用微信平台推出了微信公众号(BNUCCLS),对外信息交流的形式进一步多样化。这些都成为刑科院扩大对外交流的积极促进力量。

三、紧密联系实际,坚持以法治实践提升发展

著名法学家霍姆斯曾经说过:“法律研究的目的是一种预测,即对公共权力通过法院的工具性的活动产生影响的预测。”作为一门应用型学科,法学源于实践,又必然要服务于实践,只有立足于实践的法学才具有真正的生命力。十年来,刑科院以促进中国刑事法治发展为己任,理论联系实际,广泛参与刑事法治实践。全面参与我国刑事立法和司法,并与中央和地方政法机关保持广泛的交流合作关系,成为刑科院十年发展的又一特色和亮点。

（一）建立正式交流合作关系

北师大刑科院作为一个教学科研机构，其参与法治实践活动需要与国家政法机关合作。为了与法律实务部门建立稳定而长期的合作关系，促进法学与法律实践的互动，刑科院与最高人民法院、最高人民检察院、公安部、司法部等中央政法领导机关的15个厅局级业务部门和研究机构以及北京市高级人民法院、天津市高级人民法院、河南省高级人民法院、广东省高级人民法院、北京市人民检察院、广东省人民检察院、西藏自治区人民检察院、宁夏回族自治区人民检察院等40余个省级、市级政法机关签订了学术合作交流协议，确立了刑科院以教师挂职、业务谘商等形式参与法律部门的实践活动，法律实务部门以兼职授课、合作研究等形式参与刑科院的教学科研活动的合作关系。以此为基础，刑科院与我国中央和地方多个政法机关确立了正式的交流合作关系。

（二）创设"当代刑事司法论坛"

"当代刑事司法论坛"是北师大刑科院与本院建立交流合作关系的各地方司法机关联合创办的常设性的刑事司法实务交流合作平台。论坛以"研讨刑事司法实务中存在的各种重点、难点、热点问题，促进刑事法理论和司法实务共同发展进步"为宗旨，原则上每年举办一次，自2009年至今分别在河北承德（2009年7月21～22日）、贵阳（2010年8月18～19日）、浙江遂昌（2011年8月17～18日）、广东佛山（2012年8月17～18日）、江苏吴江（2013年8月20～21日）和河北保定（2014年8月17～19日）等地先后举办了6届，系统探讨了"社会经济稳定的刑事司法保障""黑社会性质组织犯罪的惩治与防范""刑事证据审查判断的两个司法解释""经济领域中诈骗犯罪的司法疑难问题""制售假冒伪劣商品犯罪的惩防对策""腐败犯罪的惩治与预防"和"新形势下贿赂犯罪司法疑难问题"等主题，深化了对刑事司法问题的理论研讨，也加强了刑科院与司法机关的交流与合作。

（三）选派教师到实务部门挂职

加强法学理论与政法实务工作的共建是当前我国推进法治建设的新形式，受到了中央政法领导机关的重视和肯定。根据教育部、中央政法委等单位决定实施的高等学校与法律实务部门人员互聘"双千计划"要求，几年来，刑科院共派出30余人次赴实务机关挂职锻炼，先后兼职担任最高人民法院、最高人民检察院的业务庭(厅、室)副庭(厅、室)长/主任以及西藏自治区人民检察院等地方检察院的副检察长、检察长助理、副处长,包括兼职担任最高人民法院业务庭副庭长2人次,兼职担任最高人民检察院厅(室)副厅长/副主任2人次,兼职担任地市级检察院副检察长12人次,兼职担任地市级政法机关业务部门副处长/副主任14人次。通过这些挂职,刑科院与法律实践部门的合作得以进一步提升,也实现了法学理论与法律实践的相互促进。

(四)提供法律咨询意见和研究报告

针对特定事项提供专门的法律咨询意见和研究报告,是刑科院十年来参与法律实践的又一典型做法,这主要有两种形式:

第一,以法律专家的身份参与立法、司法和执法活动。包括名誉院长高铭暄先生、特聘教授储槐植先生、院长赵秉志教授、常务副院长卢建平教授、副院长宋英辉教授以及国际刑法研究所所长黄风教授等在内的多位刑科院教授曾长期兼任最高人民法院特邀咨询员、最高人民检察院专家委员会委员(咨询专家)。他们积极参与"两高"司法文件、重大复杂疑难案件等方面的研讨,并积极参与国家立法机关的相关刑事立法活动,为我国刑事立法和司法的发展完善提供了有价值的咨询意见。

第二,提交专项研究咨询报告。近年来,我国刑事法治领域的新型问题、热点事件频出。这些都是我国刑事法理论研究的重大命题。十年来,刑科院一直十分重视研究我国发生的各种重大刑事法治问题,并积极向国家决策部门提供咨询报告,共向中央政法领导机关提交研究咨询报告69份,内容涵盖了我国刑事立法、刑事司法和刑罚执行等各个领域,受到了中央有关领导部门的肯定和赞赏。

四、紧抓队伍建设,坚持以师资优化保障发展

学科的发展,人才是关键。过去十年来,刑科院通过多种措施紧抓队伍建设,成效显著,目前已经建成了一个年龄结构合理、学科分布均衡、学术功底深厚、学历层次较高的学术梯队。

(一)建设结构合理的师资队伍

合理的人才结构是一个学科长久发展的重要保证。十年来,刑科院立足自身学科和人才特点,通过合理的人才建设优化了师资结构,建立一

个层次较高、结构合理的师资队伍。

第一，教师的人才梯度形成。经过十年的壮大和提升，目前刑科院有专任教学研究人员 46 人（含法学院刑事法学科 6 人），其中教授 21 人（含法学院刑事法学科 3 人），占比 45.7%；副教授 18 人（含法学院刑事法学科 2 人），占比 39.1%；讲师 7 人（含法学院刑事法学科 1 人），15.2%；43 人具有博士学位，占比 93.5%。同时，在教授中，有二级教授 4 人（赵秉志教授、卢建平教授、吴宗宪教授和宋英辉教授），三级教授 6 人（黄风教授、李希慧教授、张远煌教授、刘广三教授、王秀梅教授和王志祥教授）。总体而言，教授、副教授所占比例较大，且未来还将进一步提升。

第二，教师的年龄结构合理。目前刑科院的 46 名专任教师中，年龄在 55 岁以上的 6 人，占比 13.1%；年龄在 45 岁以上不满 55 岁的 11 人，占比 23.9%；年龄在 35 岁以上不满 45 岁的 25 人，占比 54.3%；年龄在 35 岁以下的 4 人，占比 8.7%。总体上看，刑科院的这一年龄结构较为合理，充满活力并且老、中、青搭配得当，有利于保持刑科院学术事业的活力和持续发展。

第三，高层次人才比例大。与其他单位相比，刑科院教师队伍建设的一个显著特点是高层次人才比例大。这主要体现在两个方面：

（1）刑科院教师获得的人才称号众多。具体包括：①长江学者特聘教授 1 名（赵秉志教授）；②国务院学位委员会法学学科评议组成员 1 名（赵秉志教授）；③“百千万人才工程”国家级人选 2 名（赵秉志教授、吴宗宪教授）；④教育部“跨世纪人才培养计划”入选者 1 名（赵秉志教授）；⑤教育部“新世纪优秀人才支持计划”入选者 4 名（卢建平教授、吴宗宪教授、王秀梅教授和王志祥教授）；⑥全国十大杰出青年法学家 2 名（赵秉志教授、卢建平教授）、提名奖 2 名（宋英辉教授、吴宗宪教授）；⑦“北京市高等学校教学名师奖”1 名（赵秉志教授）；⑧2007 年第一届中国杰出人文社会科学家 2 名（高铭暄教授、赵秉志教授）；⑨2008 年第二届中国杰出人文社会科学家 4 名（高铭暄教授、赵秉志教授、卢建平教授和黄风教授）；⑩2011 年第三届中国杰出人文社会科学家 5 名（高铭暄教授、赵秉志教授、卢建平教授、黄风教授和吴宗宪教授）。

（2）刑科院教师在国际性、全国性学术组织中担任领导职务的人数众多。具体包括：①国际学会副会长（副主席）以上职位担任者 1 名，即赵秉志教授(国际刑法学协会副主席);②中国法学会常务理事兼学术委员会委员1名(赵秉志教授);③全国法学类学会会长担任者1名2项,即赵秉志教授(中国刑法学研究会会长和国际刑法学协会中国分会主席);④全国法学类学会副会长、秘书长担任者7名14项,分别是:赵秉志教授(中国法学会法学教育研究会副会长、中国审判理论研究会副会长和中国预防青少年犯罪研究会副会长)、卢建平教授(中国刑法学研究会副会长、国际刑法学协会中国分会常务副主席)、黄风教授(中国国际私法学会副会长、国际刑法学协会中国分会副主席)、宋英辉教授(中国刑事诉讼法学研究会副会长、国际刑法学协会中国分会副主席)、吴宗宪教授(中国犯罪学研究会副会长、中国预防青少年犯罪研究会副会长)、刘志伟教授(中国刑法学研究会秘书长和中国案例法学研究会副会长)和王秀梅教授(国际刑法学协会中国分会秘书长)。

第四,特色学术团队突出。经过十年发展,刑科院已经形成了一个实力雄厚、结构合理的具有较高知名度和较大学术影响力的法学团队,并在此之下,形成了多个具有较大影响的特色团队,如以赵秉志教授为首的中国刑法学术团队、以宋英辉教授和刘广三教授为首的刑事诉讼法学术团队、以黄风教授为首的国际刑法学术团队、以张远煌教授和卢建平教授为首的犯罪学和刑事政策研究学术团队、以吴宗宪教授为首的刑事执行法学术团队等在死刑改革、刑事诉讼法修改、国际刑法学、犯罪学和刑事执行法学等方面的研究深受业内关注,产生了较大的学术影响,为刑科院的发展提供了重要的保障。其中,以赵秉志教授为带头人的刑法学科教学团队先后被评为“北京市级优秀教学团队”和“国家级教学团队”。

(二)多途径壮大和提升人才队伍

“不是虚心岂得贤。”(王安石《诸葛武侯》)刑科院十年人才建设工作主要是以人才引进为基础,同时注重人才的培育和发展。

第一,加强人才引进壮大师资队伍。建院之初,刑科院的师资主要以赵秉志教授、卢建平教授等从中国人民大学法学院加盟北师大的刑法团队为主。十年来,刑科院积极引进人才,不断壮大师资队伍。

(1)引进刑事法学科带头人。刑事法学是一个相对独立的法学亚学科群,涵盖了中国刑法、外国刑法、比较刑法、国际刑法、犯罪学、刑事政策学、刑事执行法学、刑事诉讼法学、证据法学等多个分支学科。根据学科群建设的需要，十年来，刑科院先后引进了宋英辉（刑事诉讼法学）、李希慧（中国刑法学）、黄风（国际刑法学）、张远煌（犯罪学）、吴宗宪（刑事执行法学）、刘广三（证据法学）、王志祥（外国刑法学）等一批知名刑事法学者作为学术带头人，快速壮大了刑科院的研究队伍。

（2）聘请校外兼职人员。为壮大学科队伍，十年来，刑科院先后聘请了70多位国内外著名的刑事法专家担任特聘教授，聘请了100多位理论和实务方面的专家担任客座教授、兼职教授、兼职研究员（特邀研究员）。他们之中既有高铭暄、马克昌、陈光中、王作富、储槐植等德高望重的老一辈刑事法学家，也有刘家琛、沈德咏、张军、朱孝清、李少平、郎胜、张苏军、张文显等资深的实务专家和领导，还有巴西尼奥、阿尔布莱希特、锡伯、柯恩、胡德、沙巴斯、德拉奎斯塔等蜚声国际的著名学者。这些专家学者积极参与了刑科院的学术事业建设，其中特别是高铭暄教授、储槐植教授更是在十年间全职参与刑科院的各项工作，为刑科院的事业发展做出了巨大贡献。

（3）招募年轻刑事法学人加盟。“海不辞水，故能成其大；山不辞石，故成其为高。”（《管子·形势解》）十年来，刑科院为壮大人才队伍、建设合理的学术梯队，先后向海内外招募了20多位具有博士学位或者博士后研究经历的年轻刑事法学人加盟。他们不仅学术功底扎实，而且视野开阔，富有理想和激情，积极参与刑科院事业的发展，是刑科院事业发展的生力军。

第二，加强人才培育提升师资水平。十年来，刑科院在加强人才引进的同时，也十分注重教师的团队建设，并通过多种形式的人才培育提升师资队伍。

（1）以项目研究带动人才提高。项目研究是刑科院科研活动的重要方面，也是开展学术研究、促进学术交往的重要纽带。对此，刑科院既积极鼓励两院教师自由组织人员申报项目，又有意识地组织两院教师共同申报项目。例如，2006年由赵秉志教授主持申报的教育部重大攻关项目“未成年人犯罪问题研究”，就吸收了刑科院几乎所有骨干教师参加；而2009年由赵秉志教授主持申报的中国法学会十大专项研究规划项目“改善民生与社会和谐稳定的法律问题研究”，不仅吸收了法学两院数十位骨干教师参加，还邀请了北师大教育学部、国家人力资源和社会保障部的部分学者参加。这些项目的组织申报与研究，加强了刑科院教师之间的学术联系，也促进了刑科院学术团队整体实力的提升。

(2)以实践服务促进人才提高。“纵使思忖千百度，不如亲手下地锄。”(爱尔兰谚语)法律人才的提高离不开丰富的法律实践。为了提升刑科院教师关注中国社会重大现实问题的意识，促进刑科院教师科研能力的提高和科研成果的转化，刑科院先后推荐30余人次教师到中央和地方政法机关挂职锻炼，他们用自身的法学理论知识支持了法律实践，受到了相关部门的欢迎和支持，同时实践锻炼又提高了这些教师的实践能力和水平，也促进了科研实力的提升。

(3)以对外交流促进人才提高。随着国际化程度的提升，刑科院对外向型人才的需求不断提高。为提升研究团队的国际视野和国际交往能力，刑科院利用国际合作项目、公派留学等多种方式派遣30多人次到境外做访问学者，并利用参加国际学术会议等方式派遣教师到境外开展学术交流。通过这些形式，刑科院教师的国际化水平得到了快速提升。

(4)以科研奖励鼓励人才提高。科研奖励是提升教学科研人员主动性和积极性的重要方式。建院初期，刑科院在学校各种科研奖励之外，发起成立了“京师高铭暄刑事法学发展基金”。该基金系由北师大刑科院在其刑法学术团队原有的“高铭暄刑法学发展基金”的基础上，以高铭暄教授于2008年8月在北师大刑科院成立三周年时个人捐助的30万元人民币为启动资金而发起成立的。“京师高铭暄刑事法学发展基金”纳入北京师范大学教育基金会作为其所属基金统一管理，依法接受国家的审计监督。基金的款项主要用于支持全国刑法学界暨北师大刑科院的重大课题研究、优秀成果奖励、学术成果出版、重大学术会议、中外学术交流、优秀师生奖励以及其他学术活动与学术协作等事项。基金面向刑科院青年教师和博士生、硕士生设立了“高铭暄刑事法学青年教师优秀研究成果奖”和“京师高铭暄刑事法学优秀学术成果奖(优秀博士、硕士论文奖)”，目前均已评选了三届(20余位刑科院青年教师、60余位博士和硕士获奖)，成为鼓励刑科院青年学人不断成长的重要激励机制。

五、夯实学术基础，坚持以科学研究深化发展

科研是刑科院的立身之本，也是刑科院十年发展的重点。十年来，刑科院致力于学术研究，主要学术团队获得各类研究课题 220 余项；发表学术论文 2300 余篇，其中 CSSCI 论文 600 余篇，在 SCI、SSCI 等高质量论文 20 余篇；出版学术著作 320 余部，专业教材 40 余部，学术刊物 90 余本；获得学术奖励和荣誉称号 90 余项，其中省部级以上学术奖励和荣誉 50 余项，其他学术奖励和荣誉 30 余项，可谓成果丰硕。刑科院这些科研成果的取得主要得益于以下三个方面：

（一）优化研究机构促进科研

合理的研究机构设置是提高学术研究活力的重要保证。十年来，刑科院除了院长、副院长、办公室等行政设置，还以优化学术运行机制为核心，积极推行研究机构建设，促进学术发展。

第一，以常设研究机构明确学术重点。建院伊始，刑科院即根据学科发展的需要设立了多个常设研究机构。经过十年来的发展和调整、充实，目前刑科院的常设性研究机构有 9 个，分别是：(1) 中国刑法研究所；(2) 比较刑法与外国刑法研究所；(3) 国际刑法研究所；(4) 犯罪学研究所；(5) 刑事政策研究所；(6) 犯罪与矫正研究所；(7) 刑事诉讼法研究所；(8) 证据法研究所；(9) 刑事心理学研究所。这些研究机构的设置主要以刑事法学的分支学科为依据，并承担着三个方面的重要功能：一是人员分类，即将刑科院的所有专职教学科研人员按照这些常设研究机构进行分类，以保证每个研究所人员的合理配置，进而科学分配每个分支学科的研究力量；二是教学安排，即每个研究所均负责安排教师承担各分支学科的课程教学（包括本科生、硕士生和博士生的课程）；三是科研引导，即以研究所为基础明确每个教学科研人员的研究重点。这也是刑科院常设研究机构设置的主要功能。刑科院要求每个研究人员至少有两个主要研究方向，其所在研究所涉及的学科领域必须是该研究人员的第一研究领域，突出了各研究人员的研究重点，也实现了各分支学科研究力量的合理分配和协调发展。

第二，以专项研究机构突出研究特色。为了突出学科特色和完成专门的研究任务，刑科院在常设研究机构基础之上，又设置了 11 个专项研

究机构,分别是:(1)北师大国际反腐败教育与研究中心;(2)北师大人权司法保障研究中心;(3)北师大死刑研究国际中心;(4)北师大中美刑事心理学研究中心;(5)北师大中国企业家犯罪预防研究中心;(6)反恐法治研究中心;(7)追逃追赃研究中心;(8)犯罪统计研究中心;(9)社区矫正研究中心;(10)刑事诉讼制度改革研究中心;(11)少年司法与法治教育研究中心。这些专项研究机构设置考虑的主要因素是:一是当前我国刑事法理论和实践领域的热点、难点问题,即这11个专项研究机构所涉及的学科问题都事关我国刑事法治的重大现实需要,具有重要的理论和实践研究价值。二是与国际平台对接和进行国际合作的需要。目前刑科院参加了三个联合国平台。“北师大国际反腐败教育与研究中心”和“反恐怖法治研究中心”的设立主要是为了与刑科院参加的两个联合国平台(联合国国际反腐败学院联盟成员单位和联合国反恐怖主义委员会执行局合作伙伴)对接。另外,为了在刑事心理学领域与美国纽约约翰杰刑事司法分校进行合作并开展跨学科研究,刑科院在学校的支持和北师大心理学院及约翰杰刑事司法分校的参与下,成立了中美刑事心理学研究中心。三是刑科院的研究特色。客观地说,在我国全面推进依法治国的背景下,刑事法治的众多理论与实践问题都值得深入研究,受研究力量和兴趣的局限,刑科院无法对所有的刑事法治问题都予以重点研究,而只能针对我国刑事法治领域的重大、现实问题开展重点而有特色的研究。这11个专项研究机构重点研究的问题突出了刑科院学术研究的特色。

专项研究机构的设置积极推动了刑科院学术研究的创新性发展。以死刑研究国际中心为平台承担的中欧合作项目“切实推进中国限制与逐步废止死刑改革研究”(2007年)和“中国死刑适用的司法限制”(2012年)推动了刑科院研究人员关于死刑制度改革问题的专门研究,从而得以始终站在该领域研究的最前沿。以社区矫正研究中心为主体承担的“中加关于中国社区矫正的立法发展”项目先后两次赴加拿大进行考察,其拟定的《中华人民共和国社区矫正法(专家建议稿)》受到理论界和实务界的一致肯定,以建议稿为主要内容的《社区矫正法(专家建议稿)》一书获评“2013年中国十大影响力法学理论研究成果”。

(二)强化课题研究推动科研

人们常说,学术研究是冷板凳,必须耐得住清贫和寂寞。但“知之者不如好之者,好之者不如乐之者。"(《论语》)为了改变学术研究的不合理现象,提升学术研究兴趣,国家以各种渠道发布了研究课题,鼓励学术研究。因此,以课题研究推动科研发展是目前我国学术研究的一种新态势。在此背景下,刑科院十分重视通过课题研究推动科研发展。

第一,组织纵向项目申报和研究。刑科院十分重视组织教师共同申报国家和省部级项目。十年来,刑科院教师先后成功申报国家、省部级项目150余项,获批研究经费400余万元。其中,国家社科基金项目重点项目3项、教育部哲学社会科学重大攻关项目1项、教育部马克思主义理论工程项目1项、中国法学会十大规划研究项目1项,都是有组织申报的结果。这些课题研究整合了不同学科的力量,推动了科研成果的优化。

第二,加强委托课题和横向课题研究。加强与政法机关、科研院校、律师事务所等业务合作单位的横向合作,是刑科院加强课题建设的重要手段,十年来,刑科院共争取到包括全国人大常委会法工委刑法室、最高人民法院、最高人民检察院、商务部、司法部委托研究项目在内的委托课题和横向课题60余项、研究经费400余万元,内容涵盖了刑事法理论和实践领域的许多热点问题,带动了刑科院对相关问题的理论研究。

第三,强化国际合作项目研究。十年来,刑科院积极与国际组织、国外教学科研机构加强科研合作,先后与欧盟以及美国、英国、德国、加拿大、韩国等国家的科研机构开展了20余个项目合作,涉及死刑、反腐败、国际公约等多个领域,在扩大了刑科院国际影响力的同时,也促进了相关研究的深入。

(三)搭建学术平台带动科研

科研成果的发表需要一定的载体和平台。十年来,为了带动科研,刑科院主要从以下四个方面加强科研平台建设:

第一,以学术丛刊引导科研。为了给刑科院的教师提供发表科研成果的平台同时引领全国刑事法学发展,刑科院主办了9种学术丛刊,即《刑法论丛》(季刊,已出版41卷)、《刑事法判解研究》(季刊,已出版32辑)、《刑法评论》(初为季刊后改为半年刊,已出版27卷)、《国际刑法评论》(半年刊,已出版6卷)、《刑事法治发展研究报告》(年刊,已出版9卷)、《刑法学的新动向》(年刊,已出版7卷)、《京师刑事政策评论》(年刊,已出版3卷)、《京师刑事诉讼法论丛》(年刊,已出版3卷)和《刑事法时评》(已出版4卷)。这些学术丛刊极大地促进了教师们的积极性,推动了刑科院的科研建设,同时也促进了全国刑事法学研究的发展。

第二,以学术文库和教材系列促进科研。学术著作是学术成果的重要承载。为了促进法学理论的繁荣与发展,同时提高刑科院教师从事科学研究的积极性,刑科院设立了“京师刑事法文库”(含“促进死刑改革系列”)、“京师国际刑事法文库”“京师刑事法学博士文库”“刑法学研究总整理文库”等多个学术文库,为刑科院教师出版学术著作提供了机会和平台。十年来,这些文库已出版学术著作200余部,极大地丰富刑科院的科研成果,也促进我国法学理论研究的繁荣与发展。

专业教材也是学术成果的重要形式。尤其是对一个成熟的法律院系而言,有自己高质量的专业教材显得更为重要。十年来,刑科院着力打造了“现代刑事法学系列教材”“京师法学案例讲堂”等多个教材系列,并鼓励两院教师主编或者参与其他教材的撰写。目前,刑科院已出版法学专业教材40余部。

第三,以学术文集强化科研。一部好的学术文集的影响力绝不亚于一部学术专著。刑科院的学术文集主要分为三类:第一类是会议文集,即刑科院将其主办的学术会议论文结集出版;第二类是专题研究文集,即针对社会发展、法律实践、理论研究中的一些热点问题,组织刑科院教师撰写论文,结集出版;第三类是个人文集,即将刑科院一些著名学者、资深教授已发表的学术论文结集出版。这些学术文集的针对性强、问题集中,再加上编辑的择优选取,不仅保证了文集的质量,而且也带动了刑科院教师的科研积极性。目前,刑科院已出版各类学术文集60余部。

六、创新培养机制,坚持以人才培养带动发展

刑事法治建设,人才的培养是关键。经过努力,刑科院已形成了一个从硕士、博士到博士后研究人员完整的刑事法高层次专门人才培养体系,目前在校学生的规模已达法学硕士生110余人、法律硕士生240余人、博士研究生50余人、在站博士后研究人员30余人。“桃李不言,下自成蹊。”(《史记·李将军列传论》)十年来,刑科院已培养刑事法专业的硕士、博士和博士后近千名。

(一)以完善导师制提升培养质量

"吹尽狂沙始到金",人才培养需要经历千锤百炼的打磨。这其中导师的作用十分重要。为壮大导师队伍,完善导师结构,刑科院加强了两方面的导师制度建设:(1)充实导师队伍。十年间,刑科院聘请了包括顾肖荣、郭建安、张智辉、甄贞等在内的多位理论和实务专家担任博士生兼职导师,同时也正在逐步聘请一批法官、检察官、律师担任硕士生兼职导师,充实研究生导师的队伍,实现理论与实务兼顾,不断优化导师队伍结构。(2)建立合作导师制。为优化研究生指导,刑科院结合硕士生、博士生导师的实际设立合作导师制,强调了两方面的合作:一是校外导师与校内导师的合作指导,即为校外兼职导师配备一个校内导师,以弥补校外导师在校时间短的不足;二是校内博士生导师与校内硕士生导师的合作指导,即为部分需要的校内博士生导师配备硕士生导师,协助其指导博士。

(二)以学术讲座拓展学生视野

"学如弓弩,才如箭镞。"(袁枚《续诗品·尚识》)学识的提升是人才培养的关键。为了开阔学生的学术眼界,刑科院设置了"京师名家刑事法讲座""京师刑事法专题论坛""关注死刑改革系列论坛"和"京师刑事法实务大讲堂",邀请国内外知名专家学者举办学术讲座。目前,四个学术讲座系列已经分别举办107期、58期、34期和9期,总计达208期。这些学术论坛具有两个显著特点:一是层次高。主讲人大多是国内外具有重大影响、对刑事法问题具有精深研究的理论和实务专家,包括国际刑法学协会前任主席德拉奎斯塔、联合国前南国际刑事法庭庭长刘大群大法官等国际著名专家和高铭暄教授、陈光中教授、储槐植教授等国内学界泰斗。二是内容前沿。讲座的内容密切联系当前我国刑事法领域的重大热点问题,如司法体制改革、审判改革、死刑制度改革、反腐败、反恐怖等,又积极反映国内外刑事法研究的热点,如联合国公约等,丰富了学生的知识,开阔了视野。

(三)以实践教学锻炼学生能力

为学之道,"博学之,审问之,慎思之,明辨之,笃行之"。(《礼记·中庸》)法律实践是法律学识的践行,也是提高学生法律实践能力的重要手段。十年来,刑科院采取多种形式,不断加强学生的法律实践:(1)建立高水平的教学实践基地。基于刑科院与法学院共同取得的应用型、复合型法律职业人才教育培养基地的要求,法学两院与北京市人民检察院、北京市人民检察院第二分院、北京市海淀区人民检察院、北京市西城区人民检察院、北京市石景山区人民检察院等40余个实务部门建立了教学实践基地,为学生法律实践提供了重要平台。(2)完善研究生实践制度。为了推进研究生参与实践的积极性和水平,刑科院与法学院共同针对法律硕士制定了社会实践制度,并设立了法律实践周,邀请法律实践部门的专家来校讲授法律实务。(3)选派学生到法律实务部门挂职。为了提高学生的实践能力,刑科院在选派教师到法律实务部门挂职的同时,也根据需要和法学院一起选派了多名博士后研究人员、博士生到地方法律实务部门挂职,提高了他们的实践能力。

七、强调课程优化,坚持以教学改革推动发展

教学与科研是大学教育提升的两翼。十年来,刑科院在加强科学研究的同时,也积极强化教材建设,推行课程教学改革,实现了以教学促发展。

(一)强化刑事法学教材建设

教材是教学的重要基础,也是学术研究成果的凝练。十年来,刑科院与多个单位合作,组织并参与了许多具有影响的系列教材编写:

第一,与中国刑法学研究会联合,组织出版“现代刑事法系列教材”。该套教材以现代刑事法治理念为指导,注重吸收当代刑事法学发展的最新研究成果,截至目前已由中国人民大学出版社出版了12种[包括《刑法总论》《刑法各论》《刑事诉讼法学》《刑事证据法学》《犯罪学》《刑事政策学》《刑事执行法学》《外国刑法学总论(大陆法系)》《国际刑法学》《刑法总论案例分析》《刑法各论案例分析》和《刑法新教程》(第4版)]。其中,《刑法总论》、《刑法各论》和《犯罪学》修订再版2次,《刑事诉讼法学》修订再版了4次。由于内容充实、新颖、学术性较强,该系列教材在高等法学教育领域产生了较大影响,先后被评为北师大优秀教育教学成果奖一等奖和北京市教育教学成果奖(高等教育)二等奖,提升了刑法学研究会在刑事法学界的影响力。

第二,与北师大法学院联合,组织出版“京师法学案例讲堂系列丛书”。该丛书立足案例教学的实际需要,以提升学生的职业素养为目的,

截至目前已由中国法制出版社出版了8种(包括《民法总论》《民法各论》《刑法总论》《行政法与行政诉讼法》《经济法》《国际经济法》《民事诉讼法》和《刑事诉讼法》)。这些案例教程以案说法,简单明了,理论与实践相结合,成为了法学两院教学的重要辅助用书。

第三,参与多个系列刑事法教材建设。其中包括以赵秉志教授作为首席专家的马克思主义理论研究和建设工程重点编写教材项目《刑法学》,赵秉志教授主编的国家远程教学教材《刑法学·总论》和《刑法学·各论》,赵秉志教授主编的《当代刑法学》等20余种。因撰写质量较高,这些教材都受到了业界的好评。其中赵秉志教授主编并刑科院教师参与撰写的《英美刑法学》(第2版)入选"普通高等教育'十一五'国家级教材规划选题"(2008年);赵秉志教授主编并全部由刑科院教师参与撰写的《当代刑法学》入选"已出版的普通高等教育'十一五'国家级规划教材"(2009年);赵秉志教授主持的《刑法》获得北京市精品教材建设立项(2007年);赵秉志教授主持的《刑法总论专题研究》、宋英辉教授主持的《刑事诉讼法学》获得北京市精品教材建设立项(2009年);张远煌教授主编的《犯罪学》2014年入选"十二五"普通高等教育本科国家级规划教材。

(二)优化研究生课程设置

科学合理的课程设置有利于完善学生的知识结构。刑科院的课程主要集中在刑事法领域,课程种类较为齐全。而为了进一步优化研究生的课程结构,刑科院采取措施积极完善了课程体系,突出了课程特色。

第一,完善课程体系。经过三十余年的发展,我国刑事法体系已逐渐严密,刑事法学的学科结构也日渐完备,但学科的发展总是需要不断调整和进步的,边缘交叉学科的发展就是其重要方面。为了进一步完善刑事法学科体系,完善学生的知识结构,刑科院在刑事法一体化的思路指导下,完善了刑事法学科体系,先后增设了《中国刑法史》(刑法学与历史学的交叉)、《犯罪心理学》(犯罪学与心理学的交叉)、《刑事司法实证研究方法》(刑事法学与统计学的交叉)、《刑事侦查学》(刑事法与公安侦查学的交叉)等众多交叉学科,并计划开发《刑事物证技术》等刑事技术课程,课程体系不断完备。

第二,突出课程特色。为了突出刑科院的刑事法学科特色,引导并培养学生的学术兴趣,刑科院针对法律硕士生开设了反腐败硕士班和刑事法实务硕士班,并在保留传统的刑事法学课程基础之上,增设了包括《反腐败刑事法治》《中国区际刑法》《〈联合国反腐败公约〉与中国刑事法的协调》《世界反腐法制比较》《境外追逃追赃理论与实务》等密切联系我国和国际刑事法治实践的特色课题,丰富了学生的知识结构,拓展了学生的视野。

(三)完善校内课堂教学

刑科院一直注重课堂教学,包括院长赵秉志教授在内的不少教师就长期同时承担本科生、硕士生、博士生阶段的课堂教学。名誉院长高铭暄先生、特聘教授储槐植先生虽年过八旬仍长期坚持博士生的课程教学。在此基础上,刑科院还通过聘请校外专家参与课堂教学等形式,积极提升课堂教学队伍和水平:

第一,加强教学团队建设。这包括:(1)邀请校外实务专家参与教学。北师大法学两院系全国首批卓越法律人才教育培养基地(2012 年)。十年来,刑科院与法学院共同面向法律硕士、法学硕士开设了包括法律诊所、反腐败刑事法律实践、律师实务等多门实践课程,邀请了大量有丰富实践经验的法官、检察官、律师等校外实务专家走进课堂,为学生讲授实践经验。(2)邀请海外专家参与教学。近年来,刑科院利用“短期海外文教专家聘请项目”等聘请了 10 余位包括阿尔布莱希特教授(德国马普学会外国刑法与国际刑法研究所所长)等在内海外著名专家、学者为学生短期(1~2 周)讲授国际反腐败、国际刑法等课程,扩大学生的国际视野。(3)加强校内教学团队建设。为了提升教学质量和水平,刑科院优化人员组合,提升教学团队建设并取得积极成效。赵秉志教授领衔的刑法学教学团队于 2009 年被评为“北京市教学团队”和“国家级教学团队”,宋英辉教授领衔的刑事诉讼法学教学团队于 2009 年被评为校级教学团队。

第二,积极开展教学能力建设。这包括:(1)组织教学基本功比赛。刑科院与法学院每两年举行一次青年教师教学基本功大赛,前后共组织了三届,有 30 多位青年教师在院内获奖,10 多位青年教师在学校的教学基本功大赛中获奖。(2)开展教改项目研究。刑科院多位教师积极申报并承担了北师大校内的多项教改项目,如郑延谱副教授的双语教学课程建设项目“英美刑法学”(2009 年),黄晓亮副教授的“刑事法问题研究方法与应用写作”项目(2009 年),积极开展教学改革研究。(3)开展精品课程建设。精品课程建设是高水平教学的体现。十年来，刑科院的多门课程被评校级、市级和国家级精品课程。其中，赵秉志教授领衔的“刑法学”课程于 2008 年被评为“国家级精品课程”，宋英辉教授领衔的“刑事诉讼法学”课程于 2009 年被评为“北京市精品课程”，印波副教授参与的英文课程“中国概况”于 2014 年被评为校来华留学全英文授课品牌课程，苏明月副教授的“中国法律与法律文化”课程于 2015 年被评为校级来华留学全英文精品课程。

八、加强文化建设，坚持以和谐环境助力发展

一个团队的快速发展离不开内部团结和谐的氛围和积极进取的精神。十年来，较强的团队凝聚力是刑科院快速发展的一个重要因素。这除了体现在刑科院的文化走廊、法学两院的图书资料室、乒乓球室等物质文化建设和法学两院工会组织的系列文体活动外，还体现在以下三个方面：

（一）举办学术庆典祝寿，推崇尊老敬老

以高铭暄先生、马克昌先生、王作富先生、储槐植先生为代表的老一辈刑事法学家是刑科院十年发展历程中十分重要的引领者、支持者和参与者。他们虽年届耄耋之年但都积极参与刑科院的许多重大活动。俗话说：“家有一老，如有一宝。”刑科院对这些老一辈刑事法学家们十分感谢、感恩，并多次以学术庆典的方式为他们祝寿：(1)2007 年 9 月 17 日，刑科院和全国人大常委会法工委刑法室利用举办“和谐社会与中国现代刑法建设——纪念新刑法典颁行十周年学术研讨会”之机，在会议期间隆重举行了“恭贺高铭暄教授、王作富教授 80 华诞暨联袂执教 55 周年”的庆祝活动。(2)2012 年 12 月 22 日，刑科院与北京大学法学院专门联合主办了庆贺刑科院特聘教授储槐植先生 80 华诞暨当代刑法思潮特别论坛“刑法体系与刑事政策”，庆祝储槐植先生 80 华诞。(3)2013 年 5 月 18 日，刑科院与中国刑法学研究会、国际刑法学协会中国分会共同主办“现代法治视野下的刑法学发展——高铭暄、王作富教授 85 华诞暨联袂执教 60 周年学术庆典”。会议期间专门举行了高铭暄、王作富教授 85 华诞暨联袂执教 60 周年的庆祝典礼，气氛热烈，盛况空前，体现了刑科院尊老敬老的一贯传统。

（二）组织“寻找走失的李希慧教授”行动，加强团结互助

刑科院是一个年轻的团队，也是一个团结互助的团队。这种团结互助不仅体现在教学科研、人才培养、服务法治和对外交往等工作之中，也体现在刑科院教师的日常行为之中。这其中，最具代表性的活动是“寻找走失的李希慧教授”行动。

李希慧教授是我国知名刑法学者，走失前的一年多逐渐出现了一定程度的记忆力减退及语言表达重复等身体问题。2014 年 7 月 9 日晚 6 时许，李希慧教授与其家人一起骑车到新华百货购物，返回途中在小西天牌楼附近走失，走失时身无分文，也没有任何身份证件与联系方式。学院知悉情况后高度重视，立即组织开展了“寻找走失的李希慧教授”专项行动，专门成立由法学两院院长赵秉志担任组长、多位院领导和教师代表参加的专项工作领导小组，同时通过发放寻人启事和在北京电视台、北京晚报、新京报、法制晚报等有影响的报刊媒体、网络、微信、微博等广泛发布和传播寻找走失的李希慧教授的启事、照片，并组织法学两院师生、社会热心人士进行了最多时 200 余人共千余人次的搜寻，发放了 2 万多份寻人启事。北师大校领导得知后也十分关心并极力给予帮助。2014 年 7 月 14 日，因罹患轻度阿尔茨海默病走失 4 天 5 夜的李希慧教授在北京市东城区环卫工人刘小军、姚文菊夫妇的帮助下被找回。“寻找走失的李希慧教授”行动对李希慧教授来说是一次生死考验和亲情、友情大检验，对法学两院师生来说是一次集体精神、团队力量和人道关怀的洗礼，体现了法学两院师生团结互助的精神。包括中央电视台在内的几乎全国所有主流媒体都进行了肯定和报道。因事迹感人，2015 年 1 月 7 日，法学两院“寻找走失的李希慧教授团队”还入选了北师大“感动师大”新闻人物。

（三）举办首都刑事法专家学者新春联谊会，营造和谐氛围

为了丰富教师们的生活，营造和谐氛围，刑科院每年都会单独或者与相关单位一起组织多种有意义的集体文体活动。其中最具代表性的当属“首都刑事法专家学者新春联谊会”。十年间，刑科院与中国政法大学诉讼法学研究中心、中国人民公安大学出版社、中央电视台《今日说法》栏目等单位共同举办了系列“首都刑事法专家学者新春联谊会”，邀请中央政法机关的领导与专家、高等院校和科研机构的专家学者以及来自中央电视台等著名法制栏目的工作人员出席。自 2006 年至 2013 年，联谊会先

后举办了8届(2014年因贯彻中央“八项”规定而停办)。该联谊会不仅加强了首都刑事法专家学者之间的联系,也作为刑科院的一项重要新春活动受到全体教师的重视和热情参与,丰富了教师们的生活。

结　语

“十年辛苦一枝桂,二月艳阳千树花。”(唐·伊璠《及第后寄梁烛处士》)刑科院十年如一日,团结一心,风雨兼程,取得了跨越式发展。但正如人生从来都没有十全十美的一样,刑科院的十年发展过程中也存在一些不足,例如,因为国家学位授权点评审工作未按期部署、学校学科建设的平衡问题等原因,刑科院目前还没有取得法学一级学科博士学位授予权,没有国家重点研究基地和国家重点学科,也还没有自己的法学学术期刊,而且刑科院的教学科研、人才培养、交流合作等方面都还有进一步提升的空间。这些都将成为刑科院今后发展的重点。

“雄关漫道真如铁,而今迈步从头越。”(毛泽东《忆秦娥·娄山关》)刑科院十年的成绩属于过去,未来我们将以刑科院建院十周年为契机,团结奋进,开拓进取,继续在刑事法治建设、刑事法理论研究和高级人才培养方面砥砺前行,力争将刑科院最终建设成为全国刑事法学领域的学术研究中心、交流合作中心、信息资料中心、高层次专门人才培养基地和刑事法治建设的决策咨询中心,为依法治国、建设社会主义法治国家的宏伟事业做出应有的贡献,不断实现北师大法学学科的历史性突破,谱写刑科院学术事业发展的新篇章。

俗话说:“单丝不成线,独木不成林。”刑科院十年的发展壮大,离不开全院师生的共同努力,离不开北师大法学院师生们的亲密合作和北师大校领导、各相关职能部门的鼎力支持,更离不开中央和地方政法机关、各兄弟院校和境外合作伙伴的关心、支持和帮助。我谨于此向上述各有关方面致以最诚挚的感谢!希望今后刑科院的发展能继续得到有关方面的关心和支持。

最后,祝愿各位领导、各位专家学者、各位嘉宾朋友和我们学院的师生们身体健康,事业兴旺!

●出席北师大刑科院建院十周年庆典的领导、学者和代表致辞选登

一、领导致辞

北京师范大学校长董奇教授致辞

尊敬的各位领导、各位专家学者、各位来宾:

大家下午好!

八月的北京,送走酷暑,迎来金秋。今天我们欢聚一堂,庆祝北京师范大学刑事法律科学研究院成立十周年。首先,请允许我代表北京师范大学校党委、校行政向刑事法律科学研究院成立十周年表示热烈的祝贺!向莅临今天座谈会的各位领导、专家、学者表示热烈的欢迎!

十年前的今天,北京师范大学刑事法律科学研究院从这里扬帆起航。十周岁的生日对于北师大这样的百年老校来说,刑科院是个年轻人。年轻意味着朝气与活力。

回首十年前,北京师范大学在"十一五"发展规划纲明确提出,要努力将北京师范大学建设成为综合性、有特色、研究型的世界知名大学,其中要重点建设和发展法学学科。2005 年我们成立了中国法学领域唯一的具有独立性、实体性、综合性的学术研究机构——北京师范大学刑事法律科学研究院。十年间,以赵秉志院长为首的刑科院学术团队迎难而上,锐意进取,坚守初心,不懈奋斗,在学科发展、队伍建设、教学科研、人才培养、对外交流诸方面实现了跨越式发展,取得了斐然的业绩,诠释了"德育英才,法行天下"的院训精神。

作为中国刑法学研究会秘书处的常设单位,刑事法律科学研究院以建设全国领先并与国际知名刑事法学机构看齐的新型刑事法学术机构为目标,本着刑事法学一体化的精神,逐步全面发展刑事法的学术领域,培

养高级刑事法学专门人才。目前北师大法学两院已经跻身于全国“A+”类法学院的行列，并已进入世界顶级法学院QS排名前200名，2014年位居全球法学院第102位，位居中国内地高校第4名。

十年来，刑科院已成为培养硕士、博士和博士后研究人员等刑事法高层次专门人才的重要培养基地，迄今刑科院有在站博士后研究人员30余人，出站博士后研究人员20余人，有10余人获得博士后科学基金资助，数人到法律实务部门挂职。

十年间，刑科院学术研究硕果累累。刑科院主要学术团队共获得国内外各类教学科研项目200余项；发表学术论文1800余篇；出版学术著作300余部，共获得奖励和荣誉称号90余项。

十年来，刑科院积极加强与法律实务部门的学术交流与合作，与最高人民法院、最高人民检察院等中央政法领导机关以及30余个省级、市级政法机关签订了学术合作交流协议，并派出30余人次赴司法实务机关挂职担任各级司法机关重要职务。并且先后向中央政法领导机关提交了69份研究咨询报告，得到中央政法领导机关的肯定和赞赏。

十年间，刑科院始终坚持面向国际之发展战略，积极提升国际化程度，已成为联合国在预防犯罪与刑事司法领域具有正式咨商地位的机构。刑科院通过主办一系列国际、区际学术会议，在多个国际刑事法学术组织中代表中国担当多项领导职务，努力构建常设性、网络化的国际交流机制，并开始在一定程度上参与和影响国际刑事法公约、宣言、决议等国际法律规则的制定或修改。

十年创业奋进、风雨兼程造就了北师大刑科院十年的跨越式发展历程和今日的业绩。面对国家改革和法治发展的新形势和新需要，北师大刑科院任重而道远。党的十八届四中全会指明了我国社会主义法治建设的方向和道路，顺应了人民群众对法治建设的新期待，表明了以习近平同志为总书记的党中央加快建设社会主义法治国家的坚强决心和坚定信心。我国的法制建设将会进入快车道，在全面深化改革的进程中加快法治中国建设。在此时代背景下，我希望北师大刑事法律科学研究院不断发展，长足进步，为中国的法学教育与法治建设作出卓越的贡献，充分利用自身的学术资源特点，重点发展实践应用型学科以带动其他学科全面发展。着力培养法学高级人才，不断扩大刑科院在海内外的影响，努力把刑科院建设成为国内领先并且在国际法学教育、研究领域占有重要地位的法学教学科研单位，从而为中国法学教育和研究以及高层次人才培养作出新的探索，为建设社会主义法治国家的伟大事业作出应有的贡献。

作为学校领导，我们将给予大力支持。同时学院取得的成绩与今后的发展离不开在座各位领导、各位朋友的关心与支持。在此，我向大家表示衷心感谢，也希望各位今后不断支持北京师范大学、北师大刑事法律科学研究院的工作。

最后，祝福北师大刑事法律科学研究院生日快乐！德育英才，法行天下，期待刑科院为中国的法学教育与法治建设做出更大的贡献！

谢谢大家！

中央政法委政法研究所所长黄太云致辞

尊敬的各位领导、各位来宾：

值此北京师范大学刑事法律科学研究院建院十周年之际，特向他们表示热烈的祝贺！并向全院的全体师生员工致以美好的祝愿！

十年来，北京师范大学刑事法律科学研究院依托北京师范大学这一享誉中外的著名学府，秉承“学为人师，行为世范”的校训精神，坚持弘扬刑事法治、促进公正文明的学术理念，在学科建设、人才培养、学术研究、对外交往方面取得令人瞩目的成绩。北京师范大学刑事法律科学研究院积极参与国家刑事立法、司法改革，通过开展经常性的学术交流，提供具有较高价值的研究咨询报告，选派专家学者到政法实务部门挂职等方式，为政法事业的发展提供了宝贵的智力支持，为社会主义法治建设作出了重要贡献。

衷心希望北京师范大学刑事法律科学研究院以建院十周年为契机，坚持自身发展特色，锐意进取，团结奋斗，在全面推进依法治国的进程中，为我国法学教育和社会主义法治建设作出更大的贡献。

全国人大常委会法工委刑法室主任王爱立致辞

尊敬的各位领导、各位老师，各位来宾，

尊敬的董奇校长、高铭暄名誉院长、赵秉志院长：

大家好！

今天的这个致辞原本是全国人大常委会法工委副主任郎胜同志过来做。因为他临时有别的工作安排,他特别委托我向北京师范大学刑事法律科学研究院致以节日的祝福。

在今天这个重要的时刻,我代表全国人大常委会法工委郎胜副主任、代表法工委刑法室,向高铭暄名誉院长、赵秉志院长,向北京师范大学刑事法律科学研究院全体员工,对建院十周年表示热烈的祝贺。同时,我还要代表一起从事立法工作的同事,向一直以来参与和支持刑事立法工作,并承担我们提出的法治建设重要研究课题,对国家刑事法律的修改和完善做出重要贡献的北京师范大学刑事法律科学研究院领导和老师表示衷心的感谢,特别是尊敬的高铭暄老师、赵秉志老师,他们更是全程参与到我们的立法活动,他们以高尚的人格和渊博的学识、深邃的思想和智慧,为国家刑事立法工作作出了卓越的贡献。

十年树木,百年树人。过去的十年是刑科院脚踏实地、兢兢业业、不断拼搏的十年,同时也是对国家刑事法治作出重要贡献的十年。这十年间,刑法、刑事诉讼法进行了多次的重大修改,从《刑法修正案(六)》《刑法修正案(七)》《刑法修正案(八)》以及正在全国人大常委会审议的《刑法修正案(九)(草案)》,还有2012年我们作出了对《刑事诉讼法》的重大修改。期间,全国人大常委会还对《刑法》、《刑事诉讼法》作出了很多的法律解释。可以说,在这每一项重大立法的背后,无不体现了刑科院的贡献和智慧。

法律是治国之重器。要实现习近平总书记提出的要使每一项立法都符合宪法规定,都反映人民的意志和得到人民的拥护,这不仅仅是我们从事刑事立法工作者的责任,同时也是我们在座的每一位法律人的共同责任。党的十八届四中全会确立的全面推进依法治国的目标,是项系统工程。它涉及立法、司法、执法、守法等各个方面,需要我们大家共同努力,积极参与到对国家立法中,为建设法治中国做出最大努力。

最后,衷心祝愿刑科院以十周年为契机,继往开来,蓬勃壮大,为国家法学教育、法治人才的培养、法学理论研究做出更大的努力,为刑事法治的完善做出更大的贡献,为全面推进依法治国做出新的努力!

谢谢大家!

最高人民法院审判委员会专职委员刘学文致辞

各位领导、各位专家学者、各位来宾：

下午好！

八月流金，金风送爽，景色迷人。今天，我们在这里隆重举行"北京师范大学刑事法律科学研究院建院十周年庆典"，庆祝北师大刑科院建院十周年。首先，请允许我代表最高人民法院向北师大刑科院及全院师生致以最诚挚、最热烈的祝贺！

十年风雨兼程，十载春华秋实。过去十年是我们伟大祖国飞速发展，不断走向繁荣昌盛的十年；也是北师大刑科院励精图治、跨越发展的十年。十年来，依托北京师范大学这一百年名校的深厚文化底蕴，秉承"学为人师、行为世范"之校训，在赵秉志院长的带领下，在全院师生的共同努力下，在各有关方面的鼎力支持下，北师大刑科院本着科学发展、和谐发展、创新发展的理念，艰苦奋斗，开拓进取，牢牢抓住机遇，勇于面对挑战，着力打造并提升核心竞争力，在体制创新、学科发展、队伍建设、教学科研、人才培养、对外交流等方面实现了跨越式发展；在繁荣刑事法学研究、服务刑事法治实践、加强法制宣传、培养刑事法高级专门人才等方面做了大量卓有成效的工作，创造了不平凡的业绩，为我国社会主义法治建设贡献了智慧和力量。作为我国刑事法领域首家且目前唯一的具有独立性、实体性、综合性的学术研究机构，经过十年的迅速发展，目前北师大刑科院已成为名副其实的全国刑事法学研究重镇、高层次刑事法人才培养基地和中国刑事法治建设的重要智库。

人民司法事业的科学发展离不开刑事法学界的大力支持和配合。长期以来，北师大刑科院对我国刑事审判工作给予了高度关注、关心和大力支持，高度重视与人民法院的合作和交流，特别是在司法解释研拟、重大法治课题承担、专家咨询论证、合办会议论坛、人员挂职交流等方面进行了深度合作，取得了丰硕的成果，为人民司法事业的进步提供了重要的理论支撑和智力支持。

形势在发展，时代在前进。党的十八大和十八届三中、四中全会对全面推进依法治国作出了重大部署，以习近平同志为总书记的党中央从战略和全局高度出发，提出建设法治中国的重大任务，这为我们繁荣刑事法学研究、促进刑事法治建设提供了难得的机遇，也对北师大刑科院学术事业的发展提出了更高的要求。值此北师大刑科院建院十周年之际，借此机会，我谈三点建议：

一是要紧紧围绕法治中国建设这一重大任务开展研究。法治中国建设蕴含着一系列法治包括刑事法治问题，北师大刑科院刑事法学术研究和学术事业的发展，要积极适应新形势新任务的要求，准确把握法治中国建设的目标任务，抓住影响法治中国建设的深层次问题，善于运用马克思主义的立场、观点、方法去研究、探索、回答法治中国建设中的重大理论和实际问题。要坚持从实践中来、到实践中去，深入刑事法治建设一线，运用刑事法治原则，提出解决刑事法治实践问题的意见建议，从制度上推进国家治理体系和治理能力现代化，为法治中国建设提供强有力的支持和保障。

二是要多出优秀研究成果，多创造实践需要的学术精品。北师大刑科院作为我国刑事法治建设的重要智库和高层次刑事法人才培养基地，要遵循法治规律，勇于开拓创新，提高刑事法学理论创新和学术创新能力，推动形成具有中国特色的刑事法学理论体系。要密切关注中国刑事法治实践和刑事法学理论研究的发展趋势，积极开拓新的刑事法学理论研究领域，创新刑事法学研究方法，推出一批经得起实践和时间检验的精品力作，努力开创刑事法学理论研究的新境界，促进我国刑事法学的繁荣发展。

三是要进一步加强与实务部门的交流合作。北师大刑科院要进一步创新刑事法学教学与理论研究机制，深化与司法实务部门的交流合作，加强刑事法学教育实践基地建设，努力把刑事法学理论研究成果变成推动刑事法治建设的强大力量。建议充分利用国家“双千计划”等重大机遇，激励优秀的教职员工积极参与“双千计划”，促进刑事法学理论与刑事法治实践紧密结合，培养卓越刑事法律人才，为加快建设社会主义法治国家提供强有力的人才保证和智力支持。

同志们，朋友们！

建设法治中国，为广大刑事法理论与实务工作者提供了广阔的舞台。衷心希望北师大刑科院以这次院庆庆典为新的起点，与全国广大法学法律工作者一道，为法治中国建设再立新功！在实现中华民族伟大复兴中国梦的生动实践中谱写精彩华章！

预祝北师大刑科院建院十周年庆典圆满成功！

最高人民检察院副检察长李如林致辞

尊敬的各位领导、各位专家、各位朋友，老师们、同学们：

下午好！

今天是北京师范大学刑事法律科学研究院成立十周年的美好日子，值此喜庆之际，我谨代表最高人民检察院致以热烈祝贺，并向为北师大刑科院建设和发展攻坚克难、辛勤奉献的全院师生员工表示诚挚的问候！

十年风雨，十年辉煌。十年来，北师大刑科院秉承“德育英才，法行天下”的院训精神，励精图治，开拓创新，造就了一支高水平、高素质的教师队伍，培养了一大批刑事法高层次专门人才，在队伍建设、学科发展、教学科研、人才培养、国际交流等方面实现了跨越式进步，为全面推进依法治国、建设社会主义法治国家做出了重要贡献！特别是，北师大刑科院始终坚持理论联系实际，注重面向实践、主动服务法治，先后与最高人民检察院有关业务厅室、地方各级检察机关签订了一系列检学共建协议，打造实务教学科研基地，为司法办案提供理论支持、积极参与检察理论与实务研究，先后选派多名理论造诣深厚、学术成就卓著的优秀教师担任挂职副检察长、检察长助理等职务，输送了一批高素质的刑事法专门人才，形成了一批经得起实践检验的精品成果，为我国检察事业的科学发展、为完善中国特色社会主义检察制度提供了宝贵的智力支持。对此谨表示感谢！

同志们、朋友们！

党的十八届四中全会作出了全面推进依法治国的重大战略部署，这是国家治理领域一场广泛而深刻的革命，是解决党和国家事业发展面临的一系列重大问题，确保党和国家长治久安的根本要求。全面推进依法治国，全面深化司法改革和检察改革，全面推动人民检察事业的科学发展，需要强有力的智力支持和学理支撑，需要紧紧依靠一批政治立场坚定、理论功底深厚、熟悉中国国情的高水平法学专家团队，积极探索和推进理论创新、实践创新。

衷心希望北师大刑科院充分发挥中国刑事法治建设的智库和咨询服务基地的重要作用，坚持问题导向，坚持理论联系实际，更加关注和重视对中国特色社会主义法治道路、理论、体系的研究，更加关注和重视对中国特色社会主义检察制度的研究，更加关注和重视对司法改革、检察改革重大理论和实践问题的研究，为推进检察理论创新、制度创新、实践创新多建睿智之言，多献务实之策。北师大刑科院要进一步巩固和深化已有检学交流合作成果，多深入检察实践，多了解检察工作，积极健全与检察机关人员双向交流机制，坚持和完善派遣优秀教师到检察机关挂职制度，使法学研究、法学教育和检察实践良性互动，从而促进法学理论与司法实务的有机结合，实现提升法学教育与司法能力水平的互惠双赢。

发展无止境，使命重千钧。衷心祝愿北师大刑科院以建院十周年为契机，站在新的历史起点上，锐意进取、团结奋斗，全面贯彻党的法学教育方针，不断提高人才培养、法学研究、法律服务水平，进一步增强在国内、国际法学法律界的影响力和话语权，为全面推进依法治国、建设法治中国作出新的更大的贡献！

祝愿北师大刑科院的明天更加美好！

司法部副部长张苏军致辞

尊敬的各位领导，尊敬的各位老师、同学：

北京师范大学刑事法律科学研究院成立十年来，秉承刑事法治精神，在竞争中壮大，在创新中发展，着力培养刑事法学高级专门人才，在学科建设、人才培养、学术研究、法律实践、国际合作等方面，取得跨越式发展，取得了斐然的成绩，在服务全面推进依法治国的伟大实践中，研究院不断发展壮大，已经成为名副其实的全国刑事法研究的重点研究基地、高层次法律人才培养基地和中外刑事法学界特别是联合国毒品与犯罪办公室交流合作的重要平台，得到了社会各界的广泛认同。

十年来，研究院一直把司法行政理论和实践作为研究的重点，为完善我国刑罚执行制度、推进国际刑事司法合作方面，提供了重要的智力支持，发挥了重要的作用。当前我国正处在全面依法治国、建设社会主义法律体系和社会主义法治国家的重要时期，法学、法律特别是刑事法律界肩负着重要使命。希望研究院贯彻党的十八大和十八届三中、四中全会精神，坚持正确的教学科研方向，重视研究成果的转化和实证性研究，为我国推进刑事司法改革，完善刑事法律制度，提供坚实的理论支持和实证研究支持,为实现国家治理体系和治理能力的现代化,协调推进四个全面战略布局,实现中华民族伟大复兴中国梦,做出新的更大贡献。

谢谢大家!

中国法学会副会长张文显教授致辞

尊敬的各位领导、各位来宾,老师们、同学们:

大家下午好!

今天是北京师范大学刑事法律科学研究院成立整整十周年,受中国法学会会长王乐泉同志、党组书记陈冀平同志委托,我代表中国法学会向北京师范大学刑事法律科学研究院全体师生、向出席庆典的全体同志表示亲切问候。

十年前,也就是2005年8月18日,在北京师范大学刑事法律科学研究院成立大会上,赵秉志院长宣布北京师范大学刑事法律科学研究院旨在建设全国领先,并与国际知名的刑事法学研究机构看齐的新型刑事法学术机构,坚持刑事法学一体化的精神,逐步全面发展刑事法学学术领域,培养刑事法专门人才,为我国刑事法高层次专门人才的培养作出新的探索和较大贡献。十年来,在校内外各方面的关怀和大力支持下,在高铭暄、陈光中、王作富、储槐植等全国杰出资深法学家的指导下,全院师生不负众望,同心同德,自强不息,改革创新,刑科院的各项事业实现了又好又快的发展,当年的梦想已经成真,当年的承诺已经兑现。如今北京师范大学刑事法律科学研究院已经成为我国法学界、法律界公认的全国刑事法领域的重点研究基地、高层次人才培养培训基地、中外刑事法学界交流合作的重要基地,并逐渐成为中国刑事法治建设的高端智库和服务基地。

正所谓"春华秋实,桃李芬芳,誉满全球"。十年来,尤其是近些年,北京师范大学刑事法律科学研究院积极参与中国法学会开展的一系列重大学术活动,承办了多项重要学术会议,积极参与和支持中国法学会组织的重要资讯活动、重要立法研讨、司法改革论坛和反腐论坛等,在此,我代表中国法学会向北京师范大学刑事法律科学研究院表示衷心感谢。

赵秉志教授是中国刑法学研究会会长,北京师范大学刑事法律科学研究院是中国刑法学研究会秘书处所在单位。按照国务院精神,中国刑法学研究会顺利完成了注册登记工作,成为经国务院批准、由中国法学会主管的全国一级学术团队。这就为开展刑事法学研究、开展国内国际学术交流,打造了更为广阔的平台。在此,我向赵秉志会长和中国刑法学研究会表示热烈祝贺。也衷心希望以今天的庆典为契机、以中国刑法学研究会的成立为起点,再创新的辉煌,再有新的突破和发展。

谢谢大家!

二、著名学者代表致辞

中国政法大学终身教授陈光中先生致辞

尊敬的各位领导、各位来宾、各位朋友:

大家下午好!

八月的北京,秋风送爽,丹桂飘香。在这美好的季节里,我们在此欢聚一堂,庆祝北京师范大学刑事法律科学研究院建院十周年,我作为兄弟院校刑事法学科的一位老教授,也作为北师大刑科院的一位特聘教授,感到由衷的高兴。在此,谨向北师大刑科院及全院师生员工致以我最热烈的祝贺!

北师大刑科院的十年是励精图治、奋发图强的十年,也是繁荣发展、成果丰硕的十年。十年来,在学校的鼎力支持和赵秉志院长的带领下,北师大刑科院秉承建设全国领先并与国际知名刑事法学机构看齐的新型刑事法学术机构的目标,团结奋进,锐意进取,不仅在体制创新、队伍建设、学科发展、学术研究、人才培养、对外交流等方面取得了令人瞩目的成绩,而且还积极参与我国刑事法治实践,对我国刑事法教学、研究以及刑事法治实务工作做出了重要贡献。我非常欣喜地看到,通过十年高起点、跨越式的发展,北师大法学学科已经跻身于全国"A+"级行列,并已进入世界顶级法学 QS 排名前 200 名;北师大刑科院目前已经成为名副其实的全国刑事法领域的重点研究基地、高层次刑事法人才培养培训基地和中外刑事法学界交流合作基地,并逐步成为中国刑事法治建设的智库和咨询服务平台,学术影响力和社会影响力与日俱增,办学成果得到社会各界的广泛认可。

回首北师大刑科院十年发展历程,可谓硕果累累,成绩斐然,可喜可贺!其中,尤其是以下几个方面走在了国内高校法学院系的前列,给我留下了深刻印象，也特别值得推崇。

一是形成了一支和谐奋进的学术团队。北师大刑科院目前已经形成包括21位教授、18位副教授在内的近50人的学术团队，既有德高望重的老一辈资深教授担任名誉院长和特聘教授，又有年富力强的著名中年法学家担任学术带头人，还有不少朝气蓬勃的青年学者组成科研队伍的先锋。这个团队老中青结合并以中青年为重心，年龄结构合理，知识结构全面，研究力量强大，学术成果丰硕，发展潜力巨大。他们和谐奋进、同舟共济，使北师大刑科院形成了一种团结和谐、奋发向上、充满活力的工作氛围。这是北师大刑科院学术事业兴旺发达的根本保障。

二是注重与法律实务部门的交流合作。北师大刑科院十年来的发展，注意坚持理论联系实际，以促进中国刑事法治发展为己任，积极加强与法律实务部门的学术交流和合作，与国家立法机关、司法机关形成了稳定的交流合作关系，并取得了丰硕的合作成果。据悉，北师大刑科院目前已与中央政法领导机关的15个庭(厅)级业务部门以及30余个省级、市级政法机关签订了学术合作交流协议，并派出30余人次赴司法实务机关挂职担任领导职务，先后向中央政法领导机关提交了70余份研究咨询报告，得到各有关方面的高度肯定和赞赏。

三是坚持国际化的发展战略。十年来，北师大刑科院始终坚持面向国际之发展战略，积极提升国际化程度，在对外交流合作领域取得了显著成绩，积累了丰富的经验，已成为联合国在预防犯罪与刑事司法领域具有正式咨商地位的机构，以及联合国反恐局的合作伙伴和国际反腐败学院联盟的成员单位，刑科院多名教师还在国际刑法学协会、国际犯罪学会、国际社会防卫学会等国际刑事法学术组织中代表中国担任领导职务，建立起了常设性、网络化的国际交流机制。

应当说，短短十年，北师大刑科院能取得如此骄人的成绩，实属不易，这既与北京师范大学、中央与地方相关政法机关、兄弟院校对学院的关心、支持分不开，也与而且主要与以赵秉志教授、卢建平教授、宋英辉教授等带领的刑科院学术团队的艰苦创业、团结奋斗分不开。正是十年的创业奋进、励精图治，十年的顽强拼搏、风雨兼程，才造就了北师大刑科院学术事业的辉煌。

最后，我衷心祝愿北师大刑科院以建院十周年为新的历史起点，再接再厉，再创辉煌，为国家培养和造就更多优秀人才、提供更多智力支持，为中国特色社会主义法治建设再立新功，不断谱写北师大刑科院新的辉煌篇章。

谢谢大家！

三、兄弟院校代表致辞

西南政法大学校长付子堂教授致辞

尊敬的高铭暄名誉院长、赵秉志院长，尊敬的各位领导、学界同人以及媒体界朋友们：

大家下午好！

今天是北京师范大学刑事法律科学研究院建院十周年庆典的大喜日子。北京友谊宾馆贵宾楼群贤毕至、精英云集，我又一次深深地感受到了千里逢迎、高朋满座的学术盛景。能够参与今天下午这次盛会，我本人深感荣幸。首先向北师大刑科院赵秉志院长及各位老师和同学们深表谢意。同时，我非常荣幸地也非常高兴能够代表在座的兄弟院校的各位同人，向北师大刑科院表示热烈祝贺和崇高的敬意。

十年来，在赵秉志院长精心策划与主持之下，在北师大刑科院各位同人的不懈努力下，北师大刑科院在全国刑法学界开风气之先，桃李满枝、硕果累累。在这里我想我要代表我们兄弟院校的各位同仁，为北师大刑科院点三个赞，也就是讲三个“一”：独树一帜、一马当先、首屈一指。

第一个“一”是独树一帜的学术机构，北师大刑科院秉持不断创新的学术发展理念，更为自觉地担当起“学本无疆，走向世界”的崇高的学术使命，以一种积极的创新形式，推进一体化建设，一直致力于将大学的高等研究院，融入更为广阔的社会大背景之中，与国内国际刑法学术圈、法律业务机构合作广泛而又全面，逐步建成了全国领先、并与国际知名刑事法学学术机构看齐的新型刑事法学学术机构及国家刑事法治建设智库，是专门从事刑事法学研究的中国刑事法学领域首家且目前仍然是唯一的具有独立性、实体性、综合性的新型学术研究机构和研究生培养单位。刑科院先后向中央领导机关提交的近70份研究咨询报告，非常值得我们兄弟院校学习。这在国内法科院系中无疑是开风气之先。

第二个“一”是一马当先的人才培养与学术建设，北师大刑科院搭建了从刑法学学术研究及高层次人才培养为一体的高端学术平台，体现了学科建设、师资团队、人才培养与学术研究的整体推进战略。特别是在学科建设方面，北师大法学两院已经跻身于全国“A+”类法学院的行列，并已在世界顶级法学院排名前列。在2014年位居全球法学院第102位，位居中国内地高校第4名，打造了国内一流的师资队伍，在硕士、博士和博士后研究人员等刑事法律高层次专门人才的重要培养基地建设方面，设置了“京师名家刑事法讲座”“京师刑事法实务大讲堂”等多个学术讲座系列平台，并已经举办了210期讲座。在学术研究方面，刑科院获得了包括多项国家社科基金项目、教育部哲学社会科学重大攻关项目、教育部马克思主义理论工程项目、中国法学会重大规划研究项目等在内的国内外各类教学科研项目220多项，发表了高级别的期刊学术论文有700多篇，出版学术著作有300多部，专业教材有30余部，同时还创办了《刑法论丛》等8种学术期刊，这是第二个“一”。

第三个“一”就是首屈一指的国际学术标准。十年间，刑科院积极面向世界，现在已经成为联合国在预防犯罪与刑事司法领域具有正式咨商地位的机构。2011年4月，刑科院成功地加入了联合国预防犯罪刑事司法网络，成为其第15个国家成员单位，并于2012年4月成为其5个理事单位之一。2013年10月作为全球第33家成员单位，正式加入了国际反腐败学院联盟。2014年8月，刑科院与联合国反恐怖主义委员会执行局签订了学术合作协议，成为其首家签约的学术合作单位和在全球选定的12个学术合作伙伴之一。在获得联合国学术平台方面，北师大刑科院在国内刑法学界无疑是首屈一指。

高山仰止，榜样的力量是无穷的。十年来，北师大刑科院本着“德育英才，法行天下”的院训精神，坚持国内领先并向国际先进标准看齐，勇于创新，已经成为国内刑事科学的学术重镇，并较为成功地跻身到了国际刑法科学的学术最前沿。这些成就显示出北师大刑科院的办学特色和深厚使命，更体现了以赵秉志教授为代表的北师大刑科院学术团队的学术自觉与责任担当。其中所蕴含的先进理念和成功经验值得我们全国法学界同人好好地学习。

另外在这里我想特别代表我们西南政法大学感谢赵秉志院长，感谢北师大刑科院的各位老师们。赵秉志教授是我国刑法学界不可多得的领军人物，担任中国刑法学研究会会长，因为研究会秘书处就设在北师大刑科院，因此国内刑法学界及对外学术交流的浩繁事务就落在了赵院长和他的同事们身上。他们本着协作的真诚之心，为我们全国各法学院校的刑事法律学科建设服务、操劳，对我们西南政法大学支持也非常大。在这里我想简单举两个例子，例如在 2011 年全国刑法学研究会第一届会员代表大会第一次会议及第一届理事会就放在重庆召开，放在我们西南政法大学召开，这无疑是对我们西政的大力支持，特别是赵老师还抽空到学校鼓励学生，专门举办了一次高质量的讲座。再如在 2011 年 6 月，赵教授参加了学科设置专家组会议，对我们西南政法大学应用法学学科的设置给予肯定并提出了宝贵的意见。

另外，由京师高铭暄刑事法学发展基金支持设立，并由中国刑法学研究会与北京师范大学刑事法律科学研究院共同组织的全国刑法学优秀博士学位论文奖，以及由北师大刑科院所主办的《刑法论丛》《刑法评论》《刑事法判解研究》《刑事法治发展研究报告》《刑法学的新动向》等重要的学术平台，都使我们全国同人，特别是我们西南政法大学的师生深受教育。我想利用这个机会对赵院长、对我们刑科院的各位老师衷心地感谢。最后，我们坚信在以赵秉志教授为首的北师大刑科院主要学术团队的引领下，全国刑法学界一定能够推陈出新，立意更加高远，成果更加丰富。我们共同祝愿北师大刑科院在未来的建设和发展中，一定会有新的更大的成就！

谢谢大家。

四、合作单位代表致辞

河南省高级人民法院常务副院长田立文致辞

尊敬的各位领导，尊敬的各位老师、同学，各位来宾：

大家好！

值此北师大刑科院成立十周年之际，受河南省高级人民法院张立勇院长的委托，我代表河南省高级人民法院对北师大刑科院致以热烈的祝贺和崇高的敬意！

十年来，刑科院全体师生在我国刑法学泰斗高铭暄教授、王作富教授等老一代刑法学前辈的悉心指导下，在赵秉志院长及其他院领导团结带领下，潜心耕耘，勇于探索，奋力前行，承担了国家社科基金重点项目等一大批重大科研课题，开创了“当代刑法国际论坛”“当代刑事司法论坛”等在国际、国内有影响力的学术研究平台，培养了大批高层次法律人才，成功跻身国内第一流、国际有影响的法学研究行列，成为我国刑法学对外交流合作的重要窗口、刑事法治建设的重要力量、刑法人才培育的重要基地。

十年间，刑科院坚持学以致用，关注司法实践，与多个法律实务部门建立了良好的合作关系。自我们河南高院与北师大“两院”签订合作交流协议以来，无论是在刑事法学研究还是在司法案例实务研讨方面，均开展了良好的合作。尤其是刑科院与河南高院在“中国死刑适用的司法限制”等学术课题合作研究上，紧密协作，成果斐然；其中，由赵秉志教授牵头主持的“宽严相济刑事政策在死刑适用中的贯彻”项目，在起草《关于在死刑案件中贯彻宽严相济刑事政策的意见》过程中，赵秉志教授带领课题组的同志多次到河南法院调研指导，极大地开阔了刑事法官的视野，提升了我们的司法理念和司法水平，对于提高河南刑事审判质量发挥了积极的作用。特别是在课题组研究起草的《关于在死刑案件中贯彻宽严相济刑事政策的意见》试行中，选定我省郑州中院和安阳中院作为试点法院，我们感到非常荣幸，充分体现了北师大刑科院对河南法院工作的大力帮助和支持；在我省“9·8”矿难案件、“瘦肉精”系列案件、“保姆盗窃手机案”等重大疑难复杂案件处理上，刑科院专家悉心研究，深入论证，为我们审理案件提供了强大的理论支撑，取得了较好的社会效果；在我院举办的“5·9”错案警示日座谈会等重大活动上，赵秉志等刑科院多名教授积极参与、支持帮助，在此，我们要特别感谢秉志老师和他带领的团队。此外，北师大刑科院还与我省安阳中院合作共建教育实践基地，拓宽了一线刑事法官司法能力建设的途径，实现了理论研究与司法裁判的协调发展，搭建了法院与高等院校之间互动交流的平台，加大了审判人才的培养，提升了刑事法官的理论水平。合作期间，河南高院张立勇院长应邀两次到北师大法学院给学生们授课，秉志老师也多次到我院授课；北师大的学生还两次利用暑假到我们河南法院考察实习。我们深深感到，开展院校共建,不仅有助于改变法院与政法院校背靠背进行探索的状况,也使法学理论研究与审判实践充分结合,实现优势互补、共同提高的目的。

近年来,在最高人民法院有力指导下,在北师大刑科院的大力支持下,河南法院全面理解、准确把握“保留死刑,严格控制和慎重适用死刑”政策,确保了死刑案件审判质量,较好地完成了死刑案件审判任务。尤其是自2007年最高人民法院收回死刑案件核准权以来,经过艰苦努力,在保持我省社会治安大局持续稳定的同时,我省判处死刑缓期二年执行的案件数量已经连续多年超过了死刑立即执行的案件数量;报请最高人民法院复核的死刑案件数量明显下降,核准率呈逐年上升趋势,顺利实现了死刑案件审判工作的平稳过渡。

这些成绩的取得,与最高人民法院的正确领导、各位专家学者特别是以高铭暄教授为顾问、赵秉志教授为院长的北师大刑科院的大力支持帮助是分不开的。我们也真诚期待,刑科院与我院能够进一步加强协作,发挥各自优势,努力打造法学理论研究机构与司法实务部门交流合作的典范。也恳请在座各位领导、各位老师和各位来宾继续关心、关注和支持河南法院工作,也诚挚邀请大家多到河南法院调研指导,帮助我们进一步提高刑事审判水平。

最后,衷心祝愿北师大刑科院在新的起点上再叙历史,再创辉煌!

谢谢大家!

北京市海淀区人民检察院王伟检察长致辞

尊敬的各位领导,尊敬的法学界各位专家、前辈:

大家下午好!

首先我代表北京市检察系统与刑科院有合作关系的各个院的领导,祝贺北师大刑科院建院十周年。海淀检察院与刑科院渊源深厚,一方面,我院有大量的优秀检察官毕业于刑科院,同时我们作为合作单位,从2008年开始刑科院就选派卢建平老师、宋英辉老师、史立梅老师到我院挂职。在这期间,我们共同破解了大量的法律实务问题,形成了附条件不起诉等大量的研究成果,也正确处理了许多刑事案件,同时刑科院为我们海淀检察院培育了一批优秀的在职工作的检察官,可以说我们与刑科院的合作全面贯彻了最高人民检察院和北京市人民检察院关于“检学共建”的工作要求，我们的合作可谓硕果累累。因此，值此刑科院建院十周年之际，我们衷心地期待刑科院越办越好！同时也期待我们的合作更加深入，以此为我们国家的法治建设作出更大的贡献。

谢谢！

五、教师代表致辞

刑科院十年感悟与期盼

北京师范大学刑事法律科学研究院　吴宗宪教授

尊敬的各位领导、各位来宾、各位同事，亲爱的同学们：

在刑科院十周年院庆的喜庆日子里，我很荣幸作为教师代表发言，庆贺刑科院建院十周年！

我想表达四个方面的意思，即见证初创、感受成长、真诚希望、良好祝愿。

一、见证初创

过去的十年，是刑科院初创的十年。我有幸在刑科院成立不久即加入这个团队，与大家共同奋斗，“二次创业”，度过了努力进取的十年。这十年是我一生中极为重要的阶段，我很自豪与大家一起参与了刑科院的初期创立，见证了刑科院的快速发展。

二、感受成长

过去的十年，是刑科院师生团结奋进、努力拼搏的十年，在很多方面取得了显著成绩，做出了突出贡献。回顾过去的十年，我深切地感受到了刑科院行进的足迹和稳步的成长。

——搭建了良好的学术发展平台。刑科院将有志于我国刑事法学教学科研的有缘之人聚集一起，给大家提供了施展才华的空间，使大家能够在这个平台上锐意进取，努力向上。

——组建了优秀的学院领导集体。以赵秉志院长为首的各位院领导，殚精竭虑地谋划刑科院的成长发展，热忱高效地处理刑科院的繁杂事务，身体力行地发挥教学科研中的表率作用，给刑科院的发展提供了坚强的组织保证。

——形成了老中青结合的学术团队。在刑科院教师中，既有德高望重的高铭暄教授、储槐植教授等老一代杰出法学家，也有赵秉志教授、卢建平教授、宋英辉教授、黄风教授、李希慧教授、张远煌教授、刘广三教授等优秀的中年学者，更有一大批充满活力的青年才俊。老中青相结合的学术团队，不仅保证了良好的学术传承和高水平的教学科研工作，也为刑科院的后续发展奠定了坚实基础。

——培养了多种类型的法学人才。十年来，刑科院培养了大量的硕士、博士和博士后等多种类型的高层次法学人才，为法治国家的建设贡献了我们的力量。

——营造了团结友爱的良好氛围。刑科院的领导集体以身作则，精诚团结，公平处事，给大家树立了良好的榜样；办公室的老师们热情周到、耐心细致地为教学科研服务，给大家提供了良好的后勤保障；各位教师互助友爱，奋发向上，认真履行教书育人、科研报国的工作职责。在大家的共同努力下，刑科院形成了团结协作、友好相处、积极进取的良好氛围。在这样的环境中工作，是人生中莫大的幸运！老师们虽然教学科研任务繁重，生活工作压力巨大，但是，大家也能够鼓起勇气拼搏，攻坚克难奋进。

同样让我感动的是，刑科院的领导和同事们为庆贺资深法学家高铭暄教授、储槐植教授等老一代教师的高龄华诞和执教业绩而举办的纪念活动，在刑科院老师发生意外走失、遇到巨大困难时表现出的团结友爱和真诚帮助，为年轻教师的快速成长出谋划策、创造条件……这些方面的工作与活动，展示了温暖的情怀，散发着人性的光辉，进一步增加了刑科院的凝聚力！

——形成了特色鲜明的学术风格。这十年来，大家孜孜以求、倾心奉献，不仅发表了大量的学术成果，取得了突出的学术成就，也逐步形成了刑科院的学术特色。我把它初步归纳为"问题意识，宽广视野"。刑科院的师生们在学术研究中认真关注刑事立法、司法实践和社会生活中的突出问题，研究存在状况和成因，提出解决建议和对策；在这个过程中，并不简单地就事论事，也不局限于传统的刑法学、刑事诉讼法学等学科，而是能够立足当前，借鉴历史，放眼世界，"古为今用，洋为中用"，从古今中外的人类智慧中寻求问题解决之道；能够整合多个学科、用刑事一体化的思想考虑具体问题、探讨改进策略！

三、真诚希望

过去的十年,是刑科院的初创时期。在未来,刑科院的道路漫长,作为一名普通教师,我对刑科院的未来发展充满希望!

我希望继续开展积极有效的社会互动。刑科院过去的成绩离不开社会各界的宝贵支持,刑科院未来的发展仍然有赖社会各界的鼎力相助。希望刑科院更好地与我们的合作单位、与社会各界积极互动,用更好的科研成果促进更多社会问题的合理解决,用真诚的学术奉献回报社会各界对我们的关怀和期望。

我希望持续建设和谐健康的师生关系。作为教师,应当对同学们“真关心、严要求”! 一方面,真诚地关心同学们的生活和成长,帮助他们解决所遇到的问题和困难,使同学们感受到老师们的关怀和刑科院的温馨,在刑科院大家庭中快乐地生活;另一方面,在学习上严格要求,使他们的学术能力有切实的提高,为他们以后的发展奠定良好的基础。

我希望注意维持和谐进取的同事关系。我想,在茫茫人海中大家能够到一个学院中任教、工作,朝夕相处,是一种难得的缘分。我很珍惜这种缘分,希望与大家一起继续维持互助友爱的良好氛围,利用学校和刑科院尽力给大家提供的科研条件认真工作,心无旁骛,一心向学,共谋发展!同时,我特别希望改善年轻教师的科研条件,增加对年轻教师的激励力度,使他们能够通过勤奋努力和优秀业绩获得更多的收入,缓解生活的压力!

我希望着力发展更加鲜明的学术特色。我们不仅要有“问题意识,宽广视野”,还要有“独立思考”和“全面发展”。1929 年,著名历史学家陈寅恪教授倡导“独立之精神,自由之思想”,此后这个表述迅速传播,成为中国知识分子共同追求的学术精神与价值取向。这同样也是我们刑事法学者应当追求的学术境界。只有进行独立思考,在繁荣中发现问题,在顺境中看到危机,以恰当的方式表达独到的见解,以缜密的建议促成问题的解决,以有效的方式预防危机的发生,才能最大限度地彰显学术研究的价值。

不仅如此,我们还应当追求“全面发展”,在教学研究中真正贯彻刑事一体化思想,全面发展相关的各个学科。不仅要继续发展刑法学、刑事诉讼法学等传统优势学科,还要进一步发展犯罪学、刑事政策学、刑事执行法学、法律心理学等学科，从多学科相互整合、交叉渗透的角度进行更有质量的研究工作。没有犯罪学、刑事政策学等学科支撑的刑事法学基础不牢，没有刑事执行法学等学科配合的刑事法学结构欠缺，没有法律心理学等学科辅助的刑事法学深度不足！希望我们的刑科院能够在未来发展成为有问题意识、有宽广视野、有独立思考、能全面发展的刑事法学教学研究重镇！

四、良好祝愿

我衷心希望在学校的有力领导和支持下，在社会各界的关心、支持和帮助下，在广大师生的共同努力下，使刑科院在未来有更好的发展，成为国内领先、国际知名的刑事法学教学科研机构，为社会做出更大的贡献。

谢谢大家！

六、毕业生代表致辞

只待乘风　扬帆起航

北京市第三中级人民法院法官　于靖民

尊敬的各位领导，尊敬的更是无比亲切的老师们，亲爱的同学们：

大家好！

我叫于靖民，是北师大刑科院 2012 届博士毕业生，现在是北京市第三中级人民法院刑二庭的一名青年法官。非常荣幸，能够在今天这个特殊的时刻，向各位汇报我作为毕业生的感受和心情。

时光荏苒、岁月如梭，刑科院成立已经十年了！现在的我，依然能够记得，2005 年的盛夏，当我还在北大读本科、准备复习考研时，忽然听闻赵秉志教授在北师大主持成立刑科院的重磅消息！依然能够记得，2009 年我在硕士研究生毕业前夕，收到刑科院《录取通知书》的那个惊喜到睡不着觉的美好夜晚！依然能够记得，2012 年 6 月 1 日下午，我在高铭暄教授担任组长、众多知名教授参加的考核组宣布博士毕业论文答辩通过时那种忐忑而又激动的心情！同样地，多年以后的我一定也会记得，在 2015 年的今天，心中神圣的法学殿堂——北师大刑科院成立十周年的光荣时刻已然载入光辉史册。可以说，在过去的十年中，北师大刑科院点燃了我们这一代青年学子的法学理想,陪伴了我们的成长道路,同时,也见证了中国刑事法治全速发展的黄金时期！作为刑科院的毕业生,我们无比荣幸。

读书的几年中,我们是在刑科院老师们的关心、指点和严格要求下过来的。心无旁骛、全情投入,我们陶醉于这种严苛而又充满慈爱的学术指导,愿意用灵魂去体会这种情系一生、不变今生的学术蜕变。刑科院老师们为治学研究所付出的勤劳汗水,滴滴浇灌在我们的求学之路上。几年之后,当初略带青涩的我们,眉宇间多了那么一份带有刑科院烙印的坚定和沧桑,充满了勇于创新、敢于拼搏的信心和活力。这,就是刑科院带给我们的精神财富。

没来过北师大刑科院,就不能充分领略到刑事法律科学浩如宇宙的学术境地,就不能近距离感受到法学家们十八般武艺样样精通、各有所长的学术魅力,就不能充分汲取到刑事法治最前沿、最高端的学术成果,就不能深切体会到作为法学青年所肩负的学术使命,同时,也就不能敏锐捕捉到当前立法、司法实践的真实需求和发展动向。来到刑科院学习,这些内容都不是问题。这,就是刑科院带给我们的学术感悟。

北师大刑科院兼容并包、百花齐放、务实严谨的学术氛围,感染和教育了一批又一批的毕业生。这些年来,我们以刑科院为家,勇敢奔赴刑事立法、司法、科研的战斗第一线,努力在本职岗位上追求卓越、开拓进取,不断扩大和展现北师大刑科院的学术影响力:比如,参与侦办省部级领导干部贪污受贿案,参加地方或国家级刑法类重大调研课题,撰写全国法院系统学术论文研讨会论文并获奖,摘得"北京市十佳公诉人"桂冠,为刑法修订、司法解释出台建言献策,在实践中贯彻落实疑罪从无原则并严格限制死刑适用,通过积极辩护为被告人争取最大权利,不断出版和发表前沿性学术成果……在如上的光荣时刻,我们都能够而且越来越多地看到北师大刑科院毕业生们的身影。这,就是刑科院带给我们的职业自信。

北师大刑科院最令人难以忘怀的部分,不单是好的书籍或者课程这么简单,更多的是刑科院老师对学生们满腔热血、殷切期盼的眼神和关怀,让人无比留恋。十年来,师生间的感情非但没因光阴的流逝而淡化,相反,却在教学相长中升华为惺惺相惜、血浓于水的深厚情谊。寻找李希慧教授、关爱患病研究生、为北师大法学校友会捐款,所有这些感人肺腑、涤荡灵魂的事实，充分证明了“师大情、刑科爱”的伟大和温暖！这，就是刑科院带给我们的人生力量。

如果有人问，你作为北师大刑科院的毕业生，你怎么评价刑科院的能力和水平？我会告诉他，其实这个问题的答案并不遥远，它就在在座的各位身上，在北师大刑科院老师、同学和各届毕业生们的心里；坚韧的气度、高贵的品格、深厚的情谊、不懈的奉献，种种这些已经注定：在未来的十年、二十年、三十年乃至一百年，团结、奋进的刑科院必将迎来更多、更美好的辉煌！刑科院的毕业生们也必将沿着开拓者们的足迹，踏浪前行，将刑科院精神不断发扬光大，远播四方！

十年建院，百年树人，为创业而骄傲，为进取而自豪。十岁的刑科院，只待乘风，扬帆起航！

谢谢大家！

七、在校生代表致辞

十年跨越大发展，十年培养新常态

北师大刑科院博士生　商浩文

尊敬的各位领导、嘉宾，亲爱的老师、同学们：

大家好！作为一名在校学生代表在这里发言，我深感荣幸！在此，请允许我代表全院学生向出席刑科院十周年华诞的各位领导、来宾和老师、同学们表示最热烈的欢迎和最诚挚的感谢！

十年砥砺前行，十年风雨兼程。木铎悠悠，钟声悠扬。十年来，在北京师范大学深厚文化底蕴、良好学术品格的熏陶下，在高铭暄先生、储槐植先生等老一辈法学家的关怀指导下，在赵秉志教授、卢建平教授等人的带领下，刑科院老师们以“从头再来”的气魄和决心，怀着“精忠报国”的使命感和责任感，对社会各界的支持和帮助怀着一颗“感恩的心”，与法学理论界和实务界保持着良好的学术友谊，一路高歌，走在我国刑事法治发展的大道上，取得了跨越式发展，教学、科研、咨询、服务、人才培养、国际交流等方面都呈现“步步高”的发展态势。刑科院已经成为国内重要的刑事法学研究基地，并在国际上产生了越来越广泛的影响。作为在校学生，能够亲历刑科院的发展，我们深感骄傲和荣幸。

作为在北师大法学两院已经度过九年多时光的“土著”学生，我是随着刑科院的发展壮大而不断成长，特别是读博以后能够有机会长期“驻扎”在刑科院，深切感受到学院积极创造条件为学生培养所作的种种努力。在这里我主要谈一下自己感受最深的四点：

第一，高大上，积极引导关注学术前沿。作为研究机构，学术研究是我们的本分。学院老师们不仅在课堂上为我们讲授最新的前沿理论问题，而且学院积极创造条件，通过举办“京师名家刑事法讲座”“京师刑事法专题论坛”“关注死刑改革系列论坛”等“给力”的学术讲座，让我们能够近距离接触国内外法学大家，及时跟进学术前沿问题，开阔学术视野，徜徉在高大上的知识海洋中。

第二，接地气，倡导关注法治现实问题。学院在学生培养方面不仅高大上，而且也接地气，非常注重引导我们关注刑事立法和刑事司法等法治现实问题。每当国家立法机关进行刑事法修改，学院会召集在校师生进行研讨、举办相关讲座，例如针对最近的《刑法修正案(九)(草案)》，学院召开多次会议进行研讨，鼓励学生们运用相关理论提出相关意见和建议；同时，为提升学生的理论运用水平，学院经常会围绕最新的司法热点、疑难问题进行研讨，邀请具有丰富司法经验的人员来到课堂上授课。学院还组织学生们参观司法部直属的燕城监狱和社区矫正机构中途之家等，使我们能够既目光远大又脚踏实地。

第三，国际化，构建国际化培养模式。在学校相关国际交往平台基础上，刑科院还与境内外众多科研机构、高等院校建立了合作关系，院系每年的海外暑期项目、学生交换项目、访学项目进一步开拓了我们的视野，邀请的境内外刑事法专家的外文讲座，开阔了我们的眼界，陶冶了我们的情操，使得我们能够以国际化的眼光来思考中国问题。

第四，亲情化，师生保持良好情谊。虽说老师们在学术上是理性和严谨的，一曲《刑科 style》则展现了老师们的生活情趣和平易近人的一面。老师们不仅授业解惑，在日常生活中也会和同学们保持良好的互动，给予无微不至的关怀，让我们感受到师生情的无私与可贵。

在刑科院，我们学习的不仅是法学知识，更多的是治学态度、思考问题的角度、思维方式以及为人处世之道等，传递给我们的是奋发向上、积极进取的正能量。作为刑科院的学生，我们有理由为她流光溢彩的辉煌而骄傲,有理由为她一路走来的铿锵坚定自豪。刑科院十年,流淌的是知识的源泉,篆刻的是精神的丰碑,矗立的是师德的标杆,树立的是刑事法治事业的大纛。作为在校学生,我们一定要牢记“学为人师、行为世范”的校训精神和“德育英才,法行天下”的院训理念,不懈努力,用我们的青春和热情,把自己的人生价值和理想追求融入到依法治国事业中,不辜负我们的刑科院和刑科院的师长,不辜负我们走向现代法治的当下中国!

“潮平两岸阔,风正一帆悬。”我们坚信,在各级领导的殷切关怀下,在社会各界的鼎力支持下,在老师和同学们的共同努力下,刑科院一定会取得更加辉煌的成就,创造更加美好的未来,奏响刑科院的中国“好声音”,实现刑科院特聘教授、已故著名法学家马克昌先生所说的将刑科院建成“中国的马普所”的良好祝愿。

谢谢大家!

八、闭幕式致辞

北京师范大学刑事法律科学研究院名誉院长高铭暄教授致辞

尊敬的各位领导,各位专家教授,各位同仁,各位同学:

大家下午好!

光阴似箭,日月如梭,弹指挥间,北京师范大学刑事法律科学研究院成立已经十周年了。作为一名老年的法律教育工作者,我能亲身见证北师大刑科院这十年走过的不平凡的历程,今天又能在这里和各位领导、各位嘉宾、各位同人、各位同学一起参加庆典,分享刑科院十年来所取得的斐然业绩,心中感到无比的高兴。

我刚才听了肖扬——原来的最高人民法院院长,听了中共中央纪律检查委员会副书记张军同志,还有最高人民法院、最高人民检察院、中国法学会的几位领导同志、北师大校长、兄弟院校的代表、各级单位的代表、著名学者的代表以及教师代表、毕业生代表、在校生代表所作的致辞。他们的致辞言简意赅,语重心长,饱含着对我们北师大刑科院成立十周年热烈的祝贺,对北师大刑科院十年来所取得成绩充分的肯定,对北师大刑科院发展前景的殷切期望。这些我是完全赞成的。确实,从上述的致辞可以看出,北师大刑科院是当前中国刑事法学领域一家具有独立性、实体性、综合性的新型学术研究机构和研究生培养单位,是一所学术重镇。十年来,它奋力拼搏,激流勇进,在创新中发展,在竞争中壮大。本着“德育英才,法行天下”的院训精神,在学科发展、师资队伍建设、人才培养、学术研究、法律实践以及对外合作交流各个方面都取得了骄人的、令人刮目相看的成就,实现了跨越式的发展。刚才,赵秉志院长对这些成就已经作了简明的介绍。我和大家的评价是一样的,北师大刑科院成立以来的十年,的确是艰苦奋斗、不断开拓进取的十年,是领导有方、团队精神发扬的十年,是由小到大、由弱到强、成绩越来越辉煌的十年。看到这些发展情况,作为一名刑法学界“老兵”,我感到十分地振奋,感到深受鼓舞,用一句时兴的话来说,感到满是正能量!这些成绩的取得,是来之不易的。

大家都知道,不过是十年时间,这十年,北师大刑科院发生了多大的变化呀。我是陪着他们一块度过来的。无论哪一个方面,都有扎实的工作,都有数据,都有事实,因为时间关系,本来我也准备了一些,但是看来时间现在已经不多了,而且我感到上面这些发言、致辞,特别是赵院长本次所作的工作报告,都已经充分地说明了这一点,所以我这里就不重复了。我只提一点希望,希望我们北师大刑科院,对这头十年所取得的辉煌的成果和所取得的丰硕经验,能够在这样一个基础上,戒骄戒躁,再接再厉。成绩只能说明过去,未来的责任还很重大。因为知名度有了,因为有许多的业绩已经传开了,再加上这一次我们在国际上,大家都提到,我们贡献联合国的已经有三个平台,因此在国外的、国际上的队伍是越来越大了。在这种形势下,我们如果骄傲、自满或者说满足于现有的成绩,觉得已经差不多了,那势必要停滞,甚至要落后。所以我只是希望这一点,我们要持续发扬优势,克服弱点。我们弱点还是有的,像吴宗宪教授发言也谈到,我们还有一些不尽如人意的地方,特别是对我们的青年教师们,还要想办法更进一步地关心他们,特别是关心他们的一些困难,进一步把他们的积极性调动起来,这些都是我们未来需要做的工作。所以我觉得这一点,就是说在以往的成绩上、在十年来所取得的巨大的成就上,我们还要再望远,向前看,我们希望我们在未来的十年乃至无数年,年年都能取得新的更大的成绩。这就是我的一点愿望。我个人做的工作不多,刚才有对我的溢美之词,其实我是敲边鼓的,我没有做太多的工作,我只是尽我自己一点力。

我今年 87 岁了,能做的事情有限,但是我有这个决心,老骥伏枥,志在千里,烈士暮年,壮心不已,这是我的追求。所以我想,我的身体如果还适合,我是要继续干下去的。哪一年干不动了再说。所以说我还是勉励自己,我也在刑科院整个团队的鼓励下,特别是在中青年的鼓励下,使自己更年轻点,所以我多少还有点劲头。我就是根据我自己现在的身体状况,尽力地做一些事情。所以今天开完这个庆典,明天又有会,有一个"当代刑事司法论坛"我要参加,后天还有"当代刑法国际论坛",所以我是尽力而为,能够尽一些绵薄之力就尽一份力量,也可以说发挥一些余热,能帮助我们北师大刑科院继续往前走。

最后我祝在座的各位,平安幸福健康快乐!谢谢大家!

图书在版编目(CIP)数据

刑法评论2015年第2卷(总第28卷)/赵秉志主编. —北京:法律出版社,2016.5
ISBN 978-7-5118-9360-4

Ⅰ.①刑… Ⅱ.①赵… Ⅲ.①刑法—研究—丛刊
Ⅳ.①D914.04-55

中国版本图书馆CIP数据核字(2016)第075805号

刑法评论2015年第2卷(总第28卷) | 赵秉志 主编 | 责任编辑 黄倩倩 装帧设计 贾丹丹

开本 720毫米×960毫米 1/16
印张 23 **字数** 349千
版本 2016年5月第1版
印次 2016年5月第1次印刷
出版 法律出版社
编辑统筹 学术·对外出版分社
总发行 中国法律图书有限公司
经销 新华书店
印刷 三河市龙大印装有限公司
责任印制 陶 松

法律出版社/北京市丰台区莲花池西里7号(100073)
电子邮件/info@ lawpress. com. cn
销售热线/010-63939792/9779
网址/www. lawpress. com. cn
咨询电话/010-63939796

中国法律图书有限公司/北京市丰台区莲花池西里7号(100073)
全国各地中法图分、子公司电话:
第一法律书店/010-63939781/9782
西安分公司/029-85388843
重庆公司/023-65382816/2908
上海公司/021-62071010/1636
北京分公司/010-62534456
深圳公司/0755-83072995

书号:ISBN 978-7-5118-9360-4
定价:58.00元